de-Jahrbuch 2004

Informations- und Telekommunikationstechnik

Herausgegeben von

Stefan Eiselt
Rainer Holtz

Hüthig & Pflaum Verlag · München/Heidelberg

Produktbezeichnungen sowie Firmennamen und Firmenlogos werden in diesem Buch ohne Gewährleistung der freien Verwendbarkeit benutzt.

Von den in diesem Buch zitierten Normen, Vorschriften und Gesetzen haben stets nur die letzten Ausgaben verbindliche Gültigkeit.

Herausgeber, Autoren und Verlag haben alle Texte und Abbildungen mit großer Sorgfalt erarbeitet bzw. überprüft. Dennoch können Fehler nicht ausgeschlossen werden. Deshalb übernehmen weder Herausgeber, Autoren noch Verlag irgendwelche Garantien für die in diesem Buch gegebenen Informationen. In keinem Fall haften Herausgeber, Autoren oder Verlag für irgendwelche direkten oder indirekten Schäden, die aus der Anwendung dieser Informationen folgen.

ISSN 1434-825X
ISBN 3-8101-0182-6

© 2004 Hüthig & Pflaum Verlag GmbH & Co. Fachliteratur KG,
München/Heidelberg
Printed in Germany
Gesamtgestaltung: galeo:design, Schwesinger
Druck: Holzmann Druck GmbH & Co. KG, Bad Wörishofen

Wer nicht mit der Zeit geht, der geht mit der Zeit!

Der Markt für Informations- und Telekommunikationstechnik unterliegt den kürzesten Innovationsraten der Welt. Was heute noch „Stand der Technik", ist morgen schon alt. Wer hier nicht mit der Zeit geht, der geht mit der Zeit! *Was heisst das für Sie?*

Sie müssen sich noch schneller und effizienter als bisher in aktuelle Themen der Informations- und Telekommunikationstechnik einarbeiten.

Wir möchten Sie bei dieser Herausforderung mit unserem neuen IT-Jahrbuch unterstützen. Vielen Lesern, die dieses Jahrbuch bisher unter dem Titel „Computerpraxis und Telekommunikation" kennen und schätzen gelernt haben, wird nicht entgangen sein, dass sich die Bezeichnung geändert hat. Aber nicht nur der Titel, auch die Inhalte und Strukturen wurden den neuen Anforderungen angepasst. Verstärkt wenden wir uns in Zukunft an Fachleute, die beruflich (ganz oder teilweise) mit IT-Technik befasst sind.

Unser Ziel ist es, Sie so umfassend wie notwendig und so praxisnah und aktuell wie nur möglich zu informieren.

Bereits in dieser Ausgabe sind wichtige neue Themen enthalten. Egal ob es sich nun um LAN- oder SAN-Technik handelt, um Lichtwellenleiteranwendungen, strukturierte Verkabelung, Messtechnik und Fehlersuche oder um Web-Design und die Erarbeitung von HTML-Dokumenten, wertvolle Informationen mit eingebundenen Praxistipps werden Ihre Arbeit fördern. Neu eingeführt wurde des Weiteren ein Glossar, dass viele Begriffe und Abkürzungen aus der schnelllebigen IT-Welt zusammenfasst. Wir werden es nach und nach vervollständigen.

Natürlich haben wir auch an die Stammleser gedacht. Sie finden einen großen Teil ihrer Themen in altbewährter Form wieder. Eingeschränkt wurde allerdings das Grundlagenwissen (z. B. der Elektronik und elektronischer Bauelemente).

Nun genug der Vorrede: Jetzt sind Sie daran zu urteilen.

Wir würden uns freuen, von Ihnen zu hören, und verbleiben mit den besten Wünschen für ein gesundes und erfolgreiches 2004.

Rainer Holtz
Herausgeber

Inhaltsverzeichnis

Inhaltsübersicht de-Jahrbuch Gebäudetechnik 2004	10
Inhaltsübersicht de-Jahrbuch Elektrotechnik für Handwerk und Industrie 2004	11
Inhaltsübersicht de-Jahrbuch Elektromaschinenbau 2004	12
Neue Normen	**13**
Neue DIN Normen	14
Neue DIN-VDE-Bestimmungen siehe Jahrbuch Elektrotechnik	
Übersicht VDE-Auswahlordner siehe Jahrbuch Elektrotechnik	
Aus- und Weiterbildung	**29**
Die neue IT-Weiterbildung	30
Neue Meisterprüfungsverordnung siehe Jahrbuch Gebäudetechnik oder Elektrotechnik	
Die neuen Ausbildungsberufe des Elektrohandwerks siehe Jahrbuch Gebäudetechnik oder Elektrotechnik	
E-Learing siehe Jahrbuch Gebäudetechnik oder Elektrotechnik	
Systeme und Geräte der Telekommunikation	**39**
Das Telefonnetz	41
Das ISDN-Netz	42
ADSL	50
Die Stromversorgung der ISDN-Geräte	52
Komforttelefone für ISDN	53
Schnurlose Telefone	56
Telekommunikationsanlagen für ISDN	58
Der analoge Teilnehmeranschluss	59
Die analoge Telekommunikations-Anschlusseinheit	60
Die Speisung analoger Teilnehmeranschlüsse	63
Der analoge Fernsprechapparat	64
Die Wählverfahren in analogen Zugangsnetzen	66
Zusatzeinrichtungen (analog)	67
Sicherheit von Fernmeldeanlagen	72
Fernkopieren, Telefax	74
Netze der Informations- und Kommunikationstechnik	**77**
Grundsätzliches über Datennetze	78
LAN-Technik	79

Das Netzwerk-Modell	83
Netzwerk-Topologien	85
Zugriffsverfahren	87
Netzwerkprotokolle	90
Netzwerkbetriebssysteme	96
Kommunikation über Stromnetze	100
Aktive Netzwerk-Komponenten	101
Storage Area Network (SAN)	110
Voice over IP (VoIP)	122
Übertragungsmedien	**127**
Leitungen, Kabel, Funkübertragung	128
Kupferleitungen und Kabel für Fernmeldeanlagen	136
Strukturierte Verkabelung	138
Lichtwellenleiter	146
Koaxialkabel	163
Erdung und Potentialausgleich	164

Weitere Informationen zur Datenübertragungstechnik siehe Jahrbuch Gebäudetechnik

Funknetze	**165**
Wireless LAN	166
Funkverbindungen für Geräte Bluetooth	168
Mobiltelefone – Handys	169
Übersicht der Funkdienste	171
Das digitale Funktelefonnetz D	174
Das digitale E-Mobilfunknetz	175
GPRS	176
UMTS	177
SMS-Dienste	178
MMS Multimedia Datendienst	179
Surfen mit dem WAP-Handy	180
Betriebsfunk und Bündelfunk	181
Freie Betriebsfunknetze	183
Der Amateurfunk	184
Der CB-Funk	185
Der Rundfunk	186
Zeitzeichen und Normalfrequenz	188
Das GPS-Ortungssystem	189

Hauskommunikation ... 191
- Die Planung von Antennenanlagen ... 192
- Einstellung der Satelliten-Empfangseinrichtung ... 193
- Verteilnetze für den Satellitenrundfunk ... 195
- Das Leitungsnetz der Antennenanlagen ... 202
- Erdung und Potentialausgleich ... 203
- Prüfung der Antennenanlagen ... 204
- Elektroakustische Anlagen ... 205
- Steckverbindungen für Audio- und Videogeräte ... 210

Daten- und Geräteschutz ... 211
- Die Elektromagnetische Verträglichkeit ... 212
- Überspannungsschutz ... 213
- Datensicherungssysteme ... 214
- Bandlaufwerke für die Datensicherung ... 216
- Das RAID-Sicherheitskonzept ... 218
- Die Datenverschlüsselung ... 219
- Schutz vor Computerviren ... 221

Weitere Informationen zu EMV, Blitz- und Überspannungsschutz siehe Jahrbuch Elektrotechnik

Stromversorgung für Geräte und Anlagen ... 223
- Allgemeines zur Stromversorgung ... 224
- Die Betriebsspannungen ... 225
- Störspannungen ... 226
- Netzteile elektronischer Geräte ... 230
- Schaltnetzteile ... 231
- Schutz der Stromversorgung vor Kurzschluss und Überlast ... 234
- Computernetzteile ... 236
- Unterbrechungsfreie Stromversorgung USV ... 242
- Pufferbatterien für Mainboards ... 243
- Der Masseanschluss ... 244
- Batterien für Geräte ... 245

PC-Hardware ... 253
- Bauformen von Personalcomputern ... 254
- Bauarten der Hauptplatinen für PCs ... 256
- Mobile Computer ... 257
- Aufbau des Industriecomputers ... 259

Prozessoren allgemein 260
Der Pentium 4 Prozessor 261
Der Celeron Prozessor 262
Der AMD Athlon (XP und MP) Prozessor 263
Chipsätze 265
Speicherbausteine für den Personalcomputer 266
IDE-Festplattenlaufwerke 271
Installieren von Festplattenlaufwerken 275
Der PCI-Bus 277
Der AGP-Port 278
FireWire 279
Die serielle Schnittstelle des Personalcomputers 280
Die parallele Schnittstelle des Personalcomputers 281
Die USB-Schnittstelle 282
SCSI-Schnittstellen 283

Betriebssysteme und Konfiguration **285**
Grundsätzliches zum Betriebssystem 286
Das BIOS 287
Windows 95, Windows 98, Windows ME 288
Windows NT 290
Windows CE 291
Windows 2000 Professional 292
Windows XP 293
UNIX 295
Linux 296
Das Betriebssystem DOS 299
Die Programmiersprachen 301
Ergonomie von Benutzeroberflächen 303
Anwendersoftware: Office-Produkte 305
Grafikprogramme 307
Utilities und Fehlersuchprogramme 308

Internet und Multimedia **309**
Grundsätzliches zur Datenfernübertragung 310
Das Modem 314
ISDN-Adapter 318
Das Internet – Internetprovider 321

Routing-Varianten	324
Internet-Zugangsarten	325
Grundlagen Web-Design	329
Schreiben in HTML – Die Sprache des WWW	331

Messtechnik und Fehlersuche **359**
  ISDN-Messtechnik: Dienste-Prüfung 360
  ISDN-Messtechnik: Bitfehlerratenmessung 362
  LAN-Messtechnik 367
  LWL-Mess- und Prüftechnik 371

Grundlagen und Formeln der Elektronik **379**
  Die gesetzlichen Maßeinheiten 380
  Einheiten der Computertechnik und Telekommunikation 382
  Formelzeichen 383
  Grundformeln der Elektrotechnik und Elektronik 384
  Wechselstrom 385
  Leistung und Energie 386
  Widerstandsberechnung 387
  Induktivität und magnetisches Feld 391
  Schalten von Spulen und Kondensatoren 393
  Kapazität und elektrisches Feld 394
  Der Wellenwiderstand 395
  Die Pegelrechnung 396

Technische Darstellungen und Symbole **399**
  Schaltpläne für die Elektronik 400
  Schaltzeichen für Stromlaufpläne 401
  Schaltzeichen der Computertechnik 403
  Schaltzeichen Halbleiterbauelemente, Röhren 404
  Schaltzeichen der Telekommunikationstechnik 405

Kleines Lexikon IT-Technik **407**
  Abkürzungen und Erläuterungen technischer Fachbegriffe .. 408

Hersteller und Fachliteratur **419**
  Hardware-Hersteller 420
  Software-Hersteller 423
  Fachliteratur 424

Stichwortverzeichnis **425**

Inhaltsübersicht de-Jahrbuch Gebäudetechnik 2004

Herausgegeben von
U. Isenbügel, J. Veit
2004. 464 Seiten,
zahlr. Abb. und Tab.,
Taschenbuchformat.
Mit de-Zeitplaner.
17,50 €, Fortsetzungspreis 14,80 €
ISBN 3-8101-0180-X

Relevante Vorschriften, Regeln, Normen und Gesetze

Bussysteme

Visualisierung

Prüf- und Messpraxis

Dokumentation

Gebäudesicherheit

Jalousie- und Rollladenbau

Gebäudesicherheit

Datenübertragungstechnik

Steuern und Regeln

Lüftungs- und Klimatechnik

Heizungstechnik

Sanitärtechnik

Technologien für Niedrigenergiehäuser

Aus- und Weiterbildung

Formeln und Grundlagen

Technische Darstellungen und Symbole

Kleines Lexikon Gebäudetechnik

Inhaltsübersicht de-Jahrbuch
Elektrotechnik für Handwerk und Industrie 2004

Neue Vorschriften, Regeln, Normen und Gesetze

Neue Techniken und Technologien

Prüf- und Messpraxis

Elektroinstallation

Leitungen, Kabel und Verlegesysteme

Beleuchtungstechnik

Schaltanlagen und Verteiler

Steuerungs- und Automatisierungstechnik

EMV, Blitz- und Überspannungsschutz

Aus- und Weiterbildung

Formeln und Grundlagen

Schaltzeichen

Herausgegeben von
H.-G. Boy, B. Schulze
2004. 480 Seiten,
zahlr. Abb. und Tab.,
Taschenbuchformat.
Mit de-Zeitplaner.
17,50 €, Fortsetzungspreis 14,80 €
ISBN 3-8101-0179-6

Inhaltsübersicht de-Jahrbuch Elektromaschinen und Antriebe 2004

Vorschriften, Gesetze, Regeln

Normen

Elektrische Maschinen

Instandsetzung und Prüfung elektrischer Maschinen

Umrichtergespeiste Antriebe

Explosionsschutz

Instandsetzung und Prüfung von Ex-Motoren

Formeln und Einheiten in der Antriebstechnik

Herausgegeben von
V. Christner, P. Behrends
2004. 400 Seiten,
zahlr. Abb. und Tab.,
Taschenbuchformat.
Mit de-Zeitplaner.
17,50 €, Fortsetzungspreis 14,80 €
ISBN 3-8101-0181-8

Neue Normen

Neue DIN-Normen 14

Neue DIN-Normen

Hinweis: Die folgende Kurzfassungen der wesentlichen Anforderungen der Normen sind kein Ersatz für die entsprechenden Normen.

DIN EN 50098-1:2003-03
Informationstechnische Verkabelung von Gebäudekomplexen
Teil 1: ISDN-Basisanschluss

Die neu herausgegebene Norm – als Ersatz für DIN EN 50198-1:1999-04 – legt Anforderungen an die Planung und Dimensionierung von Verkabelungen fest, die der Verbindung von Endeinrichtungen mit dem ISDN-Basisanschluss dienen. Die Norm ist bestimmt für Entwickler, Planer oder Beschaffer von informationstechnischen Verkabelungen für ISDN-Anschlüsse und beschreibt Einzelheiten zu folgenden Themenbereichen:

- Verkabelung für ISDN-Basisanschlüsse in Punkt-zu-Punkt- und Punkt-zu-Mehrpunkt-Konfigurationen,
- Mindestanforderungen an Verkabelungen bei Neuinstallationen,
- Kriterien für die Verwendung anwendungsneutraler Verkabelungen und
- Kriterien für die Verwendung von bereits vorhandenen Verkabelungen.

Sie stellt detaillierte Anforderungen an die Dämpfung, Umlaufverzögerung, Stromversorgung, elektromagnetische Umgebung und Nebensprechdämpfung. Weitere Hinweise beziehen sich auf die verschiedenen Möglichkeiten zur Konfiguration der Anlagen.

Unterschieden werden unter anderem:
- Punkt-zu-Punkt-Konfiguration,
- kurzer passiver Bus,
- erweiterter passiver Bus,
- Y-Konfiguration,
- Sternkonfiguration und
- Implementation auf einer anwendungsneutralen Kommunikationsanlage nach DIN EN 50173.

Die unterschiedlichen Konfigurationen unterscheiden sich im Wesentlichen in der maximal zulässigen Anzahl der angeschlossenen Endgeräte, den zulässigen Kabellängen sowie der möglichen Verwendung von Stichleitungen. Weiter wird die Auswahl der geeigneten Konfiguration stark von den örtlichen Gegebenheiten bestimmt sein.

Daneben werden für den Planer und Anwender besonders die Anforderungen an die Komponenten und an die Qualifikation der Verkabelung von Bedeutung sein, von denen die wesentlichen nachstehend genannt sind.

Kabel

Es müssen Kabel mit symmetrisch verseilten Elementen mit einem Wellenwiderstand von 75 bis 150 Ω bei 96 kHz verwendet werden. Der Isolationswiderstand darf einen Wert von 50 MΩ x km, gemessen mit 500 V Gleichspannung, nicht unterschreiten.

Anschlüsse und Gerätedosen

Die informationstechnischen Anschlüsse müssen DIN EN 60603-7 entsprechen, wobei die Stiftbelegungen nach Tabelle 2 der Norm festgelegt sind. Die Verbindungen dürfen höchstens einen Widerstand von 50 mΩ aufweisen. Abzweigungen können in der Regel an der Rückseite der Anschlüsse ohne Abzweigdosen vorgenommen werden.

Prüfung der Qualifikation der Verkabelung

Die erforderlichen Prüfungen hängen vom Kenntnisstand über die zu prüfende Anlage ab. Parameter, die beispielsweise bei bereits vorhandenen Anlagen nicht durch Sichtkontrollen festzustellen sind, müssen durch entsprechende Messungen nachgewiesen werden.

Unter anderem sind folgende Prüfungen durchzuführen:
- *Stichleitungen* dürfen nicht länger als 1 m sein (Sichtkontrolle oder Messung mit Reflektometer),
- *Unversehrtheit* der Verkabelung (Widerstandsmessungen, um Unterbrechungen, Kurzschlüsse, fehlende Abschlusswiderstände festzustellen),
- ohmscher *Schleifenwiderstand* (Maß für die Ermittlung der maximalen Kabellänge bei bekanntem Leiterquerschnitt),
- *Widerstandsunterschied* (Widerstandsdifferenz zwischen den Leitern eines Paares darf 3 % nicht überschreiten),
- Messen der *Einfügungsdämpfung,* der *Umlaufverzögerung*, des *Wellenwiderstandes* und von Ähnlichem unter Einsatz von speziellen Messgeräten.

DIN EN 50173-1:2003-06
Informationstechnik
Anwendungsneutrale Verkabelungssysteme

Die neu herausgegebene Norm – als Ersatz für DIN EN 50173:2000-07 – legt eine anwendungneutrale Kommunikationsverkabelung fest, die innerhalb von Standorten mit einem oder mehreren Gebäuden verwendet wird. Behandelt werden sowohl Verkabelungen mit symmetrischen Kupferkabeln als auch mit Lichtwellenleiterkabeln. Die Anforderungen der Norm sind optimiert für Standorte, deren größte Entfernung zur Verteilung informationstechnischer Dienste 2000 m beträgt.

Für einen Gebäudekomplex ist eine störungs- und zukunftssichere informationstechnische Verkabelung heute ebenso wichtig wie Heizung, Beleuchtung und Versorgung mit Netzspannung. Durch eine normgerechte Installation sollen Störungen in der Verkabelung mit ihren möglicherweise erheblichen negativen Auswirkungen, z. B. infolge von unzureichender Planung, fehlerhafter Installation oder unzureichender Wartung, auf die Effektivität eines Unternehmens weitgehend verhindert werden.

Die Norm legt dafür ein vom Hersteller unabhängiges, universelles Verkabelungssystem fest und bietet
- den Anwendern ein von bestimmten Anwendungen unabhängiges System, in dem sich Änderungen und Erweiterungen leicht und kostengünstig durchführen lassen,
- den Errichtern und Planern eine Anleitung für die Planung und Installation von Verkabelungssystemen in Gebäuden.

Festgelegt sind unter anderem dafür
– die Struktur und der Mindestumfang eines anwendungsneutralen Verkabelungssystems,
– die Anforderungen an die Realisierung der einzelnen Strecken der Verkabelung sowie an ihre Leistungsparameter,
– die Konformitätsanforderungen und Grenzwerte zur Überprüfung der Normenkonformität der Verkabelungssysteme.

Im Zuge der Neubearbeitung der Norm wurden alle die Festlegungen zur Erdung und zum Potentialausgleich, zur Schirmung von Kupferkabeln und zu den messtechnischen Prüfverfahren der Verkabelung gestrichen. Diese Themen werden in den Normen DIN EN 50174-2 (VDE 0800 Teil 174-2), DIN EN 50310 (VDE 0800 Teil 2-310) und DIN EN 50346 behandelt.

Struktur des Verkabelungssystems

Im diesem Abschnitt der Norm ist die Struktur des Verkabelungssystems vom Standortverteiler bis zum informationstechnischen Anschluss für das Endgerät beschrieben. Aufgezeigt werden Möglichkeiten zum Aufbau des Systems, zur Anordnung der Verteiler, zur Dimensionierung und Konfiguration.

Jeder Arbeitsplatz sollte mindestens zwei informationstechnische Anschlüsse erhalten. Während mindestens ein Anschluss mit einem vierpaarigen symmetrischen Kupferkabel versorgt wird, müssen die weiteren Anschlüsse mit symmetrischen Kabeln oder Lichtwellenleiterkabeln versehen werden.

Die installierten Anschlüsse sollten gleichmäßig über die gesamte nutzbare Fläche verteilt werden und leicht zugänglich sein. Als Richtwert werden zwei informationstechnische Anschlüsse pro 10 m² Nutzfläche gefordert.

Realisierung des Verkabelungssystems

Neben Anforderungen an die empfohlenen Kabelarten entsprechend den Klassifizierungen A (bis 100 kHz) bis F (bis 600 MHz) werden in diesem Abschnitt die maximal zulässigen Kabellängen festgelegt. Diese sind im Gegensatz zur Vorausgabe abhängig von der gewählten Ausführung des Systems, d. h., die Grenzlängen sind in Abhängigkeit von der Ausführung der Verkabelung mit Hilfe von frequenzabhängigen Formeln zu ermitteln.

Weiter werden folgende Punkte detailliert behandelt:
- Festlegungen zum Leistungsvermögen von Installations- und Übertragungsstrecken, ihre Klassifizierung und zulässigen Dämpfungswerte,
- Leistungsanforderungen an Kabel und an deren zu erfüllenden Eigenschaften,
- Anforderungen an die elektrischen und mechanischen Eigenschaften von Verbindern und an deren Montage für Kupfer- und Lichtwellenleiter.

Weitere Anforderungen an das Leistungsvermögen der Verkabelungsstrecken, die zulässigen Grenzwerte und Hinweise auf die unterstützten Netzanwendungen können dem Anhang der Norm entnommen werden.

DIN EN 50174-1:2001-09
Informationstechnik
Installation von Kommunikationsverkabelung
Teil 1: Spezifikation und Qualitätssicherung

Die neu herausgegebene Norm ist als Teil 1 das erste Dokument einer auf drei Teile angelegten Normenreihe, welche die vielfältigen Anforderungen und Aspekte bei der Planung, Ausführung und den Betrieb von Kommunikationsverkabelungen für informationstechnische Zwecke behandelt. Die Norm gilt für Verkabelungen mit symmetrischen Kupferleitern und mit Lichtwellenleitern.

Der zweite Teil der Normenreihe enthält im Wesentlichen Festlegungen zur Installationspraxis innerhalb von Gebäuden, zur elektrischen Sicherheit, zur elektromagnetischen Verträglichkeit und zu funktionalen Problemen, die aus der Anwendung unterschiedlicher Systeme der Wechselstromverteilungsanlagen resultieren. Der dritte Teil mit Anforderungen für die Installation von Kommunikationsverkabelungen im Freien befindet sich zur Zeit noch in der Beratung.

Mit der neuen Normenreihe steht dem Anwender bei der Planung von Gebäuden und der darin vorgesehenen Kommunikationsverkabelung sowie während der Errichtungs- und Betriebsphase ein Normenwerk zur Verfügung, welches alle wesentlichen Gesichtspunkte abdeckt.

Während der Entwurfsphase sind zusätzlich die Normen DIN EN 50173 und DIN EN 50098 Teile 1 und 2 zu berücksichtigen.

Im Folgenden werden einige, für die Installation und den Betrieb wesentliche Anforderungen der Norm näher erläutert.

Auswahl der Verkabelungssysteme

Bei der Auswahl der Systeme muss sichergestellt werden, dass die Leistungsfähigkeit der Verkabelung den Anforderungen der zu unterstützenden informationstechnischen Anwendungen genügt. Die Bedingungen, die an Kabel, Verbindungstechniken, Schirmungen und Ähnlichem gestellt werden, sind im Wesentlichen von den Entfernungen und Bandbreiten abhängig, die für die Netzanwendungen zur Verfügung zu stellen sind.

Anschlusspunkte

Anschlusspunkte müssen unter Berücksichtigung der Arbeitsplätze (Anschluss von Endeinrichtungen) und im Hinblick auf das Leistungsvermögen der Verkabelung, wie zulässige Länge zwischen den Anschlusspunkten und den Verteilern, nach DIN EN 50173 festgelegt werden.

Die Anordnung der Anschlusspunkte muss

- während der Installation und dem Anschluss der Kabel,
- während der Installation von aktiven Übertragungseinrichtungen und
- während des Betriebes, zum Trennen, Wiederanschließen und Prüfen von Kabeln für Übertragungs- und Endeinrichtungen

einen sicheren Zugang ermöglichen und ausreichend Platz zur Verfügung stellen. Ebenso sollte bei der Anordnung eine später mögliche Installation von zusätzlichen Anschlusspunkten berücksichtigt werden.

Weiter ist deren physikalische, klimatische und elektromagnetische Umgebung bei der Anordnung zu berücksichtigen.

Rahmen und Schränke

Rahmen und Schränke müssen jederzeit zugänglich sein und unter Berücksichtigung einer ausreichenden Etagenbelastbarkeit und dem sicheren Transport von Komponenten aufgestellt werden.

Eine Montage in Toiletten und Küchen, im Bereich von Fluchtwegen, in abgehängten Decken oder Doppelböden und dergleichen ist nicht zulässig.

Unter anderem sind bei der Auswahl und Aufstellung folgende Punkte zu beachten:
- Der Zwischenraum muss zu allen zugänglichen Seiten der Rahmen und Schränke mindestens 1,2 m betragen.
- Alle Verbindungspunkte müssen in einer sicheren Arbeitshöhe angebracht werden, um das Eindringen von Staub, Wasser (einschließlich Überflutung) oder anderer Verunreinigungen zu verhindern.
- Die Anforderungen an die Kabelinstallation einschließlich Biegeradius, Zugbeanspruchung, Quetschung und ausreichender Platz für die Kabelwege und Montageeinheiten sind zu gewährleisten.
- Eine ausreichende Beleuchtung ist notwendig, um die Installation, den Betrieb und die Instandhaltung der Verkabelung und Geräte zu ermöglichen.

Kabelwege

Bei der Festlegung der Kabelwege sollten Quellen für Wärme, Feuchtigkeit und Schwingungen gemieden werden, wenn diese eine Gefahr für Beschädigungen oder Beeinträchtigungen der Leistungsfähigkeit der Verkabelung mit sich bringen.

Die Kabelwege müssen:
- zugänglich sein,
- die Installation, Instandsetzung und Instandhaltung ohne Gefahren für das Personal ermöglichen und
- die Installation der Kabel unter Einhaltung der kleinsten zulässigen Biegeradien erlauben.

Kabelwege, die innerhalb von Gebäuden unter Verwendung von geschlossenen Kabelkanälen oder Elektroinstallationsrohren erstellt werden, sollten in einem Abstand von maximal 12 m durch ausreichend große Zugdosen zugänglich sein. Die Systeme sind so auszuwählen und zu installieren, dass sich darin kein Wasser bzw. andere Flüssigkeiten ansammeln können.

Leitende Kabelwegsysteme, die aus mehreren Elementen bestehen, müssen zur Verringerung der elektromagnetischen Beeinflussung der Kabel gut leitend untereinander und mit dem Potentialausgleich des Gebäudes verbunden werden.

Die Abmessungen der Kabelwegsysteme sind so zu wählen, dass der nutzbare Platz etwa doppelt so groß ist wie der Platzbedarf der ursprünglich vorgesehenen Menge an Kabeln.

Dokumentation

Der Umfang der Dokumentation wird in der Installationsspezifikation nach den Empfehlungen der Norm festgelegt. Die Dokumentation sollte alle technischen und vertragsrechtlichen Gesichtspunkte abdecken und unter anderem Folgendes enthalten:

- Lieferinformationen, Konformitätsnachweise, Aufzeichnungen über Kabelabnahmeprüfungen usw.,
- Lagepläne, die die Identifikation und Lage der Knoten, Kabelwege, Anschlusspunkte, Schränke und Gestelle ermöglichen,
- Informationen über Knoten, Kabelwege und andere Komponenten entsprechend der tatsächlichen Ausführung,
- Aufzeichnungen über Abnahmeprüfungen der Installation sowie
- Einzelheiten über Erdung und Potentialausgleich.

DIN EN 50174-2
(VDE 0800 Teil 174-2):2001-09
Informationstechnik
Installation von Kommunikationsverkabelung
Teil 2: Installationsplanung und -praxis in Gebäuden

Die neu herausgegebene Norm legt die Anforderungen an Planung, Ausführung und Betrieb von informationstechnischen Verkabelungen mit symmetrischen Kupferleitern und/oder Lichtwellenleitern fest. Sie wendet sich insbesondere an Planer und Errichter, die direkt in die Ausführungsphase eingebunden sind, richtet sich aber ebenso auch an Entwickler, Instandhaltungspersonal, Benutzer oder ähnlichen Personen. Die Norm ist ein teilweiser Ersatz für DIN VDE 0800-4 (VDE 0800 Teil 4):1986-03 und ersetzt deren Abschnitte 2, 3 und 4, soweit diese die Verkabelung von Gebäuden betreffen, sowie ergänzt und ersetzt die Abschnitte 7.1, 7.5 und 7.6.

Enthalten sind in der Norm detaillierte Anforderungen und Leitlinien bezüglich der Planung und Installationspraktiken, in denen unter anderem Folgendes festgelegt ist:

- die Planung in Abhängigkeit von der Anwendung, von der *elektromagnetischen Umgebung,* von der Infrastruktur des Gebäudes und von den notwendigen Einrichtungen,
- die Installationsregeln für Kupfer- und Lichtwellenleiter-Verkabelungen unter den vorstehenden Abhängigkeiten,
- die Anforderungen an einen zufriedenstellenden Betrieb der Verkabelung und
- die Praktiken und Prozeduren, die sicherstellen, dass die Verkabelung den geforderten Spezifikationen entspricht.

Neben den allgemeinen Anforderungen an die Sicherheit von informationstechnischen Verkabelungen wer-

den für den Anwender der Norm besonders die Ausführungen zu folgenden Themen von wesentlicher Bedeutung sein:
- *allgemeine Installationspraktiken* für metallene Verkabelung und Lichtwellenleiterverkabelung (Vorbereitung von Installation und Kabelweg, Verkabelungspraktiken, Installation von Gestellen usw.),
- *zusätzliche Installationspraktiken für metallene Verkabelung* (EMV-Betrachtungen, symmetrische Übertragung, Installationsleitlinien, Stromverteilungsanlagen im Gebäude und deren Erdungsverhältnisse, Abstand und Trennung zwischen Kabeln und Leitungen der Informations- und Energietechnik, Verlegung in metallenen und nichtmetallenen Kabelführungssystemen, Erdungs- und Potentialausgleichsanlagen, Anwendung von Filtern),
- *Einsatz von Überspannungsschutzgeräten* (Schutz gegen Blitzschlag, Schutz gegen elektrostatische Entladung bei metallener Verkabelung),
- *zusätzliche Installationspraktiken bei Lichtwellenleiterverkabelung* (Verbindungs- und Anschlusspraktiken bei Lichtwellenleitern)

Dem Praktiker werden besonders die umfangreichen Erläuterungen zur Verringerung von unerwünschter elektromagnetischer Beeinflussung in informationstechnischen Verkabelungen wertvolle Hinweise zur einer EMV-gerechten Verkabelung geben. Die Erläuterungen werden durch leicht verständliche Skizzen und Bilder ergänzt, die einfach in die Praxis umzusetzen sind.

DIN EN 50346:2003-06
Informationstechnik
Installation von Verkabelung
Prüfen installierter Verkabelung

Die neu herausgegebene Norm legt verschiedene Verfahren zur Prüfung des Leistungsvermögens von informationstechnischer Verkabelung fest. Die Verfahren sind sowohl für symmetrische Kupferverkabelungen als auch für Verkabelungen mit Lichtwellenleiterkabeln anwendbar. Die Prüfungen werden üblicherweise zu bestimmten Übergabezeitpunkten vorgenommen und werden verwendet:
- für Abnahmemessungen nach den Grenzwerten für das Leistungsvermögen der Verkabelung,
- für Überprüfungen zur Feststellung der Unterstützung bestimmter Anwendungen der Verkabelung sowie
- für die Fehlersuche.

Die bei der Prüfung ermittelten Ergebnisse sind mit den zulässigen Grenzwerten in den einschlägigen

Normen, z. B. der DIN EN 50173-1, zu vergleichen und zu dokumentieren.

Die Norm enthält
- Prüfverfahren zu den allgemeinen Anforderungen (Lage der Mess- und Prüfschnittstellen, Sicherheitsanforderungen für Prüfverfahren; Prüfaufbau, Normalisierung und Kalibrierung; Umwelteigenschaften; Prüfergebnisse, Dokumentation),
- Prüfparameter für symmetrische Kupferverkabelung (Länge, Laufzeit, Laufzeitunterschied; Dämpfung, Gleichstrom-Schleifenwiderstand, Widerstandsunterschied) und
- Prüfparameter für Lichtwellenleiter-Verkabelung (Laufzeit, Länge, Abstand zwischen installierten Komponenten, Dämpfung).

DIN EN 60794-1-1 (VDE 0888 Teil 100-1)
Teil 1-1: Lichtwellenleiterkabel – Allgemeines

Die Norm gilt für Lichtwellenleiterkabel (LWL-Kabel) sowie für Kabel mit einer Kombination aus Lichtwellenleitern und elektrischen Leitern die für die Verwendung in Telekommunikationseinrichtungen vorgesehen sind.

Zweck ist die Festlegung einheitlicher Anforderungen an die Eigenschaften der Kabel und an deren Verlegung.

Neben den Prüfbestimmungen, die im Wesentlichen Bedeutung für die Hersteller der Lichtwellenleiterkabel haben, wird für den Anwender der *„Leitfaden für die Verlegung von LWL-Kabeln"* im Anhang A der Norm von besonderem Interesse sein.

Die Verfahren und Methoden bei der Verlegung von LWL-Kabeln können deren Übertragungskennwerte langfristig beeinflussen, ohne dass dieses unmittelbar sichtbare Schädigungen oder Übertragungsverluste verursacht. Personen, die LWL-Kabel verlegen, sollten deshalb umfassend über die Anwendung der richtigen Verlegeverfahren und über die möglichen negativen Auswirkungen bei unsachgemäßer Handhabung unterrichtet sein.

Verlegeverfahren für LWL-Kabel
Grundsätzlich sind für die Verlegung von LWL-Kabeln die gleichen Aspekte zu berücksichtigen wie bei anderen Kabeln und Leitungen. Unterschieden wird eine Verlegung
- innerhalb von erdverlegten Kanälen,
- als Luftkabel,
- in Druckluftsystemen,
- als erdverlegte Kabel in Gräben und
- als Innenraumkabel.

Unabhängig von der Art der Verle-

gung der Kabel sind folgende Gesichtspunkte, die immer wieder zu Schäden an den Fasern führen, besonders zu beachten bzw. zu vermeiden:
- unzulässige Biegebeanspruchungen durch zu geringe Biegeradien oder durch Knicken des Kabels (Mindestbiegeradius etwa 20facher Kabeldurchmesser).
- erhöhte Zugbeanspruchungen beim Einziehen in Rohre, Kanäle oder ähnlichem.
- Verringerung der Reibung beim Einziehen durch Schmieren mit geeigneten, mit dem Kabelmantel verträglichen Schmiermitteln.
- ausreichende Längenzugabe für Verbindungen.
- bei Erdverlegung in steinigen Böden unterhalb und oberhalb der Kabel mindestens 15 cm Sand oder steinfreie Erde einbringen. Verdichtungsgeräte und -maschinen nur einsetzen, wenn die Überdeckung des Kabels mindestens 30 cm beträgt.
- Verlegung nur bei Temperaturen, die innerhalb des vom Hersteller genannten Temperaturbereichs liegen.

Weiter sind die Verlegehinweise in den Normenreihen DIN EN 50173 und DIN EN 50174 zu berücksichtigen.

DIN EN 61663-1 (VDE 0845 Teil 4-1):2000-07
Blitzschutz – Telekommunikationsanlagen
Teil 1: Lichtwellenleiteranlagen

Die Norm liefert dem Anwender Hinweise zum Blitzschutz von Telekommunikationsleitungen, die in Lichtwellenleitertechnik ausgeführt sind.

Damit soll die Anzahl möglicher Schäden durch Blitzeinwirkungen in solchen Anlagen so beschränkt werden, dass sie gleich oder geringer ist als die rechnerisch ermittelte, maximal zulässige Schadenshäufigkeit einer bestimmten Anlage.

Die Norm beschreibt dazu Verfahren zur Ermittlung der möglichen Anzahl von Schäden (Schadenshäufigkeit) durch direkte Blitzeinwirkungen und zur Auswahl der anwendbaren Schutzmaßnahmen. Maßnahmen zur Verminderung des Schadensrisikos werden immer dann erforderlich, wenn die Anzahl der möglicherweise eintretenden Schäden größer ist als die Zahl der akzeptierten Schäden.

Schutzmaßnahmen gegen Blitzeinwirkungen

Bei Lichtwellenleiterkabeln können folgende Maßnahmen zum Schutz gegen direkte Blitzeinwirkungen in Betracht gezogen werden:

a) Einsatz von dielektrischen oder metallfreien Kabeln. Bei Erdkabeln solcher Art sind als Nachteile jedoch die geringere Widerstandsfähigkeit gegen eindringende Feuchtigkeit und die Schwierigkeiten bei ihrer Ortung, z. B. im Zuge von Wartungsarbeiten, sowie die geringere Zugfestigkeit zu beachten.

b) Verwendung von Lichtwellenleiter-Erdkabeln mit zusätzlichen Schirmleitern, die oberhalb der zu schützenden Kabel verlegt werden. Von den Schirmleitern wird bei Blitzeinschlägen ein Teil des Blitzstromes übernommen und somit der Stromanteil auf den geschützten Kabeln entsprechend reduziert. Voraussetzung ist eine durchgehende Verbindung der Schirmleiter und der einwandfreie Potentialausgleich mit allen metallischen Elementen der Lichtwellenleiterkabel. Dieses kann entweder direkt durch den Anschluss an Potentialausgleichsschienen erfolgen oder wenn ein direkter Anschluss nicht möglich ist, indirekt über geeignete Überspannungsschutzgeräte.

c) Erhöhung der Verfügbarkeit durch Trassenredundanz, indem die Funktionssicherheit durch einen parallelen Zweitweg erreicht wird, der in ausreichendem Abstand zum Ersten geführt wird.

DIN EN 61663-2 (VDE 0845 Teil 4-2):2002-07
Blitzschutz – Telekommunikationsleitungen
Teil 2: Leitungen mit metallischen Leitern

Die Norm gilt für den Blitzschutz von Telekommunikations- und Signalleitungen mit metallischen Leitern, die sich außerhalb von Gebäuden befinden. Dazu gehören beispielsweise Telekommunikationsleitungen zur Verbindung mit Vermittlungseinrichtungen, aber auch Telekommunikations- und Signalleitungen zur Verbindung von Einrichtungen in verschiedenen Gebäuden wie ISDN- und/oder Datenleitungen zwischen Rechnern.

Die Norm beschreibt die Risiken, denen solche Leitungen gegenüber direkten und indirekten Blitzeinwirkungen ausgesetzt sind und nennt Maßnahmen zum Schutz der Leitungen und zur Verminderung von möglichen Schäden, die durch Überspannungen und Überströme entstehen können.

Notwendigkeit von Schutzmaßnahmen

Die Notwendigkeit von Schutzmaßnahmen ergibt sich aus dem zulässigen, d. h. in Kauf genommenen Schadensrisikos, und dem tatsächlich auftretenden Schadensrisikos durch direkte und indirekte Blitzeinwirkungen auf die Leitungen sowie die daran angeschlossenen Endeinrichtungen. Dazu ist eine umfangreiche Risikoanalyse entsprechend den Vorgaben im Anhang dieser Norm vorzunehmen. Die Vorgehensweise ist vergleichbar mit der Risikoanalyse von Blitzeinwirkungen auf Gebäude nach DIN V VDE 0185-2 (VDE V 0185 Teil 2).

Schutzmaßnahmen gegen direkte Blitzeinwirkungen

Das Schadensrisiko durch direkte Blitzeinwirkungen auf Kabel und Leitungen kann durch eine oder mehrere der folgenden Maßnahmen verringert werden:

- Installation von erdverlegten Kabeln anstelle von Freileitungen,
- Verwendung von gut geschirmten Kabeln und Leitungen anstelle von ungeschirmten bzw. von solchen mit geringem Schirmfaktor,
- Verlegung in metallischen Schutzrohren oder Kanälen,
- Verlegung von separaten Schirmleitern (Erdungsleitern) oberhalb der Kabel und Leitungen,
- Einsatz von Überspannungsschutzgeräten und/oder
- Verwendung von Kabel- und Leitungstypen mit höherer Überspannungsfestigkeit in Verbindung mit Überspannungsschutzgeräten.

Die Auswirkungen auf Telekommunikationskabel, -leitungen und -einrichtungen durch direkte Blitzeinwirkungen auf das Gebäude oder auf eingeführte Netzleitungen können nur mit Maßnahmen des äußeren Blitzschutzes und/oder mit Überspannungsschutzgeräten minimiert werden.

Überspannungsschutzgeräte sollten grundsätzlich an allen Gebäudeeintrittsstellen, an den Übergangsstellen zwischen verschiedenen Kabel- und Leitungstypen und an den Schnittstellen zu den Einrichtungen installiert werden. Die Schirme der Kabel und Leitungen sowie die Überspannungsschutzgeräte sind mit dem Potentialausgleich, den Schutzgeräten für die Netzversorgung und den Erdungseinrichtungen zu verbinden.

Grundsätzlich ist zu beachten, dass das Risiko von Schäden mit geeigneten Maßnahmen zwar stark verringert werden kann, ein absoluter Schutz der Telekommunikationsleitungen und -einrichtungen gegen Blitzeinwirkungen jedoch nicht möglich ist.

DIN EN 61935-1:2003-07
Anwendungsneutrale Kommunikationskabelanlagen
Spezifikation für die Prüfung der symmetrischen Kommunikationsverkabelung nach EN 50173
Teil 1: Installierte Verkabelung

Die neu herausgegebene Norm – als Ersatz für DIN EN 61935-1:2001-08 – legt Referenz-Laborprüfverfahren und Feldprüfverfahren zur Bestimmung der Eigenschaften von Verkabelungen fest, die nach der Norm DIN EN 50173 *„Anwendungsneutrale Verkabelungssysteme"* errichtet wurden. Sie gilt ebenso für konfektionierte Kabel, die zur Verwendung in diesem Einsatzbereich bestimmt sind.

Weiter werden in der Norm die Anforderungen an die Genauigkeit der notwendigen Feldprüfgeräte behandelt.

Während früher informationstechnische Verkabelungen für jeden Einsatzbereich einzeln ausgelegt wurden, werden zunehmend anwendungsneutrale Verkabelungssysteme nach DIN EN 50173 angewendet. Neben den üblichen Prüfungen auf Durchgang und Kurzschluss sowie einer Sichtprüfung muss der Anwender bei diesen Systemen weitergehende Prüfungen anwenden, um sicherzustellen, dass die Verkabelung hinsichtlich ihres Übertragungsverhaltens die informationstechnischen Anwendungen ausreichend unterstützt, für die sie erstellt wurde.

Das Übertragungsverhalten ist unter anderem abhängig
- von den Eigenschaften und der Qualität der Kabel,
- von der Anschlusstechnik und der Anzahl der Verbindungen,
- von der Rangierfeld-Verdrahtung sowie
- von der Sorgfalt, mit der das Verkabelungssystem installiert und gewartet wird.

Die nach der Norm durchzuführenden Prüfungen sind unterteilt
- in Referenz-Messverfahren zur Bestimmung der elektrischen Eigenschaften, die für eine Anwendung im Labor und unter Einsatz von Laborausrüstungen vorgesehen sind, sowie
- in die Anforderungen an die Messung elektrischer Eigenschaften bei der Feldprüfung an installierten Verkabelungssystemen, die in Übereinstimmung mit DIN EN 50173 ausgeführt wurden.

Nachfolgend wird nur auf die für den Praktiker wichtigere Feldprüfung von Verkabelungskonfigurationen eingegangen, zu der in der Norm Parameter und Anforderungen für folgende Prüfungen festgelegt sind:
- Beurteilung der fachmännischen

Verarbeitung und Durchgangsprüfung,
- Gleichstrom-Schleifenwiderstand,
- Länge der Übertragungsstrecken,
- Laufzeit und Laufzeitunterschiede,
- Dämpfung, Nebensprech- und Rückflussdämpfung.

Prüfung von Verarbeitung, Ausführung und Verbindungen

Neben der Sichtprüfung der Verkabelung auf Zustand und Qualität der Verarbeitung ist die Kontrolle auf richtige Verschaltung der Leitungsadern von besonderer Bedeutung. Dazu gehören die Prüfung der richtigen Verbindungen der Anschlussstifte an jedem Ende ebenso wie die Prüfung auf Durchgang und Kurzschluss von Leitern sowie auf überkreuzte, vertauschte und aufgespaltene Paare oder sonstige Verbindungsfehler.

Gleichstrom-Schleifenwiderstand

Der Schleifenwiderstand ist die Summe aller Widerstände beider Leiter eines Leiterpaares, die an ihrem fernen Ende kurzgeschlossen werden. Die zulässigen Grenzwerte sind der DIN EN 50173 zu entnehmen. Die zulässige Messunsicherheit beträgt im Bereich zwischen 0 und 50 Ω weniger als 0,1 Ω.

Länge der Übertragungsstrecke

Die physikalische Länge von Übertragungs- und Installationsstrecke ist durch Messen der Längen der einzelnen Kabelsegmente oder durch Messung der „elektrischen" Länge mittels geeigneter Geräte zu bestimmen.

Die elektrische Länge ist abgeleitet von der Laufzeit der Signale und abhängig vom Verseilfaktor und vom Material des Dielektrikums des Kabels. Vor Beginn der Messung der elektrischen Länge ist deshalb die Nennausbreitungsgeschwindigkeit des verwendeten Kabels als Bruchteil der Ausbreitungsgeschwindigkeit des Lichts im Vakuum am betreffenden Messgerät einzustellen. Die Nennausbreitungsgeschwindigkeit kann den Herstellerunterlagen des Kabels entnommen werden oder ist an einem gleichwertigen Kabelmuster mit bekannter Länge zu ermitteln.

Laufzeit und Laufzeitunterschied

Diese frequenzabhängigen Werte dürfen durch Messung des Phasenwinkels bestimmt werden. Für die Feldprüfung sind die Messungen bei einer Frequenz von 10 MHz durchzuführen.

Dämpfung, Rückfluss- und Nebensprechdämpfung

Diese Werte können unter Einsatz geeigneter Feldprüfgeräte aus gewobbelten oder gestuften Frequenz-Spannungs-Messungen abgeleitet werden. Die Anforderungen an solche Feldprüfgeräte und an deren Genauigkeit sowie die Durchführung der Messungen sind in der Norm festgelegt.

Aus- und Weiterbildung

Die neue IT-Weiterbildung 30

Die neue IT-Weiterbildung
Rainer Holtz

Seit Mai 2002 gibt es sie: Die neue IT-Weiterbildungsstruktur. Das BMBF (Bundesministerium für Bildung und Forschung) hat in Zusammenarbeit mit Vertretern der Industrie, Gewerkschaften, dem ZVEI (Zentralverband Elektrotechnik- Elektronikindustrie) und der Fraunhofer-Gesellschaft eine Dokumentation über die neue „IT-Weiterbildung mit System" veröffentlicht. Den Absolventen aus Erstausbildung und Umschulung der einschlägigen IT-Berufe soll dadurch eine neue Perspektive für eine strukturierte Weiterbildung ermöglicht werden. Grund für diese Neuerung ist zum einen die thematisch sehr breit gefächerten Inhalte in den Ausbildungsberufen IT-Systemelektroniker/in, Fachinformatiker/in und in den kaufmännischen IT-Berufen. Ein weiterer Grund ist zum anderen das bundesweit unübersehbare Angebot an Fortbildungslehrgängen mit sehr unterschiedlichen inhaltlichen Schwerpunkten, die eine Vergleichbarkeit unmöglich machen. Die Ausbildung und die Umschulung in den IT-Berufen lässt den Absolventen kaum Möglichkeiten, besondere fachliche Neigungen nach außen darzustellen, geschweige denn, diese innerhalb der Ausbildung zu vertiefen. In der Vergangenheit wurde dieser Umstand von den Unternehmen immer häufiger bemängelt.

Dies alles soll künftig mit einer neu angelegten Weiterbildungsstruktur verbessert werden.

Die Ziele der neuen IT-Weiterbildung sind:
- Vereinheitlichung von Berufsbezeichnungen,
- Vergleichbarkeit von Qualifikationen,
- Einführung von Berufsprofilen für „Seiteneinsteiger",
- Aufstiegsmöglichkeiten für die IT-Berufe,
- einheitliches Prüfungs- und Zertifizierungsverfahrens zur Qualitätssicherung,
- Strukturierung von Tätigkeitsprofilen in der IT-Branche,
- Personalzertifizierung.

Struktur der IT-Weiterbildung

Master-Ebene entspricht Strategische Professionals
- geprüfter Informatiker
- geprüfter Wirtschaftsinformatiker

Bachelor-Ebene entspricht Operative Professionals
- geprüfter IT-Entwickler
- geprüfter IT-Projektleiter
- geprüfter IT-Berater
- geprüfter IT-Ökonom

Spezialisten-Ebene
29 Spezialisten in 6 Funktionsgruppen
- Software Developer
- Solutions Developer
- Technician
- Coordinator
- Administrator
- Advisor

Der Zugang zu den Spezialisten erfolgt über die **IT-Berufe** oder IT-Praktiker mit Zusatznachweis

Aus- und Weiterbildung

Spezialisten

Die Struktur der neuen IT-Weiterbildung wird durch eine Spezialisierungsebene getragen, die sich unmittelbar den einschlägigen Ausbildungsberufen anschließt. Das bedeutet, dass unterschiedliche fachliche Vertiefungsrichtungen mit entsprechenden Profilen bereitstehen. Insgesamt sind 29 Spezialistenprofile hinterlegt, die sich auf sechs Funktionsgruppen wie im **Bild 1** dargestellt verteilen.

Wie wird man IT-Spezialist?

Zuerst muss entsprechend dem gewünschten Profil die Fachkenntnis aus dem Spezialgebiet verfügbar sein. Hierzu gibt es wiederum verschiedene Möglichkeiten, diese zu erlangen, wenn sie noch nicht (oder nicht mehr) zur Verfügung stehen. Das Bildungsangebot innerhalb der Bundesrepublik wird sich in naher Zukunft den Inhalten stellen und entsprechende Kurse in Abend- oder Vollzeitlehrgängen anbieten. Ein Abschluss wird durch eine dem Profil angepasste Prüfung erreicht, die von einer zugelassenen Zertifizierungsstelle abgenommen wird. In der Regel wird die prüfende Stelle auch ein entsprechendes Zertifikat erstellen.

Wichtig: Auch die Bildungsstätte, die an der Erreichung dieses Ziels beteiligt ist, z. B. durch unterstützende oder vorbereitende Lehrgänge, muss zertifiziert sein!

Die Dauer der fachlichen Vorbereitung, z. B. in Form von Voll- oder Teilzeitlehrgängen, ist nicht festge-

1. Software Developer	2. Coordinator	3. Solutions Developer
1.1 IT Systems Analyst 1.2 IT Systems Developer 1.3 Software Developer 1.4 Database Developer 1.5 User Interface Developer 1.6 Mulimedia Developer	2.1 IT Project Coordinator 2.2 IT Configuration Coordinator 2.3 IT Quality Management Coordinator 2.4 IT Test Coordinator 2.5 IT Technical Writer	3.1 Business Systems Advisor 3.2 E Marketing Developer 3.3 E Logistic Developer 3.4 Knowledge management System Developer 3.5 IT Security Coordinator 3.6 Network Developer
4. Technician	5. Administrator	6. Advisor
4.1 Component Technician 4.2 Industrial IT Systems Technician 4.3 Securtity Technician	5.1 Network Administrator 5.2 IT Sytems Administrator 5.3 Database Administrator 5.4 Web Administrator 5.5 Business Systems Administrator	6.1 IR Service Advisor 6.2 IT Trainer 6.3 IT Product Coordinator 6.4 Sales Advisor

Bild 1 *Spezialistenprofile*

legt. Entscheidend sind der Wissenstand des Einzelnen und das verfügbare Angebot der Bildungsträger. Seiteneinsteiger sollten hier eher längerfristig angelegte Lehrgänge favorisieren.

Die Prüfung

Ein Spezialistenprofil wird durch die Umsetzung einer Projektarbeit erreicht. Dabei ist vor allem zu beachten, dass es ein betriebliches Projekt sein muss, was damit auch in einem betrieblichen Umfeld auszuführen ist. Es gilt, die auftretenden Fragen und Probleme möglichst selbstständig zu lösen. Während der Projektphase steht ein Coach zur Verfügung, der im Notfall fachliche Hilfestellung geben kann. Die Prüfung besteht im Wesentlichen aus einem betrieblichen Prozess, der während der Arbeit im zukünftigen Umfeld zu erarbeiten ist. Diese Methode des Lernens wird auch als Arbeits-Prozess-Orientierte-(APO-)Weiterbildung bezeichnet. Für die Auswahl eines geeigneten Projektes stehen in absehbarer Zeit für die Spezialistenprofile Referenzprojekte bereit, aus denen mit entsprechenden Anpassungen, ein so genanntes Transferprojekt gebildet wird. Die Durchführung und Dokumentation dieses Projektes ist als eigentliche Prüfungsleistung zu verstehen. Die Zertifizierung erfolgt, wenn der Bewerber zu seinem Projekt ein abschließendes Fachgespräch erfolgreich geführt hat. Das Fachgespräch wird ca. 60 Minuten dauern. Es besteht zur Hälfte aus einer Präsentation und zur anderen Hälfte aus der Beantwortung von Fragen, die aus der Präsentation entstanden sind. Wichtig in diesem Zusammenhang ist der Hinweis, dass ein Spezialist keine in einer Verordnung festgelegte Berufbezeichnung ist. Es handelt sich hier um eine reine Fortbildung (durch Spezialisierung) und nicht um einen Ersatz für eine abgeschlossene Berufsausbildung. Gleichzeitig ist eine Zertifizierung als Spezialist Grundlage für den Einstieg in die nachfolgenden Ebenen der Weiterbildungsstruktur.

Zulassungsbedingungen

Aus der Grafik lässt sich ableiten, dass alle Personen, die eine abgeschlossene Berufsausbildung in einem der IT-Berufe aufweisen, sich unmittelbar innerhalb der Spezialistenebene weiterbilden können. Die neue IT-Weiterbildung hat aber außerdem das Ziel, auch Personen ohne entsprechende Berufsausbildung in die Struktur aufzunehmen. Das bedeutet, dass auch berufsfremde Personen mit entsprechenden Voraussetzungen als „Seiteneinsteiger" in die Spezialistenebene einbezogen werden können.

Betriebsführung

Erfolgreiche Unternehmensführung – gewusst wie!

Mit diesem Marketing-Erfolgswerk von U. C. Heckner und R. Meier ist es gelungen, die vielschichtigen und komplexen betriebswirtschaftlichen Zusammenhänge verständlich, praxisnah und überschaubar darzulegen, ohne Spezialkenntnisse vorauszusetzen.

Der Unternehmer im Elektrohandwerk erhält speziell auf seine Branche bezogenes Knowhow inklusive Analysewerkzeugen, Handlungsanleitungen und Arbeitsmitteln, die er sofort in der Praxis einsetzen kann.

Präzise erhält er Antworten auf Fragen, die sich ihm täglich stellen:

- ◆ Wie stehe ich wirtschaftlich da?
- ◆ Wie definiere ich Ziele, damit ich sie erreiche?
- ◆ Wie finde ich heraus, womit ich morgen mein Geld verdienen kann?
- ◆ Wie verkaufe ich meine Leistungen richtig?
- ◆ Wie investiere ich Geld für Werbung und Öffentlichkeitsarbeit richtig?
- ◆ Wie muss ich Kontrollen einsetzen, um mehr Erfolg, aber gleichzeitig auch weniger Stress zu haben?

Erfolgreiche Unternehmensführung
Marketing im Tagesgeschäft

2., völlig neu bearb. Aufl. 200.
530 Seiten. A4-Ordner.
€ 78,– sFr 125,–
ISBN 3-8101-0159-1

Telefon 0 62 21/4 89-5 55
Telefax 0 62 21/4 89-6 23
E-Mail: de-buchservice@online-de.de
http://www.online-de.de

HÜTHIG & PFLAUM VERLAG

Diese Voraussetzungen sind:
- eine abgeschlossene Berufsausbildung in einem Nicht-IT-Beruf **und** der Nachweis, dass mindestens ein Jahr Berufserfahrung in einer dem IT-Berufsbild entsprechenden Tätigkeit vorliegt (z. B: als Netzwerkbetreuer o. Ä.).

oder

- keine abgeschlossene Berufsausbildung **und** vier Jahre Erfahrung in einem IT-typischen Arbeitsumfeld.

Gültigkeit der Zertifikate

Die Gültigkeitsdauer der Zertifizierung beträgt drei Jahre, gerechnet von dem Tag der Ausstellung des Zertifikats.

Nach Ablauf der Gültigkeitsdauer darf die Zertifizierung durch eine unabhängige Zertifizierungsstelle für eine weitere Gültigkeitsdauer von drei Jahren erneuert werden. Dazu wird eine weitere Prüfung in dem Spezialgebiet abgelegt, die vom Umfang geringer als bei der Erstzertifizierung sein wird.

Operative Professionals (Bachelor-Ebene)

Die nächste Stufe der Weiterbildung zeigt die Ebene der „operativen Professionals". Der Begriff **Bachelor** (lat.: **Bakkalaureus**) wird vorrangig für Studiengänge mit international vergleichbaren Inhalten verwendet und kennzeichnet einen ersten akademischen und gleichzeitig eigenständigen, berufsqualifizierenden Grad. Bachelor-Studiengänge weisen eine stärkere Konzentration auf ein wissenschaftliches Kernfach auf als üblich. Der Bachelor-Begriff im Rahmen der IT-Weiterbildung bezieht sich daher nur auf die fachliche Konzentration und ersetzt keinen Hochschulabschluss.

Die der Bachelor-Ebene zugeordneten vier Qualifikationsrichtungen sind nicht weiter gegliedert. Ähnlich wie bei den Spezialistenprofilen wird auch hier als Prüfung ein Prüfungsprojekt durchgeführt. Die operativen Professionals sind in einer Verordnung festgelegte Berufsbilder. Sie sind befähigt, Geschäftsprozesse in den Bereichen Entwicklung, Organisation, Beratung oder Vertrieb und Marketing zu gestalten sowie Aufgaben der Mitarbeiterführung wahrzunehmen.

Prüfungsvoraussetzung

Fachkenntnisse mindestens einem Spezialistenprofil entsprechend und ein Berufsabschluss bzw. entsprechende Berufspraxis.

Prüfungsinhalte

1. betriebliche IT-Prozesse

Erstellung einer Dokumentation über ein praxisrelevantes Projekt, Präsentation des Projektes (20 bis 30 min) und ein Fachgespräch.

2. **profilspezifische Fachaufgaben**
   Bearbeitung von 3 Situationsaufgaben (max. 540 min), wobei eine Aufgabe in Englisch zu bearbeiten ist.
3. **Mitarbeiterführung und Personalmanagement**
   Bearbeitung von 2 Situationsaufgaben (max. 240 min) und eine praktische Demonstration (ca. 30 min).

Master

Die höchste Ebene ist die Master-Ebene. Sie wird innerhalb der Weiterbildungsstruktur als die Ebene der **strategischen Professionals** bezeichnet. Der **Master** (lat.: **Magister**) ist ein weiterer berufsqualifizierender Grad, der nur erworben werden kann, wenn bereits ein erster berufsqualifizierender Grad vorliegt, zum Beispiel ein Bachelor-Abschluss. Um auch hier die Parallelen zu entsprechenden Studiengängen mit Master-Abschluss aufzuzeigen: Die Master-Ebene ersetzt auch innerhalb der IT-Weiterbildung keinen Hochschulabschluss. Im Sinne der IT-Weiterbildung soll mit dem Master-Begriff die internationale Vergleichbarkeit von Abschlüssen auf dieser Ebene verdeutlicht werden. Die Anforderungen an fachliche und methodische Kompetenz des Teilnehmers sind in dieser Stufe jedoch besonders hoch.

Wie bei dem operativen Professional handelt es sich auch bei dem strategischen Professional um eine, in einer Verordnung festgelegte Berufsbezeichnung. Strategische Professionals sind befähigt, die IT-Geschäftsfelder eines Unternehmens dauerhaft am Markt strategisch zu positionieren und entsprechend fortzuentwickeln sowie strategische Allianzen und Partnerschaften zu schließen.

Prüfungsvoraussetzung
Abschluß als operativer Professional oder ein Hochschulabschluss im IT-Bereich

Prüfungsinhalte
1. **strategische Prozesse**
   Erstellung einer *Fallstudie* über strategische Unternehmensentscheidung (max. 10 Arbeitstage), Präsentation dieser Fallstudie (20 bis 30 min) sowie ein Fachgespräch
2. **Projekt- und Geschäftsbeziehungen**
   Bearbeitung einer Situationsaufgabe in einem internationalen Geschäftsprozess (max. 180 min).
3. **strategisches Personalmanagement**
   Führen eines situationsbezogenen Gespräches (ca. 60 min).

Wichtig:

Die Dauer der Ausbildung zum operativen oder strategischen Professional bzw. die Dauer der fachlichen Vorbereitung durch Lehrgänge ist zeitlich nicht festgelegt. Es ist davon auszugehen, dass bis zum Abschluss je nach Angebot 12 bis 24 Monate benötigt werden.

Auch wenn in der IT-Weiterbildung Begriffe eingesetzt werden, die bisher hauptsächlich im Zusammenhang mit Studiengängen verwendet wurden (Bachelor und Master), dürfen sie hier nicht mit Abschlüssen aus dem Hochschulbereich verglichen werden. Ein strategischer oder operativer Professional ersetzt keinen Ingenieurabschluss oder Ähnliches.

Weitere Informationen:

www.apo-it.de
www.kibnet-net.de
www.it-sektorkomitee.de

Prüfungsvorbereitung leicht gemacht

Gerhard Ebner
Prüfungsvorbereitung für Informationselektroniker
Fachkunde Geräte- und Systemtechnik
3., völlig neu bearb. u. erw. Aufl. 2003.
283 Seiten. Kart. Mit CD-ROM.
€ 28,– sFr 47,10
ISBN 3-7785-2874-2

In diesem Buch sind Fragen und Antworten sowie ganzheitliche Aufgaben und Lösungen zu allen relevanten Prüfungsinhalten des Informationselektronikers insbesondere mit dem Schwerpunkt Geräte- und Systemtechnik enthalten:
Von Antennentechnik über digitale Audiotechnik, Bauteile, Digitaltechnik, Fernsehtechnik, Geschäftsprozess, Kommunikationstechnik, Messtechnik, Modulation, PC-Technik, Rundfunktechnik, Systemkonzeption uvm. bis Werkstoffkunde reicht das behandelte Themenspektrum. Die Beilage-CD-ROM enthält Herstellerunterlagen, Datenblätter und Preislisten. Damit ermöglicht dieses Buch eine zielgerichtete, effektive und praxisnahe Prüfungsvorbereitung.

Gerhard Ebner
Schaltungskunde für Informationselektroniker
Schwerpunkt Geräte- und Systemtechnik
Fragen und Antworten
2., überarb. u. erw. Aufl. 1999.
166 Seiten. Kart.
€ 24,50 sFr 41,30
ISBN 3-7785-2705-3

Neben Grund- und Versorgungsschaltungen umfassen die Fragenkomplexe den gesamten Gerätebereich (Video-/Audiogeräte, Videorecorder und Rundfunkempfänger) sowie Bedienteile, Datentechnik und Antennenanlagen.

Hüthig Fachverlage
Im Weiher 10, D-69121 Heidelberg
Tel. 0 62 21/4 89-5 55, Fax: 0 62 21/4 89-6 23
kundenservice@huethig.de, www.huethig.de

Systeme und Geräte der Telekommunikation

Das Telefonnetz	41
Das ISDN-Netz	42
ADSL	50
Die Stromversorgung der ISDN-Geräte	52
Komforttelefone für ISDN	53
Schnurlose Telefone	56
Telekommunikationsanlagen für ISDN	58
Der analoge Teilnehmeranschluss	59
Die analoge Telekommunikations-Anschlusseinheit	60
Die Speisung analoger Teilnehmeranschlüsse	63
Der analoge Fernsprechapparat	64
Die Wählverfahren in analogen Zugangsnetzen	66
Zusatzeinrichtungen (analog)	67
Sicherheit von Fernmeldeanlagen	72
Fernkopieren, Telefax	74

Jan de Vries / Gerd Ballewski
Telefon-/ISDN-Installationen
Grundlagen • Recht • Praxis

**3., neu bearbeitete und
erweiterte Auflage 2002.
351 Seiten. Gebunden.
€ 39,80 sFr 66,50
ISBN 3-7785-2891-2**

Die dritte Auflage dieses bewährten Handbuches enthält wichtige Grundinformationen über Netze, Netzbetreiber und Diensteanbieter, gesetzliche Rahmenbedingungen, Zulassung und Qualitätssicherung. Erläutert werden außerdem die Funktionsprinzipien aller wichtigen Geräte. Ein umfangreicher Praxisteil erklärt Ihnen die verschiedenen Anschlussmöglichkeiten bis ins Detail. Ein spezielles Kapitel mit 50 Checklisten hilft bei der Fehlersuche und Störungsbeseitigung. Völlig neu aufgenommen wurde das Thema xDSL.

Das Buch bietet somit nicht nur einen versändlichen Einstieg in die Materie sondern ist darüber hinaus ein praktisches Nachschlagewerk – nicht zuletzt für erfahrene Fachkräfte, die Detailfragen geklärt oder Grundsätzliches verdeutlicht wissen möchten. Mit seiner verständlichen Darstellung dieser komplexen Materie bietet dieses Werk aber auch Nichtfachleuten nützliche Anleitung bei eigenen Telefon-, ISDN- oder xDSL-Installationen.

Hüthig Fachverlage
Im Weiher 10, D-69121 Heidelberg
Telefon 0 62 21/4 89-5 55, Fax 0 62 21/4 89-6 23
kundenservice@huethig.de, /www.huethig.de

Das Telefonnetz
Stefan Eiselt

Mit etwa 51 Millionen Telefonanschlüssen stellt das herkömmliche Telefonnetz (T-Net) den umfangreichsten Telekommunikationsdienst dar.

Das Telefonnetz gliedert sich nach **Bild 1** in Vermittlungsbereiche mit Ortsvermittlungsstellen OVSt, Endvermittlungsstellen EVSt, Knotenvermittlungsstellen KVSt, Hauptvermittlungsstellen HVSt und Zentralvermittlungsstellen ZVSt. Entsprechend erfolgt eine Unterteilung in das Ortsnetz, das regionale Netz und das überregionale Weitverkehrsnetz.

In Deutschland werden digitale Übertragungsverfahren benutzt. Insgesamt 5200 Ortsnetze und 8000 Vermittlungsstellen wurden auf Computertechnik umgerüstet.

Die digitalen Systeme sind für Pulscodemodulation PCM mit 30 bis 7680 Kanälen ausgelegt. Richtfunkstrecken arbeiten mit dem digitalen Richtfunksystem DRS. Die flexible Anschaltung verschiedener Wettbewerber-Netze und die schnelle Bereitstellung von Netzkapazitäten ist mit dieser intelligenten digitalen Infrastruktur möglich.

Das gilt auch für den dauerhaften Wechsel eines Kunden zu einem bestimmten Netzbetreiber mit Hilfe einer Voreinstellung (Preselection) und unter Beibehaltung der Rufnummer.

Die Leitung zum Teilnehmer Tln (Hauptanschluss HAs):

Kupfer-Doppeladern mit verschiedenfarbiger Isolation Ader a hellere Farbe, Ader b dunklere Farbe, z. B. weiß/braun, rot/schwarz.

Die Übertragung des analogen Signals vom und zum Endgerät erfolgt mit Niederfrequenz NF von 0,3 ... 3,4 kHz (Bandbreite 3,1 kHz). Bei der digitalen Übertragung ist die Abtastfrequenz 8 kHz. Die Bitrate je Sprechkanal beträgt 64 Kbit/s.

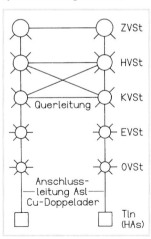

Bild 1 *Aufbau des Telefonnetzes*

Das ISDN-Netz

Stefan Eiselt

Im dienstintegrierenden digitalen Fernmeldenetz ISDN (= Integrated Services Digital Network) stehen z. Z. über 22 Millionen ISDN-Kanäle zur Verfügung, wobei jeweils die Hälfte Privatkunden und Geschäftskunden sind. Es handelt sich dabei um ein digitales Fernmeldenetz (**Bild 1**) zur Übertragung der verschiedensten Dienste in einem Netz. Die ISDN-Dienste sind:

- Fernsprechen mit 3,4 kHz und mit 7 kHz
- Datenübermittlung leitungs- und paketvermittelt
- Datenkommunikation
- Teletex, Telefax, Textfax (Mixed Mode)
- Fernwirken, Fernzeichnen, Festbild
- Bewegtbilddienst (Bildtelefon)
- Bildschirmtext (neuer Standard)

Unterschieden wird zwischen Schmalband-ISDN und Breitband-ISDN.

Über Breitband-ISDN können zusätzlich zu den oben genannten Diensten noch übertragen werden:

- Bildfernsprechen in Farbfernsehqualität
- Breitband-Bildschirmtext mit Bewegtbildern
- Videokonferenzen
- Schnelle Datenübertragung zwischen Datenbanken und LAN

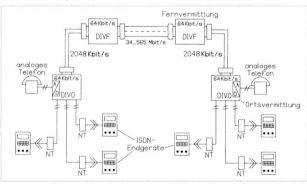

Bild 1 *Das Konzept des ISDN*

Der Vorteil für den Nutzer des ISDN-Netzes ist zunächst die einheitliche Telekommunikationssteckdose, an die eine Vielzahl sehr unterschiedlicher Geräte angeschlossen werden kann. Dabei ist die Steckverbindung diensteneutral und nicht dienstegebunden wie bisher.

Das nationale ISDN mit dem D-Kanal-Protokoll 1 TRG wurde vollständig durch das Euro-ISDN mit dem D-Kanal-Protokoll DSS 1 (Digital Subscriber System 1) ersetzt.

Die Übertragungsgeschwindigkeit von 64 Kbit/s erlaubt je Kanal die Übertragung von Sprach-, Text-, Daten- und einfachen Bilddiensten.

Von der digitalen Ortsvermittlung DIVO gelangt das Signal über die U_{K0}-Schnittstelle zum Netzabschluss NT **(Bild 2)**. An dessen Ausgang ist der Basisanschluss mit der Schnittstelle S_0 installiert, an dem bis zu acht Teilnehmer angeschlossen werden können. Es werden zwei Nutzkanäle (Bearerkanäle) B 1 und B 2 mit je 64 Kbit/s und ein D-Kanal (Datakanal, Zeichengabekanal) für die Zeichengabe mit 16 Kbit/s übertragen.

Das Netzabschlussgerät NTBA für den Euro-ISDN-Basisanschluss nach **Bild 3** benötigt einen 230-V-Stromanschluss, über den die Speisung der Endgeräte erfolgt. Eingangsseitig besitzt er zwei Anschlüsse für die U_{K0}-Schnittstelle des ISDN-Netzes und ausgangsseitig vier Anschlüsse einer S_0-Schnittstelle.

Merkmale der U_{k0}-Schnittstelle

Zweidraht-Schnittstelle zwischen DIVO und Netzabschluss NT, Vollduplex mit Echokompensation, Schrittgeschwindigkeit 120 kbd, Übertragungsgeschwindigkeit 160 Kbit/s. Zusammenfassung der Daten in einer Zeitmultiplex-Rahmenstruktur, spezielle 4 B 3 T-Leitungscodierung. Reichweite ohne Zwischengeneratoren ca. 8 km bei 0,6 mm Aderndurchmesser bzw. 4,2 km bei 0,4 mm Aderndurchmesser.

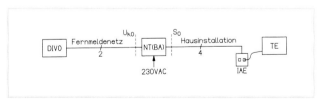

Bild 2 *Schnittstellen des ISDN*

Merkmale der S_0-Schnittstelle

Vierdraht-Schnittstelle vom Netzabschluss über die Hausinstallation zu den Endeinrichtungen TE. Es ist der Punkt-zu-Punkt-Anschluss einer Endeinrichtung oder der Anschluss von bis zu acht Teilnehmereinrichtungen an einem passiven Bus möglich (**Bild 4**).

Es handelt sich um eine Vierdraht-Schnittstelle.

Kanäle B1, B2, D und E (= D-Echokanal), 192 Kbit/s, AMI-Code (= Alternative Mark Inversion). Der Anschluss erfolgt über eine S_0-Steckverbindung IAE.

Am S_0-Bus können bis zu 12 IAE-Dosen angeschlossen, aber nur maximal acht Endgeräte eingesteckt werden. Vier ISDN-Geräte dürfen ohne eigene Stromversorgung sein.

Für den Test der Verkabelung stehen ISDN-Tester mit vier Leuchtdioden zur Verfügung.

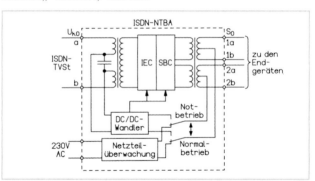

Bild 3 *Netzabschlussgerät für den Euro-ISDN-Anschluss*

Bild 4 *Anschluss über die S_0-Schnittstelle*

Der Basisanschluss im ISDN-Netz

Der ISDN-Basisanschluss steht als Mehrgeräteanschluss zum Anschalten von bis zu acht ISDN-Endgeräten an die S_0-Schnittstelle über einen passiven Bus und als TK-Anlagenanschluss zum Anschalten einer Telefonanlage zur Verfügung **(Bild 5)**. Beide Anschlussarten werden wiederum je nach den Leistungsmerkmalen unterteilt in Einfach-, Standard- und Komfortanschluss.

Beim ISDN-Mehrgeräteanschluss stehen zur Endgeräteauswahl bis zu zehn beliebige achtstellige Rufnummern aus dem Rufnummernvolumen des Anschlussbereiches zur Verfügung. Drei Rufnummern sind im

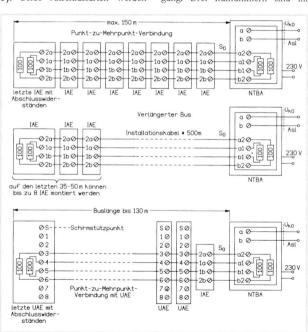

Bild 5
Anschluss der ISDN-Endgeräte

Grundpreis des Mehrgeräteanschlusses bereits enthalten. Beim Anlagenanschluss erhält man eine einheitliche Rufnummer, vergleichbar mit der Sammelrufnummer am analogen Anschluss. Die Endgeräte können mit einer angehängten Nebenstellennummer direkt angewählt werden.

Die Anschaltung an die S_0-Schnittstelle erfolgt über eine Punkt-zu-Punkt-Verbindung (z. B. Anlagenanschluss bei einer Telefonanlage) nach **Bild 6** oder über den passiven vieradrigen ISDN-Bus als Punkt-zu-Mehrpunkt-Verbindung (z. B. Mehrgeräteanschluss) nach **Bild 7** In der letzten IAE-Dose sind Abschlusswiderstände 100 Ω zu installieren.

Analoge Endgeräte können über Terminal-Adapter TA (Endgeräteadapter a/b) angeschlossen werden. Es stehen auch Endgeräteadapter X.21 und X.25 für Datenendeinrichtungen zur Verfügung.

Die digitale ISDN-Anschlusseinheit

Die ISDN-Anschlusseinheit IAE **(Bild 8)** dient zum Anstecken von ISDN-Endgeräten. Sie ist in RJ 45-Western-Technik ausgeführt.

Die Universal-Anschlusseinheit UAE **(Bild 9)** wird sowohl für analoge und digitale Wählanschlüsse als auch für Datennetze verwendet. Bei

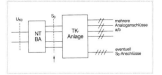

Bild 6
*Punkt-zu-Punkt-Anschluss
(Anlagenanschluss)*

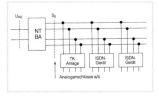

Bild 7
*Punkt-zu-Mehrpunkt-Anschluss
(Mehrgeräteanschluss)*

analogen Geräten werden vierpolige und bei digitalen Geräten achtpolige Stecker verwendet. Durch den Einsatz eines Anpassungselements ist das Einstecken der vierpoligen Stecker in die achtpolige RJ 45-Buchse möglich **(Bild 10).**

Für die Hausinstallation werden J-YY-Kabel nach DIN VDE 0815 verwendet. Elektrische Daten entsprechender Kabel sind z. B. bei 1 kHz: $R'= 130\,\Omega/\text{km}$, $C' = 90\,\text{nF/km}$, $L' = 0{,}72\,\text{mH/km}$, $R_{iSO} = 150\,\text{M}\Omega/\text{km}$, tan $\delta = 0{,}4$, sowie bei 100 kHz: $R' = 167\,\Omega/\text{km}$, $C' = 85\,\text{nF/km}$, $L' = 0{,}68$ mH/km, tan $\delta = 0{,}3$.

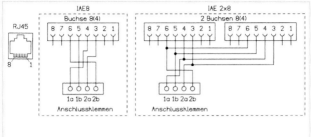

Bild 8
Die ISDN-Anschlusseinheit IAE

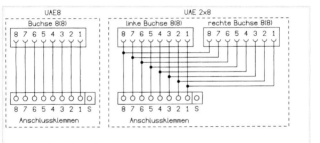

Bild 9
Die Universal-Anschlusseinheit UAE

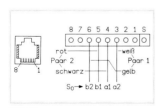

Es gibt auch sechspolige UAE6-Dosen:
Klemme 3 = a1, 4 = b1, 2 = a2 und 5 = b2.

Bild 10
Achtpolige RJ 45-Buchse

Der Primärmultiplexanschluss (PMxA)

Der Primärmultiplexanschluss ist vor allem für große ISDN-Telekommunikationsanlagen und Datenverarbeitungsanlagen vorgesehen. An der S_{M2}-Schnittstelle **(Bild 11)** werden alle Funktionen mit Ausnahme der Speisung im Multiplexsignal übertragen. Die Übertragungsrate beträgt 2048 Kbit/s. Es stehen insgesamt 30 B-Nutzkanäle mit je 64 Kbit/s, ein D-Zeichengabekanal mit 64 Kbit/s und der Bittakt, der Worttakt, die Rahmensynchronisierung, ein CRC 4-Verfahren und die Betriebszustandsinformation zur Verfügung. Der Anschluss an den Netzabschluss (Network-Terminal NT) erfolgt über zwei Kupferdoppeladern oder über zwei Glasfaserkabel.

Die Schnittstelle zwischen Vermittlungsstelle und Netzabschluss wird mit U_{K2} manchmal auch mit U_{K2M} beim Einsatz von Kupferdoppeladern, bzw. U_{G2M} bei Glasfasern, bezeichnet. Die endgerätebezogene S_{M2}-Schnittstelle ab NTPM ist für eine Punkt-zu-Punkt-Verbindung ausgelegt. Ohne Zwischengeneratoren kann der S_{M2}-Bus eine Länge von 250 m haben. Die Länge wird durch die maximal zulässige Dämpfung bestimmt.

Der Netzabschluss NTPM wird aus der Telekommunikationsanlage über besondere Leitungen mit Strom versorgt. Von der ISDN-DIVO her ist keine Notspeisung möglich. Die SM2-Schnittstelle ist ständig aktiv. An ihr werden die Nutz- und Steuersignale im Zeitmultiplex in einem 2-Mbit/s-Rahmen zusammengefasst. In jeder Richtung werden 8000 Rahmen pro Sekunde übertragen, entsprechend einer Rahmendauer von 125 µs. Die Rahmen bestehen aus 32 Zeitschlitzen zu je 8 bit. 31 Zeitschlitze stehen für die 30 Basiskanäle und den D-Kanal zur Verfügung. Der 32. Zeitschlitz für interne Steuerungen wird als erster übertragen. Die Gesamtbitrate beträgt 2,048 Mbit/s.

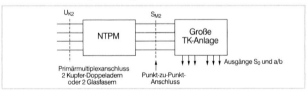

Bild 11
S_{M2}-Schnittstelle

Breitband-ISDN, ATM

Die Weiterentwicklung führt vom Schmalband-ISDN (S-ISDN) mit 64 Kbit/s zum Breitband-ISDN (B-ISDN) mit 2 Mbit/s. Schließlich ist als weitere Stufe in fernerer Zukunft ein Universalnetz geplant. Die Übertragung erfolgt über Lichtwellenleiter.

Anwendungen im B-ISDN sind u. a.:
- Dialogdienste: Zugang zu Datenbanken, Filetransfer, Update von Dateien, Faksimile-Übertragung, Grafik-Übertragung, CAD/CAM-Unterstützung, Verbindung von LANs, Bildfernsprechen, Videokonferenz.
- Abrufdienste: Abruf von Daten, Dokumenten, Grafik und Bildern, Videoüberwachung, elektronische Zeitung/Zeitschrift.
- Verteildienste: Rundfunk/Fernsehen, elektronischer Satz.

Das Verbindungsleitungsnetz wird als ATM-Overlaynetz mit ATM-Knoten ausgebaut **(Bild 1).** Das ATM-Prinzip (Asynchronous Transfer Mode) ist ein Paketübermittlungsdienst. Die Bitströme werden mit einem „Paketierer" in Pakete (Zellen) einheitlicher Länge unterteilt, mit Adressen versehen und gemeinsam übertragen. Das ATM-Koppelnetz ist über einen Ausgang mit 2 Mbit/s mit den STM-Koppelnetz des S-ISDN verbunden.

Beim STM-Prinzip (Synchronous Transfer Mode) wird jeder Verbindung ein synchroner Kanal mit einheitlich 64 Kbit/s zur Verfügung gestellt.

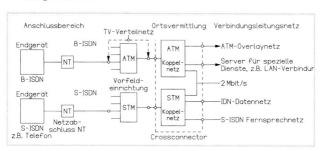

Bild 1
ATM-Netz

ADSL
Stefan Eiselt

Der asymmetrische digitale Teilnehmeranschluss ADSL (= Asymmetrical Digital Subscriber Line) wird von der Deutschen Telekom als T-DSL angeboten und dient zur Datenübertragung im Ortsnetzbereich zwischen Vermittlungsstelle und Teilnehmer. Bei der asymetrischen Technik unterscheiden sich die Bandbreiten zum Hochladen (Updstream) und zum Herunterladen (Downstream). Bei T-DSL hat der Downstream eine höhere Bandbreite, was dem Surfverhalten eines privaten Internet-Nutzers entspricht.

Aus der Sicht des Teilnehmers ist ADSL ein besonders schnelles Modem. Der Internet-Zugang erfolgt z. B. 100-mal schneller als über ein analoges Telefonmodem.

Die ADSL-Systeme werden im bestehenden Telefonnetz installiert, d.h. dass die Übertragung über die vorhandenen Kupfer-Doppeladern erfolgt. ADSL kann gleichzeitig mit dem analogen Telefonanschluss oder dem ISDN-Basisanschluss über ein und dieselbe Leitung betrieben werden. Ohne Zwischenverstärker ist vom Teilnehmer zur Vermittlungsstelle eine Übertragungsrate nach **Tabelle 1** möglich. Die Übertragung findet in einem Frequenzbereich von 20 kHz bis 1,1 MHz statt. Die Bitraten sind in Stufen von 32 Kbit/s einstellbar. Das Telefon- und das Breitbandsignal werden über eine Frequenzweiche (Splitter) getrennt.

Beim Teilnehmer sind nach **Bild 1** vorhanden:

Tabelle 1
Übertragungsraten

Leitungslänge in km	2	3	4
Übertragungsrate in Mbit/s	6	4	2

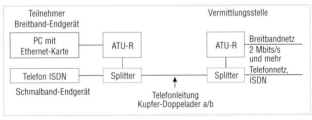

Bild 1 *Aufbau des ADSL-Systems*

Der ADSL-Netzabschluss (ATU-R) in einem Gehäuse für Tischaufstellung oder Wandmontage mit Anschluss für die Stromversorgung (8-poliger DIN-Stecker), dem Anschluss DATA1 (RJ45-Buchse) zur Verbindung mit einer PC-Ethernet-Karte, dem Anschluss DATA2 zum Verbinden mit einem PC der mit einem ATM25-Interface ausgerüstet ist und dem Anschluss LINE an dem der Splitter angesteckt wird.

Die Splitter-Einheit ist mit NFN-kodierten TAE-Buchsen für den analogen Telefonanschluss bzw. dem ISDN-NTBA und der RJ45-Buchse für den ADSL-Netzabschluss ausgerüstet. Am Splitter wird auch die Anschlussleitung angeklemmt (bzw. RJ11-Buchse).

Mit einer Übertragungsleistung von 768 Kbit/s ist T-DSL zwölfmal schneller als ein ISDN-Anschluss mit 64 Kbit/s. Die Upstream-Geschwindigkeit beträgt 128 Kbit/s. Der T-DSL-Ausbau schreitet zügig voran, sodass bald in allen Anschlussbereichen diese Technik zur Verfügung steht.

Vor allem auch für den professionellen Bereich bietet DSL Vorteile. Die Telekom bietet z. B. an:
- Für Einzelplatz-PCs: T-DSL mit T-Online.
- Für Mehrplatzsysteme (gleichzeitiger Internet-Zugang für mehrere Arbeitsplätze): BusinessOnline mit Premium T-DSL-Anschluss für alle PCs. Leistung: Downstream bis zu 1,5 Mbit/s und Upstream bis 192 Kbit/s.
- Für Mehrplatzsysteme mit dem Betrieb von eigenen Servern: T-InterConnect dsl 1,5 MB mit einer Standleitung ins Internet und der Anbindung eigener Server vor Ort.

Neben der Deutschen Telekom gibt es noch eine Reihe von anderen Anbietern wie z. B. 1&1, Arcor, Q-DSL und Freenet mit easyDSL. Während T-DSL nahezu im gesamten Bundesgebiet verfügbar ist sind es verschiedene Mitbewerber nur in Ballungsräumen. Bei der Auswahl des Anbieters muss dies berücksichtigt werden. Es gibt Unterschiede in den Tarifen und auch in der Übertragungsleistung. Je nach Übertragungsgeschwindigkeit und Übertragungsvolumen werden spezielle Tarife angeboten.

Für DSL steht verschiedene Software wie z. B. ein Speedmanager und einige Treiber zur Verfügung.

Die Stromversorgung der ISDN-Geräte
Stefan Eiselt

Bei der Speisung der ISDN-Teilnehmergeräte sind bestimmte Festlegungen zu beachten.

Die übertragungstechnischen Teile des Netzabschlusses NT werden aus der Ortsvermittlungsstelle ferngespeist. Damit ist bei Ausfall der Stromversorgung beim Teilnehmer die Funktionsfähigkeit des Anschlusses bis hin zur S_0-Schnittstelle sichergestellt. Zusätzlich wird im „Notbetriebsfall" noch ein notspeiseberechtigtes Fernsprechendgerät in seinen Grundfunktionen aus der Ortsvermittlung versorgt. Alle anderen Teilnehmerendgeräte und auch die übrigen Teile des NT werden aus dem örtlichen 230-V-Netz **(Bild 1)** gespeist. Aus der Stromversorgung des lokalen NT können maximal vier Fernsprechendgeräte gespeist werden. Die Speisung über die vierdrähtige S_0-Schnittstelle erfolgt über eine Phantomschaltung.

Im Notbetriebsfall wird die Versorgungsspannung invertiert. Bei der Fernspeisung aus der DIVO wird dem Sendesignal die Speisespannung überlagert und im NT ausgefiltert.

Werte der Versorgungsleistung zeigt **Tabelle 1.**

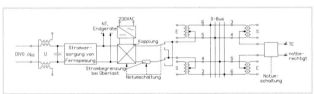

Bild 1 *Speisung der Geräte im ISDN-Netz*

Tabelle 1 *Werte der Versorgungsleistung*

Werte der Versorgungsleistung in mW	Normalbetrieb		Notbetrieb	
	Betrieb	Betrieb	Betrieb	Betrieb
Fernsprechendgerät	1000	1000*	380	25
NT: an S_0 abzugebende Leistung min.	4,5	4,5	410	45
NT: an U_{KO} aufzunehmende Leistung max.	350	30	800	90

* keine Dauerleistung, nur kurzzeitig

Komforttelefone für ISDN

Stefan Eiselt

Moderne schnurgebundene Komforttelefone besitzen zusätzliche Leistungsmerkmale. Wegen der Vielfalt des Angebots ist es sinnvoll, vor der Auswahl die Beschreibungen der Hersteller zu studieren. ein Komforttelefon zeigt **Bild 1**.

Folgende Leistungsmerkmale sind bei Komforttelefonen u. a. üblich:

- Stummschaltung: Das Mikrofon kann während eines Gesprächs abgeschaltet werden.
- Wahlwiederholung: Wenn der gerufene Anschluss besetzt war, ist nochmaliger Anruf durch Tastendruck möglich. Speicherzeit der Rufnummer bis etwa 45 min.
- Erweitere Wahlwiederholung mit Telefonen mit Display: Speichern einer Rufnummer und spätere Wahlwiederholung durch Tastendruck.
- Lauthören: Einschalten des eingebauten Lautsprechers.
- Freisprechen: Telefonieren ohne den Hörer abzunehmen.
- Wahl bei aufliegendem Hörer: Bei eingeschalteter Lauthörmöglichkeit.
- Kurzwahl: Speicherung einer längeren Rufnummer unter einer ein- oder zweistelligen Zahl.
- Notizbuchfunktion: Speicherung einer Rufnummer auf Namenstaste.
- Direktruf (Babyruf, Notruf): Wahl einer gespeicherten Rufnummer mit einer Zifferntaste, Telefon ist für abgehende Gespräche gesperrt.
- Anruffilter zur Verhinderung von Anrufen, die unerwünscht sind.

Bei Komforttelefonen ist ein Display vorhanden, das die gerade gewählte Rufnummer anzeigt und durch Symbole Hinweise auf den Betriebszustand gibt.

Folgende weitere Möglichkeiten sind in der Regel gegeben:

- Bis zu drei Mehrfachrufnummern einstellbar.
- Übermittlung der eigenen Rufnummer oder wahlweise Unterdrückung der Rufnummernübermittlung.

Bild 1
ISDN-Komforttelefon mit PC-Anschluss
Foto: Telekom

Jürgen Plate
Das Telefon-Handbuch
Was man kann, was man darf
– und mehr ...
2., neu bearbeitete und erweiterte Auflage
256 S. mit 123 Abb., 14 Tabellen und einer Diskette, kart., € 24,50
ISBN 3-7905-0719-9

Der Fachmann Jürgen Plate spricht mit diesem Buch nicht nur Fachleute, sondern auch Laien an. Fachbegriffe werden verständlich erklärt und die diversen Möglichkeiten, sich die Angebotspalette im Rahmen des heute verfügbaren Telefonzubehörs nutzbar zu machen, konkret vorgeführt. Für praktisch Begabte gibt es unter anderem Tips zur Installation von Telefonsteckdosen, Anlagen mit mehreren Telefonen oder einer Haustelefonanlage.
Lesern mit Elektronik-Kenntnissen bietet das Buch erprobte Schaltungen und Bauanleitungen (z. B. für Mithörverstärker, Zweitklingel, Automatische Ansage, DTMF-Sender und -Decoder u.v.m.). Computerbenutzer schließlich finden neben den erforderlichen Hinweisen für die Datenkommunikation per Modem auch eine vollständige Fernwirkeinrichtung.
Nebenbei erfährt der Leser Wissenswertes über die Geschichte des Telefons, seine Arbeitsweise und die Vermittlungstechnik.

Richard Pflaum Verlag, Lazarettstr. 4, 80636 München
Tel. 089/12607-0, Fax 089/12607-333
e-mail: kundenservice@pflaum.de

- Beim Raumwechsel während eines Gesprächs ist das Umstecken des Telefons am Mehrgeräteanschluss möglich.
- Entgeltanzeige am Ende oder während der Verbindung in Tarifeinheiten oder in Euro.
- Anrufweiterschaltung.
- Anklopfen (ein weiterer Anruf wird bei bestehender Verbindung signalisiert).
- Makeln zwischen zwei Verbindungen.
- Halten einer Verbindung.
- Einstellung einer geschlossenen Benutzergruppe.
- Dreierkonferenz.
- Anrufliste: Wird ein Anruf mit übermittelter Rufnummer nicht entgegengenommen, so wird die Rufnummer und Uhrzeit des Anrufs in einer Liste gespeichert, die später eingesehen werden kann.

Bild 2 zeigt übliche Tastensymbole.

Es gibt auch Telefonstationen mit eingebautem Anrufbeantworter und mit eingebauten Telefaxgeräten.

Der Anschluss der Komforttelefone erfolgt über die normale Telefonsteckverbindung. Besonderheiten sind dabei in der Regel nicht zu beachten. Eine Reihe von Spezialtelefonen erfüllen besondere Ansprüche, wie z. B. die Ausrüstung mit einem Magnetfelderzeuger, um die Verständlichkeit für Hörgeräte zu verbessern. Es gibt auch Telefone, die Sprachbefehle ausführen.

Bild 1
Tastensymbole

Schnurlose Telefone
Stefan Eiselt

Im Handel werden eine Vielzahl von schnurlosen Telefonen angeboten **(Bild 1)**. Auf jeden Fall ist darauf zu achten, dass das Gerät eine Zulassung besitzt. Der Betrieb von nichtzugelassenen schnurlosen Telefonen ist strafbar.

Der DECT-Standard ist heute Stand der Technik (DECT = Digital Enhanced Cordless Telecommunication). Er basiert auf digitaler Sprachübertragung und wird mit einer Nutzdatenrate von 32 Kbit/s pro Kanal übertragen. Dies gilt für die Sprachübertragung je Richtung. Erreicht wird die Sprachübertragung mit einem Sprach-Codec auf der Basis von adaptiver Differenz-Pulscodemodulation. Bis zu 12 Kanäle können zusammengeschaltet werden, womit Verbindungen bis maximal 768 Kbit/s realisiert werden können. Im Frequenzbereich von 1880 ... 1900 MHz stehen 10 Trägerfrequenzen mit einem Kanalabstand von 1,728 MHz zur Verfügung. Je Träger erfolgt eine Einteilung in 24 Slots und zwar 12 für die Übertragung von der Mobil- zur Basisstation und 12 für die Übertragung von der Basis- zur Mobilstation.

Zulässig ist eine maximale Abweichung von der Trägerfrequenz von +2,5 kHz. Die Reichweite beträgt etwa 50 ... 200 m. Da die Signale der Funkübertragung vom Festteil zum Mobilteil nicht verschlüsselt sind, ist die Gefahr des Abhörens nicht ganz auszuschließen.

Das Funkprotokoll GAP (= Generic Access Profile) gestattet schnurlosen DECT-Telefonen den Kontakt mit der Basisstation. Handgeräte in GAP-Technik können herstellerunabhängig an allen Feststationen mit GAP-Schnittstelle betrieben werden. Die Übertragungsrate beträgt 9600 bit/s.

Für das Festteil ist neben dem Telefonanschluss auch ein Netzanschluss 230 V erforderlich (Netzsteckdose).

Bild 1
Schnurloses Komfort-Telefon, sechs Handgeräte sind anschließbar.
Foto: Panasonic

Der Akku im Mobilteil wird über das Ladeteil aufgeladen. Im Ruhezustand sollte daher das Mobilteil immer aufgelegt sein. Im Ladeteil sollte ein Reserveakku vorhanden sein. Betriebszeit einer Akkuladung etwa 3 …4 h. Ladezeit des Akkus im Mobilteil ca. 5…6 h, im Festteil ca. 12…15 h.

Ein Beispiel für die Kombination eines Tischtelefons mit schnurlosen Komforttelefonen ist das Gerät T-Sinus 720 PA isdn. Es können sechs schnurlose Handgeräte angeschlossen werden. Ein Anrufbeantworter mit zwei Ansagetexten ist integriert.

Angeboten werden auch Schnurlos-Telefone für das Festnetz, die gleichzeitig als Handy im GSM-Modus verwendet werden können.

Das Blockschaltbild eines schnurlosen DECT-Systems lässt die Schaltungseinzelheiten erkennen. Der integrierte DECT-Kontroller-Chip enthält den DECT-Prozessor BML für die Wandlung und Aufbereitung der Daten in DECT-Datenströme, einen Mikroprozessor zur Steuerung der Signalisierung des DECT-Protokolls und der Eingabe- und Ausgabeeinheiten (Tastatur, Display), den digitalen Signalprozessor DSP zur Verarbeitung der digitalen Sprachdaten und zur Tonerzeugung, den CODEC zur Umwandlung der digitalen Daten in analoge Signale und umgekehrt und einen Multiport-RAM-Speicher MPR zur Speicherung der Signale. Das Blockschaltbild eines Handgeräts zeigt **Bild 2**. Der Aufbau einer Feststation unterscheidet sich nur geringfügig von dem eines Handgeräts.

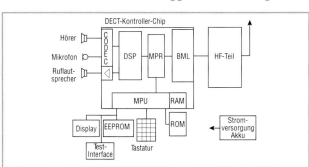

Bild 2
Blockschaltbild eines Handgeräts

Telekommunikationsanlagen für ISDN
Stefan Eiselt

ISDN-Telekommunikationsanlagen (TK-Anlagen) werden in verschiedenen Größen angeboten, wobei neben ISDN-Geräten auch analoge Geräte angeschlossen werden können. Die kleinsten Anlagen haben nur etwa 2 bis 8 analoge a/b-Anschlüsse, wobei ISDN-Geräte extern an S_0 angeschlossen werden können (bei Mehrgeräteanschluss). Größere Anlagen besitzen z. B. 1 bis 4 interne S_0-Anschlüsse und etwa 4 bis 16 a/b-Anschlüsse. Damit ist für jede Betriebsgröße (Klein- oder Mittelbetriebe) bzw. Größe des Privathaushalts eine geeignete TK-Anlage greifbar. Über die Merkmale der Komforttelefone hinaus sind u. a. Intern-Verbindungen, die Durchwahl zu den Nebenstellen, die Speicherung von Einzelverbindungsdaten und Gebühren und die Ferndiagnose möglich. Eine PC-Schnittstelle ist in der Regel vorhanden.

Ein Beispiel für ein Multitalent ist die ISDN-Telefonanlage Concept XI721. Im Grundausbau besitzt die modular aufgebaute ISDN-Telefonanlage sechs analoge Anschlüsse und eine S_0-Schnittstelle. Erweiterbar ist die Anlage mit zwei zusätzlichen Modulen. Es werden Module für 1, 2, 4 und 8 S_0-Schnittstellen sowie mit 4 oder 8 Analoganschlüssen angeboten. Bei Verwendung der Systemtelefone T-PX 720 und T-PX 721 ist voller Telefonkomfort gewährleistet. Unterstützt werden alle ISDN-Leistungsmerkmale.

TK-Anlagen für mittlere und größere Betriebe und Verwaltungen sind mit EDV-Anlagen vergleichbar. Sie bestehen aus der Netzwerktechnik, dem Zentralgerät (Kommunikationsserver) und den Endgeräten. Es werden anwendungsspezifische TK-Lösungen angeboten, z. B. für Callcenter und Hotels. Das funktionelle Zusammenspiel zwischen EDV-Anlage und Telefonanlage wird Computer-Telefon-Integration CTI genannt. Dabei muss die Telefonanlage um einen Netzwerkanschluss zum CTI-Server erweitert werden.

Kommunikationsserver sind für offene Schnittstellen und Standardprotokolle ausgelegt. Die Leistungen sollen über ISDN-, IP- und ATM-Netze zur Verfügung stehen. Eine große Auswahl unterschiedlicher Endgeräte (Workpoint Clients) bietet für jeden Arbeitsplatz und jeden Anspruch die richtige Ausstattung. Derartige Anlagen sind immer speziell auf die Bedürfnisse der Kunden zugeschnitten. Bei der Planung und Errichtung ist die Zusammenarbeit mit dem jeweiligen Hersteller nötig.

Der analoge Teilnehmeranschluss
Stefan Eiselt

Die Zuständigkeit des Netzbetreibers endet beim analogen Telefonnetz am Netzabschluss NTA in Form einer TAE-Netzabschlussdose (1. TAE) **(Bild 1)**. Bis zur Netzabschlussdose sind die Netzbetreiber (z. B. Telekom) für den ordnungsgemäßen Betrieb zuständig. Nach dem Netzabschluss können Fachleute der Elektrotechnik und Nachrichtentechnik entsprechende Installationen zum Anschluss von Endgeräten errichten, ändern und instandhalten.

Im Netzabschluss mit der 1. TAE-Steckdose befindet sich der Prüfabschluss PA für die Überprüfung der Netzleitung. Die Endstellenleitung kann über einen TAE-Stecker **(Bild 2)** an der Netzabschlussdose eingesteckt werden. Damit ist eine eindeutige Trennung zwischen Netzanschluss und Endstelleneinrichtung möglich. Die angeschlossenen Endgeräte müssen auf jeden Fall zugelassen (ZZF-Zeichen) und für den Betrieb am TAE-Anschluss geeignet sein.

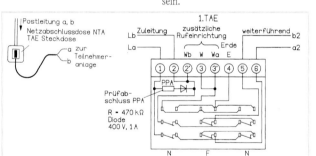

Bild 1
Die 1. TAE-Steckdose

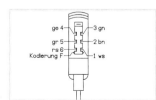

Bild 2
Der TAE-Stecker

Die analoge Telekommunikations-Anschlusseinheit
Stefan Eiselt

Zum Anschluss der Endgeräte stehen Telekommunikations-Anschlusseinheiten TAE zur Verfügung.

Es werden Einfach-, Zweifach- und Dreifach-TAE-Dosen angeboten (**Bild 1**). Unterschieden wird zwischen der

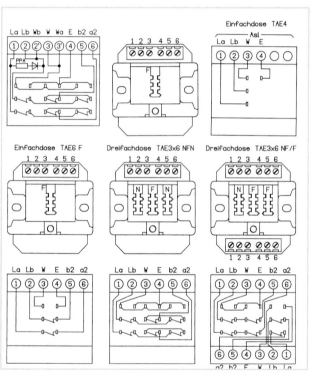

Bild 1
Aufbau der TAE-Dosen

Codierung F zum Anschluss von Telefonapparaten und Telekommunikationsanlagen und der Codierung N zum Anschluss von Zusatzgeräten wie Anrufbeantwortern, Modems, Anschlussboxen usw.

Leitungen an der TAE-Dose:

La = Ader a der Amtsleitung
Lb = Ader b der Amtsleitung
a2 = abgehende Benutzerader
b2 = abgehende Benutzerader b
W = Schaltader von Geräten
(z. B. zum Anschluss eines zusätzlichen Weckers)
E = Erdungsader
(für Nebenstellenanlagen)

Es gibt auch 16-polige TAE-Steckverbindungen für Sonderanwendungen **(Bild 2)**.

Für die Installation der Teilnehmeranlage sind verschiedene Festlegungen zu beachten: Die Leitungslänge von der NTA bis zur letzten TAE-Steckdose darf maximal 100 m betragen. Bei der Auswahl der Leitungen und Kabel und deren Verlegung sind DIN VDE 0815 „Installationskabel- und Leitungen für Fernmelde- und Informationsverarbeitungsanlagen" sowie DIN VDE 0891 „Verwendung von Kabeln und isolierten Leitungen für Fernmeldeanlagen und Informationsverarbeitungsanlagen" zu beachten.

Solange an die Dosen keine Geräte angesteckt sind, besteht die Verbindung zwischen La und a2 sowie zwischen Lb und b2. Bei Mehrfachdosen sind angeschlossene Zusatzgeräte und Telefonapparate in Reihe hintereinander in Betrieb. Als NTA werden heute bei einfachen Sprechstellen in der Regel TAE-Dreifachdosen NFN verwendet.

Für den Anschluss an den Geräten stehen Telefonsteckverbinder TSV 6/4 (Western-Steckverbindung) zur Verfügung **(Bild 3)**. Sie erlauben das

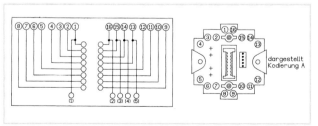

Bild 2
16-polige TAE-Steckverbindung

Trennen der Verbindung ohne Öffnung des Gehäuses. Bei dem Miniatursteckverbinder (MSV) und dem Steckverbinder (SV) **(Bild 4)** müssen die Gehäuse geöffnet werden.

Für den geräteseitigen Anschluss der Telefonanschlussschnüre gibt es verschiedene Möglichkeiten. Moderne Geräte besitzen Telefonsteckverbinder TSV.

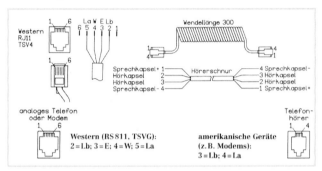

Bild 3
Western-Steckverbindung

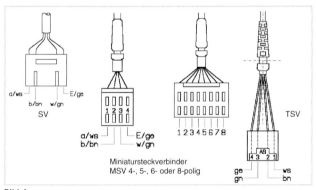

Bild 4
Geräteseitiger Anschluss

Die Speisung analoger Teilnehmeranschlüsse
Stefan Eiselt

Die Speisespannung für die Teilnehmerendgeräte liegt im Bereich von 12...60V, der Schleifenstrom-Funktionsbereich bei 19...60mA zwischen Leitung a und b. Der Strom zur Betriebserde bei Erdtastenbetätigung beträgt maximal 120mA. Minus-Potential an a, Plus-Potential an b.

Für die Teilnehmeranschlussleitung zwischen dem speisenden Netzknotenpunkt und dem Anschaltepunkt des Endgeräts sind die übertragungstechnischen Werte nach **Tabelle 1** zu beachten.

Hinsichtlich der a-, b- und W-Adern muss die Endeinrichtung polungsunabhängig arbeiten. Die Anschlussleitung a und b darf in der Endeinrichtung keine Verbindung mit Potential gegen Erde erhalten, ausgenommen bei Signalisierung mit Fernmeldebetriebserde E bei galvanisch durchgeschalteten Telekommunikationsanlagen.

Der (Isolations-)Widerstand zwischen a und b, sowie a gegen Erde E und b gegen Erde E darf in allen Betriebszuständen mit Ausnahme des Schleifenzustands, der Aktivzustände der Signaltasten und des Wahlzustands die Werte nach **Tabelle 2** nicht übersteigen.

Die Speisespannung für nachgeschaltete Endeinrichtungen muss mindestens 12 V betragen. Endeinrichtungen müssen im Schleifenzustand über einen Vorwiderstand von $500\,\Omega$ für 10 s einer Gleichspannungsbelastung von 120V standhalten.

Tabelle 1
Übertragungstechnische Werte

Aderndurchmesser in mm	0,4	0,6	0,8
Reichweite für 10 dB in km	6,6	12,5	16,7
Schleifenwiderstand in Ω/km	268	119	67
Dämpfung bei 800 MHz in db	1,5	0,8	0,6

Tabelle 2
Mindest-Isolationswiderstand

Bei Prüfspannung	bis 100 V	bis 150 V
Widerstandswert mindestens	$5\,\text{M}\Omega$	$100\,\text{k}\Omega$

Der analoge Fernsprechapparat
Stefan Eiselt

Das **Bild 1** zeigt die früher übliche Grundschaltung eines analogen Fernsprechapparats mit Wählscheibe.

Über die Teilnehmerleitung mit den zwei Adern a und b ist der Fernsprechapparat mit der Ortsvermittlung verbunden. Bei aufgelegtem Hörer ist der Gabelumschalter GU geöffnet und der Wecker W über C1 mit der Teilnehmerleitung verbunden. Bei ankommender Rufwechselspannung ertönt der Wecker. Nachdem der Hörer abgenommen wurde, schließt der Gabelumschalter. Die Sprecheinheit ist dann mit der Teilnehmerleitung verbunden und über B1 und den Wecker W ein Gleichstromkreis gegeben. Damit ist die Verbindung zum rufenden Teilnehmer hergestellt.

Bei abgehendem Ruf spricht nach Abheben des Hörers (Gleichstromkreis über GU – R1 – W) die Wähleinrichtung in der Ortsvermittlung an und sendet das Freizeichen zum Teilnehmer. Dieses gelangt über den Übertrager Ü zum Hörer F. Beim Betätigen der Wähleinrichtung nach dem Impulswahlverfahren schließt der Nummernschaltkontakt nsa und überbrückt den Hör- und Sprechkreis während des Wählvorgangs. Der Kontakt nsr öffnet nach Einleitung des Wählvorgangs. Der Impulskontakt nsi öffnet und schließt entsprechend der gewählten Nummer. Der Wählimpuls mit 100 ms Dauer und einem Impulsverhältnis 62/38 gelangt zur Wähleinrichtung der Ortsvermittlung. Nach Beendigung des

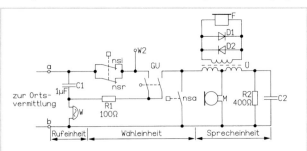

Bild 1 *Standardschaltung analoger Fernsprechapparat*

Wählvorgangs schließt nsr und öffnet nsa, womit die Sprecheinheit mit der Teilnehmerleitung verbunden ist.

Die Sprechkapsel M ist mit der Mittelanzapfung des Übertragers Ü verbunden. Der Sprechstrom verteilt sich nahezu gleichmäßig auf die beiden Wicklungen n1 und n2 des Übertragers, womit im Übertrager der Sprechstrom über n1 und die Teilnehmerleitung und der entgegengesetzte Sprechstrom über n2 und die Nachbildung R2, C2 fließen. Beide Teilströme heben sich nahezu auf und der eigene Sprechstrom ist im eigenen Hörer nicht zu hören. Da die beiden Primärwicklungen etwas unterschiedlich ausgelegt sind, erfolgt eine leichte Rückkopplung zur Hörkapsel, was bei der Verständigung als angenehm empfunden wird. Die beiden antiparallel geschalteten Dioden D1 und D2 begrenzen die Spannung und dienen als Gehörschutz (Knackschutz).

Aktive Sprechschaltungen (**Bild 2**) sind solche ohne Übertrager. Sie werden als Widerstandsbrückenschaltungen ausgeführt. Es stehen geeignete ICs zur Verfügung. Der Wegfall des Übertragers ermöglicht kleine und leichte Telefone.

Im Prinzip enthält der Fernsprechapparat die Rufeinheit, die Wähleinheit und die Sprecheinheit.

Die Grundschaltung war im vor langer Zeit üblichen Telefon W 48 zu finden. Der Fernsprechapparat im schwarzen Bakelitgehäuse war mit einem mechanischen Nummernschalter und einem elektromechanischen Zweischalenwecker ausgerüstet.

Heute gibt es eine Vielzahl der verschiedensten schnurgebundenen und schnurlosen Telefone mit ansprechendem Design, so dass für jeden Geschmack das richtige Modell gefunden werden kann. Die Telefone besitzen ein Display zur Anzeige der Eingaben und der aktivierten Betriebszustände. Mit fast allen Telefonen können heute über einfache Tastenkombinationen die Komfortleistungen des T-Net genutzt werden, wie z. B. Anklopfen, Rückfragen, Makeln oder Dreierkonferenz. Selbstverständlich sind Zielwahltasten und Kurzwahlspeicher.

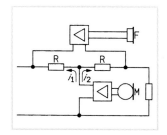

Bild 2
Prizip der aktiven Sprechschaltung mit Widerstandsbrücke

Die Wählverfahren in analogen Zugangsnetzen
Stefan Eiselt

Das Mehrfrequenzwahlverfahren MFV

Zur Steuerung des Verbindungsaufbaus werden NF-Signale vom Teilnehmerendgerät zum Netzknoten übertragen. Bei Beginn der Verbindung wird zunächst eine Schleife hergestellt. Die Wählimpulse bestehen jeweils aus zwei Frequenzen. Es stehen 16 Zeichen mit Frequenzzuordnungen nach **Tabelle 1** zur Verfügung:

Die Zeichendauer muss mindestens 40 ms betragen. Der Gleichstromwiderstand im Wählzustand soll bei 480 Ω liegen. Das Signalisierungssystem kann in speziellen Fällen auch zur Informationsübertragung von Teilnehmer zu Teilnehmer dienen (Einfachdatenübertragung).

Moderne Fernsprechapparate besitzen oft eine Umschalteinrichtung IWV–MFV. Das Mehrfrequenzverfahren hat sich heute in der Fernmeldetechnik weitgehend durchgesetzt.

Das Impulswahlverfahren IWV

Beim veralteten Impulswahlverfahren wird beim Herstellen der Verbindung eine Stromschleife mit $I_{schl} < 19$ mA gebildet. Beim Wählen wird der Schleifenstrom entsprechend der Impulszahl unterbrochen. Die Zahl der Impulse entspricht der gewählten Ziffer (0 = 10 Impulse). Die Impulszeit beträgt etwa 60 ms, die Impulspausenzeit etwa 40 ms.

Die ankommende Rufspannung beträgt 55…90 V, Ruffrequenz 25 Hz ± 8 %, Ruffrequenz spezieller Endeinrichtungen 50 Hz, Impulsdauer 1 s, Impulspause 4…5 s.

Hörtöne im Telefonnetz:

Wählton: Dauerton,
 – 27 dBm Mindestpegel
Freiton: 1 s Impuls, 4 s Pause
 – 43 dBm Mindestpegel
Besetztton: Impuls 0,48 s oder 0,15 s,
 Pause 0,48 s oder 0,475 s

Tabelle 1
Frequenzzuordnungen

Frequenz 1 in Hz \ Frequenz 2 in Hz	1209	1336	1477	1638
697	1	2	3	A
770	4	5	6	B
852	7	8	9	C
941	*	0	#	D

Zusatzeinrichtungen (analog)
Rainer Holtz

Umschalteinrichtungen
Während des Gesprächszustandes muss aus fernmelderechtlichen Gründen sichergestellt sein, dass Endgeräte nicht parallel geschaltet sind und somit Gespräche nicht mitgehört werden können (Fernmeldegeheimnis).

Sollen an einer a/b-Doppelader mehrere Telefone betrieben werden, so ist dies unter Beachtung der o. g. Bedingung mit den im Folgenden beschriebenen Umschaltern realisierbar.

Der Betrieb von Zusatzweckeinrichtungen ist möglich. Dazu dient der W-Anschluss wie gewohnt.

Automatischer Wechselschalter in der Anschlussdose (AWADo)
Automatische Umschalter oder auch automatische Wechselschalter (AWADo) gibt es in *verschiedenen Ausführungen*
- AWADo 1: Zwei Telefone werden gleichberechtigt angeschlossen.
- AWADo 2: Ein Telefon ist gegenüber dem zweiten bevorrechtigt.

Als Versorgungsspannung dient die Speisespannung des analogen TK-Netzes. Beim Anschluss der Sprechstellen über einen AWADo werden die W-Adern der Telefone als Steuerleitungen verwendet. Das heißt, über die W-Ader erkennt der AWADo, welche der angeschlossenen Endgeräte durch Abheben des Hörers aktiviert wurden.

Anschluss
Der Anschluss eines AWADo **(Bild 1)** ist relativ einfach, da die Anschlusspunkte in der Regel gekennzeichnet sind. Wichtig ist hierbei nur, dass im Normalfall der Anschluss mit drei Adern erfolgt, da die W-Ader vom Endgerät „bedient" wird.

In der letzten Anschlussdose wird eine zusätzliche Brücke zwischen den Anschlusspunkten a2 und W eingesetzt. Damit ist gewährleistet, dass eine Funktion auch dann gegeben ist, wenn nur an einem der beiden Anschlüsse ein Endgerät betrieben wird. Da die TAE die Kontakte a1 nach a2 und b1 nach b2 durchschaltet, bleibt der W-Anschluss auf einem konstanten Potential. Dadurch kann der AWADo nicht auf den unbenutzten Anschluss umschalten.

> Wichtig: Ein AWADo ersetzt niemals die erste TAE. Daher ist diese in den folgenden Zeichnungen mit dargestellt.

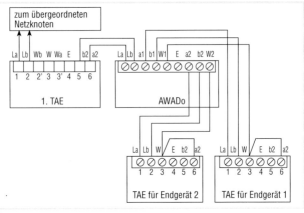

Bild 1
Anschlussschema von AWADo 1 und 2

Praxis-Tipps

1. Viele moderne Endgeräte (also auch Telefone) verfügen über keine W-Ader-Unterstützung mehr. Für das dargestellte Anschlussschema bedeutet dies, dass es zu Fehlfunktionen kommen kann. Wenn Endgeräte betrieben werden, die keine W-Ader unterstützen, so kann eine sichere Funktion gewährleistet werden, indem eine Brücke zwischen die Anschlusspunkte W und a gelegt wird. Wird diese Brücke direkt an den AWADo gelegt, so kann hierdurch außerdem eine Ader eingespart werden.

   Nachteil: Bei Telefonen, die nur über Pulswahl verfügen, wird mit jedem Wählimpuls auch die W-Ader des AWADo gesteuert. Dies hat zur Folge, dass die Relais in dem AWADo mit jedem Impuls schalten, was akustisch hörbar ist. Es sollte also darauf geachtet werden, dass nur Geräte angeschaltet werden, die über das Mehrfrequenzwahlverfahren verfügen.

2. Häufig kommt es vor, dass nach dem Wechsel des Netzbetreibers ein AWADo nicht mehr funktioniert. Die Ursache hierfür ist in der Speisung zu suchen. Viele Netzbetreiber speisen netzseitig

nicht 60 V, sondern nur 48 V Gleichspannung in die Anschlussleitungen ein. Vor allem bei älteren AWADo-Modellen reicht diese Spannung für eine einwandfreie Funktion nicht aus. Hier hilft nur der Austausch gegen neuere Geräte.

Inbetriebnahme und Prüfung

Nach Aufbau und Anschließen ist die Funktionsprüfung wie in **Tabelle 1** beschrieben durchzuführen.

Bei Nebenstellenanlagen gelten die gleichen Prüfungen wie bei Betrieb an einem Hauptanschluss.

Automatischer Telefon-Mehrfachumschalter (AMS 1/X)

Eine weitere (modernere) Methode zwischen analogen Endstellen umzuschalten, ist der Einsatz eines AMS (automatischer Mehrfachumschalter) **(Bild 2)**. Dieses Zusatzgerät dient zum Umschalten von zwei (AMS 1/2) bzw. vier Telefonen (AMS 1/4).

Im Gegensatz zum AWADo wird hier keine Steuerleitung benötigt, wodurch lediglich die a- und b-Adern erforderlich sind. Die Auswahl des aktivierten Endgerätes wird durch die Impedanzänderung beim Abnehmen des Hörers erzielt. Die Elektronik versorgt sich dabei ausschließlich aus der Speisespannung des analogen Anschlusses. Wie beim AWADo gilt auch hier: **Der AMS ersetzt nicht die erste TAE.** Als Zusatzgerät darf er entsprechend den geltenden Bestimmungen nur nach der ersten TAE über die Anschlusspunkte a2 und b2 betrieben werden.

Tabelle 1
Funktionsprüfung eins AWADo

Funktionsprüfung	Funktion	Prüfung
Ankommender Ruf	Ruf	Ruf an 1. und 2. Sprechstelle wird signalisiert.
Abfragen	1. Sprechstelle hebt ab	Verbindung zwischen Vermittlungsstelle und 1. Sprechstelle (Sprechstelle 2 abgeschaltet)
Gesprächsweitergabe	2. Sprechstelle hebt ab 1. Sprechstelle legt auf	Verbindung zwischen Vermittlungsstelle und 2. Sprechstelle (Sprechstelle 1 abgeschaltet)
Abgehender Ruf	2. Sprechstelle hebt ab 2. Sprechstelle wählt	Wählton an 2. Sprechstelle (1. Sprechstelle ist abgeschaltet) Übertragung der Wahlinformation

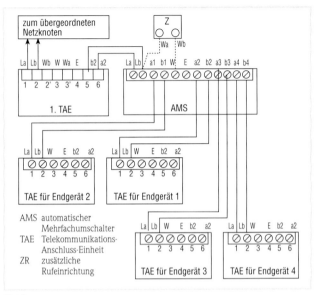

Bild 2
Anschlussbeispiel für einen AMS

Praxis-Tipps

1. Einige Hersteller dieser Umschalteinrichtungen haben auf der Platine einen kleinen Taster untergebracht. Dieser dient zum Reset und sollte insbesondere nach dem Anschluss der Speisung betätigt werden. Hierdurch werden ein definierter Zustand eingestellt und die sichere Funktion gewährleistet.

2. Viele auf dem Markt erhältliche Varianten verfügen über eine Vorrangfunktion für einen der Anschlüsse. Dies bewirkt, dass von diesem Endgerät jedes Gespräch übernommen werden kann. Das gilt auch, wenn an einer der nachrangigen Nebenstellen das Gespräch bereits aufgenommen wurde.

Inbetriebnahme und Prüfung

Tabelle 2 bezieht sich auf einen AMS 1/2, unter der Voraussetzung, dass an beiden Anschlüssen ein Telefon betrieben wird. Entsprechendes gilt genauso für den AMS 1/4.

Tabelle 2
Funktionsprüfung von AMS 1/2

Funktionsprüfung	Funktion	Prüfung
Ankommender Ruf	Ruf	Ruf an 1. und 2. Sprechstelle wird signalisiert.
Abfragen	1. Sprechstelle hebt ab	Verbindung zwischen Vermittlungsstelle und 1. Sprechstelle (Sprechstelle 2 abgeschaltet)
Gesprächsweitergabe	2. Sprechstelle hebt ab 1. Sprechstelle legt auf	Verbindung zwischen Vermittlungsstelle und 2. Sprechstelle (Sprechstelle 1 abgeschaltet)
Abgehender Ruf	2. Sprechstelle hebt ab	Wählton an 2. Sprechstelle (1. Sprechstelle ist abgeschaltet)
	2. Sprechstelle wählt	Übertragung der Wahlinformation

Sicherheit von Fernmeldeanlagen
Stefan Eiselt

In der Gruppe 8 der VDE-Bestimmungen sind entsprechende Normen zusammengestellt. Besonders ist DIN VDE 800 Teil 1 „Fernmeldetechnik. Allgemeine Begriffe, Anforderungen und Prüfungen für die Sicherheit der Anlagen und Geräte" zu erwähnen.

Fernmeldeanlagen und -geräte werden zur Festlegung des Berührungsschutzes in Bemessungsklassen unterteilt. Die Bemessungsklasse ist ein bestimmter Bereich von Spannungs- und Stromwerten mit gleichen physiologischen Wirkungen im Berührungsfall (**Tabelle 1**).

Bemessungsklasse 1 A

Das Zustandekommen eines Berührungsstromkreises ist zulässig.

Bemessungsklasse 1 B

Das Zustandekommen eines Berührungsstromkreises wird nicht in Kauf genommen, wenn ein spürbarer Körperstrom vermieden werden soll.

Bemessungsklasse 2

Das Zustandekommen eines Berührungsstromkreises wird lediglich im Fehlerfall in Kauf genommen.

Bemessungsklasse 3

Ein Berührungsstromkreis darf nicht bestehen bleiben.

Die Instandhaltung, Herstellung und Errichtung von Fernmeldegeräten und -anlagen hat so zu erfolgen, dass sowohl bei gestörtem als auch bei ungestörtem Betrieb keine Spannung der Bemessungsklasse 2 und im Fehlerfall keine Spannung der Bemessungsklasse 3 auftreten kann.

Die Frequenzfaktoren m, n_1 und n_2 sowie die Kurzzeitfaktoren p_u und p_I werden nach den Angaben in DIN VDE 0800 Teil 1 ermittelt.

Die Faktoren n_1 und n_2 haben bei Frequenzen ab 100 Hz und die Faktoren p_u und p_I bei Einwirkdauern ab 2 s den Wert 1.

Tabelle 1
Nennwerte der Bemessungsklassen

Bemessungsklasse	1 A	1 B	2	3
Wechselspannungen	$m \cdot 12$ V	$m \cdot 25$ V	$m \cdot 50$ V oder $p_{u\sim} \cdot 50$ V	Werte, die die Bemessungsklasse 2 überschreiten
Gleichspannungen	30 V	60 V	$p_{u=} \cdot 120$ V	
Wechselströme	$n_1 \cdot 0{,}5$ mA 2 mA	$n_n \cdot 3{,}5$ mA 10 mA	$n_2 \cdot 10$ mA oder $p_{I\sim} \cdot 10$ mA	
Gleichstrom			$p_{I=} \cdot 30$ mA	

Der Faktor m hat bei Frequenzen bis 1 kHz und die Faktoren $p_{U\sim}$ und $p_{u\sim}$ haben bei Einwirkdauern ab 2 s den Wert 1.

Der KU-Wert

Beim KU-Wert handelt es sich um eine Klassifizierungsgröße von sicherheitsbezogenen Ausfallarten zum Schutz gegen gefährliche Körperströme und zu hohe Erwärmung. Isolierungen, Verbindungen und Bauelemente in Stromquellen zur Erzeugung von Kleinspannung werden hinsichtlich ihrer Sicherheit gegen Ausfall mit dem KU-Wert eingestuft und gekennzeichnet. Festlegungen zu den KU-Werten sind in DIN VDE 0800 Teile 1, 8 und 9 zu finden.

Bewertung von Isolierungen

Geringwertige Isolierung: KU = 1,5; Basisisolierung: KU = 3; verstärkte und doppelte Isolierung: KU = 6; bei redundanter Verwendung mehrerer Bauelemente werden deren KU-Werte addiert **(Tabelle 2)**.

Schutz gegen direktes Berühren

Es gelten die Anforderungen nach DIN VDE 0100 Teil 410. Als vollständiger Schutz ist Schutz durch Isolierung, Abdeckungen oder Umhüllung und als teilweiser Schutz ist Schutz durch Hindernisse oder Abstand vorgesehen.

Zum Schutz von Nutztieren sind die Werte der Bemessungsklasse 1 B maßgebend.

Schutz bei indirektem Berühren

Zunächst gelten die Anforderungen nach DIN VDE 0100 Teil 410. Darüber hinaus müssen in Sonderfällen weitere Maßnahmen ergriffen werden (siehe DIN VDE 0800 Teil 1). Die jeweiligen Bemessungsklassen sind zu berücksichtigen.

Tabelle 2
Bewertung der Isolierung

Bemessungsklasse	Schutzmaßnahmen bei indirekten Berühren	KU-Wert
1A	nicht erforderlich	–
1B	wenn spürbarer Körperstrom vermieden werden soll: Isolierung oder Bauelement mit KU L 1,5 oder Potentialausgleichsleiter ohne Schutzfunktion	L 1,5
2	Wahlweise Basisisolierung oder Bauelemente mit KU L 3 oder Potentialausgleichsleiter ohne Schutzfunktion	L 3

Fernkopieren, Telefax
Stefan Eiselt

Telefaxgeräte zur Übertragung von Papiervorlagen im Format DIN A4 über das Telefonnetz erfreuen sich großer Beliebtheit. Je nach Ausführung (und Preis) der Telefaxgeräte können übertragen werden:
- einfache Schwarzweiß-Kopien;
- Kopien mit bis zu etwa 64 Graustufen (Schwarzweißfotos);
- Farbkopien.

Bei den Vorlagen sollten sein:
- die Mindeststrichstärke 0,2 mm;
- der Mindestabstand zwischen zwei Strichen 0,5 mm;
- die Mindestschrifthöhe 4 mm (3,75 mm bei Schreibmaschinenschriften).

Beim Empfänger wurde für die Kopien früher ein spezielles Thermopapier benötigt, das sich nicht für das längere Aufbewahren (Archivieren) eignet. Schnelle Alterung und Fleckenbildung bei Wärme und intensiver Lichteinwirkung waren zu beachten. Moderne Faxgeräte sind für Normalpapier geeignet. Sie arbeiten z. B. nach dem Laserprinzip oder dem Tintenstrahlprinzip. Entsprechend den Übertragungseigenschaften erfolgt eine Einteilung in Geräteklassen nach **Tabelle 1.**

Bei der automatischen Betriebsweise werden Dokumente selbsttätig angenommen. Das Telefaxgerät erkennt automatisch, ob es sich um einen normalen Telefonanruf oder den Anruf eines Telefaxgeräts handelt.

Beim Senden im automatischen Betrieb können mehrere Vorlagen übertragen werden. Es erfolgt meist eine automatische Wahlwiederholung, wenn das Gegengerät besetzt ist. Es gibt Kombinationsgeräte, **(Bild 1)** die z. B. Telefon, Telefaxgerät und Kopierer in einem Gehäuse vereinigen. Der Anschluss erfolgt an eine

Tabelle 1 *Geräteklassen der Faxgeräte*

Gruppe	Auflösung in Linien/mm	Übertragungsgeschwindigkeit für DIN-A4-Seite	Bemerkungen
2	3,85	3 min	alte Ausführung, Ersatz durch Gruppe 3
3	3,85, fein 7,7 horizontal. 8 Bildpunkte/mm	9,6 Kbit/s, 1 min fein 2 min	Standard
4	Gruppe 3 mal 2 ca. 8…16 Bildpunkte/mm	64 Kbit/s, 5…10 s	Standard für ISDN

TAE-Steckdose (Codierung N: nur Telefaxgerät, Codierung F: bei Kombigerät mit Telefon).

Übertragungsverfahren der Gruppe-3-Fernkopierer

Es erfolgt eine Codierung, um die im Vorlageninhalt enthaltene Redundanz zu verringern. Die Phasendifferenzmodulation mit 2400 bit/s bzw. 4800 bit/s nach CCITT wird bei jedem Fernkopierer verlangt. Genormt ist auch eine Phasendifferenz-Amplitudenmodulation mit 7200 bit/s bzw. 9600 bit/s.

Eine Fax-Übertragung läuft wie folgt ab:

- Das Anschlusskennungssignal des Senders wird vom Empfänger erkannt. Er übermittelt das Rufbeantwortungssignal CED mit f = 2100 Hz. Damit ist die Verbindung hergestellt.
- Der Empfänger überträgt an den Sender:
  1. Die Parameterkennung NSF für die Merkmale wie Druckgeschwindigkeit, Papierbreite, Auflösung, Übertragungsgeschwindigkeit usw.;
  2. die digitale Parametermeldung DIS;
  3. die Kennung der gerufenen Station CSI.
- Nach Eingang der Informationen beim Sender überträgt dieser gleichfalls seine Parameter NSS als Einstellbefehl und seine Teilnehmerkennung TSI. Übertragungsgeschwindigkeit 300 bit/s.
- Danach wird vom Sender ein Trainingssignal TCF übertragen, mit dem die Geräte synchronisiert und die Übertragungsgeschwindigkeit entsprechend dem Leitungszustand festgelegt werden.
- Der Empfänger meldet die Empfangsbereitschaft mit dem Signal CFR.
- Die Übertragung beginnt.
- Am Übertragungsende wird zum Empfänger das Endzeichen EOP gesendet. Der Empfänger quittiert mit der Übertragungsquittung MCF.
- Der Sender übermittelt den Auslösebefehl DCN. Damit wird die Verbindung gelöst.

Bild 1
Beispiel eines Netz-Faxgeräts für vielseitige Kommunikation
Foto: Panasonic

de-Archiv

Auf den **de**-Jahrgangs-CD-ROMs finden Sie den kompletten redaktionellen Inhalt der jeweiligen Jahrgänge der Fachzeitschrift „**de**" kompakt und übersichtlich mit komfortablen Suchfunktionen.

de-Jahrgangs-CD-ROM 2003
ISBN 3-8101-0193-1
Lieferbar ab März 2004

de-Jahrgangs-CD-ROM 2002
ISBN 3-8101-0178-8

de-Jahrgangs-CD-ROM 2001 ISBN 3-8101-0153-2

de-Jahrgangs-CD-ROM 2000 ISBN 3-8101-0144-3

de-Jahrgangs-CD-ROM 1999 ISBN 3-8101-0134-6

de-Jahrgangs-CD-ROM 1998 ISBN 3-8101-0128-1

Vorteilspreis für de-Abonnenten je € 25,– sFr 44,20. Normalpreis je € 33,20 sFr 58,–

HÜTHIG & PFLAUM VERLAG, Postf. 10 28 69, 69018 Heidelberg

NEU

Fax 0 89/12 87 25-103

Hiermit bestelle(n) ich/wir folgende **de**-Jahrgangs-CD-ROMs:

— Expl. **2003** ISBN 3-8101-0193-1 (ab März 2004)
— Expl. **2002** ISBN 3-8101-0178-8
— Expl. **2001** ISBN 3-8101-0153-2
— Expl. **2000** ISBN 3-8101-0144-3
— Expl. **1999** ISBN 3-8101-0134-6
— Expl. **1998** ISBN 3-8101-0128-1

☐ zum Normalpreis ☐ zum Vorteilspreis für **de**-Abonnenten

Absender:

de-Abo-Kundennr. _____

Firma _____

Name/Vorname _____

Straße/Postfach _____

PLZ/Ort _____

E-Mail _____

Ich habe das Recht, diese Bestellung innerhalb von 14 Tagen nach Lieferung ohne Angaben von Gründen zu widerrufen. Der Widerruf erfolgt schriftlich oder durch fristgerechte Rücksendung der Ware an den Verlag Hüthig & Pflaum Verlag, Abonnementservice, Justus-von-Liebig-Str. 1, 86899 Landsberg oder an meine Buchhandlung. Zur Fristwahrung genügt die rechtzeitige Absendung des Widerrufs oder der Ware (Datum des Poststempels). Bei einem Warenwert unter 40 Euro liegen die Kosten der Rücksendung beim Rücksender. Entsiegelte Software ist vom Rückgaberecht ausgeschlossen. Meine Daten werden gemäß Bundesdatenschutzgesetz elektronisch gespeichert und können für Werbezwecke verwendet werden.

✗ _____
Datum/Unterschrift

WA 16532

Netze der Informations- und Kommunikationstechnik

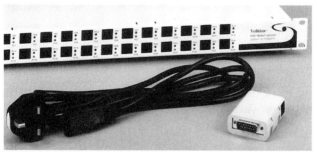

Grundsätzliches über Datennetze	78
LAN-Technik	79
Das Netzwerk-Modell	83
Netzwerk-Topologien	85
Zugriffsverfahren	87
Netzwerkprotokolle	90
Netzwerkbetriebssysteme	96
Kommunikation über Stromnetze	100
Aktive Netzwerk-Komponenten	101
Storage Area Network (SAN)	110
Voice over IP (VoIP)	122

Grundsätzliches über Datennetze
Stefan Eiselt

Datennetze verbinden räumlich getrennte Computer oder Rechnergruppen, um eine Zusammenarbeit zu ermöglichen und um Daten auszutauschen.

Aufgrund der Ausdehnung von Rechnernetzen unterscheidet man:

GAN (= Global Area Network) sind weltumspannende Netze.

WAN (= Wide Area Network) verbinden Rechner einzelner Länder oder innerhalb eines Landes.

MAN (= Metropolitan Area Network) stellen die Verbindung von Rechnern innerhalb einer Stadt oder eines Stadtgebiets her.

LAN (= Local Area Network) sind lokale Netze innerhalb einer Firma, eines Fabrik- oder Bürogeländes oder einer Abteilung.

Viele Millionen Nutzer surfen weltweit im Internet über das klassische Telefonnetz. Mit der schnell steigenden Zahl der Nutzer steigt auch das Datenvolumen rapide an, das dann über die Netzinfrastrukturen transportiert werden muss. Allein über die IP-Netze (IP = Internet Protocol) der Deutschen Telekom werden zur Zeit jährlich ca. 6000 Terabyte an Daten übertragen.

Es gibt zwei Möglichkeiten größere Bandbreiten zu aktivieren:

1. Die Verlegung zusätzlicher Leitungen, wobei hohe Kosten auftreten und längere Vorlaufzeiten einzuplanen sind.

2. Der Einsatz moderner Technologien zur flexiblen Erweiterung der Netzkapazitäten. Hier wird z. B. auf moderne Wellenlängenmultiplex-Systeme (WDM = Wavelength Division Multiplex) zurückgegriffen. Über vorhandene Glasfaserkabel können dann die Daten nicht nur auf einer Farbe sondern parallel über mehrere Farben verschickt werden.

Auch die Zugangsnetze müssen mit hohen Bandbreiten ausgestattet werden. Im Festnetz werden verschiedene xDSL-Anschlussvarianten zur Ausführung kommen, Als weitere Alternative steht der Breitbandkabelanschluss zur Verfügung. Die Telekom hat die Netze in Deutschland T-DSL-fähig ausgebaut. Privatkunden können damit Geschwindigkeiten von 768 kbit/s und Geschäftskunden bis zu 6 Mbit/s nutzen. Im lokalen Bereich werden die Netze ebenfalls immer leistungsfähiger, wobei den verschiedenen Varianten von Ethernet besondere Bedeutung zukommt.

LAN-Technik
Peter Kara

Der Begriff LAN steht für „Local Area Network". Es handelt sich hierbei um Netze in einem privaten oder lokalen Bereich, z. B. unternehmensintern mit relativ geringer *Ausdehnung* (d. h., es werden keine öffentlichen Leitungen benutzt). Sie befinden sich vollständig im rechtlichen *Entscheidungsumfeld* des Benutzers und sind auf sein Territorium begrenzt. LANs beruhen normalerweise auf einem „Shared Medium". Das heißt, mehrere Rechnersysteme teilen sich gleichberechtigt ein Übertragungsmedium. Als Medium können Kupferkabel, Lichtwellenleiter, aber auch die Luft (Infrarot- bzw. Funkübertragung) dienen. Die ersten beiden Varianten können unter dem Begriff *leitergebundene Übertragungsmedien* zusammengefasst werden, während bei den letzten Varianten von *leiterungebundenen Medien* gesprochen wird. Bei der Entscheidung für oder gegen ein Übertragungsmedium sind neben den Kosten auch die Abhörsicherheit, der Installationsaufwand und die maximale Ausdehnung der jeweiligen Netzvariante zu berücksichtigen.

Als Vorteile einer lokalen Vernetzung seien nur die Punkte Datensicherung, Kostensenkung, Effektivitätssteigerung, Kommunikationsverbesserung und Optimierung der Rechner-Auslastung und -Verfügbarkeit genannt. In der Vergangenheit war in lokalen Netzen ein breites Spektrum von Topologien und Zugriffsverfahren anzutreffen (Stern-, Ring- und Bustopologien). Heute orientiert sich der Aufbau von lokalen Netzen hauptsächlich an den betrieblichen Anforderungen. Es werden überwiegend Sternverkabelungen in Kupfer- oder Lichtwellenleitertechnik im Rahmen der strukturierten Verkabelung realisiert. In den letzten Jahren wuchs aber der Anteil der leiterungebundenen Technologien in Form von W-LAN *(Wireless-LAN)* in lokalen Netzlösungen immer mehr. Ferner nimmt der Anteil der serverorientierten Netze gegenüber *Peer-to Peer-* oder *Workstation-LANs* stark zu. Ein oder mehrere Rechner stellen ihre Services oder Ressourcen im Netz zur Verfügung. Andere Rechner, sogenannte *Clients,* greifen nach erfolgreicher Anmeldung auf diese Dienste zu. Typische Serverdienste sind in **Tabelle 1** genannt.

Bei der Übertragung auf einem Shared-Medium steht natürlich den einzelnen Rechnern das Übertragungsmedium nicht immer und un-

Tabelle 1
Serverdienste

File-Server	Ein Rechner mit hoher Festplattenspeicherkapazität. Hier werden alle von den Benutzern erstellten Daten gespeichert. Die regelmäßige Datensicherung wird über ein Zusatzgerät (Streamer o. Ä.) durchgeführt.
Application-Server	Ein Rechner, der Anwendungsprogramme, die im gesamten Unternehmen gebraucht werden, zentral zur Verfügung stellt. Die Anwender starten die Programme nicht von der lokalen Festplatte, sondern von dem zentralen Server. Das Einspielen von Service-Packs oder neuen Software-Versionen wird so vereinfacht.
Print-Server	Dieser Rechner verwaltet die Druckaufträge für alle Benutzer im Netz. Dazu wird er mit mehreren Druckern lokal oder über das Netz verbunden.
Datenbank-Server	Ein Rechner, auf dem große Datenbestände über ein Datenbankprogramm mehreren Benutzern gleichzeitig zur Verfügung stehen.
Proxy-Server	Ein Rechner, der zentral für alle Benutzer einen Zugang zum Internet anbietet. Dieser lässt sich dann zentral verwalten.
Mail-Server	Dient zu Kommunikation der Benutzer untereinander. Hier wird für jeden Benutzer ein Postfach angelegt.

begrenzt zur Verfügung. Es müssen also Regeln dafür sorgen, dass jeweils nur ein Rechner auf das Medium zugreifen kann und die Übertragungsdauer begrenzt wird. Weiterhin müssen die an das Medium angeschlossenen Geräte eindeutig identifiziert werden, damit sichergestellt ist, dass die Datenpakete beim Empfänger ankommen. Diese Regeln werden als Zugriffsverfahren bezeichnet. Je nach Art der Netztopologie werden unterschiedliche Mehrfachzugriffsverfahren eingesetzt.

Beispiele dafür sind **Aloha, Token Passing, DPP** und **CSMA/CD**. Am weitesten verbreitet ist **CSMA/CD** (Carrier Sense Multiple Access/Collision Detection), auf dem der *Ethernet-Standard* basiert. Ethernet wurde ab 1972 am Palo Alto Research Center der Firma Xerox als ein Shared-Medium entwickelt. Das heißt, alle an einem Segment angeschlossenen Stationen müssen sich die Bandbreite von 10 Mbit/s (IEEE 802.3) teilen. In weiteren Entwicklungsstufen wurde das Ethernet für 100 Mbit/s (Fast-Ethernet IEEE 802.3u), 1000 Mbit/s (Giga-bit-

Ethernet IEEE 802.3z) bzw. 10.000 Mbit/s (10-Gigabit-Ethernet IEEE 802.3ae) standardisiert.

Außerdem entwickelte man *Switching-Komponenten,* die jeder angeschlossenen Station dediziert[1] 10/100/1000/10000 Mbit/s zur Verfügung stellen können.

Durch diese Entwicklung ist Ethernet gut anpassbar. Für *Fast-Ethernet* existieren mehrere Varianten. Am Markt durchgesetzt hat sich allerdings nur *100BaseT(F)x.*

Durch Einteilung der Übertragungsbandbreite in *Zeitfenster,* so genannte *Rahmen,* wird die Datenübertragung gesteuert. Die maximale Länge des Rahmens und die damit verbundene Übertragungsdauer sind begrenzt. Weiterhin enthält der Rahmen eine Absender- und Empfängeradresse. Eine mitübertragene Prüfsumme gibt dem Empfänger die Möglichkeit, Fehler bei der Übertragung zu erkennen, um dann gegebenenfalls darauf zu reagieren.

Im *Wireless-LAN* werden abgewandelte Zugriffsverfahren **(CSMA/CA)** eingesetzt. Es ist mit entsprechenden Antennen möglich, bei freier Sicht mehrere hundert Meter zu überbrücken. Im Wireless-LAN sind sehr sichere (abhörsichere) Umsetzungen realisierbar.

Leider werden hier oft nicht die technischen Möglichkeiten genutzt, so dass es in der Praxis viele ungeschützte Wireless-LAN-Systeme gibt. Die Vorteile drahtloser Übertragung, z. B. Mobilität, Flexibilität und geringe bauliche Maßnahmen, lassen jedoch einen steigenden Einsatz dieser Technologie in Zukunft erwarten. Die **Bilder 1** und **2** zeigen die Zuordnungen der LAN- und Ethernet-Entwicklungen zu den IEEE-Standards.

Schicht 2B	IEEE 802.2 LOGICAL LINK CONTROL					
Schicht 2A	IEEE 802.3 CSMA/CD MAC	IEEE 802.4 Token Bus MAC	IEEE 802.5 Token Ring MAC	IEEE 802.9 ISLAN MAC	IEEE 802.11 WLAN MAC	IEEE 802.12 VG Any LAN MAC
Schicht 1	PHYSICAL	PHYSICAL	PHYSICAL	PHYSICAL	PHYSICAL	PHYSICAL

Bild 1   *Zuordnung der LAN-Technologien zu den IEEE-Standards*

---

1 Übertragungsrate steht für einen gewissen Zeitraum nur dieser Station zur Verfügung.

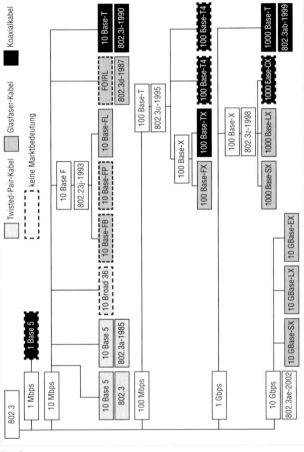

Bild 2
Zuordnungen der Ethernet-Entwicklungen zu den IEEE-Standards

Das Netzwerk-Modell
Stefan Eiselt

Zum Austausch von Daten und Informationen zwischen Rechnersystemen braucht man geeignete Hardware und Software. Im ersten Schritt müssen die Computer durch ein Datentransportmittel, im Regelfall ein Kabel, verbunden werden. Weiterhin muss definiert werden, auf welche Art und Weise über dieses Transportmedium kommuniziert wird. Es muss sichergestellt sein, dass die Datenpakete beim Empfänger ankommen. Auf dieser Basis können die Netzwerkprotokolle und Netzwerkapplikationen aufsetzen.

Der Aufbau von Netzwerksystemen vom physikalischen Medium bis zur Anwenderschnittstelle wird durch das 7-Schichten-Modell nach ISO/OSI (International Standardization Organisation/Open Systems Interconnection) beschrieben.

Die sieben Schichten des offiziellen Standards sind für alle Netzwerktypen, die heute existieren anwendbar. Dabei greifen die Dienste der höheren Schicht auf die jeweils nächst niedrigere Schicht zu.

Ebene 7: **Anwendungsschicht**
(application layer)
Applikationen, die auf die Netzwerkstruktur zugreifen .

Ebene 6: **Darstellungsschicht**
(presentation layer)
Strukturierung der zu übermittelnden Daten.

Ebene 5: **Kommunikationssteuerungsschicht** (session layer)
Steuerung von Sitzungen, Zugangskontrolle und Sicherheit.

Ebene 4: **Transportschicht**
(transport layer)
Aufbau und Unterhaltung einer (virtuellen) Verbindung zwischen zwei Endsystemen (end-to-end), Bereitstellung eines netzunabhängigen Transportmechanismus, Adressierung eines Endteilnehmers.

Ebene 3: **Vermittlungsschicht**
(network layer)
Wahl des Wegs (Routing), Weitervermittlung von Daten, Kopplung unterschiedlicher Netze.

Ebene 2: **Sicherungsschicht**
(data link layer)
Zusammenfassung der Daten in Blöcke (Paketbildung), Aufbau einer (möglichst) fehlerfreien Verbindung Fehlererkennung und Korrektur.

Ebene 1: **Bit-Übertragungsschicht**
(physical layer)
Transparente Übertragung von Bit-Sequenzen über ein beliebiges Medium. Unterstützung unterschiedlicher Übertragungsarten.

Aktuelles zur Netztechnik

Jörg Holzmann/Jürgen Plate
Meßtechnik für Computernetze
Fehler finden in LAN und WAN
129 S. mit zahlr. Abb., € 15,–
ISBN 3-7905-1504-3
Dieses Buch hilft, die Funktion der immer komplexer werdenden Netze zu verstehen und die Aufgaben der Netzwerkkomponenten zu überblicken und stellt geeignete Tools für die Fehlerdiagnose vor.

Ulrich Queck
Kupferkabel für Kommunikationsaufgaben
192 S. mit 123 Abb. und 26 Tabellen, kart., € 30,–
ISBN 3-7905-0793-8
Ein Überblick über beispielhafte Anwendungen zeigt die vielfältigen Möglichkeiten, wie Kupferkabel für Kommunikationsaufgaben genutzt werden können.

Richard Pflaum Verlag, Lazarettstr. 4, 80636 München
Tel. 089/12607-0, Fax 089/12607-333
e-mail: kundenservice@pflaum.de

Netzwerk-Topologien
Stefan Eiselt

Der Begriff „Topologien" in Bezug auf Netzwerke beschreibt die Art der physikalischen Verbindung einzelner Netzwerkstationen (Knoten) untereinander. Bei Standardsystemen wird im Regelfall nur eine der Topologien verwendet. Bei sehr großen Netzwerken jedoch besteht auch die Möglichkeit, dass Mischformen oder Kombinationen vorkommen.

Die vier wichtigsten Netzwerk-Topologien sind:

Die Bustopologie
Bei der Bustopologie nach **Bild 1** kommunizieren alle Netzwerkstationen über einen Kabelstrang, der an beiden Enden durch ein geeignetes Verfahren abgeschlossen ist. Jede Station kann frei mit jeder anderen Station kommunizieren und eine Masterstation zur Netzverwaltung ist nicht erforderlich. Über den Bus gesendete Daten werden von allen Stationen empfangen, jedoch nur von der adressierten Station ausgewertet.

Die Sterntopologie
Die Sterntopologie **(Bild 2)** ist die historisch älteste Form zum Aufbau von Netzwerken. Der Stern wurde und wird noch heute dazu verwendet, „nicht intelligente" Terminals mit einem Hostrechner zu verbinden. Auch eine Telefonnebenstellenanlage arbeitet z. B. nach der Sterntopologie, denn alle Telefonapparate sind über ein eigenes Kabel an diese angeschlossen. Um eine Sterntopologie handelt es sich somit, wenn alle Stationen über eine unabhängige Leitung an den zentralen Knoten angeschlossen sind. Der gesamte Nachrichtenverkehr wird über diese Zentrale abgewickelt. Will z. B. eine Station mit einer anderen kommuni-

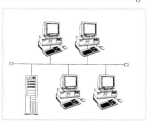

Bild 1 *Bustopologie*

Bild 2 *Sterntopologie*

zieren, so sendet sie die Nachricht zuerst an den Knotenrechner. Dieser leitet anschließend die Informationen weiter.

Die Ringtopologie

Bei der Ringtopologie nach **Bild 3** ist, wie der Name bereits sagt, die Verkabelung als Ring ausgeführt. Die einzelnen Rechner des Netzwerksystems werden an geeigneter Stelle in den Ring eingebunden. Jede Station im Ring hat einen eindeutigen Vorgänger und Nachfolger. Informationen werden von einer Station an die nächste verschickt. Der Empfänger prüft, ob die Daten für ihn bestimmt sind, andernfalls leitet er sie an die nächste Station weiter. Dieser Vorgang wird solange wiederholt, bis die Nachricht angekommen ist. Typische Vertreter der Ringstruktur sind Token-Ring- und FDDI-Systeme.

Die Baumtopologie

Bei der Baumstruktur nach **Bild 4** handelt es sich im Prinzip um eine Kaskadierung der Sterntopologie, d.h., an bestimmte Endpunkte des Sterns ist wiederum ein Knoten angeschlossen, der sternförmige Ausgänge hat. Diese Art der Vernetzung, die häufig bei Twisted-Pair-Verkabelung eingesetzt wird, ist sehr flexibel und sehr leicht erweiterbar. Die Baumtopologie ist die heute am häufigsten eingesetzte Topologie.

Bild 3
Ringtopologie

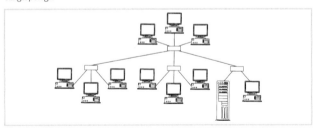

Bild 4
Baumopologie

Zugriffsverfahren
Stefan Eiselt

Das Zugriffsverfahren regelt den physikalischen Transport von Daten auf dem Übertragungsmedium. So muss, um einen geregelten Ablauf zu gewährleisten, genau festgelegt sein, wann Stationen Daten übertragen dürfen. Die derzeit üblichen Verfahren sind nach ISO IEEE genormt und erlauben immer nur einer Station das Senden von Daten.

Die wichtigsten Verfahren sind:

CSMA/CD (IEEE 802.3)

Die meisten Ethernetnetze arbeiten heute nach dem CSMA/CD-Verfahren (Carrier Sense Multiple Access with Collision Detection) nach **Bild 5** Hierbei wird der Zugriff auf das Kommunikationsmedium ohne Kontrolle durch eine einzelne Station geregelt. Möchte eine Station Daten senden, so lauscht sie am Übertragungskanal, ob dieser frei ist oder durch eine andere Station benützt wird. Man bezeichnet diese Überwachung mit Carrier Sense oder kurz CS. Ist der Kanal frei, so beginnt die Station mit der Datenübertragung. Während der Übertragung wird der Kanal weiterhin überwacht, um die korrekte Übertragung sicherzustellen (listen while talking). Hat eine andere Station fast zur gleichen Zeit mit der Datenübertragung begonnen (MA = Multiple Access), wird diese Kollision festgestellt (CD = Collision Detect) und für einen kurzen Zeitraum ein spezielles Störsignal (jam signal) angelegt. Anschließend warten die sendewilligen Stationen eine

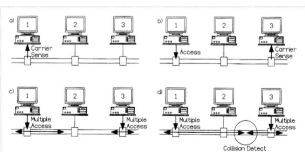

Bild 5 *CSMA/CD-Zugriffsverfahren*

zufällige Zeitperiode ab (backoff) und versuchen dann die Übertragung erneut. Bei CSMA/CD kann nicht festgelegt werden, zu welchem Zeitpunkt eine Station senden darf, somit ist das Verfahren für Echtzeitanwendungen ungeeignet. Weiterhin kann die Datenübertragung bei Überlastung des Netzes zum Stillstand kommen, wenn ein bestimmter Grenzbereich überschritten wird (es treten nur noch Kollisionen auf).

Token-Passing (IEEE802.5)

Der Token-Ring von IBM arbeitet nach dem Token-Passing-Verfahren (**Bild 6**). Generelle Voraussetzung für das Zugriffsverfahren ist eine Ringtopologie. Die Zugriffskontrolle unterscheidet sich grundlegend vom Ethernet nach IEEE 802.3. So kann eine Station nur dann Daten senden, wenn sie die Berechtigung dazu erhält. Diese Berechtigung wird von einem speziellen Bitmuster, dem Token, das im Ring kreist, erteilt. Der Adapter, der als erstes eingeschaltet wird, übernimmt die Generierung des Tokens. Kommen weitere Stationen hinzu, so empfangen sie das Bitmuster und senden es verstärkt weiter. Am Aufbau des Tokens kann eine sendebereite Station erkennen, ob das Netz frei ist. Ist dies der Fall, so generiert der Rechner ein Belegt-Token und sendet dieses, zusammen mit den Daten und der Absender- und Zieladresse weiter. Der jeweilige

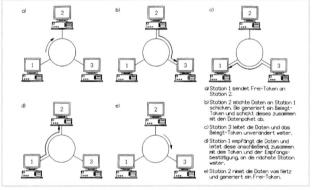

Bild 6
Datenversand beim Token-Passing-Verfahren

Empfänger hört die Nachricht ab, nimmt sie aber nicht vom Netz. Er kann lediglich, falls die Daten für ihn bestimmt sind, den korrekten Empfang durch eine ACK-(Acknowledgement-)Meldung bestätigen. Kommt die Nachricht und das Token wieder beim Absender an, werden diese vom Netz genommen, ein Frei-Token generiert und an die nachfolgende Station übermittelt. Das Zeitverhalten beim Token-Passing wird durch die Anzahl der Stationen im Ring bestimmt. Weiterhin handelt es sich um ein „faires" Verfahren, da jede Station pro Tokenzyklus einmal die Möglichkeit erhält, Daten zu senden. Für Echtzeitanwendungen ist somit eine obere Zeitschranke (alle Stationen senden Daten) gewährleistet.

Token-Bus (IEEE 802.4)

Unter Token-Bus versteht man die Implementierung des Token-Passing-Verfahrens auf eine Bustopologie **(Bild 7)**. Zur Realisierung des logischen Rings muss jeder Station bekannt sein, welcher Rechner Nachfolger bzw. Vorgänger ist.

Multiple-Token-Verfahren

Dieses Verfahren wurde von dem ursprünglichen Standard IEEE802.5 abgeleitet. Die Variante erlaubt mehrere Frei-Token auf dem Ring und ermöglicht somit einen höheren Datendurchsatz.

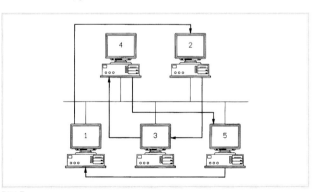

Bild 7
Token-Bus-Verkabelung

Netzwerkprotokolle
Stefan Eiselt

Unter Netzwerkprotokoll versteht man die Art der Verständigung einzelner Arbeitsstationen untereinander. Das Protokoll ist von der Art des Übertragungsmediums (Kabel) und vom Zugriffsverfahren vollkommen unabhängig. Dies bedeutet, dass jedes beliebige Protokoll, egal welches Kabel bzw. Verfahren verwendet wird, einsetzbar ist. Die Protokolle lassen sich weiterhin beliebig kombinieren. Es gibt eine Vielzahl von Protokollen mit unterschiedlichsten Aufgaben hinsichtlich der Kommunikation oder von verschiedenen Herstellern (Anbietern).

Die wichtigsten heute eingesetzten Netzwerkprotokolle sind:

TCP/IP

TCP/IP (Transmission Control Protocol/Internet Protocol) wurde vom amerikanischen Verteidigungsministerium definiert. Wie der Name bereits aussagt, handelt es sich hierbei um ein Protokoll, das nicht auf lokale Netze (LANs) begrenzt ist, sondern eine Vielzahl von Rechnerwelten verbindet. TCP/IP ist heute das Protokoll, welches im gesamten Internet verwendet wird. Die Adressierung der Stationen erfolgt hierbei über eindeutige IP-Adressen (wie z. B. 129.187.10.1), die aus vier Bytewerten bestehen. Diese Adressen werden weltweit von der Institution DDN-Network Information Center vergeben, um die eindeutige Identifizierbarkeit aller Rechner, die ans Internet angeschlossen sind, zu gewährleisten.

Der direkte Vergleich des TCP/IP-Protokolls mit dem Schichten-Modell nach ISO/OSI ist unmöglich, da TCP/IP bereits vor dem Schichten-Modell definiert wurde **(Bild 8).**

Die dritte Schicht (network layer) wird hierbei aus dem Internet Protocol (IP), dem Internet Control Message Protocol (ICMP) und dem Internet Group Management Protocol (IGMP) gebildet. Die genannten Protokolle kümmern sich um das Versenden der Pakete im Netzwerk sowie die korrekte Adressierung von Hostrechnern.

Die vierte Schicht (transport layer) stellt den Datenfluss zwischen zwei Rechnern für die darüber liegende Anwendungsschicht (application layer) zur Verfügung. Hierfür existieren zwei grundsätzlich verschiedene Transportprotokolle mit den Namen Transmission Control Protocol (TCP) und User Datagram Protocol (UDP). TCP sorgt für eine verlässliche Ver-

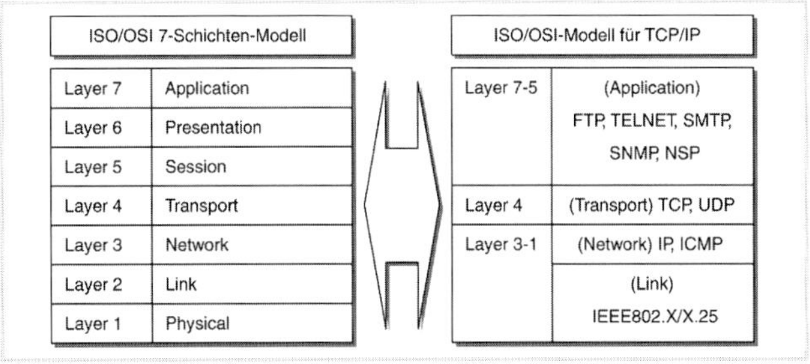

ISO/OSI 7-Schichten-Modell		ISO/OSI-Modell für TCP/IP	
Layer 7	Application	Layer 7-5	(Application) FTP, TELNET, SMTP, SNMP, NSP
Layer 6	Presentation		
Layer 5	Session		
Layer 4	Transport	Layer 4	(Transport) TCP, UDP
Layer 3	Network	Layer 3-1	(Network) IP, ICMP
Layer 2	Link		(Link) IEEE802.X/X.25
Layer 1	Physical		

Bild 8 *Vergleich 7-Schichten zu TC/IP Protokoll*

bindung zwischen zwei Rechnern. UDP stellt der Anwendungsschicht einen einfacheren Dienst als TCP zur Verfügung. Das Protokoll ermöglicht das Senden von Datenpaketen, genannt Datagramme, von einem Rechner ohne zu prüfen, ob diese ankommen. Eine Sicherung der Übertragung muss hierbei durch die Anwendung der Applikationsschicht erledigt werden.

Adressierung unter TCP/IP

Unter TCP/IP existieren unterschiedliche fünf Klassen von IP-Adressen. Die Klassen verfügen jeweils über eine unterschiedliche Anzahl an Host- und Netzwerk-Adressen **(Bild 9)**.

Klasse-A-Adressen:

Bei dieser Adresse stellen die ersten 8 bit (1 Byte) die Kennung für das Netzwerk dar, die sog. Netzwerk-Adresse. Die letzten drei Bytes stehen für den Rechner innerhalb des Netzes (Host-Adresse). Eine Klasse-A-Adresse erkennt man an einer führenden binären Null oder an dem sich daraus ergebenden Wertebereich für das erste Wort von 0 bis 127. Achtung: Die Klasse-A-Adresse 127 ist für das so genannte loopback interface reserviert. Es können also 127 Netzwerke mit je 16 777 214 Rechnern adressiert werden.

Klasse-B-Adressen:

In Klasse-B-Adressen werden zwei Byte für die Adressierung des Netzes und zwei Byte für die Adressierung der Rechner innerhalb des Netzes verwendet. Die entsprechende Adresse wird durch die binäre Sequenz „10" eingeleitet. Damit ergibt sich für das erste Wort der Wertebereich 128 bis 191. Mit dieser Art der Adressierung können 16 384 Netze mit je 65 534 Knoten angesprochen werden.

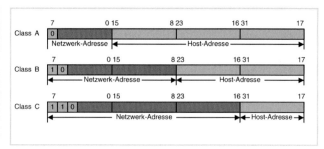

Bild 9
Netzwerk- und Host-Adressen

Klasse-C-Adressen:

Die ersten drei Wörter dieses Adresstyps repräsentieren das Netzwerk, für die Knoten bleibt ausschließlich ein Byte übrig. Adressen von diesem Typ 146 werden durch die binäre Sequenz „110" eingeleitet, wodurch sich für das erste Byte der IP-Adresse ein Wertebereich von 192 bis 223 ergibt. Mit Klasse-C-Adressen können 2 097 152 Netze mit je 254 Knoten adressiert werden.

Die **Klasse D** wird für sogenannte Multicast-Adressen verwendet, mit denen man durch eine Adresse mehrere Hostrechner gleichzeitig ansprechen kann. **Klasse-E-Adressen** werden bisher nicht eingesetzt.

Die Subnet Mask bei TCP/IP

Alle Host-Rechner einer bestimmten Klasse müssen sich im gleichen physikalischen Netzsegment befinden, was in vielen Fällen nicht praktikabel ist, da die physikalischen Bedingungen des Netzaufbaus eine Unterteilung in Subnetze erforderlich macht. Bereits bei einem Klasse-C-Netz mit max. 254 Hostrechnern ist es oftmals nicht sinnvoll alle 254 Adressen auf einem physikalischen Kabelsegment unterzubringen. Betrachtet man ein Klasse-A-Netzwerk, so ist dies tatsächlich unmöglich, da ein Netz mit 16 Millionen Rechnern im gleichen Segment nicht realisierbar ist. Um diese Schwierigkeiten auszuschließen, können IP-Adressen maskiert werden. Dies bedeutet, dass Teile des Host-Adressraums als Netzwerk-Adressen verwendet werden. Die so genannte Subnet Mask legt hierbei fest, welche Bereiche (Bits) der IP-Adresse für die Netzwerkadresse und welche für die Host-Adresse verwendet werden.

Jedes Bit der Netz-Adresse wird hierbei mit dem Wert „1"; maskiert, die Bits der Host-Adresse mit „0";. Die Default Subnet Masks können dem **Bild 10** entnommen werden.

Soll nun z. B. eine Klasse-C-Netzwerkadresse in 4 Subnetze unterteilt werden so läßt sich dies durch ein zusätzliches Setzen der Bits 24 und 25 in der Subnet Mask bewerkstelligen (**Bild 11).**

Somit befinden sich alle Host-Rechner deren Bits 23 und 24 betreffend der Subnet Mask gleich sind in dem gleichen Subnetz, bei unterschiedlichen Bit-Konstellationen müssen die Rechner auch in unterschiedlichen Subnetzen plaziert werden. Betrachtet man nun z. B. die Adressen 192.168.0.193 und 192.168.0.201 so sind Rechner mit diesen IP-Adressen im gleichen Subnetz angesiedelt, da die Bits 31 und 30 übereinstimmen (193 = 11000001; 201 = 11001001). Ein Rechner mit der IP-Adresse 192.168.0.140 (140 = 10001100) hingegen ist in einem anderem Subnetz zu finden.

Ein Nachteil des Aufsplittens in mehrere Segmente mittels Subnet Mask ist, dass bei jeder Unterteilung zwei IP-Adressen nicht mehr genutzt werden können. Hierbei handelt es

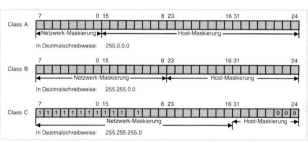

Bild 10
Default Subnet Masks

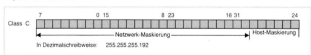

Bild 11
Bits 24 und 25 gesetzt

sich jeweils um die erste und letzte Adresse den Subnetzes.

Zur Realisierung von Netzen mit vom Standardwert abweichenden Subnet-Masken ist ein Router erforderlich, der mit Netzwerk-Interfaces ausgestattet ist, die jeweils in dem unterschiedlichen Segment aktiv sind. Hierbei kann es sich z. B. um einen Rechner mit mehreren Netzwerkkarten handeln.

Weiterhin existieren unter TCP/IP Adressen mit speziellen Aufgaben. Hierbei handelt es sich um das loopback interface und bestimmte Adressbereiche für private Netze.

Über das sogenanntes *loopback interface* kann z.B. die Clientsoftware mit der Serverapplikation, die auf dem selben Rechner lauft, über TCP/IP kommunizieren. Als *loopback interface* ist die Netzwerkadresse 127 (Klasse A) reserviert, wobei die meisten Systeme diesem Interface die Adresse 127.0.0.1 und den Namen localhost zuordnen. Im RFC (Request for Comment) 1597 bzw. 1918 (Address Allocation for Private Internets) sind Adressräume definiert, die für das Internet nicht sichtbar sind und auch nicht vergeben werden. Diese IP-Adressen können für private Zwecke oder für Testaufgaben eingesetzt werden. Bei den Adressen handelt es sich um

- ein Klasse-A-Netz mit der Adresse 10.0.0.0 (Adressen: 10.0.0.1 bis 10.255.255.254),
- 16 Klasse-B-Netze mit den Adressen 172.16.0.0 bis 172.31.0.0 (Adressen: 172.16.0.1 bis 172.31.255.254)
- und 256 Klasse-C-Netze mit den Adressen 192.168.0.0 bis 192.168.255.0 (Adressen: 192.168.0.1 bis 192.168.255.254).

TCP/IP-Ports

Über die IP-Adresse kann ein Rechner in einem TCP/IP-Netzwerk (im Regelfall das Internet) eindeutig identifiziert werden. Das TCP/IP-Protokoll erlaubt zusätzlich mehrere logische Dienste eines Rechners anzusprechen. Hierfür kann die IP-Adresse durch eine so genannte Port-Nummer erweitert werden. Die Port-Nummer wird durch ein 16-bit-Wort repräsentiert und hat somit einen Wertebereich von 0 bis 65535. Alle Port-Nummern werden für TCP und UDP getrennt vergeben. Dies bedeutet, dass z.B. der Dienst auf dem Port 4711 von TCP eine andere Aufgabe haben kann als unter UDP.

Für einige Standarddienste wurden von der IANA (Internet Assigned Numbers Authority) so genannte Well-Known-Port-Nummern vergeben. Diese bestimmen welcher Dienst welchem Port zugeordnet sein sollte. Die wichtigsten dieser Standardzuweisungen sind in **Tabelle 1** zusammengestellt.

IPX/SPX

IPX (Internet Packet eXchange) ist das Netzwerkprotokoll des Netzwerkbetriebssystems NetWare von Novell. Hierbei handelt es sich um eine Implementierung des XEROX Network System (XNS)-Standards, der ein Protokoll zur schnellen Datenübertragung in lokalen Netzwerken definiert. Nach TCP/IP ist IPX das weltweit am weitesten verbreitete Kommunikationsprotokoll. Im ISO-Modell repräsentiert das routbare Protokoll die Vermittlungsschicht und ist somit für den Transport der Daten zuständig. SPX (Sequenced Packet eXchange) ist in der Transportschicht angesiedelt und setzt auf das IPX-Protokoll auf.

NetBEUI/NetBIOS

Die Netzwerkprotokolle NetBEUI und NetBIOS wurden von IBM zur Kommunikation zwischen Personalcomputern entwickelt. Die Protokolle werden unter den Betriebssystemen Windows sowie beim OS/2-LAN-Server eingesetzt und sind nicht routbar. Im ISO/OSI-Modell vertritt NetBEUI (NetBIOS Extended User Interface) die Ebenen 3 und 4 und NetBIOS die Ebenen 4 und 5. NetBIOS ist hierbei nicht unbedingt auf NetBEUI festgelegt, sondern kann auch mit anderen Protokollen, wie z. B. TCP/IP, zusammenarbeiten.

AppleTalk

AppleTalk ist ein spezielles Protokoll, das zur Kommunikation von Macintosh-Rechnern untereinander oder zur Ansteuerung von Peripheriegeräten, die das routbare Protokoll unterstützen, verwendet wird.

Tabelle 1
Standardzuweisungen

Bezeichnung	Abkürzung	TCP-Port	UDP-Port
FTP-Server-Dienst	ftp	21	21
Telnet-Server-Dienst	telnet	23	23
Simple mail Transfer	Protocol smtp	25	25
Domain Name Server	domain	53	53
Gopher-Server	gopher	70	70
World Wide web (HTTP-Server)	www-http	80	80

Netzwerkbetriebssysteme
Stefan Eiselt

Unter Netzwerkbetriebssystemen versteht man allgemein Systeme, die dem Anwender Ressourcen und Betriebsmittel über Serverdienste bereitstellen. Die wichtigsten dieser Dienste sind:

Fileserver
Der Fileserver stellt dem Anwender im Netzwerk einen globalen Festplattenspeicher bereit. Er verwaltet Verzeichnisse und Dateien. Der Anwender muss zum Zugriff auf das Dateisystem über entsprechende Rechte verfügen. Der Fileserver verwaltet diese Zugriffsrechte und teilt den Anwendern Ressourcen zu.

Druckerserver
Druckerserver werden im Normalfall aus Gründen der Wirtschaftlichkeit installiert, da die Notwendigkeit eines lokalen Druckers für jeden Arbeitsplatz entfällt. Der Druckerserver erlaubt jedem Anwender im Netz das Ausgeben der Dokumente auf dem globalen Drucker

Backupserver
Sicherheitskopien der Workstation- oder Serverfestplatten sind mit einem Backupdienst möglich. Hierbei besteht die Möglichkeit der automatischen Sicherung zu festgelegten Zeitpunkten oder des manuellen Backups im Bedarfsfall.

Kommunikationsserver
Der Kommunikationsserver übernimmt den Nachrichtenaustausch mit der Außenwelt und innerhalb des lokalen Systems. Im einzelnen sind dies folgende Dienste: Versand und Empfang von elektronischen Nachrichten (E-Mail); Versand und Empfang von Telefax-Mitteilungen; Anbindung an das Internet oder an andere Rechnerwelten über Wähl- oder Standleitungen.

Bereitstellung von Verarbeitungskapazitäten
Alle bisher genannten Dienste beziehen sich ausschließlich auf die Bereitstellung von Betriebsmitteln. Eine weitere Fähigkeit von bestimmten Netzwerkbetriebssystemen ist die Bereitstellung von Verarbeitungskapazitäten. Hierbei läuft der eigentliche Verarbeitungsprozess auf dem Prozessor des Servers. Die Ausgabe erfolgt lokal auf den Bildschirm der Arbeitsstation. Unter UNIX und anderen Betriebssystemen mit TCP/IP-Unterstützung ist dieser Dienst z.B. mit den Befehlen „Telnet" oder „rlogin" verfügbar. Auch Datenbankserver zählen zu dieser Art von Dienst.

Im Regelfall verwendet man nicht für jeden der genannten Dienste eine eigenständige Hardwareplattform.

Die meisten modernen Serverbetriebssysteme unterstützen alle Servertypen auf einer Plattform. Die Unterstützung ist entweder bereits in das Betriebssystem integriert oder kann mit zusätzlicher Software nachgerüstet werden. Sicherlich ist es jedoch bei sehr großen Netzen sinnvoll, unterschiedliche Dienste oder Dienste der gleichen Art auf mehrere Server aufzuteilen. Im folgenden sind die wichtigsten derzeit eingesetzten Netzwerkbetriebssysteme zur PC-Vernetzung aufgeführt. Hierbei muss zwischen Betriebssystemen, die ausschließlich Serverfunktionen haben, und Systemen, die auch das lokale Arbeiten erlauben, unterschieden werden.

Novell NetWare

NetWare von Novell läuft auf Prozessoren der Intel-Familie im Dedicated-Modus. Dies bedeutet, dass NetWare-Server ausschließlich Rechenkapazität und Festplattenspeicher für die Netzwerkbenützer bereitstellen, das direkte Ausführen von Anwendungssoftware auf dem Server jedoch nicht möglich ist. Im Betriebssystem enthalten sind die Dienste Fileserver, Printerserver und Backup, zusätzliche Dienste können von Novell oder Fremdanbietern bezogen und als NLMs (NetWare Loadable Module) installiert werden. Hierbei sind für NetWare vom Telefax-Gateway bis hin zur Serverdatenbank alle wichtigen Dienste verfügbar. Bei der Netzwerkverkabelung werden alle Topologien, die auf Ethernet, Arcnet, Token-Ring oder FDDI basieren, unterstützt. Unterstützt werden die Protokolle IPX und TCP/IP, sowie Pathworks von Digital DECnet. Der Zugriff auf NetWare-Server ist über Computer mit den Betriebssystemen Windows, OS/2 und MacOS möglich.

Windows 95 und 98

Mit Windows 95 bzw. 98 können Peer-to-Peer-Netzwerke aufgebaut werden. Es enthält die erforderlichen Netzwerkkomponenten, um in einem Windows-NT- oder NetWare-Netzwerk die Rolle eines Netzwerk-Clients zu übernehmen. Eine Benutzerverwaltung wird nicht geboten. Der Komfort der Benutzeroberfläche steht in der gleichen Weise auch für den Zugriff auf die Netzwerkkomponenten zur Verfügung. Die auf den einzelnen Netzwerk-PCs freigegebenen Ordner sind in die Ordnerhierarchie integriert. Die PCs einer Arbeitsgruppe werden im Ordner „Netzwerkumgebung" zusammengefasst.

Windows NT

Mit der Markteinführung von Windows NT schuf Microsoft ein Betriebsystem, das die wichtigsten Netzwerkfunktionen bereits enthält und so die Anforderungen des Network Computings erfüllt.

Mit der Serverversion von Windows NT steht ein leistungsfähiges Netzwerkbetriebssystem zur Verfügung. Hierbei werden alle wichtigen Netzwerk-Informationen auf einem so genannten Domain Controller gespeichert. In die Domain können zusätzliche Windows-NT-Server und Workstations, die Ressourcen anbieten, integriert werden. Auch lassen sich über so genannte ´trusted Domains° Zugriffe auf die Betriebsmittel anderer Domains realisieren. Für den Anwender bedeutet dies, dass er mit einem einzigen Login transparenten Zugriff auf alle im Netzwerk verteilten Ressourcen hat, wobei es keine Rolle spielt, von welchem Rechner diese bereitgestellt werden. Im Gegensatz zu NetWare von Novell ist bei Windows NT, neben der Serverfunktionalität auch das lokale Arbeiten möglich.

Als Netzwerkprotokolle sind Net-BEUI, TCP/IP und IPX im Lieferumfang von Windows NT enthalten. Mit zusätzlicher Software sind auch die Protokolle DECnet und AppleTalk möglich. Des Weiteren unterstützt Windows NT RAS-Verbindungen (Remote Access Service).

Windows 2000 Professional und Server

Windows 2000, die Weiterentwicklung von Windows NT stellt im Prinzip die gleichen Leistungspakete wie NT zur Verfügung. Neu bei Windows 2000 Server ist die Erweiterung „Active Directory", als Ersatz für das Domain-Konzept unter Windows NT. „Active Directory" ist hierbei eine hierarchische Datenansammlung (engl. „collection") mit netzwerkrelevanten Informationen, wie Anwenderdaten, Druckereinstellungen, Clientrechnern usw.. Diese Informationen können von beliebigen Anwendungsprogrammen auf dem Server und im Netzwerk mit der entsprechenden Berechtigung verarbeitet werden. Die „Active Directory Services", kurz ADS erlauben dem Administrator ein vereinfachtes Handling aller Netzwerkressourcen von einem beliebigen Arbeitsplatz im Netz.

UNIX/Linux

Auch UNIX eignet sich als Betriebssystem für die Vernetzung von PC-Systemen. Datei- und Druckerdienste können mit einem auf TCP/IP basierenden Kommunikationsprodukt, das den Namen NFS (Network File System) trägt, genützt werden. Die jeweilige Arbeitsstation muss hierfür mit einer NFS-Clientsoftware ausgestattet werden. Des Weiteren existiert die Sharewareanwendung SAMBA, die eine Integration des UNIX-Rechners in Windows-Arbeitsgruppen und somit die UNIXseitige Freigabe von Festplattenverzeichnissen und Druckern ermöglicht.

Windows XP

Windows XP stellt im Prinzip die Weiterentwicklung von Windows 2000 Professional dar, wobei auch die Multimediatechnologien von Windows 98 bzw. Me integriert wurden. Es existieren zwei Versionen, die Professional Edition und die Home Edition. Beide Versionen sind Workstationbetriebssysteme. Neue Fähigkeiten der Professional Edition gegenüber Windows 2000 bezogen auf den Netzwerksektor sind z. B. die Unterstützung für drahtlose Netzwerke, der integrierte Windows Messenger für die einfache Möglichkeit zur sofortigen Kommunikation mit Arbeitskollegen oder Freunden und Bekannten oder die Remoteunterstützung, wobei es einem Freund oder IT-Spezialisten, ermöglicht wird, den Computer fern zu steuern, um einen Vorgang zu veranschaulichen oder ein Problem zu lösen (beide Anwender haben gleichzeitig Zugriff auf das Desktop). Zusätzlich können Rechner, die mit der Professional Edition ausgestattet sind, mittels Remotedesktop ferngesteuert werden. Bei der Home Edition ist, bezogen auf Netzwerkfähigkeiten, neben dem fehlenden Remotedesktop-Feature zusätzlich keine Domain-Mitgliedschaft und Domain-Anmeldung möglich. Weiterhin fehlt in der kostengünstigeren Version der Netware Client.

Windows .NET Server

Das neuste Server-Betriebssystem von Microsoft ist in vier unterschiedlichen Varianten erhältlich:

Der Windows .NET Web Server stellt Webdienste und -anwendungen bereit.

Vom Windows .NET Standard Server werden die in einem Unternehmen benötigten Netzdienste, wie Datei- und Druckerfreigabe, die sichere Internetverbindung, die Bereitstellung zentraler Desktopanwendungen und die Zusammenarbeit zwischen Mitarbeitern, Partnern und Kunden bereitgestellt.

Der für mittelgroße bis große Unternehmen gedachte Windows .NET Enterprise Server erlaubt neben den Standarddiensten auch Geschäftsbereichsanwendungen sowie E-Commerce-Transaktionen.

Der System Windows .NET Datacenter Server ermöglicht dem Unternehmen umfangreiche und skalierbare Datenbanklösungen.

Kommunikation über Stromnetze
Stefan Eiselt

Unter Powerline Communication PLC versteht man die Nutzung von elektrischen Energieverteilnetzen für die Informationsübertragung. Dafür werden besondere PLC-Modems benötigt, die dem Starkstrom das Nachrichtensignal überlagern. Der Bereich um die Netzfrequenz von 50 Hz muss dabei bei der Nachrichtenübertragung ausgespart werden.

Grundsätzlich ergeben sich für PLC folgende Anwendungsbereiche:

Energienahe TK-Mehrwertdienste

Darunter werden PLC-Systeme mit niedriger Übertragungsrate zur Übertragung von Signalen zwischen den Energieversorgungsunternehmen (über die Hochspannungsleitungen) und zu den Stromkunden (über die Mittelspannungs- und Niederspannungsnetze) verstanden. Derartige Systeme werden schon lange zum Fernablesen von Zählern, zur Tarifumschaltung usw. betrieben.

Inhaus-PLC-Systeme

Sie gestatten den Aufbau vom Steuerungs- und Kommunikationssystemen innerhalb von Gebäuden unter Verwendung der vorhandenen Leitungen und Kabel der Elektroinstallation.

Außerhaus-PLC-Systeme

Nutzung der Niederspannungsnetze um im Ortsnetzbereich die „letzte Meile" von der TK-Vermittlungsstation bis zum Endkunden zu überbrücken **(Bild 12)**. Dazu wird eine Verbindungsleitung vom TK-Netz zu den jeweiligen Trafostationen geführt.

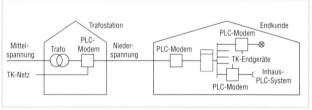

Bild 12
Außerhaus-PLC-System

Aktive Netzwerk-Komponenten
Peter Kara

Durch den Einsatz von aktiven Zusatzgeräten ist es möglich, die Einschränkungen (Längenbeschränkungen, Bandbreitenprobleme) bestehender Netzwerktopologien zu überwinden. Hier gilt es Geräte zu unterscheiden, die Netzwerksegmente (Teilbereiche) verbinden und Geräte, die eigenständige Netzwerke zusammenfügen.

Die Geräte lassen sich anhand ihrer Funktionen den Schichten des OSI-Modells zuordnen **(Tabelle 1)**.

Repeater

Ein Repeater ist eine aktive Netzwerkkomponente, die eine Signalauffrischung (Regenerierung) vornimmt. Ein Repeater empfängt Signale, bereitet sie neu auf und gibt sie anschließend weiter **(Bild 1)**. Er dient in lokalen Netzen dazu, die maximale Netzausdehnung und damit die Signalreichweite zu erhöhen. Die Arbeit des Repeaters ist für den Netzbenutzer nicht erkennbar.

Repeater arbeiten auf der OSI-Schicht 1. Sie regenerieren nur die Bitströme. Repeater haben also keine Kenntnis über den Inhalt der Datensendung. Dies bedeutet, dass sie keine Datenumwandlung vornehmen und somit auch keine Netzsegmente mit unterschiedlichen Zugriffsverfahren (z. B. Ethernet, Token-Ring) verknüpfen können. Es gibt allerdings

Tabelle 1
Zuordnung aktiver Komponenten zum OSI-Modell

OSI-Schicht	Gerät	Merkmale
1	Repeater, Hub	Signalauffrischung
2	Bridge, Switch	Mac-Adressierung
3	Router, Layer-Switch	logische Adressierung (z. B. IP)
4–7	Gateway	komplette Übersetzung der Information

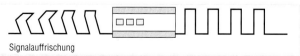

Signalauffrischung

Bild 1 *Signalauffrischung durch Repeater*

Repeater, die unterschiedliche Kabel miteinander verbinden können. Diese dienen dann als **Media-Konverter** und schalten beispielsweise Twisted-Pair-Kabel mit Glasfaserkabeln zusammen.

Repeater wurden hauptsächlich in den klassischen Bus-Topologien (10Base2 und 10Base5) eingesetzt. **Multiport-Repeater** weisen mehr als zwei Anschlüsse auf und können damit mehrere Segmente miteinander verbinden. Als **Remote-Repeater** werden hier zwei Repeaterhälften über Glasfaser miteinander verknüpft, um so noch größere Distanzen überbrücken zu können.

Hub

Wie Repeater, so arbeiten auch Hubs (engl. Mittelpunkt, Nabe) auf der OSI-Schicht 1.

Im Unterschied zu Repeatern werden hier allerdings keine physikalischen Bustopologien, sondern *Sterntopologien* eingesetzt. Die Endgeräte werden alle über ein eigenes Anschlusskabel an den Hub-Port angeschlossen. Trotzdem bildet das ganze Netzwerksegment ein Shared-Medium. Logisch gesehen, bleibt also die Bustopologie erhalten und jeder angeschlossene Rechner empfängt jede Nachricht.

> Die *Verbindung mehrerer Hubs* untereinander lässt eine einfache Erweiterung des Netzes zu.

Man kann zwischen aktiven und passiven Hubs unterscheiden. **Passive Hubs** bilden nur den Knotenpunkt im physikalischen Stern. **Aktive Hubs** führen wie Repeater eine Signalauffrischung durch.

Standard-Hubs haben in der Regel 8, 12 oder 24 RJ-45-Anschlüsse. Die Autosensing-Funktion, die bei den meisten Hubs integriert ist, erkennt die Geschwindigkeit der angeschlossenen Geräte (10 Mbps[1] oder 100 Mbps) und stellt seine Funktion darauf ein.

Wenn viele Geräte in ein Netz integriert werden sollen, so ist der Einsatz so genannter **Stackable-Hubs** (stapelbar) zu empfehlen. Diese Geräte werden über ein herstellerspezifisches Bussystem miteinander verbunden. Alle gestapelten Hubs stellen dann aber ein logisches Gerät dar. Die maximale Anzahl der zu verbindenden Stackable-Hubs ist herstellerabhängig.

Eine weitere Sonderform sind die **modularen Hubsysteme.** Hier lassen sich die Geräte durch Einschubmodule an die Netzwerkgegebenheiten anpassen.

---

1 Mbps: Mega bits per second; Megabit pro Sekunde

Bridge

Bridges verbinden Subnetze miteinander **(Bild 2)**. Jedes dieser Subnetze kann als eigenständiges Netz betrachtet werden. Die Bridge arbeitet auf der OSI-Schicht 2. Sie kann also die Informationen des Data-Link-Layers auswerten.

Im Gegensatz zum Repeater ist eine Bridge auch in der Lage, Netze mit unterschiedlichen Zugriffsverfahren und Übertragungsraten zu verbinden (z. B. Token-Ring und Ethernet).

Bridges speichern die empfangenen Pakete und werten den Inhalt der Datenpakete aus, bevor sie sie anhand der MAC-Adresse weiterschicken. Um diese Aufgabe durchführen zu können, benutzen Bridges so genannte Adresstabellen, in denen die MAC-Adressen der angeschlossenen Stationen und die dazugehörigen Segmente eingetragen sind. Bei den ersten Bridges mussten die Tabellen vom Systemverwalter manuell erstellt und gepflegt werden. Neuere Bridges sind so genannte Learning-Bridges, die ihre Adresstabellen automatisch erstellen und im laufenden

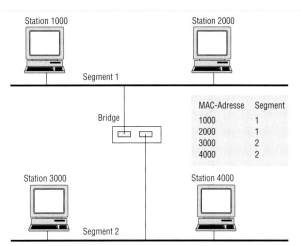

Bild 2 *Verbindung von zwei Subnetzen mit einer Bridge*

Betrieb anpassen. Die Bridge weiß also, welcher Rechner sich in welchem Netzwerksegment befindet. Anhand der Adresstabellen entscheidet eine Bridge, ob ein Paket in ein weiteres Subnetz weitergeleitet werden muss oder nicht.

Nachrichten, deren Absender und Empfänger sich im gleiche Segment befinden, werden nicht über die Bridge weitergeleitet. Dies führt zu einer Lasttrennung.

Wenn im Gesamtnetz mehrere Bridges installiert werden, so existieren zwischen Sender und Empfänger einer Nachricht mehrere mögliche Verbindungswege. Hierdurch werden redundante Pfade im Netz geschaffen. Beim Ausfall einer Bridge ist so die Verbindung weiterhin gewährleistet. Allerdings kann es hierbei auch passieren, dass Pakete immer von einer Bridge zu einer anderen weitergeleitet werden (sog. Schleifenbildung, **Bild 3**).

Hier wird der Spanning-Tree-Algorithmus angewandt, der dafür sorgt, dass keine Pakete endlos im Netz kreisen. Durch Informationsaustausch der Bridges untereinander wird nur ein möglicher Weg zum Ziel genutzt. Andere Wege werden ignoriert. Erst beim Ausfall einer Bridge wird ein neuer (redundanter) Pfad zum Zielsegment berechnet und eingestellt.

Eine weitere Bridge ist die so genannte **Source-Routing-Bridge.** Diese wird im Token-Ring eingesetzt. Wie der Name schon sagt, wird hier die Information über den Weg zum Zielrechner von der Quelle (Source)

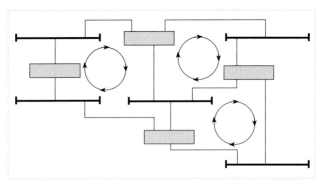

Bild 3 *Zyklen in Netzen*

vorgegeben und im Datenpaket eingetragen.

Switch

Genau wie die Bridge, arbeitet der Switch (engl. Schalter) auf der Schicht 2 des OSI-Modells und wertet MAC-Adressen zur Zustellung der Daten aus. Im Unterschied zur Bridge werden hier dedizierte Portverbindungen und damit Direktverbindungen von Endsystemen geschaltet[2]. Durch eine Backplane[3] im Switch, die mit viel höherer Geschwindigkeit arbeitet als das restliche Netzwerk, können mehrere Portverbindungen gleichzeitig betrieben werden. Wie in der Telefonvermittlung wird hier für die Übertragungsdauer eines Rahmens eine Direktverbindung von Absende- und Empfängersystem geschaltet. Für die angeschlossenen Endgeräte erscheint es dann so, als ob ihnen die gesamte Bandbreite für die Übertragung zur Verfügung stände. Gerade im Ethernetbereich kommt dies einer Revolution gleich. Hier kann durch Mikrosegmentierung das Netz in kleinste LAN-Abschnitte aufgeteilt werden und die Übertragung praktisch *kollisionsfrei* von einem Endsystem zum nächsten erfolgen.

> Im Ethernet sind beispielsweise durch den Austausch eines Hub gegen einen Switch deutlich höhere Datendurchsatzraten zu erzielen.

Drei Switching-Verfahren haben sich hierbei durchgesetzt.

Store and Forward Switching. Dieser Vorgang speichert die empfangenen Pakete und überprüft sie auf Fehler. Ungültige und defekte Pakete werden nicht weitergeleitet. Dies entlastet den Netzwerkverkehr. Der Vorteil dieser Übertragungsart ist die fehlerlose Datenübertragung. Der Nachteil ist eine längere Verzögerungszeit bei der Datenweiterleitung bedingt durch das Zwischenspeichern und die Fehlerüberprüfung.

Cut-Through Switching. Dieser Vorgang leitet die empfangenen Pakete, nachdem der Rahmen bis zur Zieladresse eingelesen ist, sofort zum Ziel weiter. Eine Fehlerüberprüfung der Pakete findet nicht statt. Der Vorteil dieser Technologie ist die schnellere Datenweiterleitung, der Nachteil jedoch die fehlende Paketüberprüfung.

Layer-3-Switching. Der immer größer werdende Intranet- und Internetverkehr trägt dazu bei, dass Router dem Netzwerkverkehr nicht mehr gewachsen sind und immer

---

2 Portverbindung widmet sich nur einem angeschlossenen Endgerät.
3 besteht aus einem oder mehreren Hochgeschwindigkeitsbussystemen

mehr zum Flaschenhals in der Übertragungsstrecke werden. Hierauf reagierten die Hersteller mit dem Layer-3-Hochleistungsswitch, der die Switching-Technologie jetzt auf der OSI-Schicht 3 realisiert. Layer-2- und Layer-3-Switching sind auch die Basis der VLAN[2]-Technik.

Router

Router arbeiten auf der OSI-Schicht (Bild 4). Das befähigt sie, Netzwerke mit verschiedenen Zugriffsverfahren und Topologien (Schicht 1 & 2) verbinden zu können. Die an der Datenübertragung beteiligten Rechner müssen aber alle über dasselbe Schicht-3-Protokoll (z. B. IP) und damit über ein einheitliches Adressierungsverfahren verfügen.

Da ein Router die ankommenden Pakete bis zur Schicht 3 auspacken muss, um die logische Zieladresse (z. B. IP-Adresse) zu erfahren, sind Router in der Regel langsamer als Switches oder Bridges.

Die Hauptaufgabe von Routern besteht in der Wegefindung (Routing) für die Netzwerkpakete vom Absende- zum Zielsystem.

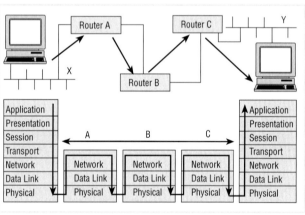

Bild 4 *Routing*

---

2 VLAN = Virtual local Area Network
mehere LANs, deren Daten auf einem einheitlichen physikalischen Verkabelungssystem übertragen werden.

Hierzu wird von Routern eine so genannte Routing-Tabelle verwandt. In dieser Tabelle sind Zielnetze eingetragen. Empfängt der Router ein Paket, so sieht er in der Routing-Tabelle, ob das Zielnetz dort eingetragen ist. Ist dies der Fall, so kann er das Paket weiterleiten. Ist das Zielnetz nicht in der Tabelle eingetragen, so sendet es der Router an einen anderen Router weiter **(Default Router)**, der dann seinerseits versucht das Paket zuzustellen. Das Weiterleiten von Router zu Router wird auch als *Hop (Sprung)* bezeichnet. Die Tabellen werden entweder von Hand erstellt **(statisches Routing)** oder von Routing-Protokollen angelegt und angepasst **(dynamisches Routing)**.

Routing-Protokolle. Sie sind unterschiedlich und lassen sich in **Distanz-Vektor-** und **Link-State-Protokolle** unterteilen. Im Folgenden zwei Beispiele:

Beim **RIP (Router-Information-Protokoll)** handelt es sich um ein Distanz-Vektor-Protokoll. Hier werden in bestimmten Zeitintervallen die Routing-Tabellen von den Routern als Broadcast an alle anderen Router gesendet. Die Router berechnen dann aus diesen Informationen die kürzeste Entfernung zum Zielnetz und leiten die Pakete zu dem Router weiter, der die jeweils kürzeste Entfernung gemeldet hat. Die Router lernen auf diese Weise alle vorhandenen Wege zu den einzelnen Zielnetzen kennen. Da die Routing-Tabellen ohne Begrenzung unendlich groß würden, unterstützt RIP nur eine Anzahl von maximal 15 Hops (Sprüngen) auf einem Pfad zum Ziel. Eine Sprungzahl von 16 gilt als nicht erreichbar.

Das **OSPF (Open-Shortest-Path-First-)**Protokoll gehört zur Gruppe der Link-State-Protokolle.

Im Unterschied zu RIP werden hier nicht in bestimmten Zeitabständen die kompletten Routing-Tabellen, sondern nur Verbindungszustandsinformationen übertragen. Eine Neuberechnung der Routen ist nur dann nötig, wenn diese Informationen ausbleiben. Dies deutet auf eine ausgefallene Verbindung oder einen ausgefallenen Router hin. Eine Hop-Begrenzung wie beim RIP gibt es nicht.

Router können über Auslastungsverteilung (Load Balancing) mehrere Wege zum Zielnetz verwenden. So kann dynamisch auf zu große und zu kleine Belastungen von Leitungen reagiert werden.

Multi-Protokoll-Router sind im Gegensatz zu **Single-Protokoll-Routern** in der Lage, mehrere Protokollstapel zu unterstützen (z. B. TCP/IP und IPX/SPX).

BRouter sind Geräte, die sowohl Router- als auch Bridgefunktion bieten. Diese können dann ein Paket anhand der MAC-Adresse weiterleiten, falls sich in dem Paket ein nicht routingfähiges Absendeprotokoll (z. B. NETBEUI) befindet.

Gateways

Gateways nehmen Übersetzungen auf allen 7 Schichten des OSI-Modells vor und sind damit in der Lage, an sich inkompatible Rechnerwelten (z. B. Großrechner – PC-Netzwerk) miteinander zu verbinden. Häufig sind Gateways in Form von Terminal-Emulationssoftware schon in Betriebssysteme integriert.

Vorsicht: Der Begriff Gateway wird im Zusammenhang mit dem Internet häufig anders benutzt. Hier werden die klassischen Router als Gateways bezeichnet (z. B. Standard-Gateway).

2 Monate kostenlos Probelesen

de – die einzige 14-tägige Fachzeitschrift für die Elektroberufe – berichtet kompetent und ausführlich über alle Fragen rund um die Elektro- und Gebäudetechnik. Praxisnahe Beiträge gehen unmittelbar auf Ihre konkreten Fragen ein.

Bezugspreise 2004: (inkl. MwSt. zzgl. € 18,90 Versandspesen): Normalpreis € 88,–.
Vorzugspreis für Innungsmitglieder € 78,80.
Vorzugspreis für Studenten/Azubis/ Meisterschüler (nur gegen Nachweis) € 35,–. Ausland auf Anfrage. Erscheinungsweise: 14-tägig (20 Ausgaben pro Jahr, inkl. 4 Doppelnummern im Januar, Juli, August und Dezember.

FAX 08191/125-103

☐ **Ja,** beim Praxistest bin ich dabei! Senden Sie mir zur Probe 4 Hefte der Fachzeitschrift **de**

_____
Firma

_____
Name, Vorname

_____
Straße/Postfach

_____
PLZ, Ort

Wenn mich die Zeitschrift überzeugt und ich nicht innerhalb von 14 Tagen nach Erhalt der letzten Leseprobe abbestelle, möchte ich „**de**" weiterhin (für mindestens 1 Jahr) zum günstigen Abonnementpreis beziehen. Meine Daten werden gemäß Bundesdatenschutzgesetz elektronisch gespeichert und können für Werbezwecke verwendet werden.

_____
Datum, Unterschrift   WAN 16487

HÜTHIG & PFLAUM
V E R L A G

Telefon 08191/125-879
Telefax 08191/125-103
e-mail: aboservice@huethig.de
www.online-de.de

Storage Area Network (SAN)
Dieter Ommen

Speichermedien, Vorteile und Einsatzgebiete

In der EDV basiert alles auf Daten. Daten werden täglich von einer Vielzahl von Mitarbeitern erfasst und auf Speichermedien abgelegt.

> Daten müssen ständig verfügbar sein, bei Verlust können sie nicht nachgekauft, sondern müssen neu erzeugt werden. Daten bilden damit häufig **den** Wert einer Firma. Um zu gewährleisten, dass die Geschäftsprozesse in einer Firma effektiv, schnell und sicher ablaufen, ist der ständige Zugriff auf die Geschäftsdaten der wichtigste Aspekt der EDV.
> **Datenmanagement** und **Datenschutz** sind daher bedeutende Kriterien für die Planung von EDV-Strukturen.

Management umfasst dabei die Bereiche *Konfiguration* und *Geschwindigkeit*, während sich der Datenschutz mit *Komponentenausfall* und *Wiederherstellung* im Fehlerfall auseinandersetzt.

In *Host-Umgebungen* ist das Speichern der Daten zentralisiert, eine IT-Abteilung übernimmt das Management. Alle Medien und Komponenten befinden sich an einer zentralen Stelle und sind somit leicht zu handhaben.

In heutigen *Client/Server-Architekturen* sind die Probleme weitaus vielfältiger, da die Daten auf Servern und Arbeitsstationen verteilt abgelegt sind und die Speichermedien sich auf unterschiedlichen Geräten befinden. Hinzu kommen noch verschiedene Betriebssysteme und Dateiformate. Die Managementkosten erreichen hierdurch weitaus höhere Dimensionen als bei Hostanwendung.

Speichermedien

In der modernen Client/Server-Architektur teilt man die Funktionen in unterschiedliche Schichten (tiers) auf:

- In der obersten Schicht sind die Geräte zur Datenpräsentation definiert. Hierzu zählen Desktops und Netzwerkcomputer.
- In der mittleren Schicht erfolgt die Datenverarbeitung. Hierzu zählen die Applikationen auf den Servern: Datenbankserver, Kommunikationsserver, Fileserver, Mailserver, Printserver etc.
- In der untersten Schicht erfolgt die Datenspeicherung. Hier finden sich auch die Speichermedien wieder.

In heutigen SAN-Umgebungen sind alle Speichergeräte in der unteren Schicht zentral zusammengefasst. Hierdurch ergeben sich die gleichen Vorteile wie in einer Host-Umgebung.

Alle Speichermedien sind über ein Hochgeschwindigkeitsnetzwerk, vergleichbar mit einem LAN, miteinander verbunden.

Diese Struktur ermöglicht, dass die Server direkt mit den Speichermedien über das Netzwerk kommunizieren, wobei Server und Speicher bei der Verwendung von Fibre Channel auch geographisch weit voneinander entfernt sein können.

Speicher und Server werden durch die gleichen Komponenten verbunden, die in einem LAN oder WAN gebräuchlich sind: Router, Hubs, Switches und Gateways.

Als Festplattenkontroller kommen in Frage:
- Enterprise Systems Connection (ESCON),
- Small Computer Systems Interface (SCSI),
- Serial Storage Architecture (SSA),
- High Performance Parallel Interface (HIPPI),
- Fibre Channel (FC), aber auch
- weitere zukünftige Lösungen.

Das SAN bildet eine neue Methode, um Speichermedien an die Server anzuschließen.

Damit wird eine höhere Verfügbarkeit und eine größere Leistungsfähigkeit erreicht.

SANs werden heute an *mehrere Server* gleichzeitig angeschlossen **(Bild 1)**. Diese teilen sich die Speicherkapazität. Durch die Bildung von *Clustern* kann im Fehlerfall ein Server die Anwendungen eines anderen Servers übernehmen (Failover). Hierdurch kommt es weder zu Datenverlusten, noch werden die Mitarbeiter im Arbeitsprozess betroffen.

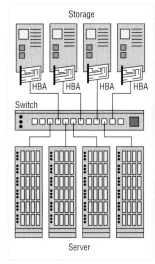

Bild 1
Aufbau einer SAN-Fabric mit vier Servern, vier Storages und einem Switch

SANs bieten die Möglichkeit, *Mainframe-Speicher* oder *Bandlaufwerke* für die Fileserver verfügbar zu machen.

Durch Mehrfachverbindungen der Server zum SAN über parallele Netzwerkverbindungen kann die *Bandbreite* beliebig variiert werden.

> Ein SAN ist ein Netzwerk, das sich von einem „normalen" Netzwerk nur darin unterscheidet, dass es Speichermedien miteinander verbindet. Man spricht daher auch von einem *Netzwerk hinter dem Netzwerk*.

Mit Hilfe von SANs werden typische Flaschenhälse vermieden. Sie unterstützen die *Verbindungen zwischen Servern und Speichern* auf drei unterschiedlichen Wegen:

1. *Server zu Speicher*
   Dieses ist der traditionelle Weg. Der Vorteil liegt darin, dass mehrere Server nacheinander oder parallel auf das gleiche Speichermedium zugreifen können.
2. *Server zu Server*
   Ein SAN kann benutzt werden, um einen Datenaustausch mit hoher Geschwindigkeit und großem Datenvolumen zwischen Servern durchzuführen
3. *Speicher zu Speicher*
   Daten können vom SAN ohne Serverbeteiligung zwischen Speichermedien kopiert werden. Beispiele hierfür sind die direkte Datensicherung oder die Serverspiegelung über das SAN.

Der Prozessor des Servers bleibt daher für die Applikationen verfügbar.

Die Verwendung eines SANs bietet folgende Vorteile:

1. *Verbesserung der Datenverfügbarkeit*
   Der Speicherort ist unabhängig von den Serveranwendungen und über unterschiedliche Pfade erreichbar.
2. *höhere Performance der Anwendungen*
   Speicherprozesse werden von den Servern heruntergenommen und in ein separates Netzwerk verlegt.
3. *zentralisierter und zusammengelegter Speicher*
   Er bietet ein einfacheres Management, bessere Skalierbarkeit, höhere Flexibilität und Verfügbarkeit.
4. *Datenübertragung und -speicherung in entfernten Standorten*
   Durch die Sicherstellung der Daten an einem entfernten Standort ist Disaster-Protection möglich.
5. *einfaches, zentralisiertes Management*
   Die Erstellung von Speicherimages vereinfachen Management und Datenwiederherstellung.

Aufbau eines SAN

Fibre Channel Architektur. Heutzutage werden SANs in der Regel mit Fibre-Channel-Systemen aufgebaut. Fibre Channel ist ein ANSI-Standard, der Übertragungsraten von 100 MB/s, 200 MB/s und 400 MB/s ermöglicht.

Fibre-Channel definiert den Transport unterschiedlicher Protokolle, z. B. IPI, IP, FICON, FCP (SCSI) und zukünftige Entwicklungen.

Während sich FICON als Standard in Host-Umgebungen durchgesetzt hat, entwickelt sich FCP (SCSI) als Standard in PC-Umgebungen.

5-Schichten-Modell. Fibre Channel ist, wie andere Netzwerkprotokolle auch, in fünf Schichten definiert:

Physikalische Schicht

- *FC-0* definiert das Übertragungsmedium und die Übertragungsrate. Hier sind Stecker, Kabel, Treiber, Sender und Empfänger beschrieben.
- *FC-1* definiert die Codierungsarten für die Synchronisation der Datenpakete.
- *FC-2* definiert den Aufbau der Datenframes und der Flusskontrolle. Dieses Protokoll ist selbstkonfigurierend und unterstützt Punkt-zu-Punkt-, Arbitrated-Loop- und Switch-Topologien

Höhere Schichten

Fibre Channel ist ein Protokoll, das Daten schnell und sicher zwischen Netzwerkknoten transportiert. Die höheren Schichten erweitern die Funktionalität und Zusammenarbeit der Netzwerkknoten

- *FC-3* allgemeine Dienste. Ein Dienst ist z. B. Multicast, das den gleichzeitigen Transport eines Datenpakets zu mehreren Stationen ermöglicht.
- *FC-4* erlaubt die Einbindung unterschiedlicher Protokolle, z. B. FCP(SCSI), FICON oder IP in Fibre Channel.

Topologien

- *Punkt-zu-Punkt.* Das ist eine Einfachverbindung zwischen zwei Knoten. Die volle Bandbreite ist für diese Knoten reserviert.
- *Loop.* In einer Schleife (Ring) wird die Bandbreite zwischen allen Knoten im Ring geteilt. Ein Ring kann durch Reihenschaltung aller Knoten gebildet werden. Bei Ausfall/Ausschalten eines Knotens ist der komplette Ring außer Funktion. Abhilfe schafft der Einsatz eines Hubs, der den abgeschalteten Knoten überbrückt.
- *Switch.* Er ermöglicht viele gleichzeitige Verbindungen zwischen unterschiedlichen Knoten. Ein Switch kann alle eingebundenen Protokolle transportieren, da er die Schicht FC-4 nicht auswerten

muss. Es gibt zwei Arten von Switches: Circuit-Switches schalten eine feste Verbindung zwischen zwei Knoten. Frame-Switches bauen die Verbindung erst auf, wenn diese erforderlich ist.

Serviceklassen (Classes of Services)

Fibre Channel bildet ein logisches System der Kommunikation, das in sechs Klassen aufgeteilt ist:

- *Klasse 1: Acknowledged Connection Service*
  Erstellt dedizierte[1] Verbindungen über dedizierte physikalische Verbindungen und empfängt Frames und Bestätigungen in gleicher Reihenfolge wie gesendet.
- *Klasse 2: Acknowledged Connectionless Service*
  Die Frames können einen beliebigen Weg vom Sender zum Empfänger nehmen. Die Pakete werden bestätigt. Die Reihenfolge der empfangenen Pakete ist nicht garantiert.
- *Klasse 3: Unacknowledged Connectionless Service*
  Wie Klasse 2, aber ohne Bestätigung der Pakete. Die Flusskontrolle erfolgt auf Buffer-Level.
- *Klasse 4 Fractional Bandwidth Connection Oriented Service*
  Wie Klasse 1, aber es wird nur eine minimale Bandbreite garantiert. Bei genügend vorhandener Bandbreite können sich Klasse-2- und Klasse-3-Frames die Verbindungen teilen.
- *Klasse 6 Simplex Connection Service*
  Wie Klasse 1, aber mit Unterstützung von Multicast und Reservierungen.

SAN-Komponenten
Kabel und Stecker

Wie bei SCSI gibt es zwei Varianten von Kabeln: Kupfer und Glasfaser. Kupferkabel eignen sich nur für Längen bis zu 30 m und besitzen einen DB9-(9-Pin-)Anschlussstecker.

Glasfasern gibt es in zwei Ausführungen:

- *Multi-Mode Glasfaser (MMF)*
  für Längen bis zu 2 km und
- *Single-Mode Glasfaser (SMF)*
  für Längen bis zu 10 km

Tabelle 1 gibt einen Anhalt für die Auswahl.

Gigabit-Link-Model (GLM)

Das sind Fibre-Channel-Transceiver-Einheiten, die für den Anschluss von Glasfasern an die meisten Systeme benötigt werden.

Gigabit-Interface-Konverter

Sie werden gemeinsam mit Hubs und Switches benutzt und ermögli-

---

1 dediziert = fest zugeordnet

Tabelle 1
Auswahl von Glasfasern

Diameter (Microns)	Mode	Lasertype	Länge
9	Single Mode	Longwave	≤ 10 km
50	Multi Mode	Shortwave	≤ 500 m
62.5	Multi Mode	Shortwave	≤ 175 m

chen den Anschluss von Glasfaser- und Kupferleitungen an denselben Hub oder Switch. Der Konverter erlaubt eine gemischte Installation, um bei kurzen Längen die preisgünstigeren Kupferleitungen verwenden zu können.

Media-Interface-Adapter

Sie werden verwendet, um von Kupfer auf Glasfaser umzusetzen.

Diese Adapter werden überwiegend an den Hostbusadapter eines Servers oder eines Hub/Switches angeschlossen, wenn diese nur Kupfer unterstützen, aber Glasfaser gefordert ist und umgekehrt.

Adapterkarten

Sie werden in die Geräte (Server) eingebaut und übernehmen die Umsetzung der Signale.

SAN-Adapter werden häufig bezeichnet als:

- Interface-Card (NIC),
- Enterprise-Systems-Connection- (ESCON-)Adapter,
- Host-Bus-Adapter (HBA),
- SCSI-Host-Bus-Adapter.

Extender

Sie werden eingesetzt, um die Länge zwischen zwei Knoten zu erweitern, wenn die physikalische Grenze des Übertragungsmediums erreicht ist.

Multiplexer

Sie werden in der Mainframe-Umgebung (FICON) angewendet, um mehrere Kanäle über einen Hochgeschwindigkeitskanal zu schalten.

Hubs

Fibre-Channel-Hubs können bis zu 126 Knoten zu einer logischen Schleife verbinden. Alle Knoten teilen sich die Bandbreite. Als kostengünstige Alternative hierfür wird häufig das Fibre-Channel-Arbitrated-Loop-Protokoll (FC-AL) eingesetzt.

Jeder Port des Hubs ist hotplugfähig. Mehrere Hubs können zusammengeschaltet werden, um Fehlertoleranz zu implementieren.

Intelligente Hubs weisen eine automatische Fehlererkennung und weitere Funktionen eines Switches auf.

Router

Storage-Routing ist eine neue Technologie, die in etwa so arbeitet wie Router in herkömmlichen Netzwerken. Sie unterscheidet sich von Netzwerkroutern durch die Art der transportierten Daten. Statt TCP/IP wird das FCP-(SCSI-)Protokoll geroutet.

Um Netzwerkpfade nutzen zu können, kann das FCP-Protokoll in TCP/IP eingebettet und durch das Netzwerk getunnelt werden.

Routing erlaubt die Übertragung von Speicherdaten über unterschiedliche Topologien und Adressierungsarten.

Bridges

Sie ermöglichen die Verbindung mehrerer Netzwerksegmente. Bridges arbeiten protokollunabhängig und können alle Frames ohne Rücksichtnahme auf das transportierte Protokoll übertragen.

Durch Einsatz mehrerer Segmente erreicht man die Entkopplung von Netzwerklasten.

Gateways

Sie verbinden unterschiedliche Netzwerke miteinander und sind in der Lage, Protokolle zu übersetzen. Sie werden üblicherweise eingesetzt, um SANs über ein WAN miteinander zu verbinden.

Switches

Das sind die Bauteile mit der höchsten Performance, die geeignet sind, eine hohe Anzahl von Geräten miteinander zu verbinden. Switches erhöhen die effektive Bandbreite, vermeiden Kollisionen und vergrößern den Datendurchsatz.

Das Fibre-Channel-Protokoll wurde speziell entwickelt, um Flaschenhälse in Datenkanälen und Netzwerken zu vermeiden.

Wird in einem SAN ein Switch eingesetzt, so wird dieses als strukturiertes Switch (fabric oder switched fabric) bezeichnet.

Jeder Knoten kann über den Switch mit jedem anderen Knoten eine dedizierte Verbindung aufbauen, ohne die Bandbreite einer anderen Verbindung zu verringern.

Verschiedene Fibre-Channel-Switches unterstützen die Betriebsarten switched fabric und/oder Loop-Verbindungen. Switche können kaskadiert werden, um die Anzahl der Ports zu erhöhen (fanout).

Directors

Als IBM ESCON herausbrachte, wurden die Switches als Directors bezeichnet, da sie Eigenschaften besaßen, die über die Funktionen eines normalen Switches hinausgingen. Die Directors sind besonders hoch verfügbar, zum Beispiel durch zwei separate Netzteile und andere Redundanzen.

SAN-Applikationen

SAN-Applikationen bieten die Möglichkeiten der Konfiguration, des Managements, des Performancetunings und der Überwachung der IT-Infrastruktur **(Bild 2)**.

Gemeinsame Speichermedien und gemeinsame Datennutzung

SANs ermöglichen es, Speicher außerhalb des Servers und zentralisiert zu installieren. Dadurch kann der Speicher von unterschiedlichen Hosts genutzt werden, ohne dass die Performance darunter leidet.

Gemeinsame Datennutzung (data sharing) bedeutet, dass gemeinsame Daten von vielen Rechnern gemeinsam genutzt werden können.

Dabei spielt die Plattform der Server und Workstations keine Rolle **(Bild 3)**.

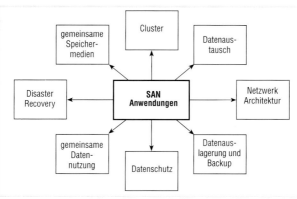

Bild 2 *SAN-Applikationen*

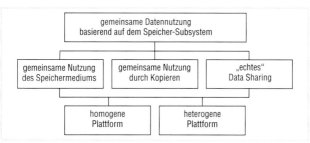

Bild 3 *Gemeinsame Datennutzung*

Gemeinsame Nutzung des Speichermediums

Bei der gemeinsamen Nutzung des Speichermediums teilen sich zwei oder mehrere Server mit gleichen oder unterschiedlichen Betriebssystemen das Speichermedium. Das Speicher-Subsystem wurde physikalisch partitioniert, so dass jeder Server nur auf den ihm erlaubten Speicherbereich zugreifen kann.

Mehrere Server können auch auf die gleiche Partition zugreifen. Hierfür ist jedoch eine homogene Plattform erforderlich, die dieses unterstützt.

Gemeinsame Nutzung durch Kopieren

Hierdurch können unterschiedliche Plattformen auf den gleichen Datenbestand zugreifen. Hierfür gibt es zwei eingesetzte Verfahren: *Flat File Transfer* und *Piping*.

Echtes Data-Sharing

Beim echten Data-Sharing gibt es nur eine Kopie der Daten, die von allen Plattformen genutzt werden kann. Jede Plattform, auch mit unterschiedlichen Betriebssystemen, hat Lese- und Schreibzugriff auf die Daten.

Echtes Data-Sharing kann nur genutzt werden, wenn es vom Betriebssystem unterstützt wird. Das ist in der Regel bei Clusterkonfigurationen der Fall.

Datenauslagerung und Backup

Im Gegensatz zu heute üblichen Methoden zur Datensicherung und -auslagerung, die LANs oder WANs als Transportmedium zum Bandlaufwerk nutzen, bieten SANs ein LAN-freies und Server-freies Backup an. Die Daten aller Server und Workstations werden direkt im SAN gesichert.

Datenaustausch

Unter Datenaustausch wird in diesem Zusammenhang die Übertragung von Daten von einem Speichersystem auf ein anderes verstanden.

Ein Datenaustausch zwischen unterschiedlichen Plattformen wird häufig als das primäre Ziel des SAN angesehen, da heterogene Systeme unterschiedliche Methoden zur Datenkodierung und unterschiedliche Dateisysteme verwenden. Datenaustausch ist daher nur möglich, wenn die Dateisysteme einen transparenten Datenzugriff ermöglichen.

Clustering

Clustering ermöglicht, dass im Fehlerfall ein Serverprozess von einem zweiten, redundanten Server übernommen wird. Das wird als *passives Clustering* bezeichnet.

Beim *aktiven Cluster* erfolgt zusätzlich ein *Load-Balancing*, d.h., die Server teilen sich die Applikation. Beim Ausfall eines Servers werden die Prozesse vom zweiten Server übernommen.

Das SAN unterstützt, im Gegensatz zum NAS, Data Piping. Dadurch ist es möglich, dass auch Datenbanken, die mit Datenblöcken und nicht mit Files arbeiten, geclustert werden können.

Datenschutz und Disaster Recovery

Ein hochverfügbares System benötigt spezielle Techniken zur Systemwiederherstellung im Fehlerfall auf einem anderen System. Das wurde bisher über Bandlaufwerke gelöst.

Neuere Techniken verwenden ein Image des Systems, das im Fehlerfall auf einem anderen System wiederhergestellt werden kann.

Techniken, die die Daten duplizieren, schließen Remote-Copy- und Hot-Standby-Techniken mit ein.

Ein Schutz der Daten in Hochverfügbarkeitssystemen besteht

- durch Archivierung redundanter Kopien der Daten mit Hilfe von Festplattenspiegelung,
- durch Remote-Cluster-Speicherung,
- durch Peer-to-peer- Remote-Copy (PPRC) und
- durch Extended-Remote-Copy (XRC),
- durch Concurrent-Copy und
- durch andere High-Availability- (HA-)Datenschutz-Lösungen.

Die SAN-Any-to-Any-Connectivity ermöglicht diese redundanten Lösungen. Das Kopieren erfolgt dynamisch und belastet weder das Netzwerk noch die Server.

SAN-Management

Das Speichermanagement stellt mit den komplexen Komponenten eines SAN, der physikalischen Größe des Speichers, der Ausfallsicherheit der Daten, der wachsenden Komplexibilität der Komponenten und der Entwicklung immer neuer Technologien eine aktuelle Herausforderung dar. Hierfür sind neue Strategien erforderlich, die eine kosteneffektive und leistungsfähige Lösung anbieten.

Viele Hersteller stellen bereits Managementlösungen bereit, die aber in der Regel proprietäre Entwicklungen sind und daher nicht alle Systeme und Verfahren unterstützen.

Beispiele hierfür sind WideSky von EMC Corporation, Managementlösungen der Firma VERITAS und TrueNorth der Firma Hitachi Data Systems **(Bild 4)**.

Speichersystem-Standards

Die **Storage Networking Industry Association (SNIA)** entwickelt Standards, um ein einheitliches Management aller Speichersysteme zu ermöglichen.

Dieses objektorientierte Informationsmodell wird in Teilen durch die **SNIA** entwickelt und ist bekannt als **Common Information Model (CIM).**

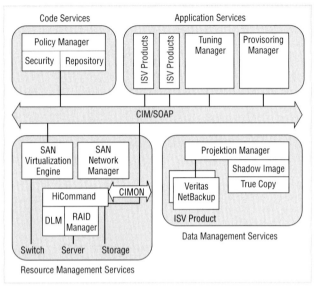

Bild 4
Offenes Referenzmodell für Hitachi Data Systems „HiCommand"

CIM bietet eine präzise Beschreibung der Informationsinhalte für das Management, für die Überwachung kompletter Speichersysteme und für die Systemumgebungen.

Bild 5 gibt einen Überblick über die Komplexität des Storage-Managements.

Bild 5
Beispiel für die Komplexität des Storage-Managements

Voice over IP (VoIP)
Rainer Holtz

Unter Voice over IP versteht man im Allgemeinen die *Integration von Daten- und Sprachnetzen*. Unter dieser Bezeichnung wird die Zusammenführung von Sprache (Voice) und Daten in TCP/IP-Netzen behandelt, beschrieben und letztlich auch vermarktet. Voice over IP hat zum Beispiel im Zusammenhang mit Internettelefonie, also weltweites Telefonieren zum Ortstarif, von sich reden gemacht. Die technische Möglichkeit, Telekommunikations- und Datennetze auch in lokalen Netzwerken zu vereinen, bringt etliche Vorteile. Das gilt vor allem in Bereichen, in denen beide Netze benötigt werden, also z. B. innerhalb von Firmen, in Call-Centern usw.

Vorteile von VoIP

- **Einsparung von Leitungswegen**
  In Bereichen, in denen bereits eine Netzwerkinstallation besteht, werden keine zusätzlichen Telekommunikationsleitungen benötigt.
- **Ein Gerät weniger auf dem Schreibtisch**
  Wer möchte, kann die Telekommunikation direkt über den PC abwickeln. Ein Telefon ist nicht zwingend erforderlich, da der PC mit seiner Netzwerkkarte schon am Netzwerk angeschlossen ist. Die Anwendungen sind damit in erster Linie Software-Lösungen, mit denen zahlreiche Zusatzfunktionen realisierbar sind (CTI-Funktionen usw.)
- **Integration mit vielen Standardsoftware-Produkten**
  Die Verwaltung von Kontaktadressen, die Anwahl aus Programmen, wie Outlook oder anderen Datenbanken, per Mausklick optimiert typische Arbeitsabläufe.
- **Kompatibilität**
  Endeinrichtungen, die über eine entsprechende IP-Schnittstelle verfügen, sind in das System integrierbar. Das funktioniert jedoch bei vielen TK-Systemen nicht ohne weiteres.
- **Administration des TK-Systems über die Netzwerkadministration**
  Eine zusätzliche Fachkraft zur Wartung und einer TK-Anlage ist nicht erforderlich. Das kann unter Umständen eine nicht unerhebliche Kostenersparnis zur Folge haben.

Sprachqualität

Bei der Entwicklung bisheriger Netze, die für die Übertragung von Sprache eingesetzt wurden, hatte die Sprachqualität immer erste Priorität. Das zeigt auch die Entwicklung von ISDN. Die Datenrate von 64 kBit/s wurde deshalb eingesetzt, damit die Übertragung von Sprache ohne Qualitätsverluste gegenüber der alten analogen Technik möglich wurde.

Bei VoIP müssen Verfahren eingeführt werden, die die Sprachübertragung auf bestehenden IP-Netzen ermöglichen. Ein IP-Netz ist im Gegensatz zu klassischen Sprachnetzen ein *paketorientiertes* Netzwerk. Das bedeutet, dass Daten nicht durchgängig übertragen werden, sondern in Teilen, so genannten Paketen, übermittelt werden. Bei der Sprachübertragung würde ein solches Verfahren zur Folge haben, dass eine Verständigung nicht möglich wäre. Die Sprachübertragung muss in Echtzeit erfolgen und kann nicht zwischengespeichert werden. Um Echtzeitübertragung zu ermöglichen, wurden die Internet-Protokolle um Dienste ergänzt. Eine besondere Ergänzung ist z. B. die Dienstgüte QoS (Quality of Service).

Quality of Service (QoS), Dienstgüte

QoS ist ein Parameter in einigen Netzwerkprotokollen, mit dem sich Netzwerkverkehr nach Prioritäten ordnen lässt.

Insbesondere im Header der zukünftigen Version des IP-Netzwerkprotokolls (dem IPv6) ist ein spezielles QoS-Feld vorhanden. Hierdurch haben Anwendungen die Möglichkeit, ihre Anforderungen in Form einer Priorität an die Qualität der Datenübertragung anzugeben. Die Priorität wird dabei mit 16 Stufen (0-15) festgelegt, wobei der höchste Wert die höchste Priorität einnimmt. Den Stufen 8-15 wird dabei der Bereich zugeordnet, in dem eine Echtzeitübertragung, z. B. Sprache, erforderlich ist. Datenübertragungen mit niedrigeren Prioritäten müssen in diesen Fällen warten.

Protokolle

Für Voice-over-IP-Anwendungen sind bestimmte Protokolle erforderlich. Sie müssen von den Endeinrichtungen unterstützt werden.
Endeinrichtungen sind z. B.:

- **IP-Phones**
  Hiermit sind Telefone gemeint, die über die entsprechenden Schnittstellen verfügen, so dass sie direkt an das Netzwerk angeschlossen werden können.

- **Multimedia-PC**
  Diese PCs werden über eine Netzwerkkarte wie bisher an das Netzwerk angeschlossen. Die Soundkarte übernimmt dabei die Aufgabe der Sprachein- und Sprachausgabe.
- **traditionelle Endgeräte**
  Sie können in das System integriert werden, sofern die Möglichkeit besteht, diese Endgeräte mit entsprechenden Adaptern zu erweitern. Viele Systemanlagen verfügen auch bei den Endgeräten über Modulfächer, für die es inzwischen entsprechende VoIP-Adapter gibt. Die eigentliche TK-Anlage übernimmt dann die Funktion eines Gateways. Ein Gateway wird immer dann benötigt, wenn eine Verbindung zwischen dem IP-Netz und dem leitungsvermittelnden Netz hergestellt werden muss.

Für VoIP bestehen unterschiedliche Protokolle. In verschiedenen Standardisierungsgremien werden hieraus Standards generiert.

Die derzeit wichtigsten Standards enthält **Tabelle 1.**

VoIP in der Umsetzung

Zur Anwendung von Voice over IP werden entsprechende technische Einrichtungen benötigt. Dazu gehören neben eine Netzwerkinfrastruktur die aktiven Komponenten, die die Endeinrichtung mit der Außenwelt verbinden. Da es sich um die Übertragung von Datensignalen handelt, kommen hier Geräte zum Einsatz, die auch in der Welt der reinen Datennetze gebräuchlich sind. Dazu gehören:

- die Endeinrichtungen (wie bereits beschrieben)
- **Gateways** als Vermittler zwischen paketorientierten Datennetzen und den leitungsvermittelnden Netzen, z. B. das öffentliche Telefonnetz.
- **Gatekeeper.** Sie bieten den H.323-Endgeräten alle Dienste zur Steuerung der Anrufe. Dazu gehören Adressübersetzung, Zugangskontrolle sowie Bandbreitensteuerung.

In **Bild 1** ist die Anordnung der Komponenten dargestellt.

Voice over IP in der Praxis

Die Anwendungsmöglichkeiten für VoIP sind vielseitig, das trifft sowohl für den geschäftlichen als auch für den privaten Bereich zu. Insbesondere der Privatbereich hat hier, durch die Möglichkeit, interkontinentale Verbindungen über das Internet herzustellen, ein besonderes Interesse. Im Firmennetzen zeigt sich dagegen, dass VoIP nicht grenzenlos durchsetzbar ist. Eine Ursache dafür:
Die Anforderungen an die Ausfallsicherheit werden immer größer, je umfangreicher das Netzwerk wird.

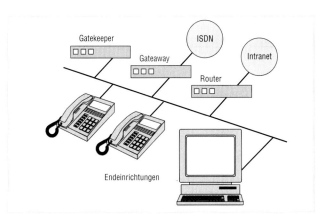

Bild 1
Anordnung der Komponenten zur Umsetzung von VoIP

Tabelle 1 *Standards von VoIP*

SIP	(Session Initiation Protocol, for Internet Conferencing and Telephony) Dieser Standard ist kein echter Standard, sondern allgemein als Industrie-Standard bekannt. Hier sind deutlich spezifischer Funktionen von Endeinrichtungen beschrieben und auch in der Regel in den Endeinrichtungen verankert. Die Funktionen innerhalb des H.323-Standards werden zumeist von einem Server gesteuert, während SIP in den Endgeräten (also den Clients) gesteuert wird. Der neuere SIP-Standard unterstützt im Wesentlichen die Steuerung von Internet-Multimediakonferenzen und hierbei insbesondere Sprachübertragung.
H.323	Dieses „echte" Standardprotokoll steht für eine Reihe unterschiedlicher Dienste, die nicht nur die Sprachübertragung, sondern auch weitere Dienste interpretieren. Dazu gehören neben der eigentlichen Sprachübertragung auch solche Dienste wie Signalisierung, Videoübertragung und Datenübertragung. Die Aufgaben zeigen also, dass dieser Standard für multimediale Anwendungen ausgelegt wurde.

	H.245	H.242, H.243 und H.245 sind für die Steuerungen (Verbindungsauf- und -abbau, Vereinbarung von Betriebsparametern etc.) zuständig
	Q.931	(Signalisierung entsprechend D-Kanal ISDN)
	RAS	Das RAS-Protokoll (Registration, Admission, Status) ist ein standardisiertes Verfahren zur Anmeldung von Endgeräten bzw. generellen Netzzugängen wie dem PSTN.
	H.225.0	H.225 legt im RAS-Protokoll Verbindungsanforderung, Bandbreitenzuteilung und Statuskontrolle fest.
	H.450	H.450.x Signalisierungs-Dienste Ebenfalls ein „echter" Standard. Während, wie zuvor genannt, die Signalisierung in H.323 verankert ist, so wird z. B. die Art der Signalisierung nicht in H.323 beschrieben, sondern in H.450.x . Der Platzhalter gibt durch eine Ziffer die Funktion an: 2 – Rufübergabe 3 – Rufumleitung 4 – Halten (hold) 5 – Gespräch parken (park) und wiederaufnehmen (pickup) 6 – Anklopfen

Übertragungsmedien

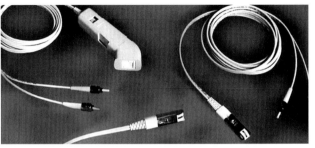

Leitungen, Kabel, Funkübertragung 128
Kupferleitungen und Kabel für Fernmeldeanlagen 136
Strukturierte Verkabelung 138
Lichtwellenleiter in Datennetzen 146
Koaxialkabel 163
Erdung und Potentialausgleich 164

Leitungen, Kabel, Funkübertragung
Stefan Eiselt

Netzwerke unterscheiden sicht nicht ausschließlich durch die Topologie, sondern auch durch das verwendete Übertragungsmedium. Bei modernen Netzen kommen hierbei, neben dem ursprünglich in fast allen Einsatzgebieten verwendeten Netzwerkkabel auch andere modernere Verfahren zum Einsatz. Der wichtigste Vertreter von modernen Übertragungstechniken ist die kabellose Übertragung mittels Funkwellen. Weiterhin spielen auch virtuelle Übertragungsmedien, bedingt durch die globale Vernetzung über das Internet, heute eine bedeutende Rolle.

Übertragungsmedium Kabel

Bei physikalischen Übertragungsmedien mittels Kabeltechnik kommen zumeist Kupferleitungen und bei Systemen mit hohen Anforderungen an die Bandbreite bzw. an die Anzahl an Übertragungskanälen Glasfaserleitungen zum Einsatz. Entscheidende Merkmale des Übertragungsmediums sind Faktoren wie die max. Übertragungsrate, die überbrückbare Entfernung mit einem Kabelsegment und die Anfälligkeit gegen elektromagnetische Störungen.

Die verschiedenen Kabeltypen tragen beim Ethernet eine standardisierte Bezeichnung der Form „xxBBBBByy", die Aufschluss über Kabeltyp, die Übertragungsgeschwindigkeit und maximale Länge gibt. Die Angaben können nach **Tabelle 1** interpretiert werden.

Thick-Wire-Kabel (10Base5)

Bei Thickwire handelt es sich um den ursprünglichen Typ der Ethernet-Verkabelung **(Bild 1)**. Das dicke gelbe Koaxkabel mit $50\,\Omega$ Impedanz darf eine Kabellänge von 500 m pro Kabelsegment nicht überschreiten. An ein Kabelsegment können max. 100 Stationen mittels Transceiver angeschlossen werden, wobei der Abstand zwischen zwei Transceivern 2,5 m oder ein Vielfaches von 2,5 m betragen muss. Thickwire-Kabel werden bei Netzwerksystemen nicht mehr eingesetzt.

Tabelle 1 *Kabelbezeichnung*

Bezeichnung	Beschreibung
xx	Maximale Länge des Kabelsegments
BBBBB	Vorgesehene Übertragungsgeschwindigkeit des Mediums
yy	Basisband (Base) oder Breitband (Broad)

Zum Anschluss des Transceivers wird das Kabel nicht aufgetrennt, sondern mit einem speziellen Handbohrer angebohrt. Der Transceiver wird nun über einen Dorn mit der Innenader des Koaxkabels elektrisch verbunden, anschließend werden Kabel und Transceiver mit einer Kabelschelle verschraubt. Die beiden Enden der ThickWire-Verkabelung werden mit einem Abschlusswiderstand von 50 Ω terminiert. Da bei der Installation eines Transceivers das Kabel nicht unterbrochen wird, kann der Anschlussvorgang bei laufendem Netzwerkbetrieb erfolgen.

Thin-Wire, Cheapernet (10Base2)

Die 10Base2-Norm arbeitet im Prinzip wie das ThickWire-Ethernet, verwendet wird jedoch ein wesentlich dünneres, flexibleres und sehr preiswertes Koaxialkabel. Wegen des preislichen Vorteils wird die ThinWire-Vernetzung nach **Bild 2** auch mit

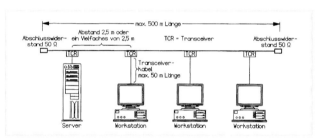

Bild 1
ThickWire-Verkabelung

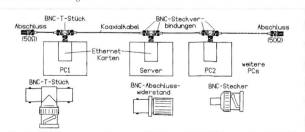

Bild 2
Thin-Wire-Verkabelung

Cheapernet bezeichnet. Das Kabel erlaubt eine Gesamtlänge von 185 m mit maximal 30 angeschlossenen Stationen. Der Mindestabstand zwischen den Stationen sollte 0,5 m nicht unterschreiten.

TwistedPair

Unter TwistedPair versteht man im Allgemeinen ein miteinander verdrilltes Leitungspaar. Dieses Verfahren wird z.B. von Telefongesellschaften zur Verbindung der Endgerätedose beim Kunden mit der Telefonzentrale verwendet. Bei TwistedPair-Verkabelungen für Netzwerke **(Bild 3)** sind im Regelfall zwei Leitungspaare vorhanden, eines zum Senden und das andere zum Empfangen von Nachrichten. Auch existieren Varianten der Verkabelung, die vier Leitungspaare verwenden, wie z.B. 100 Base-T4. TwistedPair-Kabel werden bei den Netzwerktypen Ethernet, Token-Ring und FDDI eingesetzt. Bei den Typen Ethernet und FDDI erfolgt die Verkabelung stern- bzw. baumförmig als Punkt-zu-Punkt-Verbindung. Üblicherweise ist an das maximal 100 m lange Kabel ein 10/100-Mbit-T-Multiport-Repeater (Hub oder Switch genannt) und auf der anderen Seite die Netzwerkkarte oder ein Umsetzer

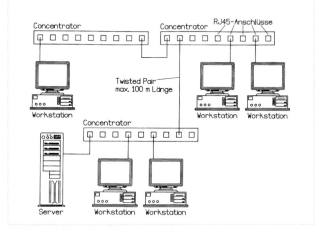

Bild 3
TwistedPair-Verkabelung

auf einen anderen Kabeltyp (z. B. ThinWire) angeschlossen (Sterntopologie). Auch die Kaskadierung von Multiport-Repeatern ist möglich (Baumstruktur). Hierbei muss beachtet werden, dass die Sende- und Empfangsleitungen im Kabel gekreuzt sind oder eine eventuelle mögliche Umschaltung am Repeater vorgenommen wird. Bei der Standardkabelart unterscheidet man generell zwei Typen: Das preisgünstige UTP- (Unshielded TiwstedPair) und das STP-Kabel (Shielded-TwistedPair) mit doppelter Abschirmung. An den beiden Enden der Kabel befindet sich jeweils ein RJ45-Stecker, wie er auch zum Anschluss für Endgeräte an den ISDN-S-Bus der Telekom verwendet wird **(Bild 4)**.

Neben UTP und STP existieren weitere Arten der Leitungsschirmung, wie FTP, SFTP und FQ oder FFQ. Um die Auswahl des passenden Kabels zu erleichtern wurden Kategoriebezeichnungen der Form CAT. (Kategorien nach EN50173, 50167, 50168, 50169, EDIN 44312-5, ISO 11801 IEC) eingeführt. Alle netzwerktauglichen TwistedPair-Kabel sind entsprechend beschriftet. Es gilt die **Tabelle 2.**

Wie aus der Tabelle 2 ersichtlich ist, erlaubt der 10Base-T Standard Datenraten von 10 Mbit/s. Mittels 100Base-TX oder -T4 sind Raten von bis zu 100 Mbit/s möglich. Im Regelfall erlauben moderne 10/100-Mbit-NWay-Switches beide Datenraten im gleichen Netz. Zusätzlich zu den Raten 10 Mbit/s und 100 Mbit/s können mit Netzwerkkarten nach der 1000Base-T/1000Base-TX Spezifikation Datenraten von bis zu 1 Gbit/s erreicht werden. Hierbei wird zusätzlich ein Switch mit den entsprechenden Gigabit-Ports benötigt. Da Datenraten von 1000 Mbit/s im Regelfall bei einem normalen Clientrechner nicht benötigt werden ist die 1-Gbit/s-Anbindung oftmals nur für Server interessant.

Bild 4
Pinbelegung der RJ45-Buchse am Gerät (z. B. am Hub)

Tabelle 2
Kategoriebezeichnung

Spezifikation	IEEE Norm	Max. Datenrate in Mbit/s	Kabeltyp	Verwendete Leitungspaare	Max. Linklänge in m
10Base-T	IEE 802.3	10	CAT3	2	100
100Base-TX	IEE 802.3u	100	CAT5	2	100
100Base-T4	IEE 802.3u	100	CAT3, CAT 4 od. CAT5	4	100
1000Base-T	IEE 802.3ab	1000	CAT5,	4	100
1000Base-TX	IEE 802.3ab	1000	CAT5e od. CAT6*	4	100

* Bei Neuverkabelungen sollte mindestens CAT5e verwendet werden

Ethernet-Lichtleiter

Lichtwellenleiter LWL können wie TwistedPair nur für Punkt-zu-Punkt-Verbindungen eingesetzt werden. Im Normalfall wird dieser Kabeltyp dazu verwendet um größere Entfernungen zu überbrücken (z. B. zwei Netzwerke in getrennten Gebäuden). Gängige Übertragungsraten bei Ethernet-Lichtwellenleitern sind 10 bis 1250 Mbit/s **(Tabelle 3).**

Bei Ethernet-Glasfaserstrecken werden Multimode (MM) oder Singlemode (SM) Glasfasern verwendet. Multimode-Glasfasern sind relativ dick und mit einem vom Zentrum der Faser zu ihrem Rand abfallenden Brechungsindex ausgestattet. Die zu übertragenden Signale werden oftmals mit einer Leuchtdiode eingespeist, wodurch sich sie Lichtsignale nicht geradlinig im Medium ausbreiten sondern kreuz und quer verlaufen und jeweils am Rand reflektiert werden. Da ein Lichtimpuls somit auf unterschiedlichen Wegen zum Empfänger gelangt, wird dieser etwas ausgedehnt. Bei Singlemode-Glasfasern (auch Monomode-Glasfasern genannt) besteht diese Problematik nicht. Die Fasern sind so dünn, dass sie vom Lichtsignal nahezu geradlinig durchlaufen werden. Um dieses Verhalten zu erreichen muss das Lichtsignal mit einer Laserdiode eingespeist werden. Aus diesem Grund können mit Singlemode-Glasfasern größere Distanzen überbrückt werden als bei Multimode-Fasern.

Pro Übertragungsrichtung wird eine Faser benötigt. Diese wird mit einem SC-Duplex- oder MTRJ-Stecker abgeschlossen.

Tabelle 3
Spezifikationen von LWL

Spezifikation	IEEE Norm	Max. Datenrate in Mbit/s	Fasertyp	Durchmesser in µm	Max. Länge
10Base-FL	IEE 802.3	10	MM	50 oder 62,5	2 km
			SM	9	5 km+
100Base-FX	IEE 802.3u	100	MM	50 oder 62,5	2 km
			MM	9	15–20 km*
1000Base-SX	IEE 802.3z	1250	MM	50	550 m
			MM	62,5	275 m
1000Base-LX	IEE 802.3z	1250	MM	50 oder 62,5	550 m
			SM	9	5 km

* Nicht genormt, abhängig von der verwendeten Hardware

Andere kabelgebundene Medien

Für kleinere Heimnetze, insbesondere wenn es sich lediglich um zwei Computer handelt, die miteinander verbunden werden sollen, bieten sich auch andere Möglichkeiten der Vernetzung an. So können vorhandene Computerschnittstellen, wie USB, FireWire (IEEE 1394), bzw. der Parallelport oder die serielle Schnittstelle zur Vernetzung genützt werden. Entsprechende Treiber sind im Lieferumfang von modernen Windows-Betriebssystemen (98, ME, 2000 und XP) bereits enthalten oder werden im Falle von USB von Fremdanbietern geliefert. Vor der Anschaffung von teuren Kabeln und Softwarelösungen zur Vernetzung sollte man sich jedoch überlegen, ob die Anschaffung von zwei Netzwerkkarten und einem gekreuzten Patchkabel nicht die kostengünstigere Lösung ist. Weiterhin besteht so der Vorteil, dass das Netz jeder Zeit mittels Hub oder Switch auf ein System mit drei oder mehr Rechnern erweitert werden kann.

Übertragung per Funk

Die Übertragung von digitalen Daten per Funk wird für Sprechverbindungen in Form von Richtfunkstrecken schon seit längerer Zeit praktiziert. Im Inhouse Bereich ist kabellose Übertragung per Funk in den letzten Jahren zu einer echten Alternative zur Verkabelungstechnik geworden, insbesondere wenn bauliche Gegebenheiten das Verlegen von Netzwerkkabeln nicht oder nur bedingt zulassen. Die Wireless LANs (kurz WLAN) bestehen im Regelfall aus einem Wireless Access Point und mehreren Wireless Netzwerkkarten. Die Computer mit Wireless Adapter können, je nach Sende- und Empfangsleistung, sowie den baulichen Voraussetzungen in einem Umkreis von 10…300 m um den Access Point platziert werden. Zusätzlich existieren bei den meisten Herstellern Wireless Bridges zur Überbrückung größerer Entfernungen. Diese Bridges sind mit geeigneten Richtfunkantennen auch für die grundstücksüberschreitende LAN-LAN-Kopplung geeignet.

IEEE 802.11

802.11 bezeichnet eine Famile von Spezifikationen für Wireless Local Area Networks (WLANs), die von einer Arbeitsgruppe des Institute of Electrical and Electronic Engineers (IEEE) definiert wurden. Im Augenblick existieren vier unterschiedliche Spezifikationen: 802.11, 802.11a, 802.11b und 802.11g. Alle vier Spezifikationen verwenden das Ethernet Protokoll und CSMA/CA (Siehe Zugriffsverfahren). Fast alle im Moment auf dem europäischen Markt befindlichen Geräte arbeiten nach dem 802.11b Standard. Dieser Standard wird oft auch als Wireless Fidelity (kurz Wi-Fi) bezeichnet. Die Datenübertragung erfolgt im 2,4 GHz ISM-Band (ISM steht für Industry Science Medicine), und erlaubt Übertragungsgeschwindigkeiten von 11 Mbit/s, 5.5 Mbit/s, 2 Mbit/s und 1 Mbit/s. Mittels „Multi Channel Roaming" können mehrere Zellen den gleichen räumlichen Bereich abdecken, um entweder die Kapazität zu erhöhen oder das automatische Wechseln in einen anderen räumlichen Bereich zu ermöglichen. Um eine sichere Datenübertragung zu erreichen erlaubt der Standard das Verschlüsseln der Funkdaten mit dem WEP-Verfahren (Wired Equivalent Privacy). Dieses auf RC4 basierende Verfahren weist jedoch einige Sicherheitslücken auf, weshalb darauf zu achten ist, dass die Ausbreitung des WLANs nur das Firmengelände abdeckt.

Geräte nach dem 802.11a Standard arbeiten im 5 GHz Band und erlauben eine max. Datenrate von bis zu 54 Mbit/s. Das 5 GHz Band bietet für WLANs enorme Vorteile da das Frequenzband nicht für andere Anwendungen aus dem Bereich Industrie, Wissenschaft und Medizin verwendet wird. Entsprechende Geräte sind jedoch nicht kompatibel zu WLANs nach 802.11b. Auf Grund des Kompatibilitätsproblems wurde IEEE 802.11g definiert, wobei auch im 2,4 GHz Band eine Datenrate von 54 Mbit/s möglich ist.

Blue Tooth

Die grundlegende Zielsetzung von Blue Tooth ist die Kurzstrecken-Kommunikation per Funk. Deshalb wird bereits eine Vielzahl Peripheriegeräten (Drucker, PDA und Handy, ISDN-Adapter, etc.) mit einem Blue Tooth Interface ausgestattet. Über dieses Interface kommunizieren die Geräte mit dem Computer. Neben der eigentlichen Zielsetzung – Kommunikation mit Peripheriegeräten – erlaubt Blue Tooth auch einfache Wireless LAN Anwendungen, wie z.B. die Anbindung von Notebooks oder PDAs an das lokale Firmennetz.

Die verwendete Funkfrequenz liegt bei Blue Tooth ebenfalls im lizenzfreien ISM 2,4-GHz-Band. 79 Kanäle (Träger) von je 1 MHz Breite stehen von 2402 bis 2480 MHz jeweils zur Verfügung. BT sendet im Regelfall mit 1 mW. Die Gegenstellen sind mindestens 10 cm und höchstens 10 m entfernt. Eine neuere Definition von Blue Tooth (bezeichnet mit Mega-Bluetooth) soll dank einer höheren Sendeleistung (max. 100 mW) Entfernungen von bis zu 100 m überbrücken.

HIPERLAN

Mit HIPERLAN hat das europäische Gremium ETSI einen Standard für drahtlose Netze entwickelt. HIPERLAN steht für High Performance Radio Local Area Network. Es gibt drei verschiedene Typen von HIPERLAN. Der Typ 1 spezifiziert ein drahtloses Ethernet mit 24 Mbit/s im 5-GHz-Band. Typ 2 steht für Wireless ATM mit 20 Mbit/s ebenfalls im 5-GHz-Band und der Typ 3, bezeichnet als HIPERLink, erlaubt drahtlose Punkt-zu-Punkt-Verbindungen mit max. 155 Mbit/s im 17-GHz-Band.

Virtuelle Verbindungen (VPN)

Noch vor wenigen Jahren mussten zur Vernetzung mehrerer Firmenstandorte Standleitungen angemietet werden, die je nach Entfernung oftmals mit sehr hohen Kosten verbunden waren. Zusätzlich erlaubten diese Verbindungen oftmals nur geringe Datenraten von 64 kbyte/s oder 128 kbyte/s. Heute lassen sich diese Netzwerkpfade über das öffentliche Internet mit virtuellen Verbindungen realisieren. Hierbei verhält sich die virtuelle Verbindung wie ein physikalisches Netzwerkkabel zwischen den beiden LAN-Segmenten. Bezeichnet werden virtuelle Verbindungen als Virtual Private Networks, oder kurz VPNs. Für die Art der Datenübertragung existieren unterschiedliche Verfahren wie IPSEC, L2TP, PPTP und CIPE, die alle nach dem Tunneling-Prinzip arbeiten.

Beim Tunneling werden die für das Zielsystem bestimmten Netzwerkpakete inkl. der Nutzdaten in für den Transport zuständige Netzwerkpakete eingebunden und an das Zielsystem gesendet.

Kupferleitungen und Kabel für Fernmeldeanlagen
Stefan Eiselt

Leitungs- und Kabelarten
Die Kennzeichnung ist in **Tabelle 4** zusammengefaßt.

Installationsdraht Y
1…4 Adern, verdrillt, Leiterdurchmesser 0,6 mm oder 0,8 mm, für Verlegung in Isolierrohr in trockenen oder nur zeitweise feuchten Räumen.

Klingel-Stegleitung J-FY
2 oder 3 Adern, Leiterdurchmesser 0,6 mm, zur Verlegung in trockenen oder nur teilweise feuchten Räumen, unter Putz, im Putz.

Installationskabel z. B. J-Y(St)Y oder J-YY oder JE-Y(St)Y … u. a.
2-4-6-10-16-20-24-30-40-50-60-80-100 Adern, Leiterdurchmesser 0,6 mm oder 0,8 mm, PVC-Mantel, für Verlegung in trockenen und feuchten Betriebsstätten sowie im Freien bei fester Verlegung.

Außenkabel nach DIN VDE 0816, z. B. A-2YYbc …
Festlegungen sind u. a. in DIN VDE 0815 „Installationskabel und -leitungen für Fernmelde- und Informationsverarbeitungsanlagen", in DIN VDE 0816 Teile 1, 2 und 3 „Außenkabel" sowie in DIN VDE 0891 „Verwendung von Kabeln und isolierten Leitungen für Fernmeldeanlagen und Informationsverarbeitungsanlagen" Teile 1 bis 9 zu finden.

Tabelle 4 *Kennzeichnung von Fernmeldeleitungen und -kabeln*

A	Außenkabel, AB mit Blitzschutz, AJ mit Induktionsschutz	(St)	Statischer Schirm
J	Installationskabel und Steigleitung	(Zg)	Zugentlastung aus gebündelten Glasgarnen
JE	Installationskabel für Industrieelektronik	b	Bewehrung
Y	Isolierhülle oder Mantel aus PVC	c	Schutzhülle aus Jute und zähflüssiger Masse
2Y	Isolierhülle oder Mantel aus PE (Polyethylen)	Lg	Lagenverseilung
		Bd	Bündelverseilung
O2Y	Isolierhülle aus Zell-PE	STI, STIII	Stern-Vierer
H	Isolierhülle oder Mantel aus halogenfreiem Werkstoff (verbessertes Brandverhalten)	C	Schirm aus Kupferdrahtgeflecht
		Li	Litzenleiter aus verseilten oder verdrillten Drähten
D	Konzentrische Lage aus Kupferdrähten	E	Massenschicht mit eingebetteten Kunststoffband
F	Steigleitung flach		
FE	Kabel mit 20 mm Isolationserhalt bei Flammeneinwirkung	(L)2Y	Schichtenmantel

Kennzeichnung der Verseilelemente

Man unterscheidet die Lagenverseilung (Lg) und die Bündelverseilung (Bd) **(Bild 5).** Ein Paar besteht aus zwei miteinander verseilten Adern a und b, die einen Leitungskreis bilden. Ein Bündel mit Paaren besteht aus vier zusammengefaßten Paaren. Der Dreier eines Schaltkabels besteht aus den verseilten Adern a und b sowie der Ader c, die Signalzwecken dient.

Der Stern-Vierer besteht aus vier miteinander verseilten Adern. Vorhanden sind zwei Stämme mit je zwei Adern a und b. Die Stämme werden auch als Doppeladern (DA) bezeichnet. In Schaltkabeln sind im zweiten Stamm die Adern c und d untergebracht. Ein Bündel besteht aus fünf zusammengefaßten Stern-Vierern.

Der Dieselhorst-Martin-Vierer (DM) besteht aus zwei miteinander verseilten Paaren mit den Adern a und b. Die Farbkennzeichnung ist je nach Kabel- oder Leitungstyp unterschiedlich.

Die Rohrverlegung

Installationsrohre 29 mm für Steigleitungen von Stockwerk zu Stockwerk, Installationsrohre 23 mm für die waagrechte Verteilung in den einzelnen Stockkwerken (Verlegeschlitz jeweils 50 mm x 50 mm) und Installationsrohre 16 mm für die Zuführung zu den einzelnen Räumen, Rohrverlegung waagerecht oder senkrecht. Auf Putz und im Fußboden werden Rohre von Typ A, AS oder ACF verwendet.

Bei Mehrfamilienhäusern bis maximal 8 Wohnungen sind einzelne Installationsrohre 16 mm vom Verteiler im Keller zu den jeweiligen Wohnungen möglich (maximal 15 m und 2 Bögen).

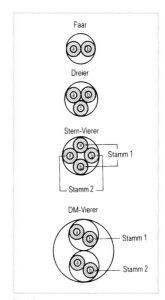

Bild 5
Verseilung von Kabeln

Strukturierte Verkabelung

Werner Madena

Die Verkabelung ist die Basis für jedes Computernetzwerk. Aufgrund erheblicher Investitionen muss sie auch nach 10 bis 15 Jahren noch Bestand haben und aktuelle Netzwerkstandards unterstützen.

Bis Mitte der 90er-Jahre benötigte jedes Netzwerkverfahren ein eigenes Verkabelungssystem. Beispielsweise beruhte das IBM-Verkabelungssystem (IVS) auf dem symmetrischen TYP-1-Datenkabel sowie das zugehörige Stecksystem. Cheapernet (Thinwire-Ethernet) nutzte das unsymmetrische RG-58-Koaxialkabel. Diese Liste ließe sich weiterführen.

Für den Anwender bedeutete dies bisher: Wollte er eine bessere und schnellere Netzwerktechnologie, benötigte er auch ein neues (zumeist höherpreisiges) Netzwerkverkabelungssystem. Selbstverständlich war die neue Verkabelung nicht kompatibel mit Technologien, die schon bestanden und auch weiter genutzt werden sollten. Folglich mussten verschiedenen Netzwerkkabel parallel in den entsprechenden Kanälen und Schächten verlegt werden. Ungeachtet der Kosten für die jeweilig neu hinzukommende Verkabelung, erhöhte sich u.a. auch die Brandlast in den Verlegesystemen. Potentialverschleppung und Einhaltung von EMV-Kriterien stellten schier unlösbare Probleme dar. So entstand nach vielen Jahren ein mittleres Chaos bei den Netzwerkverkabelungssystemen, gegen das erstmals 1995 mit der DIN EN 50173 angegangen wurde, einer Norm, die ihren Ursprung im internationalen Verkabelungsstandard ISO/IEC 11801 hatte. Den Zusammenhang national und international zeigt **Bild 1.**

DIN EN 50173 legt eine Verkabelungshierarchie fest, die aus den Teilsystemen Primärverkabelung, Sekundärverkabelung und Tertiärverkabelung besteht. Als Übertragungsmedien für diese Teilsysteme werden 4-paarige symmetrische Kupferkabel und Lichtwellenleiter empfohlen **(Bild 2).**

Primärbereich. Er umfasst die Verkabelung zwischen den Gebäuden auf der Basis eines zentralen Standortverteilers (SV) und der Gebäudeverteiler (GV). Das bevorzugte Medium in diesem Bereich ist der Lichtwellenleiter.

Sekundärbereich. Hier erfolgt die Verkabelung innerhalb des Gebäudes über Steigeschächte vom Gebäudeverteiler bis zum Etagenverteiler. Als empfohlene Medien gelten

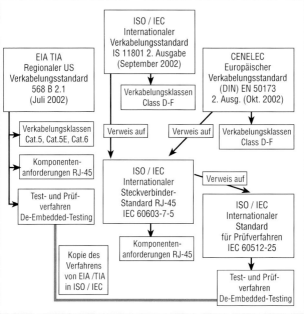

Bild 1
Verkabelungsstandards per September 2002

sowohl symmetrische Kupferleiter als auch Lichtwellenleiter.

Tertiärbereich. Hier erfolgt die Verkabelung innerhalb der Etage vom Etagenverteiler bis zum informationstechnischen Anschluss, auch *Horizontalverkabelung* genannt. Üblicherweise werden Kupferleiter verwendet. Aber auch Lichtwellenleiter sind heutzutage dort aufgrund ihrer überragenden Übertragungseigenschaften und der mittlerweile kostengünstigen Konfektionierung schon zu finden. Vielfach verwendet man dafür die Begriffe Fibre-to-the-Desk (FTTD) oder Fibre-to-the-Office.

Nach EN 50173 muss es Etagen-, Gebäude- und Standortverteiler ge-

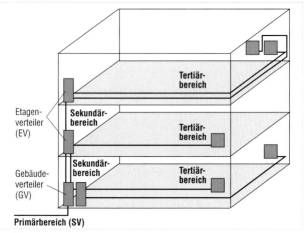

Bild 2
Verkabelungshiearchie

ben. In der Praxis wird bei kleineren Netzen allerdings gern auf Gebäudeverteiler verzichtet. Etagenverteiler sind jedoch unverzichtbarer Bestandteil einer strukturierten Verkabelung. Häufig wird zwischen Etagenverteiler und informationtechnischem Anschluss ein so genannter „Consolidation Point" eingefügt. Dieser *Kabelverzweiger* (KV) oder auch *Sammelpunkt* (SP) wird zentral im Büroraum installiert, z. B. im Doppelboden oder im Unterflurkanal, und dient dazu von hochpaarigem Kabel (mehr als 4 Paare) auf niederpaariges Kabel umzusetzen. Vorteil dieser Anordnung ist ein flexibleres Reagieren auf Änderungen im Büro, z. B. wenn Arbeitsplätze umgestellt oder hinzugefügt werden.

Eine Unterteilung in drei Teilsysteme kann entfallen, sofern die Gebäudebeschaffenheit und die Kabellängen dies zulassen.

> Maßstab für die Standortwahl der Verteiler muss immer eine *Minimierung* der Kabellängen sein.

Für die Teilsysteme der strukturierten Verkabelung sind nach EN 50 173 und ISO 11 801 maximale Ent-

Empfehlungen für Leiterlängen

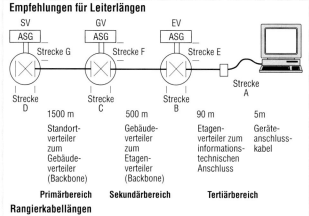

Strecke	Kabellänge in m	Kabelart
A+B+E	≤ 9	Geräteanschlusskabel im Tertiärbereich mit Rangierung, Geräteverbindungskabel, Rangierkabel
A+E	≤ 10	Geräteverbindungskabel und Geräteanschlusskabel im Tertiärbereich ohne Rangierung
C, D	je ≤ 20	Rangierkabel, Geräteverbindungskabel im GV oder EV
F, G	je ≤ 30	Rangierkabel, Geräteverbindungskabel im SV oder GV

Bild 3
Zulässige Kabellängen der Teilsysteme (ASG anwendungsspezifisches Gerät = aktive Netzwerkkomponente)

fernungen empfohlen. Diese Maße sind jedoch nicht für alle Kabelarten und Anwendungen nutzbar. Bei der Netzwerkplanung muss vorher sichergestellt werden, dass die aktiven Komponenten diese Entfernungen mit den geplanten Kabelarten auch erreichen können. Im **Bild 3** und der zugehörigen Tabelle sind die Entfernungen zwischen den Verteilern mit den Rangierkabeln angegeben. (Die Rangierkabellängen sind in den Gesamtlängen der Teilbereiche enthalten).

Übertragungsqualität. Die Strukturierung in Teilsysteme ist die eine Sache. Des Weiteren müssen die Übertragungsstrecken Mindestanforderungen an die Übertragungsqualität erfüllen, damit sichergestellt wird, dass alle im Anhang der EN 50173 aufgelisteten Netzanwendungen unterstützt werden können. Ein Installateur muss nicht wissen, welche Netzanwendung später auf der universellen Verkabelung laufen soll. Seine Arbeit beschränkt sich darauf, die Verkabelung gemäß EN 50173 zu erstellen und als Abschluss eine Konformitätsprüfung vorzunehmen. Diese Prüfung hat mit einem geeigneten Messgerät, dem Verkabelungstester oder Netzwerktester, zu erfolgen. Alle Messergebnisse sind als Protokoll dem Netzwerkbetreiber zu übergeben.

Um die Gesamt-Eigenschaften einer Verbindung zu charakterisieren, wurden die Begriffe der Klassen für Übertragungsstrecken und der Kategorien für Komponenten eingeführt (**Tabelle 1**).

Klassen beschreiben die Eigenschaften einer Übertragungsstrecke (Ende zu Ende). Mit **Kategorien** werden die Ansprüche an das Übertragungsmedium definiert, die notwendig sind, um die Mindestforderungen der Leistungsklassen zu erfüllen. Das Übertragungsmedium besteht dabei aus verschiedene Komponenten: Geräteanschlusskabel, Stecker, Rangierkabel, Installationskabel usw.

Die folgende Übersicht zeigt die derzeitig existierenden Kategorien und Klassen.

Leistungsfähigkeit von Komponenten:
Kategorien

Kategorie 3
  bis 16 MHz
  für Telefonie
Kategorie 5
  bis 100 MHz
  für Datentechnik und Telefonie
Kategorie 6
  bis 250 MHz
  für ATM LAN 1200 Mbit/s,
  1000 BASE TX
Kategorie 7
  bis 600 MHz
  für 1000 BASE TX2

Tabelle 1
Definition Klassen und Kategorien nach EN 50173 Ausgabe 2002

Benennung	Bezeichnung	Verwendung
Klasse	A, B, C, D,E, F	Eigenschaften einer Übertragungsstrecke
Kategorie	(1, 2,) 3, 4, 5, 6, 7	Eigenschaften einzelner Komponenten Kabel, Stecker, Kupplungen

Leistungsfähigkeit von Übertragungsstrecken: **Klassen**

Linkklasse D
 bis 100 MHz
 alle heutigen Dienste
Linkklasse E
 bis 250 MHz
 ATM LAN 1200 Mbit/s, 1000 BASE TX
Linkklasse F
 bis 600 MHz
 1000 BASE TX2

Zwischen Klassen und Kategorien gibt es Zusammenhänge, die aus ihrer Leistungsfähigkeit resultieren. Eine Übertragungsstrecke nach Klasse D kann z. B. nur mit Komponenten der Kategorie 5 oder höher realisiert werden. Ist auch nur eine einzige Komponente der Übertragungsstrecke schlechter als Kategorie 5, ist die Eigenschaft der Klasse D für diese Übertragungsstrecke nicht erfüllt.

Eine Übertragungsstrecke besteht im Allgemeinen aus folgenden Komponenten: Installationskabel, Stecker, Buchsen, Rangierkabel und Geräteanschlusskabel.

Als **Installationskabel** wird heute mindestens ein Kabel mit ungeschirmten Leiterpaaren (UTP Unshielsed Twisted Pair), besser ist jedoch ein Kabel mit einem Gesamtschirm aus Folie und Geflecht (S/FTP) verwendet. Optimale Übertragungseigenschaften bis hin zu den Linkklassen E und F erreicht man nur mit STP-Kabeln (Shielded Twisted Pair). Bei diesem Kabel sind die Leiterpaare mit einer Folie geschirmt und enthalten zusätzlich noch einen Gesamtschirm, vielfach aus Geflechtmaterial, über alle Leiterpaare.

Der Begriff „twisted pair" bedeutet „verdrilltes Paar". Um elektromagnetische Störfelder, die von einem Leiterpaar ausgehen, zu unterdrücken, werden die Leiter miteinander verdrillt. Innerhalb des Kabelaufbaus befinden sich nun 4 verdrillte Paare, die sich hochfrequenzmäßig betrachtet wie Antennen verhalten. Sind alle Leiterpaare im gleichen Maße verdrillt, wären alle Antennen gleich lang und damit optimal aufeinander abgestimmt, d. h., die Kopplung zwischen den Paaren wäre dann sehr groß. Das darf jedoch nicht geschehen. Daher muss die Verdrillung bei den einzelnen Paaren unterschiedlich stark ausgeprägt sein. Das hat entscheidenen Einfluss auf das Übersprechverhalten zwischen den Leiterpaaren.

Noch komplizierter ist die Herstellung der **Stecksysteme.** Als Standard haben sich hier der RJ-45-Stecker und die zugehörigen Buchse nach IEC 60603-7-5 etabliert. Dieses Stecksystem stammt ursprünglich aus der Telefoniewelt und wurde in den Anwendungsbereich Datenkommunikation mit bis zu 250 MHz Arbeitsfrequenz förmlich hineingedrängt.

Die mit diesem Stecksystem auftretenden Probleme, zu großes Übersprechen, zu kleine Rückflussdämpfung (ein Maß für die reflektierte Energie), zu hohe Kontaktwiderstände und vieles mehr, sind für die Klasse D noch beherrschbar, ab Klasse E sind die Hürden jedoch unüberwindbar. Höhere Linkklassen sind nur noch mit Stecksystemen zu erfüllen, die gerade noch so mit RJ-45-Steck„gesicht" kompatibel sind, z. B. GG-45 von *Nexans* oder aber die völlige Neuentwicklung *Siemon-Tera-Vier-Kammer-Stecker*.

Die Interoperabilität der kompatiblen Stecksysteme war auf der Grundlage der EN 50173 von 1995 absolut gegeben. Dieses änderte sich jedoch mit der Ausgabe 2000 drastisch. Eine Konformitätsprüfung der Übertragungsstrecke nach Klasse E war jetzt nur möglich, wenn Buchse und Stecker *exakt* aufeinander abgestimmt waren, also vom *selben* Hersteller gefertigt wurden. Das Ergebnis waren untereinander unverträgliche herstellerabhängige Systeme, die im krassen Widerspruch zu dem Ziel der universellen Verkabelung standen.

Mit der Norm-Ausgabe 2002 hat diese unsinnige Regelung ein Ende gefunden. Heute gilt wieder die Interoperabilität der Komponenten durch das so genannte **De-Embedded-Testing:**

> Jede Buchse muss mit Kombinationen aus High-End-, Mid-Range- und Low-End-Steckern eine Verbindung der Kategorie 6 ergeben.
> Nur dann ist die Betriebssicherheit einer Übertragungsstrecke gegeben.

Somit ist heute die Abnahmemessung wieder so einfach wie sie auf Basis der EN 50173 von 1995 war. Speziell an das Stecksystem angepasste Messkabel sind nicht mehr erforderlich. Die Messungen beziehen sich auf folgende Parameter:

- Wellenwiderstand (meist 100 Ω, selten 120 Ω oder 150 Ω),
- Länge der Strecke,
- Schleifenwiderstand,
- Dämpfung der Strecke in dB,
- Übersprechdämpfung
  - NEXT (Near End Crosstalk): Übersprechen am nahen Ende,
  - FEXT (Far End Crosstalk): Übersprechen am fernen Ende,
  - ELFEXT (Equal Level FEXT): gleichpegliges FEXT,
  - dazu die leistungssummierten Messungen (power sum): PSNEXT, PSFEXT, PSELFEXT,
- ACR (Attenuation to Crosstalk Ratio): Verhältnis von Dämpfung und Übersprechen,
- Laufzeit und Laufzeitdifferenz zwischen den Paaren,
- Kapazität,

- Verdrahtung, auch mit Wiremap bezeichnet.

Zu allen vorgenannten Parametern werden in EN 50173 Grenzwerte in den Klassen und Kategorien definiert, die mit der Abnahmemessung nachzuprüfen sind. Zwei Messmethoden sind anwendbar:

1. **Channel-Link-Methode.**
   Sie basiert auf der Messung der Strecke vom informationtechnischen Anschluss zum Verteilerfeld (Patchpanel) einschließlich Patchkabel. Das heißt, die komplette passive Verkabelungsstrecke, wie sie später im Betrieb ist, wird geprüft.
2. **Permanent-Link-Methode.**
   Sie basiert auf der Messung der Strecke vom informationstechnischen Anschluss bis zum Patchpanel, jedoch ohne Anschlusskabel.

Eine Empfehlung für eine dieser Messmethoden kann der Autor an dieser Stelle nicht geben. Die Auswahl hängt z. B. davon ab, ob es sich um eine geschlossene oder nichtgeschlossene Systemlösung handelt. Im ersten Fall ist Channel-Link zu bevorzugen bzw. mitunter im Hinblick auf Gewährleistungen und Ähnliches sogar vom Hersteller vorgeschrieben. Andererseits bietet Permanent-Link dem Installateur ein Instrumentarium, um seine Arbeit protokollieren zu können, denn auf die Fertigung der Patchkabel hat er in den meisten Fällen keinen einfluss.

Alle in diesem Artikel angesprochenen Themen sollen dem Installateur Hinweise und Empfehlungen zur Erstellung einer auf Kupfer basierten universellen Verkabelung nach EN 50173 geben. Der Beitrag kann jedoch kein Ersatz für eine Schulung sein. Für eine ausführliche Schulung mit praktischen Inhalten zur Komponenten-Montage und zu Abnahmemessungen benötigt der Autor mindestens 3 Tage.

Lichtwellenleiter in Datennetzen
Werner Stelter

1 Aufbau einer typischen LWL-Übertragungsstrecke

Lichtwellenleiter sind inzwischen Standard in Telekommunikations-Weitverkehrsnetzen (WAN[1]), Citynetzen (MAN) und in den Backbones der Gebäude- und Campusverkabelungen (LAN). Zunehmend werden auch Arbeitsplätze auf der Basis von FTTD-(Fibre-to-the-Desk-) und FTTO-(Fibre-to-the-Office-)Konzepten direkt mit Glasfasertechnik versorgt.

Eine Erweiterung der EN 50173 im Hinblick auf die Anforderungen an Datennetze in *industrieller Umgebung* ist im Entstehen.

In DIN EN 50173-1 „Anwenderneutrale Kommunikationskabelanlagen" werden die Anforderungen an die LWL-Übertragungsstrecken im *Bürobereich* definiert.

Bild 1 zeigt eine rangierte zusammengefasste Duplexverbindung, in der alle typischen LWL-Verbindungen enthalten sind.

2 LWL-Fasern
2.1 Aufbau

Glasfasern werden aus hochreinem Quarzglas hergestellt. Um im Kernbereich eine höhere Brechzahl und

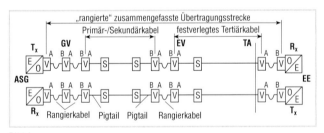

Bild 1
Beispiel für eine LWL-Übertragungsstrecke in anwendungsneutralen Kommunikationskabelanlagen
ASG anwenderspezifisches Gerät, GV Gebäudeverteiler, EV Etagenverteiler, TA Arbeitsbereich, V LWL- Steckverbindung, S LWL-Spleßverbindung, Tx Transceiver, Rx Receiver, EE Endeinrichtung, Endgerät, O/E optoelektronischer Wandler

---

1 Alle in diesem Abschnitt verwendeten Abkürzungen sind im Kapitel „Kleines Lexikon IT-Technik" erläutert.

bestimmte Brechzahlprofile zu erhalten, erfolgt eine Dotierung des Kernbereiches mit Fremdstoffen wie Germaniumdioxid (GeO_2) oder Phosphorpentoxid (P_2O_5). Bereits während des Ziehprozesses erhält die Faser die erste Schutzschicht, das sogenannte Primärcoating. Es macht die Faser biegsam und flexibel und schützt sie vor dem Zutritt von Feuchtigkeit **(Bild 2).** Wird das Primärcoating z. B. bei der Montage entfernt, so kann die Faser leicht brechen. An Verbindungsstellen muss die freigelegte Faser daher mechanisch und zusätzlich noch vor dem Zutritt von Feuchtigkeit geschützt werden. Der Zutritt von Feuchtigkeit hätte eine Dämpfungserhöhung der Glasfaser zur Folge. Das Einfärben der Faser erfolgt zumeist erst im Kabelwerk.

Kunststofffasern POF (Polymer Optical Fiber) finden Anwendung für die Datenkommunikation auf kurzen Strecken (unter 100 m) in Automobilen, in der Industrieapplikationen und zur Verbindung von Geräten in der Unterhaltungselektronik.

2.2 Fasertypen

Für den Einsatz in optischen Datenübertragungssystemen gibt es **drei grundsätzliche Typen** von Quarzglasfasern **(Tabelle 1):**

- Multimode-Stufenindexfasern,
- Multimode-Gradientenindexfasern,
- Einmodenfasern.

Die Unterscheidung erfolgt nach:

- *Brechzahlprofil (Stufenindexfaser, Gradientenindexfaser)*
  Als „Profil oder Brechzahlprofil" eines Lichtwellenleiters bezeichnet man den Verlauf der Brechzahl in Richtung des LWL-Radius.
- *Modenverlauf (Multimode- oder Einmodenfaser)*
  Als Moden bezeichnet man die möglichen Ausbreitungswege (Strahlenverläufe) in einem Lichtwellenleiter. Ausbreitungsfähig sind Strahlen, die unter einem bestimmten Eintrittswinkel eingekoppelt werden und sich nicht gegenseitig (durch Interferenz) auslöschen.
- *Multimodefaser (Multimodefiber MMF)*
  Stufenindex- und Gradientenindex-Faser bezeichnet man als Multimode-Faser, da in ihrem relativ großen Kern viele Moden ausbreitungsfähig sind.

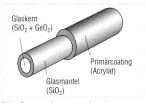

Bild 2 *Aufbau einer Glasfaser*

Tabelle 1
Bei Quarzglasfasern unterscheidet man 3 grundsätzliche Fasertypen

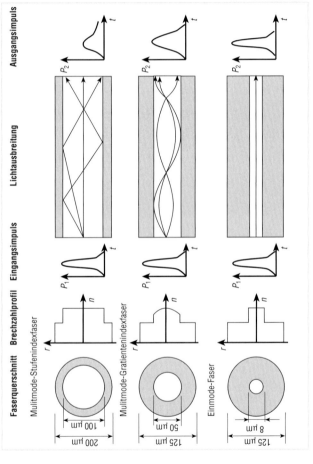

- *Einmodenfaser (Singlemodefiber SMF)*
  Bei den Einmodenfasern ist der Kerndurchmesser soweit verringert und die Brechzahlen sind so aufeinander abgestimmt, dass nur noch eine Mode ausbreitungsfähig ist. Es handelt sich um eine Ausbreitung nach dem Wellenmodell. Die Standard-Einmodenfaser (S-SMF) hat ein Stufenindexprofil. Weiterentwicklungen der Einmodenfaser, z. B. die NZDSF[2], haben mehrstufige Profile.

2.3 Optische Eigenschaften von Glasfasern

Bei der Signalübertragung über Glasfasern sind zwei Größen von Bedeutung:
- Dämpfung,
- Dispersion.

Dämpfung. Darunter versteht man die Abschwächung der Intensität eines übertragenen Lichtsignals.

Die Dämpfung von LWL-Strecken wird als Dämpfungsmaß A_p in dB angegeben.

$$A_p = 10 \lg \frac{P_{zu}}{P_{ab}}$$

Eine materialspezifische Kenngröße von LWL-Fasern und -Kabeln ist der Dämpfungskoeffizient α in dB/km. Er hängt von der Wellenlänge ab **(Bild 3)**.

Die Dämpfung einer Glasfaser setzt sich im Wesentlichem zusammen aus einem Absorptionsanteil und einem Streuanteil (Bild 3). Unregelmäßigkeiten im Glaskern erzeugen die sogenannte Rayleigh-Streuung, die mit steigender Wellenlänge abnimmt. Die Rayleigh-Streuung ist eine physikalische Materialeigenschaft; sie kann nicht eliminiert werden und begrenzt damit die theoretisch kleinste spektrale Dämpfung einer Glasfaser. Der Absorptionsanteil der Dämpfung ist dagegen materialspezifisch und kann reduziert werden. Verunreinigungen, z. B. OH-Ionen, die bei der Faserherstellung in die Faser gelangen, absorbieren das Licht in Abhängigkeit von der Wellenlänge.

Optische Fenster. Bedingt durch diese OH-Absorptionsspitzen und durch die zur Verfügung stehenden optischen Sender und Empfänger haben sich drei günstige Wellenlängenbereiche für die optische Übertragung herausgebildet. Diese sog. „klassischen Fenster" liegen bei 850, 1300 und 1550 nm. Für 850 nm waren die Sender- und Empfängerbauelemente zuerst verfügbar. Anwendungen auf Multimode-Gradientenindexfasern in LAN-Datennetzen arbeiten zumeist bei dieser Wellen-

---

1 NZDSF = Non Zero Dispersion Shifted Fiber

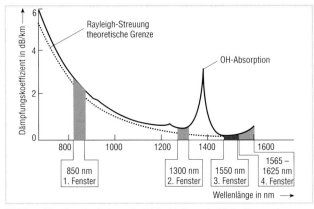

Bild 3 Dämpfungskoeffizient α in Abhängigkeit von der Wellenlänge und Darstellung der optischen Fenster

länge. Bei 1300 nm hat man für S-SMF ein erstes Dämpfungsminimum mit α < 0,4 dB/km und zusätzlich den Vorteil der kleinsten Materialdispersion und damit geringsten Impulsverbreiterung. Bei 1550 nm sind die kleinsten Dämpfungswerte (α < 0,2 dB/km bei SMF) erreichbar.

Aufgrund der starken OH-Absoption bei ca. 1400 nm kann dieser Wellenlängenbereich bei älteren Fasern nicht genutzt werden. Inzwischen lassen sich jedoch sogenannte Low-OH-Peak-SMF herstellen, die hier einen Dämpfungskoeffizienten α < 0,5 dB/km aufweisen. In modernen Telekommunikationsnetzen wird damit bereits der gesamte Wellenlängenbereich zwischen 1280 nm und 1610 nm für die Übertragung im groben Wellenlängenmultiplex (CWDM Coarse Wave-length Division Multiplex) genutzt.

Dispersion. Darunter werden zunächst alle Prozesse verstanden, die zu einer Differenz in den Laufzeiten verschiedener Moden führen. Dispersion führt zur Impulsverbreiterung mit zunehmender Faserlänge. Man unterscheidet bei Glasfasern verschiedene Arten von Dispersionen:

- Modendispersion,
- Profildispersion,
- chromatische Dispersion,
- Polarisationsmodendispersion.

Dispersion bei Einmodenfasern: Als Kenngröße wird bei hierfür die Dispersion in ps/(nm · km) angegeben.

Dispersion bei Gradientenindexfasern: Als Kenngröße wird hier das Bandbreiten-Längen-Produkt in MHz · km angegeben.

2.4 LWL-Fasertypen für LAN-Datennetze

In lokalen Datennetzen werden in Europa hauptsächlich Gradientenindexfasern G50/125 eingesetzt. Qualitätsunterschiede bei diesen Gradientenfasern werden durch die Kategorien OM1, OM2 und OM3 gekennzeichnet. Nach DIN EN 50173-1 ist eine maximale Ausdehnung von 2 km für Gradientenindexfasern festgelegt. Moderne Hochgeschwindigkeitsanwendungen wie Gigabit Ethernet (GbE), Asynchronous Transfer Mode (ATM) und Fibre Channel (FC) können allerdings auf Gradientenindexfasern nur über kürzere Strecken betrieben werden. Daher werden in lokalen Datennetzen für Anwendungen mit Reichweiten über 2 km oder bei den genannten Hochgeschwindigkeitsanwendungen auch schon für kürzere Strecken Einmodenfasern E9/125 eingesetzt **(Bild 4)**.

Lichtwellenleiterkategorien nach DIN EN 50173-1 (Juni 2003)

Für Anwendung in neutralen Kommunikationskabelanlagen nach DIN EN 50173-1 (Juni 2003) müssen Glasfasern die in **Tabelle 2** aufgeführten Anforderungen erfüllen. Für die Lichtwellenleiter-Verkabelung wurden die Kategorien OM1, OM2, OM3 und OS1 aufgenommen. Als wesentliche Neuerung ist die Festle-

Tabelle 2 *Anforderungen an Glasfasern nach DIN EN 50173-1 (Juni 2003)*

LWL-Kategorie		größte Dämpfungen in dB/km			kleinste modale Bandbreite in MHz · km		
					Vollanregung CFL		Laseranregung RML
		850 nm	1300 nm	1550 nm	850 nm	1300 nm	850 nm
G50/125 G 62,5/125	OM1	3,5	1,5	–	200	500	–
G50/125 G 62,5/125	OM2	3,5	1,5	–	500	500	–
G50/125	OM3[b]	3,5	1,5	–	1500	500	2000
E9/125	OS1	–	1,0	1,0			

a Wirksame modale Bandbreite wird für Teilanregung der Moden bei Laseranwendungen sichergestellt

b OM3-Faser kann nur mit G50/125 realisiert werden

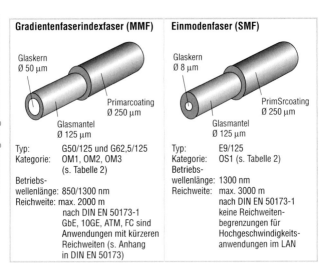

Bild 4 *LWL-Fasertypen in LAN-Datennetzen*

gung der kleinsten modalen Bandbreite bei Laseranregung für die OM3-Faser zu nennen.

3 LWL-Datenkabel
3.1 Einsatzzwecke

Entscheidendes Kriterium für die Auswahl des Kabeltyps ist der jeweilige Einsatzzweck.

Außenkabel. Sie bieten besondere Eigenschaften wie Mikrobenbeständigkeit des Kabelmantels, Längswasserdichtigkeit und Nagetierschutz. Die Verlegung erfolgt überwiegend in Rohranlagen, selten direkt im Erdreich. Spezialkabel ermöglichen die Verlegung in Gewässern, Abwasserrohren, im Straßenbelag oder als Luftkabel.

Innenkabel. Sie sind durch die sog. LSOH-Eigenschaft (Low Smoke Zero Halogen) für den Einsatz im Innenbereich von Gebäuden konzipiert. Die Verlegung erfolgt in Kabelkanälen, auf Kabelpritschen oder an Steigetrassen. Bei der Montage zu beachten sind:

- minimale Biegeradien,
- maximale Zugkräfte.

3.2 LWL-Adertypen

Der Adermantel (Sekundärcoating) realisiert den mechanischen Schutz der Faser, z. B. gegen Zugbelastungen, Querdruck, Knicken, und dient außerdem als Feuchtigkeitssperre. Folgende Adertypen sind bei LWL-Kabeln gebräuchlich:

Hohlader (ungefüllt); Die Faser Ø 250 µm wird von einer Kunststoffschicht geschützt, wobei die Faser ca. 0,5 % Überlänge zum Längenausgleich hat. **Hohlader (gefüllt)** hat zusätzlich eine Petrolatfüllung zum Schutz gegen das Eindringen von Feuchtigkeit (Längswasserdichtigkeit).	 typ. 1,4 mm
Bündelader ungefüllt oder gefüllt (Loose Tube) führt 2 bis 12 Fasern in der „losen" Ummantelung. Die Fasern haben ebenfalls eine Überlänge.	 2,0 – 3,0 mm
Maxi-Bündeladern (Maxi-Tube) führt von 2 bis zu 96 Fasern	 typ. 6,0 mm
Festader/Vollader (Tight Buffer) Die Faser ist von einer dünnen Gleitschicht (Silikon) überzogen und von einem festen Adermantel (Ø 900 µm) umgeben, der nur schlecht (in kurzen Stücken von ca. 2 cm) absetzbar (entfernbar) ist. Die Ader ist konzipiert für Steckerdirektmontage mit hoher Zugfestigkeit. Mechanische und thermische Einflüsse wirken direkt auf die Faser (Temperaturbereich beachten!). Anwendung bei Breakout-Kabeln für Stecker-Direktmontage im LAN-Bereich und in Industrieapplikationen.	 0,9 mm
Kompaktader (Semi Tight Buffer) Die Faser ist von einer gel-artigen Füllmasse umgeben. Der Adermantel (Ø 900 µm) ist gut absetzbar (ca. 1,5 m am Stück). Mechanische und thermische Einflüsse wirken nicht direkt auf die Faser. Anwendung in Mini-Breakout-Kabeln, Aderpigtails	 0,9 mm

3.3 LWL-Kabeltypen

Simplex-/Duplex-Innenkabel
- xx/125/900/2800
- Stecker direkt montierbar
- hochflexibel
- Anwendung als Rangierkabel, Kabelpigtail

Faser, Adermantel Ø 900 μm, PUR-Umhüllung, Primärcoating, Keviar
Simplex-Innenkabel

Breakout-Kabel
- Bis zu 12 einzelne Adern xx/125/900/2800 *mit Zugentlastung* in einem gemeinsamen Mantel verseilt.
- Der Mantel kann aufgetrennt werden, so dass einzelne Adern herausgeführt, die anderen gemeinsam weitergeführt werden können.
- Stecker sind direkt montierbar
- hochflexibel, guter mech. Schutz
- Anwendung in LAN-TA, Mobilkabeln und in Industrieapplikationen

Faser, Mantel Ø 900 μm, gemeinsamer Mantel, Primärcoating, Keviar, Mantel Ø 3 mm, Keviar
Breakout-Innenkabel

Mini-Breakout-Kabel / innen
- Adern (0,9 mm) im gemeinsamen Mantel
- Steckerdirektmontage möglich
- Zugentlastung nur für das gesamte Kabel
- Anwendung im Tertiärbereich auf Büroebene oder vom (zentralen) Verteiler zum TA

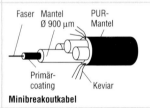
Minibreakoutkabel

Bündeladerkabel außen/innen
Längswasserschutz bei Außenkabeln durch:
Gelfüllung, oder Quellfliess

Bündeladern um Zentralelement oder als zentrale Bündelader

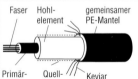
Außenkabel mit zentraler Bündelader

4 LWL-Kabelkennzeichnung nach DIN VDE 0888 (Auszug)

1	**I** **A** **AT**	Innenkabel Außenkabel Außenkabel, teilbar (Breakout)
2	**F** **V** **H** **W** **B** **D**	Faser Vollader Hohlader, ungefüllt Hohlader, gefüllt Bündelader, ungefüllt Bündelader, gefüllt
3	**S**	metallenes Element in der Kabelseele
4	**F**	Petrolatfüllung der Kabelseele-Verseilhohlräume
5	**H** **Y** **2Y** **11Y** **(L) 2Y** **(D) 2Y** **(ZN) 2Y** **(L) (ZN) 2Y** **(D) (ZN) 2Y**	Mantel aus halogenfreiem Material Mantel aus PVC Mantel aus PE Mantel aus PUR Schichtenmantel Mantel aus PE mit Kunststoff-Sperrschicht PE-Mantel mit nichtmetallischer Zugentlastung Schichtenmantel mit nichtmetal. Zugelementen Mantel aus PE mit Kunststoff-Sperrschicht und nichtmetallenen Zugentlastungselementen
6	**V** **HY** **H** **B** **BY** **B2Y**	Innenmantel aus PVC Innenmantel aus Polyurethan Innenmantel aus halogenfreiem Material Bewehrung Bewehrung mit PVC-Schutzhülle (z. B. Nagetierschutz) Bewehrung mit PE-Schutzhülle (z. B. Nagetierschutz)
7	..x..	Anzahl der Adern oder Anzahl der Bündeladern x Anzahl der Fasern je Bündel
8	**E** **G** **S** **K** **P**	Einmodenfaser (Monomode/Singlemode) Gradientenfaser (Glas/Glas) Stufenindexfaser (Glas/Glas) Stufenindexfaser (Glas/Kunststoff) Plastikfaser (Kunststoff/Kunststoff)
9	..	Kerndurchmesser in µm
10	..	Manteldurchmesser in µm
11	..	Dämpfungskoeffizient in dB/km
12	..	Wellenlänge B=850 nm, F=1300 nm, H=1550 nm
13	..	Bandbreiten-Längenprodukt in MHz · km oder Dispersion in ps/(nm · km) bei SMF
14	**Lg**	Lagenverseilung

5 LWL-Verbindungstechnik
5.1 LWL-Steckverbindungen
5.1.1 LWL-Steckverbindungen allgemein

Der Anschluss von Endgeräten und der Abschluss von Lichtwellenleitern an Verteilern (Patchfeldern) oder Teilnehmeranschlüssen erfolgt durch LWL-Stecker. Die klassische LWL-Steckverbindung funktioniert nach einem Stift-Hülse-Stift-Prinzip, bei der zwei LWL-Stecker mit Hilfe eines Mittelstückes verbunden werden **(Bild 5)**.

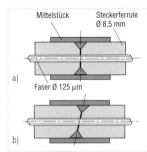

Bild 5 *Stecker*
a) Gradschliffstecker (PC Physical Contact)
b) Schrägschliffstecker (APC Angled Physical Contact)

5.1.2 LWL-Steckverbindertypen in Telekommunikationsnetzen

In Telekommunikationsnetzen werden fast ausschließlich Einmodenfasern verwendet. Zum Schutz der Endgeräte werden oft reflexionsfreie Strecken gefordert, so dass der Einsatz von Schrägschliffsteckern in Verteilern inzwischen üblich ist. Folgende Steckertypen sind in Telekommunikationsnetzen in Gradschliff- und Schrägschliffvariante verbreitet.

FC
LWL-Stecker mit kurzer 2,5 mm Ferrule, Drehsicherung und großer Feingewinde-Überwurfmutter. Der FC-Steckverbinder war lange der Standard in amerikanischen und japanischen Telekommunikationsnetzen und ist häufig als Anschluss an Messgeräten vorhanden.

Ø 2,5 mm Ferrule

SC
Der SC-Steckverbinder hat ein rechteckiges Kunststoffgehäuse mit Drehsicherung und Push/Pull-Schnappverschluss. Er hat in Telekommunikationsnetzen vielfach den FC-Stecker abgelöst.

Ø 2,5 mm Ferrule

DIN
Sehr lange 2,5 mm Ferrule, gefedert, mit Verdrehsicherung und dünner Überwurfmutter. War Standard beim Netzaufbau der Deutschen Telekom.

Ø 2,5 mm Ferrule

E 2000
Sehr komplexe Steckverbindung mit Staub-/Laser-Schutzklappen vor der Steckerferrule und in der Kupplung. Die farbliche und mechanische Kodierung von Steckern und Mittelstücken ist möglich.
Zur Reinigung von E-2000-Steckverbindern sollte der Reinigungsadapter verwendet werden, denn trotz Staubschutzkappe kann die Reinigung erforderlich werden.
Der E-2000-Stecker wird in vielen deutschen und europöischen Telekommunikationsnetzen eingesetzt.

Staubschutzkappe schützt die Ø 2,5 mm Ferrule

5.1.3 LWL-Steckverbindertypen in LAN-Verkabelungen

Folgende LWL-Steckverbindungen sind in LAN-Anwendungen anzutreffen:

SC, SC-Duplex
Rechteckiges Kunststoffgehäuse mit Drehsicherung und Push/Pull-Schnappverschluss.
Nach DIN EN 50173-1 wird der SC-Duplex-Verbinder für den Arbeitsbereich (TA) gefordert.

ST® (BFOC)
Einer der meist verwendeten LWL-Stecker in LANs und Industrieapplikationen, wird hier aber zunehmend durch den SC-Stecker abgelöst. Er hat einen rüttelfesten Bajonett-Verschluss und ist verdrehsicher. Es gibt Versionen für Multimodefaser, Singlemodefaser, auch mit Schrägschliff (APC) und Polymerfaser (POF).

LWL-SFF-Steckverbindungen (Small Form Factor)

Die nachfolgend genannten SFF-Steckverbindungen sind sowohl in in aktiven Netzwerkkomonennten als auch in Patchfeldern und Teilnehmeranschlusdosen von LAN-Verkabelungen zu finden.

MT-RJ, VF-45 und LC sind LWL-Duplexverbindungen mit RJ-45-Abmessungen, die insbesondere den platzsparenden Aufbau von aktiven Komponenten ermöglichen. Vielfach sind bei Herstellern die Rahmen von Anschlussdosen oder die Ausstanzungen bei Patchfeldern für Kupfer und Glasfasertechnik identisch.

LC

Der LC-Stecker weist viel Ähnlichkeit mit dem SC-Stecker auf. Er besitzt jedoch eine 1,25-mm-Metallferrule mit Kunststoffummantelung. Die Verbindung erfolgt nach dem klassischen Stift-Hülse-Stift-Prinzip.

Die Duplexvariante des LC-Mittelstückes hat RJ-45-Abmessungen. Die LC-Komponenten gibt es in Multimode und Singlemodeausführung. Die LC-Verbindung wird in sehr vielen aktiven Netzwerkkomponenten eingesetzt.

MT-RJ

Der MT-RJ-Steckverbinder ist eine Weiterentwicklung des MT-Steckers, der seit etwa 1987 von der japanischen Firma NTT eingesetzt wird. Kernstück der MT-RJ Steckverbindung ist die MT-Ferrule, in der sich die beiden Fasern für die Duplexverbindung befinden. Bei MT-RJ besteht die Steckverbindung im Gegensatz zur bisherigen Steckverbindertechnik aus MT-RJ-Stecker und MT-RJ-Buchse (Socket). Inzwischen sind allerdings auch Stecker-Kupplung-Stecker-Konzepte am Markt.

VF-45

VF-45 ist eine ferrulenlose LWL-Duplex-Verbindung mit RJ-45-Abmessungen und Staubschutzklappen. Die VF-45-Verbindung wurde von 3M für das FTTD-Verkabelungssystem „Volition" entwickelt.

Der VF-45-Stecker ist werksmontiert an Patchkabeln. Die VF-45-Kupplung (Socket) wird vor Ort in Teilnehmeranschlüsse und Patchfelder montiert. Ferrulen und Hülsen, die Bestandteil der traditionellen Glasfaserverbindungen sind, wurden durch eine V-Nut-Technik ersetzt, mit der die Fasern ausgerichtet werden.

5.2 Feldkonfektionierung von LWL-Steckern

Werkskonfektionierte Stecker kommen bei vorkonfektionierten Leitungen und Patchkabeln sowie Pigtails zum Einsatz. Besonders bei der Montage von Teilnehmeranschlüssen (TA) in LAN-FTTD-Konzepten oder am Minihub in LAN-FTTO-Konzepten ist die Feldkonfektionierung erforderlich, da hier die Ablage einer Spleißverbindung nicht vorgesehen ist. Für die Feldmontage von LWL-Steckern werden inzwischen ausgereifte Verfahren angeboten, die eine Montage in wenigen Minuten ermöglichen.

UniCam® – Feldinstallierbare Stecker

UniCam ist eine feldmontierbare Version ohne Klebe- und Poliervorgang für verschiedene Steckertypen wie ST, SC, MT-RJ, LC … **(Bild 6)**. Der Stecker enthält eine werksseitig vorinstalliertes Faserstück. Dadurch ist eine hochwertige, qualitätsüberwachte Endflächenbearbeitung direkt im Fertigungsprozess möglich. Vor Ort sind bei der Montage das Absetzen von Adermantel und Fasercoating sowie das rechtwinklige Brechen der Faser erforderlich. Die Verbindung der vorbereiteten Faser mit dem im Stecker eingeklebten Faserstück erfolgt in einem gel-gefüllten mechanischen Spleiß. Die Zugentlastung wird durch Krimpen realisiert.

5.3 Spleißverbindungen

Unter Spleißen versteht man in der Glasfasertechnik das Verbinden von zwei Glasfaserenden. Hierzu werden die Faserenden in einem elektrischen Lichtbogen verschmolzen. Der Lichtbogenspleiß ermöglicht eine dämpfungsarme, reflexionsfreie und langzeitstabile Verbindung **(Bild 7)**.

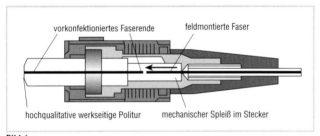

Bild 6
Prinzipskizze des UniCam®-Steckers
UniCam® ist ein eingetragenes Warenzeichen von Corning Cable Systems

Faservorbereitung. Vor dem Einlegen in das Spleißgerät werden die Faserenden vom Primärcoating befreit (absetzen) und mit einem Trenngerät rechtwinklig gebrochen, so dass eine ebene Stirnfläche entsteht.

Die Führung der Faserenden im Spleißgerät erfolgt durch V-Nuten. Während des Spleißvorgangs erfolgt der Vorschub der Fasern automatisch durch Bewegung der V-Nuten zueinander.

Spleißgeräte. Für die Verbindung von Gradientenindexfasern G50/125 und G62,5/125 in LAN-Anwendungen sind Spleißgeräte mit festen V-Nuten, die nur den Vorschub in Z-Richtung ermöglichen, ausreichend. Für die Verbindung von Einmodenfasern sollten sog. 3-Achsen-Spleißgeräte eingesetzt werden, die eine automatische Kernzentrierung ermöglichen.

Durch die fortgeschrittene Automatisierung der Spleißgeräte wird die Arbeit für den Monteur wesentlich erleichtert. Moderne Geräte erkennen bereits die zu verbindenden Glasfasertypen und wählen automatisch das dazugehörige Spleißprogramm.

Spleißschutz. Abschließender Arbeitsgang beim Herstellen von Schmelzspleißen ist das Anbringen eines Spleißschutzes, um den Spleiß mechanisch und vor Feuchtigkeit zu schützen. Üblich ist die Verwendung des „Krimpspleißschutzes". Anschließend erfolgt die Ablage der Spleißverbindung in einer Spleißkasette.

5.4 Abschluss- und Verteilerkomponenten

Ein komplettes LWL-Verkabelungssystem umfasst zur Führung und Organisation der abgehenden und ankommenden Kabel und Fasern sowie dem Anschluss der aktiven Komponenten sog. Abschluss- und Verteilerkomponenten. Dazu zählen Datenschränke, Verteilergestelle, Etagenverteiler, Teilnehmeranschlussdosen sowie Verbindungs- und Abzweigmuffen.

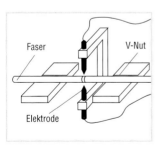

Bild 7
Spleißverbindung

Christoph P. Wrobel

Optische Übertragungstechnik in der Praxis

Grundlagen, Komponenten, Installation, Anwendungen

Die optische Übertragungstechnik ist in einer Zeit, in der immer höhere Bitraten und Bandbreiten verlangt werden, nicht mehr wegzudenken. Kommunikationsnetze mit Lichtwellenleitern umspannen heute die ganze Welt. Doch was steckt hinter der Lichtwellenleitertechnik? Wo wird sie eingesetzt und was ist bei der Montage zu beachten?

Das Buch gibt eine praxisnahe Einführung in die physikalischen Grundlagen, die LWL-Technik und die optische Übertragungstechnik. Daneben werden die verschiedenen Komponenten von optischen Übertragungssystemen beschrieben – insbesondere Verbindungstechnik (Steckverbinder, Spleiß), Verkabelung, Sende- und Empfangselemente sowie Koppler und Schalter. Weitere Kapitel befassen sich mit der Planung und Installation sowie mit den verschiedenen Anwendungsbereichen – von der Mess- und Regeltechnik bis hin zu LANs und Fernnetzen. Ausführungen zur optischen Messtechnik und ein umfangreicher Anhang, u. a. mit Marktübersichten und Herstelleradressen, schließen das Werk ab.

Mit der 3. Auflage wurde der Band in vielen Details ergänzt und aktualisiert. Beispiele hierfür sind neue Fasertypen, neue Steckverbinder, ein eigenes Unterkapitel zum Thema Dispersion und zu Änderungen bzw. Neuerungen bei den Verkabelungsstandards. Die optischen Schnittstellen und Besonderheiten bei Ethernet bis 10-Gbit-Ethernet werden ausführlicher als bisher beschrieben. Die Marktübersichten wurden aktualisiert, Fusionen und Spin-offs berücksichtigt.

Pressestimmen: „Angenehm fällt die leserfreundliche Schreibe von Christoph Wrobel auf, die sachlich und gut über die hochtechnischen Zusammenhänge hinweghilft." Network Computing

**3., völlig neu bearb. Aufl. 2003. Ca. 300 Seiten. Kart.
Ca. € 42,– sFr 70,– ISBN 3-7785-3981-7**

Hüthig Fachverlage

Im Weiher 10, D-69121 Heidelberg
Telefon 0 62 21/4 89-5 55, Fax 0 62 21/4 89-6 23
kundenservice@huethig.de, /www.huethig.de

Koaxialkabel
Stefan Eiselt

An Koaxialkabeln **(Bild 8)** stehen für die Telekommunikations- und Computertechnik zur Verfügung:
1. Innenkabel für die Verlegung in Innenräumen in Rohren sowie in und auf Putz, nicht jedoch in Beton. Außenleiter: Folie und Geflecht aus Kupfer oder aus Aluminium.
2. Außenkabel für die Verlegung im Erdreich, in Röhren- oder Kanalzügen.

Der Wellenwiderstand beträgt je nach Verwendungszweck 50 Ω, 60 Ω, 75 Ω; oder 93 Ω, der Isolationswiderstand ist in der Regel $\geq 10\,\mathrm{G}\Omega \cdot \mathrm{km}$.

Koaxiale HF-Leitungen 75 Ω mit weißem Mantel sind hauptsächlich für Antennenanlagen vorgesehen. Für Ethernet- und Cheapernet-Computernetze gibt es koaxiale Leitungen 50 Ω mit gelbem Mantel, 50 Ω-Leitungen mit schwarzem Mantel sind für Funkdienste u. a. sowie 93 Ω-Leitungen für die Datenübertragung vorgesehen. Übliche Daten der Koaxialkabel zeigt **Tabelle 5**.

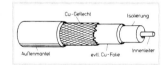

Bild 8 *Aufbau des Koaxialkabels*

Tabelle 5
Daten von koaxialen Hochfrequenzkabeln 75 Ω für Verteilanlagen

Kabelart	Innenkabel		Außenkabel		
Innenleiter Ø in mm	0,73		1,1	2,2	3,3
über Isolierung Ø in mm	4,8		7,2	8,8	13,5
Außen Ø in mm	6,9		11,0	12,5	17,0
R der Schleife in Ω/km	60,0		25,0	8,6	4,5
Wellendämpfung in dB/100 m	Cu≤	Al≤			
bei 100 MHz	8,2	8,4	5.4	2,8	1,9
bei 200 MHz	11,8	12,2	7,9	4,0	2,7
bei 500 MHz	19,5	20,0	13,0	6,5	4,4
bei 800 MHz	25,2	26,0	17,0	8,4	5,7
Dämpfungsklasse	12		8	4,3	2,7
zulässiger Biegeradius in mm	70		150	150	200
Schirmungsmaß in dB bei 40…300 MHz	75		>100	>100	>100

Erdung und Potentialausgleich
Stefan Eiselt

Man unterscheidet laut DIN VDE 0800 Teil 2 nach dem Zweck der Erdung:

- Die Funktionserdung, die nur die beabsichtigte Funktion der Fernmeldeanlage gewährleistet.
- Die Schutzerdung, die vor dem Auftreten oder Bestehenbleiben einer unzulässig hohen Spannung schützt.
- Die Funktions- und Schutzerdung als eine Kombination der beiden vorher genannten Erdungen.
- Die Blitzschutzerdung zur Ableitung von Blitzströmen.

An den Erdungssammelleiter werden alle vorhandenen Erder, Rohrleitungen, Sternpunkte, Schutzleiter und PEN-Leiter angeschlossen. Er kann als Erdungsringleiter, Erdungssammelschiene oder Erdungsklemme ausgeführt werden:

- Erdungsringleiter bei großer Gebäudefläche, Verbindungsstellen über das Gebäude verteilt, für empfindliche technische Einrichtungen, Kupferleiter mindestens 50 mm².
- Erdungssammelschiene bei wenig störempfindlichen Fernmeldeanlagen, Material Kupfer, Messing, verzinkter Stahl. Querschnitt je nach Zahl und Länge der angeschlossenen Erder.
- Erdungsklemme (Schraubklemme) bei wenigen Erdungsleitern. Der Mindestquerschnitt eines Funktionserdungsleiters (FE) richtet sich nach der Schutzeinrichtung, die dem Fernmeldebetriebsstromkreis vorgeschaltet ist:

bis 25 A → 2,5 mm² Cu,
bis 35 A → 4 mm² Cu,
bis 50 A → 6 mm² Cu.

Das **Bild 9** zeigt das Beispiel einer Funktions- und Schutzerdung mit zusätzlichem Erdungsleiter für eine Fernmeldeanlage ohne Begrenzung der Nennspannungen der Fernmeldestromversorgung.

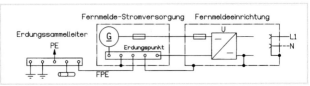

Bild 9 *Funktions- und Schutzanordnung*

Funknetze

Wireless LAN	166
Funkverbindungen für Geräte Bluetooth	168
Mobiltelefone – Handys	169
Übersicht der Funkdienste	171
Das digitale Funktelefonnetz D	174
Das digitale E-Mobilfunknetz	175
GPRS	176
UMTS	177
SMS-Dienste	178
MMS Multimedia Datendienst	179
Surfen mit dem WAP-Handy	180
Betriebsfunk und Bündelfunk	181
Freie Betriebsfunknetze	183
Der Amateurfunk	184
Der CB-Funk	185
Der Rundfunk	186
Zeitzeichen und Normalfrequenz	188
Das GPS-Ortungssystem	189

Wireless LAN
Stefan Eiselt

Unter Wireless LAN, abgekürzt WLAN (= Wireless Local Area Network), auch als RLAN (= Radio Local Area Network) bezeichnet, versteht man ein drahtloses lokales Netzwerk. Es erlaubt die drahtlose Zusammenschaltung von PCs, Notebooks und Peripheriegeräten in einem begrenzten Bereich (z.B. in einem Bürogebäude). Die Reichweite der drahtlosen Verbindung liegt innerhalb von Gebäuden bei etwa 100 m und im Freien bei bis zu 300 m. Die Reichweite hängt ab von der Sendeleistung, der Datenübertragungsrate (je höher die Datenrate, desto kürzer die Reichweite), der Umgebung (je mehr Hindernisse zwischen den Teilnehmern, desto geringer die Reichweite) und der Interferenzsituation (mit anderen Teilnehmern). Durch besondere Maßnahmen kann u.U. der Arbeitsbereich erweitert werden. Über einen Acces-Point AP werden die Teilnehmer mit einem drahtgebundenen Netzwerk verbunden. Im Access-Point können verschiedene Funktionen integriert sein wie Modem, 10/100 MHz LAN-Anschluss, Router und Softwarefunktionen (Firewall, Verschlüsselung, Passwortschutz, Zugangskontrolle). Die Anbindung der Teilnehmer erfolgt über eine PCI-Karte (PCs) oder über eine PCMCIA-Karte (Notebooks).

Die Abhörsicherheit ist bei WLANs ein Problem, da der Zugriff auf die Luftschnittstelle möglich ist. Es gibt verschiedene Verschlüsselungsverfahren wie z.B. WEP (Wired Equivalent Privacy und IPSec (verschlüsseltes TCP/IP-Protokoll).

Die Standards
Der Standard IEE 802.11 wurde im Jahre 1997 festgelegt. Es stehen 79 Kanäle mit je 1 MHz Bandbreite im Frequenzbereich 2400...2483,5 MHz zur Verfügung. Die Datenübertragungsrate beträgt 1 Mbit/s bzw. 2 Mbit/s. Beim Frequency-Hopping-Spread-Spectrum System FHSS werden die Kanäle jeweils nur einige ms belegt, danach erfolgt die Kommunikation auf einem anderen Kanal. Die Sender und Empfänger müssen die Kanäle synchron nach einer Tabelle belegen. Beim Direct-Sequence-Spread-Spectrum-Verfahren DSSS wird die Energie eines 1-MHz-Kanals auf 11 MHz verteilt. Im breiteren Kanal sind mehrere Verbindungen möglich. Es stehen dann 13 Kanäle im 5-MHz-Raster zur Verfügung.

Am weitesten verbreitet ist heute der Standard IEEE 802.11b der das

WLAN schneller macht. Er arbeitet ebenfalls im 2,4 GHz-Band und hat eine Datenübertragungsrate von bis zu 11 Mbit/s. Die Steigerung der Datenrate wird durch Änderung der Modulationsart erreicht (Einsatz des CCK-Spreizcodes, CCK = Complementary Code Keying).

Der Standard HIPERLAN/2 verbindet mobile Geräte mit breitbandigen Netzwerken auf der Basis von ATM, TCP/IP, UMTS, Ethernet, FireWire u.a. Es stehen 19 Kanäle im Raster von 20 MHz in den Frequenzbereichen von 5150 bis 5350 MHz (8 Kanäle) und 5470 bis 5725 MHz (11 Kanäle) zur Verfügung. Die Datenübertragungsraten hängen von der Modulationsart der Subträger (BPSK, QPSK, 16QAM, 64 QAM) ab. Mit 64QAM ist eine Datenrate von 54 Mbit/s möglich.

Home RF im Frequenzbereich 2,4 bis 2,4835 GHz arbeitet mit dem Shared Wireless Acces Protocol SWAP. Es ist eine Lösung für Endgeräte im Heimbereich. Die Datenrate ist 10 Mbit/s. Vorhanden ist eine Datenkompression.

Die Daten der Luftschnittstellen sind in **Tabelle 1** zusammengestellt.

Bluetooth wird heute meist für folgende drahtlose Verbindungen gewählt: Handy zu Kopfhörer; Tastatur oder Maus zum PC; Handy zum Notebook oder PC; PC zum Drucker. Weitere Anwendung vielfältiger Art werden erschlossen.

Tabelle 1
Die Luftschnittstellen der WLAN-Standards

Standard	Frequenzbereich in GHz	Anzahl Kanäle	Kanalraster in MHz	Bandbreite in MHz	Datenübertragungsrate in Mbit/s	Sendeleistung in mW
IEEE 802.11	2,4…2,4835	79	1	1	1/2	100
IEEE 802.11	2,4…2,4835	13	5	11	1/2	100
IEEE 802.11b	2,4…2,4835	13	5	11	1/2/5,5/11	100
HIPERLAN/2	5,15…5,35 5,47…5,725	3	20	22	9 12/18 6/27/36/54	200 1000
Home RF	2,4…2,835	75 15	1 5	1 5	0,8/1,6 5/10	100
Bluetooth	2,4…2,4835	79	1	1	1	1/2, 5/100

Funkverbindungen für Geräte Bluetooth

Stefan Eiselt

Die zahlreichen Kabelverbindungen zwischen elektronischen Geräten sind eine Quelle von Unfallgefahren und Störungen. Eine Gruppe von Unternehmen der Computer- und Telekommunikationsbranche entwickelte daher Anfang 1998 ein Methode um eine Vielzahl mobiler elektronischer Geräte drahtlos miteinander verbinden zu können. Es entstand der Kurzstreckenfunkstandard Bluetooth. Genutzt werden die frei zugänglichen Frequenzen zwischen 2,402 GHz und 2,48 GHz. Es sind Reichweiten bis 10 m bei Sendeleistungen von 1 mW und in speziellen Fällen bis 100 m bei Sendeleistungen von 100 mW möglich. Die Daten werden frequenzmoduliert mit Übertragungsraten bis zu 1 Mbit/s übertragen. Die Bluetoothgeräte werden im Basisbandprotokoll mit einer Kombination aus Paketvermittlung, Frequenzsprungverfahren und Fehlerkorrektur betrieben.

Bluetooth bietet zwei paketvermittelte Übertragungsvarianten und zwar die verbindungsorientierte Synchronübertragung SCO und die verbindungslose Asynchronübertragung ACL. Die Synchronübertragung ist hauptsächlich für die Sprachkommunikation (über drei Sprachkanäle) vorgesehen. Jeder Sprachkanal verfügt über fest reservierte Zeitschlitze (Slots). Die Bitrate beträgt 64 kbit/s und bietet somit ISDN-Qualität. Die Asynchronübertragung erfolgt im Halbduplexbetrieb mit 721 kbit/s im Hauptkanal und mit 57,6 kbit/s im Rückkanal. Der asynchrone Kanal kann aber auch im Vollduplexbetrieb mit bis zu 432,6 kbit/s in beiden Richtungen übertragen werden.

Das System benutzt LBT (Listen before Talk) und die Spreizfunktechnik mit dem Frequenzsprungverfahren um mögliche Interferenzen mit anderen Sendern weitgehend auszuschließen. Mit LBT wird geprüft, ob die benötigte Funkfrequenz nicht schon von einem anderen Gerät belegt ist. Die Datenpakete werden in kleinere Einheiten aufgeteilt und in verschiedenen Frequenz-Teilbändern übertragen. Zwischen 2,402…2,480 GHz werden Sprünge im Abstand von 1 MHz genutzt, das ergibt 79 verschiedene Frequenzen.

Besondere Einstellungen sind nicht nötig. Sobald sich zwei Bluetooth-Geräte treffen, wird automatisch eine Verbindung hergestellt. Eine 48 bit lange Adresse nach dem IEEE-802-Standard identifiziert weltweit jedes Bluetooth-Produkt.

Mobiltelefone – Handys
Stefan Eiselt

Die Mobiltelefonie ist jetzt ca. 20 Jahre alt, wobei in den letzten Jahren eine besonders rasante Entwicklung zu verzeichnen war. Zuerst beschränkten sich die Handys ausschließlich auf das Telefonieren. Bald kamen aber zusätzliche Features und Dienste hinzu. Die 3. Generation der Mobiltelefone sind ein weiterer Schritt zur mobilen Gesellschaft, auf englisch „Wireless Information Society" genannt. Bei den modernen leistungsfähigen Geräten wachsen unterschiedliche Technologien zusammen. Die paketweise Datenübermittlung über GPRS und über UMTS gestattet eine schnelle Datenübertragung und den mobilen Zugriff auf umfangreiche datenintensive Dienste auf Internet- oder Intrabasis. Die hohen Bandbreiten lassen die Übertragung von Bild- und Videoinhalten und Musik zu. Neben dem direkten Zugriff auf das Internet bieten die Handys der 3. Generation auch für andere Geräte wie Digitalkameras, Notebooks und PDAs ein mobiles Tor zu den Datennetzen der Welt.

Das hochauflösende Farbdisplay ist vielfach schon Standard bei den Mobiltelefonen.

Das Versenden von kurzen Nachrichten bis zu 160 Zeichen ist über SMS möglich, bei vielen Modellen steht auch EMS und MMS zur Verfügung.

Weitere Features moderner Handys sind:

- Die WAP-, Fax- und Datenfähigkeit.
- Polyphone MIDI-Klingeltöne bieten individuelle Klingel- und SMS-Signaltöne.
- Auf dem Gerätespeicher oder auf SIM-Karten können Telefonnummern, Namen und Adressen gespeichert werden.
- Vorhanden ist oft ein Kalender mit Erinnerungsfunktion sowie mit Gesprächsnotizen.
- Ein integrierter Vibrationsalarm zeigt Anrufe durch ein diskretes Vibrieren an, ohne dass jemand gestört wird.
- Sprachkomprimierungsverfahren machen die Mehrwertdienste der Netzanbieter zugänglich.

Weitere Funktionen sind integrierte Bildschirmschoner, Handyspiele, ein Countdownzähler, Stoppuhr, sprachgesteuerte Wählfunktion für mehrere Rufnummern, Gebühren- und Gesprächsdatenerfassung sowie der Sicherheitscode für den Diebstahlschutz und für Anrufsperren.

Möglich sind eine Infrarot-Schnittstelle und die drahtlose Datenübertragung über Bluetooth.

Der Trend geht zu kleineren und leichteren Mobiltelefonen, wobei bei sehr kleinen Modellen die menschliche Anatomie zu Bedienungsproblemen führen kann. Auch winzige Displays sind nicht unbedingt vorteilhaft. Das Gewicht liegt je nach Modell bei 80...200 g und mehr. Abmessungen von 40...60 mm Breite, 90...16 mm Höhe und 15...25 mm Tiefe sind zu finden.

Hochwertige NIMH-Akkus von ca. 600...1300 mAh gestatten Sprechzeiten von bis zu 6 Stunden und Stand-by-Zeiten bis zu 2 Wochen mit einer Ladung.

Handys werden in sehr großer Vielfalt mit Design-Varianten für jeden Geschmack angeboten. Es stehen Dual-Band-GSM-Handys für 900 MHz und 1800 MHz sowie Triple-Band-Handys für GSM 900, 1800 und 1900 (USA) sowie GPRS-fähige Handys zur Verfügung. UMTS-Handys werden in vielen Features angeboten.

Üblich sind zahlreiche Multimedia-Adaptionen, ein Farbdisplay und eine eingebaute Digitalkamera. Über Bluetooth, Infrarot oder USB ist Kontakt mit der Außenwelt möglich. Integriert ist oft auch ein MP3-Player. Universal-Handys unterstützen neben UMTS auch GPRS und GSM 900, 1800 und 1900 MHz.

Bei der Auswahl eines Handys sollte man zunächst klären welche Features gewünscht werden und für welche Netze das Mobiltelefon geeignet sein soll. Eine Rolle spielen auch das Design und vor allem auch die Tarife der Netz-Anbieter.

Das Angebot ist heute sehr umfangreich und es werden ständig neue Modelle entworfen. Neben dem Preis/Leistungsverhältnis ist deshalb auch eine gewisse Zukunftssicherheit von Bedeutung.

Bild 1
Mobiltelefon mit GPRS und MMS
Foto: Nokia

Übersicht der Funkdienste

Stefan Eiselt

Im Rahmen des deutschen Frequenzzuweisungsplans ist für die Funknutzung der Frequenzbereich von 9 kHz bis 275 GHz vorgesehen, wobei heute in der Praxis Frequenzen von 77,5 kHz (Zeitzeichensender) bis 39,5 GHz (Richtfunk) belegt sind. Das verfügbare Frequenzspektrum ist in Frequenzbänder unterteilt, die jeweils bestimmten Funkdiensten zur Verfügung stehen. Neben der Deutschen Telekom gibt es heute eine Reihe von weiteren Anbietern von Funkdiensten. Grundsätzlich erfolgt eine Unterteilung in Rundfunkdienste und den Mobilfunk.

Der Mobilfunk

Bereits im Jahre 1957 wurde in Deutschland das A-Netz eingeführt, 1972 folgte das B-Netz und 1985 das C-Netz. Bei dieser ersten Generation des Mobilfunks erfolgte die Übertragung analog. Diese analogen Netze wurden alle eingestellt, zuletzt das C-Netz im Jahr 2000.

Die zweite Generation umfasst die digitalen Netze, die heute den Mobilfunkstandard darstellen.

- Das digitale D-Netz arbeitet nach dem weltweit anerkannten GSM-Standard (GSM = Global System for Mobile Communications). Neben dem D1-Netz der Deutschen Telekom gibt es noch ein privates D2-Netz. Die über 4000 ortsfesten Basisstationen des D1-Netzes arbeiten im Frequenzbereich von 935 ... 960 MHz, die Mobiltelefone im Bereich von 890 ... 915 MHz. Das D1-Netz versorgt in Deutschland über 23 Millionen Teilnehmer.
- Das digitale E-Netz wird in die Mobilfunknetze E-Plus und E2 unterteilt. Es arbeitet nach dem DCS-1800-Standard im Frequenzbereich von 1710 ... 1785 MHz und 1805 ... 1880 MHz.

Das GPRS-System stellt eine Erweiterung des GSM-Verfahrens dar und dient der Datenübertragung.

Die dritte Generation stellt das UMTS-System dar, das einen sehr hohen Datentransfer gewährleistet.

UMTS (= Universal Mobile Telecommunication System) kann alle Multimediadienste drahtlos übertragen (Übertragungsrate bis zu 2 Mbit/s). Vorgesehene Frequenzbereiche 1900 ... 2025 MHz, 2110 ... 2200 MHz, Satellitenkomponente 1980 ... 2010 MHz und 2170 ... 2200 MHz.

- Der CB-Funk (Citizen Band) bietet privaten Sprechfunk auf

40 Kanälen von 26,965…27,405 MHz an.
- Der Amateurfunk ist auf mehreren Kurzwellenbändern und den UKW-Bändern 144…146 MHz sowie 430…440 MHz in Betrieb.

Die Bündelfunkdienste

verbessern den herkömmlichen Betriebsfunk zur innerbetrieblichen Kommunikation, z. B. von Industrie- und Gewerbebetrieben. Den Netzbetreibern wird jeweils ein Bündel von Funkkanälen zur Verfügung gestellt, wodurch die zur Verfügung stehenden Frequenzen 410…430 MHz besser ausgenutzt werden.

Zur Verfügung stehen „Chekker" als professioneller Mobilfunk für Handwerk, Gewerbe und Kommunen auf analoger Bündelfunktechnologie und Modacom zur Datenübertragung auf 16 Kanälen mit einer Bandbreite von 12,5 kHz pro Kanal und einer Datenrate von 9,6 kbits/s. Als Nachfolgesystem für den analogen Bündelfunk ist die digitale Version nach dem europäischen Funkstandard TETRA (= Trans European Trunked Radio) vorgesehen. Der terrestrische Flugfunkdienst wurde entwickelt, damit die Passagiere von Linienflugzeugen telefonieren können. Die Bodenfunkstelle des TFTS-Netzes (TFTS = Terrestrial Flight Telefon System) sendet im Frequenzbereich 1670…1675 MHz, die Flugzeuge senden im Bereich 1800…1805 MHz.

Der Mobilfunkdienst über Satellit

Von den Mobilfunksatelliten Inmarsat (= International Maritime Satellite Organisation) erfolgt weltweit die Mobilfunkversorgung von Schiffen, Flugzeugen und Landfahrzeugen. Bekannt ist das Sicherheitssystem für die Seefahrt GMDSS (= Global Maritime Distress and Safety System). Die Satelliten arbeiten im L-Band (1,6 GHz vom beweglichen Teilnehmer zum Satelliten und 1,5 GHz vom Satelliten zum Teilnehmer). Die Speiseverbindung Satellit-Erdfunkstelle mit Verbindung zum Öffentlichen Festnetz liegt im C-Band (4 GHz und 6 GHz).

Der Aufbau von Mobilfunksatellitensystemen mit umlaufenden nichtgeostationären Satelliten steigert die Übertragungskapazität und senkt die Kosten

Funkdienste auf kurze Entfernungen

Für schnurlose Telefone steht der digitale Standard DECT (1880…1900 MHz) zur Verfügung. Bluetooth gestattet die direkte Verbindung von Geräten.

Die Rundfunkdienste

Zu den Rundfunkdiensten gehören:

- Der amplitudenmodulierte Tonrundfunk im Bereich der Langwelle (148,5 ... 283,5 kHz) versorgt Deutschland und das benachbarte Ausland. Von der Deutschen Telekom werden insgesamt vier LW-Sender betrieben (Deutschlandfunk). Der Mittelwellen-Rundfunk (520 ... 1605,5 kHz) versorgt mit einem Sender größere Regionen. Die Reichweite hängt ab von der Sendeleistung, der jeweiligen Frequenz und der Tageszeit. Der Kurzwellenbereich (5900 ... 26100 kHz) erzielt die größten Reichweiten. Unter bestimmten Voraussetzungen ist weltweiter Empfang möglich.
  Für die deutsche Welle stehen Sender von bis zu 500 kW in Jülich, Nauen, Leipzig und im Wertachtal zur Verfügung.
  Die Bedeutung des AM-Rundfunks hat abgenommen, da die Empfangsqualität oft gering ist.
- Der UKW-Tonrundfunk (87,5 ... 108,0 MHz) ist der am meisten genutzte Tonrundfunkbereich. Die Deutsche Telekom betreibt für die öffentlich-rechtlichen Rundfunkanstalten und private Programmanbieter weit über 800 Sender.
- Der terrestrische analoge Fernsehrundfunk in den Fernsehbändern I (47 ... 68 MHz, 3 Kanäle), III (174 ... 230 MHz, 8 Kanäle) und IV/V (470 ... 790 MHz) umfasst derzeit 470 Grundnetzsender mit hoher Sendeleistung zur Basisversorgung und ca. 6200 Füllsender (TV-Umsetzer).
- Der terrestrische digitale Tonrundfunk (T-DAB = Terrestrial Digital Audio Broadcasting) ermöglicht den Empfang in CD-Qualität. Vorgesehen sind die Frequenzbereiche 200 ... 230 MHz (VHF-Bereich) und 1452 ... 1472 MHz (L-Band).
- Der terrestrische digitale Fernsehrundfunk (DVB-T = Digital Video Broadcasting Terrestrial) soll in Zukunft das analoge Fernsehen ablösen, da damit erhebliche Qualitätsverbesserungen zu erzielen sind. Zunächst ist der Frequenzbereich 790 ... 862 MHz und später auch der Bereich 470 ... 790 MHz dafür vorgesehen.
- Der Rundfunkempfang über Satelliten belegt die Frequenzbereiche 10,7 ... 11,7 GHz, 11,7 ... 12,5 GHz und 12,5 ... 12,75 GHz. Angeboten werden analoge und digitale Fernseh- und Tonrundfunksendungen.

Das digitale Funktelefonnetz D

Stefan Eiselt

Das D-Netz ist eines der modernsten digitalen Funknetze der Welt. Man kann damit in über 80 Ländern mobil telefonieren, mit ProTelGlobal Roam sind auch die USA, Kanada und Japan erreichbar. Die Sprachqualität ist hoch. Informationen: www.t-mobil.de und www.vodafone.de

Beim zellularen D-Netz besteht die Funkverbindung zwischen der Funkfeststation (Basis Station BS) und dem Funktelefongerät (Mobil Station MS).

Für das so genannte GSM-System (= Global System for Mobile Communication) GSM 900 stehen zwei Frequenzbereiche zur Verfügung, und zwar 890…915 MHz für das Unterband und 935…960 MHz für das Oberband. Es werden 124 Radiofrequenzkanäle mit einer Kanalbreite von 200 kHz mit je 8 Kanälen pro Radiofrequenzkanal im Zeitvielfachverfahren (Time Division Multiple Access, TDMA) verwendet.

Je TDMA-Kanal sind 8 Sprachübertragungen zu je 16 Kbit/s bzw. 16 Sprachübertragungen zu je 8 Kbit/s möglich. Verwendet wird eine spezielle GMSK-Modulation (= Gaussian Filtered Minimum Shift Keying). Der Duplexabstand beträgt 45 MHz.

In der Bundesrepublik Deutschland stehen in den Frequenzbereichen 890…915 MHz und 935…960 MHz jeweils 2…12,5 MHz für das D1-Netz (T-D1, Betreiber T-Mobil) und ein privates D2-Netz (Betreiber Vodafon) zur Verfügung. Die mehr als 4000 ortsfesten Basisstationen im D1-Netz decken das Gebiet Deutschlands vollständig ab. Das digitale Funktelefonnetz ist einheitlich in ganz Westeuropa eingeführt.

Möglich sind die Sprach- und Datenübertragung sowie Telematikdienste. Bei T-D1 können mit dem Fax-Service über ein angeschlossenes Notebook oder ein mobiles Faxgerät Faxe gesendet und empfangen werden. Mit dem Daten Service können Daten ausgetauscht werden (Internet, E-Mail). Das Teilnehmerverhältnis begründet sich auf einer Chipkarte. Der Telefaxversand ist möglich.

Die Handys besitzen eine Leistungsregelung, so dass sie mit einer angepassten sehr geringen Sendeleistung betrieben werden können. Damit sind hohe Teilnehmerdichten möglich.

Technische Daten der Mobilstation: max. Sendeleistung 46 dBm, 10 W; Antennengewinn 2 dB; Empfängerempfindlichkeit 10 dBm.

Das digitale E-Mobilfunknetz
Stefan Eiselt

Im Jahre 1994 wurde das digitale E-Netz in Betrieb genommen. Es wird nach dem PCN-Mobilfunkstandard DCS 1800 betrieben. PCN bedeutet „Personal Communication Network" und stellt ein Mobilfunknetz mit einer „persönlichen" Rufnummer in Verbindung mit einer Chipkarte dar. Mit dem E-Netz sollen vor allem auch private Kunden angesprochen werden. Zur Verfügung stehen das E-Plus-Mobilfunknetz und das E2-Mobilfunknetz (O_2-Viag Interkom). Informationen: www.eplus.de und www.viaginterkom.de

Mit dem DCS-1800-Standard (GSM 1800) kann auf der geografischen Fläche von Deutschland ein PCN-Netz von etwa 30 Millionen Teilnehmern aufgebaut werden. Im Frequenzbereich von 1710...1785 MHz und 1805...1880 MHz beträgt der Duplexabstand 95 MHz und die Bandbreite 2 x 75 MHz. Es stehen 372 Trägerfrequenzen zur Verfügung.

Eine lückenlose Flächendeckung ist angestrebt, schon heute sind etwa 98 % der deutschen Bevölkerung mit dem E-Plus-Netz und ca. 75 % mit dem E2-Netz von O_2-Viag Interkom erreichbar. Die E-Netz-Struktur umfasst kleinere Funknetzzellen als das D-Netz. Der Zellradius beträgt etwa 0,2...8 km. Das Systemkonzept basiert auf einer Funkversorgung mit kleinen und leichten Handys und einer Sendeleistung von 1 W. In Ballungsgebieten ist der Betrieb mit Handgeräten mit nur 0,25 W Sendeleistung möglich. Möglich ist ein flexibler Zugang zu anderen Telekommunikationsdiensten und eine hohe Qualität bei der Netzverfügbarkeit und dem Dienstleistungsangebot.

Die Service Provider (= Diensteanbieter) kaufen die benötigten Netzkapazitäten bei den Netzbetreibern und bieten als Dienstleistung das mobile Telefonieren an, wobei verschiedene Zusatzdienste die Attraktivität des Angebots erweitern sollen. Die Leistungen werden in Form einer Telefonkarte über Einzelhandelspartner verkauft. Die Wahl des richtigen Service Providers ist nicht einfach. Im Hinblick auf die Nutzung der Dienste unterscheidet man Wenigtelefonierer, Normaltelefonierer und Vieltelefonierer. Im Gebührenvergleich schneidet das E-Mobilfunknetz günstig ab.

Auch im E-Netz stehen zahlreiche Dienste ähnlich wie in den anderen Mobilfunknetzen zur Verfügung.

GPRS
Stefan Eiselt

Der General Packet Radio Service GPRS stellt eine Erweiterung des GSM-Mobilfunksystems dar und dient der Datenübertragung. Jeder 200 kHz breite GSM-Mobilfunkkanal arbeitet mit acht Zeitschlitzen, Time-Slots TS genannt. Über einen Zeitschlitz ist jeweils ein Gespräch möglich, sodass gleichzeitig nur acht Gespräche geführt werden können.

Bei GPRS wird für die Datenübertragung kein bestimmter Zeitschlitz belegt. Die Datenpakete werden vielmehr mit Absender- und Empfängerangaben versehen und gemeinsam über gerade freie Zeitschlitze übertragen.

Beim GPRS-Standard gibt es vier Codierungssysteme von CS1 bis CS4. Bei CS1 wird eine hohe Datensicherheit erreicht, wobei allerdings die Datenrate gering ist. Bei CS4 ist die Datenrate hoch, für Sicherheitsdaten ist aber kein Platz mehr sodass hier eine ungestörte Funkübertragung vorausgesetzt werden muss.

Bei einer Bündelung aller acht Zeitschlitze würde die höchste Datenrate erzielt. Da jedoch Zeitslots für das Telefonieren immer zur Verfügung stehen müssen, wird man sich in der Praxis auf vier Zeitschlitze beschränken. Werden das Codierungsschema CS2 und vier Zeitschlitze verwendet, so beträgt die Datenrate 53,6 kbit/s. Die mitgesandten „Paketkarten" benötigen auch noch einige Bits, sodass Datenübertragungsraten von 40 kbit/s realistisch sind.

Die Endgeräte müssen für GPRS geeignet sein. Es gibt Geräte für Sprach- und Datenverbindungen, z. B. Handys und solche nur für die Datenübertragung, z. B. PC-Karten. Unterschieden wird zwischen Halb- und Voll-Duplex-Geräten. Der GPRS-Standard kennt 29 Multi-Slot-Klassen, die angeben, wieviele Zeitschlitze ein Gerät beim Empfang (Downlink) und beim Senden (Uplink) bündeln kann. Entsprechend den jeweiligen Eigenschaften ergibt sich die Datenübertragungsrate nach **Tabelle 1.**

Ein wichtiger Vorteil von GPRS ist der „Always-On-Betrieb". Ist das Handy angemeldet, so ist man über eine IP-Adresse permanent am Netz.

Tabelle 1 *Dateiübertragungsrate in kbit/s*

Zeitschlitz	1	2	3	4
CS1	9,05	13,1	27,2	36,2
CS2	13,4	26,8	40,2	53,6
CS3	15,6	31,2	46,8	62,4
CS4	21,4	42,8	64,2	85,6

UMTS
Stefan Eiselt

Das universelle Mobilfunksystem UMTS (= Universal Mobile Telecommunication System) ist für die Übertragung jeglicher Art von Daten ausgelegt und ermöglicht sehr hohe Datenübertragungsraten mit bis zu 2 Mbit/s. Für UMTS sind mehrere Frequenzbänder zwischen 1900 MHz und 2150 MHz reserviert. Es stehen 150 MHz zur Verfügung, wobei aber z. Z. nur 60 MHz vergeben sind. In einer spektakulären Auktion wurden im August 2000 jeweils zwei Frequenzblöcke mit 2 x 5 MHz an folgende Lizenznehmer vergeben:

VIAG Interkom, MobilCom Multimedia, Vodafon (Mannesmann) Mobilfunk, Group 3G, T-Mobil und E-Plus Hutchison.

Die Einführung von UMTS wird zügig voranschreiten.

Für UMTS ist ein dichteres Funknetz mit kleineren Zellen und mit neuer Hardware nötig. Die Installation erfolgt zunächst in den Ballungsgebieten, wobei der weitere Ausbau sukzessive erfolgen wird. Die zunehmende Sensibilisierung in der Bevölkerung bezüglich möglicher gesundheitlicher Gefahren durch den Mobilfunk wird wohl zu Problemen bei Ausbau des neuen Netzes führen, wobei durchaus die Frage berechtigt ist, ob ein UMTS-Netz wirklich nötig ist. Dazu kommt auch, dass mit zunehmender Entfernung von den „Hot Spots" wohl die Datenrate abnehmen wird. Wo UMTS nicht rentabel aufgebaut werden kann, wird sicher das GPRS-System auf GSM-Basis noch viele Jahre gute Dienste leisten. Es ist nicht auszuschließen, dass UMTS ein Flop wird.

Die Vorteile des UMTS-Systems für die Datenübertragung sind allerdings unbestreitbar. Wegen der hohen Datenübertragungsraten sind vielseitige Anwendungsmöglichkeiten denkbar. Für den privaten Bereich ist z. B. der Versand von Grußkarten und die Übertragung bewegter Bilder einschließlich Fernsehen möglich. Das Surfen im Internet ist problemlos möglich. Das UMTS-Handy kann auch eine Playstation sein.

Im Bussines-Bereich ist das UMTS-Handy u. a. ein mobiles Terminal zur Datenübertragung, zum Versenden von E-Mails und für Videokonferenzen.

Die weitere Entwicklung und der flächendeckende Ausbau von UMTS wird nicht zuletzt auch von der Akzeptanz durch die Bevölkerung abhängen.

SMS-Dienste

Stefan Eiselt

Die Übertragung von Kurznachrichten ist mit dem Short Message Service SMS möglich. Die GSM-Mobilfunknetze gestatten den SMS-Versand und -Empfang mit geeigneten Handys. Auch im Festnetz sind SMS möglich, sofern die Rufnummernübertragung (T-ISDN mit Clip-Funktion) und ein geeignetes Gerät zur Verfügung stehen.

Ist das Mobiltelefon ausgeschaltet oder nicht erreichbar, so wird die SMS vom Netzanbieter maximal 48 Stunden zwischengespeichert. In ca. 80 Ländern mit GSM-Versorgung können SMS versandt werden.

Eine SMS kann aus maximal 160 Zeichen bestehen, wobei aus einzelnen Zeichen auch kleine Bilder zusammengestellt werden können. Das Zusammenstellen einer SMS ist manchmal eine mühselige Arbeit, insbesondere, wenn die Tasten des Handys sehr klein sind. Da auf dem Handy neben einigen Sondertasten nur die Zifferntasten 0... 9 vorhandene sind, ist jede Taste bis zu fünffach belegt. Die jeweilige Taste ist dann so oft zu drücken, bis das gewünschte Zeichen erscheint **(Tabelle 1)**.

Bei den Netzen D1, D2 und E-Plus können SMS auch an Faxgeräte und als E-Mails an PCs versandt werden. Mit MultiMessage können mit einer SMS-Nachricht zehn Mobilfunkanschlüsse gleichzeitig erreicht werden.

In der Regel sind SMS-Dienste billiger als das Telefonieren über das Handy. Oft werden Mengenrabatte gewährt. Die Tarifvielfalt ist allerdings sehr groß, so dass es nicht immer leicht ist, den richtigen Tarif zu finden. Es gibt Message-Boards für SMS-Nachrichten.

Der neue Dienst EMS „Enhanched Messaging Service" ist eine Weiterentwicklung von SMS und gestattet neben Textnachrichten auch den Versand von Bildern und Tönen.

Bei Free-SMS ist der Empfang und Versand von Nachrichten kostenlos.

Tabelle 1 *Tastenbelegung eines Handys*

Taste	0	1	2	3	4	5	6	7	8	9
Taste belegt mit	–		A	D	G	J	M	P	T	W
			B	E	H	K	N	Q	U	X
			C	F	I	L	O	RS	V	YZ

MMS Multimedia Datendienst
Stefan Eiselt

Nach dem großen Erfolg von SMS wird auch seinem voraussichtlichen Nachfolger dem Multimedia Messaging Service MMS eine glänzende Zukunft prognostiziert. Während SMS nur das Versenden von Textnachrichten erlaubte, können auf der Basis des MMS-Standards nun auch multimediale Nachrichten wie Audio- und Videodateien, Fotos usw. zusammen mit Textteilen vom Mobiltelefon zum Empfänger verschickt werden. Der Transport der Nachricht vom versendenden Gerät über die MMS-Zentrale MMSC und von dort zum Empfänger erfolgt auf der Basis des sogenannten Wireless Session Protocols WSP. Die MMSC verfügt über Schnittstellen zum Internet, zur E-Mail und zu einem externen WAP-Gateway. Der Zugang zu den MMS-Diensten kann über gängige Kommunikationskanäle erfolgen, wie z. B. durch Auswahl auf einer Web- oder WAP-Site oder durch Senden einer Anforderungs-SMS.

MMS-Handys können persönliche Universalgeräte sein mit denen man Videos aufzeichnen, fotografieren und Texte diktieren und alles auch gleich Online verschicken kann.

Die Nachrichten werden über MMS-Zentralen angenommen und an den Empfänger weitergeleitet. Die Nachrichten werden nur solange gespeichert bis das Empfangsgerät gefunden wurde und betriebsbereit ist. Im MMS-Standard ist kein maximales Limit für MMS-Nachrichten angegeben. Dieses hängt von der Zielsetzung des Netzbetreibers ab und hat zunächst einen Umfang von etwa 30…100 kbyte.

Die MMS-Technologie ist nicht an GSM gebunden. Die Übertragungszeit hängt vom Umfang der Nachricht und dem verwendeten Trägerdienst ab. Für eine MMS mit 30 kbyte wäre z. B. bei einem GPRS-Träger mit einer Nettokapazität von 10 kbit/s eine gesamte Übertragungszeit von 48 s nötig. In der Regel bemerkt aber der Empfänger nichts von der Übertragungszeit, da sich die MMS bereits im Endgerät befindet wenn er auf den Inhalt der MMS zugreift.

Vor der Zustellung einer MMS-Nachricht wird geprüft, ob das jeweilige Handy die MMS empfangen kann. Steht kein MMS-fähiges Handy zu Verfügung, erhält man eine herkömmliche SMS, die über den Eingang einer MMS informiert. Diese kann über das Web oder WAP angesehen werden.

Surfen mit dem WAP-Handy

Stefan Eiselt

Mit WAP-Handys ist der mobile Zugang zum Internet möglich. Die Datenübertragung über WAP (= Wireless Application Protocol) wird ständig weiter entwickelt.

Die Versionen 1.1, 1.2 und 1.3 sind abwärtskompatibel (allerdings nicht zu WAP 1.0). Die Übertragung zwischen Handy und Sender erfolgt über einen Funkkanal mit nur 9600 bit/s. Werden mehrere Kanäle gebündelt, so erreicht man z. B. mit HSCSD (= High Speed Circuit Switched Data) Übertragungsgeschwindigkeiten bis zu 43,2 kbit/s, mit GPRS (= General Packet Radio Service) sogar 170 kbit/s. Diese Verfahren erhöhen aber die Übertragungskosten erheblich.

Die Web-Seiten sind für die Darstellung auf dem kleinen, oft monochromen Display eines Handys kaum geeignet. Es ist daher erforderlich, die Seiten für die Besonderheiten der WAP-Übertragung vorzubereiten. Es gibt gegenwärtig drei Geräteklassen für WAP, und zwar die WAP-Handys und die Organizer für den mobilen Zugriff sowie auch der normale Desktop-PC. Der PC ist allerdings nicht die Zielgruppe von WAP.

Angeboten werden verschiedene WAP-Handy-Modelle unterschiedlicher Firmen und auch Organizer-Modelle.

WAP-taugliche Handys besitzen als Business-Handys viele Features wie WAP-Browser, Vibrationsalarm, Daten- und Fax-Modus mit Infrarot-Schnittstelle oder über serielles Kabel, Voice-Dialing, automatische Texterkennung und Sprachaufzeichnung. Wichtige Rufnummern lassen sich speichern. Oft handelt es sich um Tri-Band-Handys.

Zur Verfügung stehen eine Reihe von WAP-Diensten wie Fahrplanauskünfte, Kinoprogramme, Routenplaner u. ä. Es werden mehrere WAP-Browser angeboten. Neben den Startseiten der Netzanbieter D1, D2, E-Plus und O_2-Viag-Interkom gibt es schon eine Menge von Ausgangspunkten für mobile Datenreisen. WAP-Suchmaschinen und Online-Magazine stehen für WAP ebenfalls zur Verfügung. Eine Autologin-Funktion gestattet die Nutzung gewünschter WAP-Dienste ohne zeitraubende Login-Prozedur. Auch lokale Dienste sind abrufbar.

Mit i-mode bietet E-Plus mobiles Multimedia an. i-mode basiert auf i-html und ist eine Vorstufe des künftigen WAP 2.0-Standards.

Betriebsfunk und Bündelfunk
Stefan Eiselt

Zum „nichtöffentlichen mobilen Landfunk" gehören u. a. der Betriebsfunk, der Bündelfunk und der BOS-Funk (Funk der Behörden und Organisationen für Sicherheitsaufgaben). Ein Funknetz des Betriebsfunks besteht in der Regel aus einer zentralen ortsfesten Funkanlage und aus mehreren mobilen Funkgeräten. Ein Betriebsfunknetz wird für einen Radius von etwa 5 … 10 km genehmigt. Die Reichweiten können bei Handfunkgeräten im Freifeld etwa 3 … 5 km und für Fahrzeugfunkanlagen bei 15 … 30 km liegen. Es stehen folgende Frequenzbereiche zur Verfügung: 34,75 … 34,95 MHz; 68,00 … 87,50 MHz; 146 … 174 MHz und 410 … 470 MHz.

Bedarfsträger sind u. a. Handels- und Handwerksbetriebe, Behörden, Dienstleistungsunternehmen, Vereine und Anstalten des öffentlichen Rechts.

Im Gegensatz dazu wird beim Bündelfunk ein Bündel von Kanälen für die Übertragung bereitgestellt.

Analoge Bündelfunksysteme werden von Privatunternehmen und von der Telekom unter dem Namen „Chekker" angeboten.

Für öffentliche Bündelfunknetze steht der Frequenzbereich von 410 … 418 MHz von der Mobilstation zum Netz und von 420 … 428 MHz vom Netz zur Mobilstation zur Verfügung. Der Duplexabstand beträgt 10 MHz, die Kanalbreite 12,5 kHz. Die maximale Strahlungsleistung beträgt 6 W (ERP) für Fahzeugfunkgeräte und ortsfeste Funkgeräte. Der HF-Schutzabstand beträgt 12 dB.

Für private örtliche Bündelfunknetze sind die Frequenzbereiche 418 … 420 MHz und 428 … 430 MHz vorgesehen.

Jedes öffentliche Bündelfunknetz Chekker stellt eine Funkinsel mit einem Radius von etwa 50 km dar. Eine Verbindung zu anderen Chekker-Netzen besteht nicht.

Jedes Chekker-Netz setzt sich nach **Bild 1** zusammen aus

- einer zentralen Netzsteuerung MSC (= Main System Controller),
- den Funkzellensteuerungen TSC (= Trunk System Controller),
- den Sende- und Empfangseinrichtungen der Funkfeststationen S/E und
- den Endgeräten (mobile Funkgeräte in Fahrzeugen, Handfunkgeräte, tragbare Funkgeräte, ortsfeste Bedienstellen)

Das volldigitale Funksystem TETRA (Terrestrial Trunked Radio) im

Frequenzbereich 380...400 MHz ist eine universelle Systemplattform für den Bündelfunk. Mit TETRA lassen sich betriebliche Mobilfunknetze für Unternehmen und Behörden aufbauen. Es handelt sich um ein Zeitmultiplexsystem TDMA (= Time Division Multiple Access) mit vier unabhängigen Kommunikationskanälen. Der Trägerabstand beträgt 25 kHz. Der Abstand zwischen Sende- und Empfangsfrequenz beträgt 10 MHz. Zur Datenübertragung ist die Zusammenfassung von vier Zeitschlitzen möglich. Damit kann eine Datenübertragungsrate bis zu 28,8 kbit/s erzielt werden. Innerhalb des Funknetzes sind die Basisstationen die ortsfesten Einrichtungen der Funkzellen. Es sind Zellradien bis zu 30 km planbar. Merkmale der Endgeräte sind schneller Verbindungsaufbau, gute Übertragungsqualität, Direktverbindungen zum Festnetz, Direktmodus, Gruppenruf, Einzelruf und Mithörfunktion.

Beim Betriebsfunk gibt es keine nutzungsabhängigen Gesprächsgebühren. Es sind einmal eine Anmeldegebühr und jährlich eine Zulassungsgebühr zu zahlen.

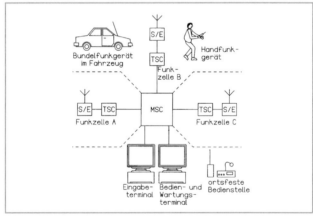

Bild 1
Aufbau des Chekker-Netzes

Freie Betriebsfunknetze
Stefan Eiselt

Im Jahre 1996 wurden Frequenzen aus dem ehemaligen B-Netz für die allgemeine Nutzung freigegeben. Beim Free-Net handelt es sich um einen Funkdienst im professionellen 2-m-Band, der es anmelde- und gebührenfrei ermöglicht eine betriebsfunkähnliche Kommunikation über 3 bis 6 km zu führen. Es stehen drei Kanäle mit den Frequenzen 149,0250 MHz, 149,0500 MHz und 149,0375 MHz zur Verfügung. Die maximal zulässige Sendeleistung beträgt 500 mW. In der Amtsblattverfügung 156/1996 wird über die Allgemeingenehmigung für diesen Kurzstreckenfunk mit Handfunksprechgeräten informiert. Möglich ist der Selektivruf über das CTCSS-Pilotton-System. Beim Senden wird ein fast unhörbarer Ton mit gesendet, der den Lautsprecher der Gegenstation erst dann einschaltet, wenn die richtige Tonfolge erkannt wurde. Übertragungsstörungen sind seltener.

Für die Nahbereichskommunikation mit einer Reichweite von 0,5 bis 2 km werden unter der Kurzbezeichnung LPD (Low Power Device) sehr kleine Handfunksprechgeräte **(Bild 1)** im professionellen 70-cm-Band (433,075 ... 434,775 MHz) mit einer maximalen Anzahl von 69 Kanälen betrieben. Die maximale Ausgangsleistung ist 10 mW ERP. Der Betrieb ist ebenfalls völlig anmelde- und gebührenfrei. Es werden Handfunksprechgeräte mit geringsten Abmessungen von z. B. 4,6 cm x 7,8 cm x 2 cm angeboten. Übertragungsstörungen treten kaum auf.

Das PMR-Funksystem (Personal Mobile Radio) im Frequenzbereich 446 MHz hat eine maximale Reichweite von ca. 4 km, 8 Kanäle und eine Sendeleistung von 500 mW. Es ist ebenfalls anmelde- und gebührenfrei.

Bild 1
Mini-LPD-Handfunksprechgeräte
Foto: dnt

Der Amateurfunk

Stefan Eiselt

Der Amateurfunk hat als Hobby weite Verbreitung gefunden. Wer sich mit dem Gedanken befasst, in diese Freizeitbeschäftigung einzusteigen, sollte sich an den Deutschen Amateur-Radio-Club e.V. DARC, Lindenallee 4, 34225 Baunatal, Telefon (0561) 94 98 00, Fax (0561) 94 88 50, Internet www.darc.de, wenden. Von dort erhält man Informationen über den Amateurfunk und die Zulassung als Funkamateur.

Es gibt die Amateurfunkzulassungsklassen 1, 2 und 3. Die Zulassung wird erst nach einer Prüfung erteilt. Sie umfasst Kenntnisse über den Amateurfunkbetrieb, die Technik und die Vorschriften. Für die Klassen 1 und 2 werden Kenntnisse im Geben und Abhören von Morsezeichen verlangt. Bei der Prüfung wird verlangt:

Klasse 1: Aufnehmen und Geben von 60 Morsezeichen/min.

Jeder Amateurfunkstation wird ein Rufzeichen zugeteilt. Es beginnt immer mit dem Landeskenner, z. B. D für Deutschland, OE für Österreich.

Es sind verschiedene Sendearten zugelassen:

- Amplitudenmodulation: Zweiseitenband mit und ohne Hilfsträger, Restseitenband, Einseitenband mit und ohne Hilfsträger.
- Frequenzmodulation, in bestimmten Fällen Phasenmodulation.

Möglich sind Morsetelegrafie, Fernschreibtelegrafie RTTY, Fernsprechen, Faksimileübertragung, Fernwirken und Fernsehen (Video). Die Übertragung kann auch über Relaisstationen und Satelliten erfolgen.

Die Amateurfunkverbindung über Sprechfunk oder Morsetelegrafie wird wie folgt abgewickelt:
Verbindungsaufnahme – Begrüßung – Rufzeichen und Vornamen – Empfangsbereich – Standort – Stationsbeschreibung – Erörterung technischer Fragen – Verabschiedung.

Das Morsealphabet

a ·–; b –···; c –·–·; d –··; e ·;
f ··–·; g ––·; h ····; i ··; j ·–––;
k –·–; l ·–··; m ––; n –·; o –––;
p ·––·; q ––·–; r ·–·; s ···; t –;
u ··–; v ···–; w ·––; x –··–; y –·––;
z ––··;
1 ·––––; 2 ··–––; 3 ···––;
4 ····–; 5 ·····; 6 –····;
7 ––···; 8 –––··; 9 ––––·;
0 –––––;
Punkt ······; Komma ––––––;
Fragezeichen ······; Bindestrich
–····–; Schrägstrich –··–·

Der CB-Funk
Stefan Eiselt

Der CB-Funk (Citizen Band) bietet sich für den Sprechfunk im privaten Bereich an. Es stehen 40 Kanäle im Bereich von 26 965 … 27 405 kHz zur Verfügung **(Tabelle 1)**.
Für die 40 Kanäle ist die Frequenzmodulation vorgesehen. Maximale Sendeleistung 4 W. Für die 12 Kanäle 4 bis 15 war früher auch die Amplitudenmodulation in Gebrauch, mit 1 W maximaler Sendeleistung.

Es gibt Handfunkgeräte und Mobilfunkgeräte zum Einbau in Fahrzeuge. Die 40-Kanal-FM-Geräte nach CEPT-Norm dürfen in fast allen europäischen Ländern genehmigungsfrei betrieben werden, wenn sie in ein Fahrzeug eingebaut sind, das in Deutschland zugelassen ist. Für CB-Funkgeräte liegt eine Allgemeingenehmigung vor. Geräte mit 80 FM-Kanälen (26,56 … 27,41 MHz) und 12 AM-Kanälen sind anmeldepflichtig.

Komfortgeräte besitzen zahlreiche Features wie Kanalwahl mit Tasten, Kanalspeicherung, Selektivruf und Überwachung des Notrufkanals 9.

Die Handfunkgeräte werden mit Batterie oder Akku betrieben, die Fahrzeuggeräte in der Regel an das 12-V-Bordnetz angeschlossen.

Die maximale Reichweite beträgt etwa:
- von Handfunkgerät zu Handfunkgerät: 1 … 20 km
- von Handfunkgerät zu Mobilfunkgerät: 2 … 40 km
- von Mobilfunkgerät zu Mobilfunkgerät: 3 … 50 km

Entscheidend für die Reichweite ist, ob der Funkverkehr im Stadtbereich, in ländlicher Gegend oder bei optisch freier Sicht erfolgt.

Tabelle 1 *Die CB-Kanäle*

Kanal Nr.	1	2	3	4	5	6	7
Frequenz in kHz	26 965	26 975	26 985	26 995	27 005	27 015	27 025
Kanal Nr.	8	9	10	11	12	13	14
Frequenz in kHz	27 035	27 045	27 055	27 065	27 075	27 085	27 095
Kanal Nr.	15	16	17	18	19	20	21
Frequenz in kHz	27 105	27 115	27 125	27 135	27 145	27 155	27 165
Kanal Nr.	22	23	24	25	26	27	28
Frequenz in kHz	27 175	27 185	27 195	27 205	27 215	27 235	27 245
Kanal Nr.	29	30	31	32			40
Frequenz in kHz	27 255	27 265	27 275	27 285	usw.	bis	27 405

Der Rundfunk
Stefan Eiselt

Rundfunk- und Fernsehprogramme werden von öffentlich-rechtlichen Rundfunkanstalten und von privaten Sendern ausgestrahlt.

Die empfangbaren Frequenzbereiche sind:

Satellitenempfang

Band	11-GHz-Band	12-GHz-Band	12,5-GHz-Band
Frequenz in GHz	10,7…11,7	11,7…12,5	12,5…12,75

Genutzt werden die Bänder z. B. für Astra, Eutelsat und Intelsat. Im 11-GHz-Band von 10700…11700 MHz lassen sich insgesamt 64 Kanäle unterbringen (**Bild 1**). Früher standen für Astra 1A, 1B und 1C insgesamt 48 Kanäle im Bereich 10950 …11700 MHz zur Verfügung. Es erfolgte eine Frequenzumsetzung mit 10 GHz in den Sat-ZF-Bereich von 950…1750 MHz. Über Astra 1E, Astra 1F, Astra 1G und Astra 1H stehen weitere 56 Kanäle zur Verfügung. Astra 1K wird demnächst gestartet. Informationen findet man unter www.ses-astra.com.

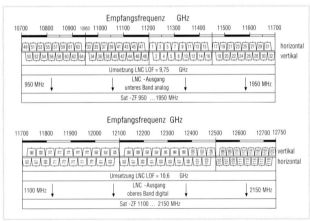

Bild 1 *Der Frequenzbereich ASTRA 1A bis 1H auf 19,2° Ost*

Terrestrischer Rundfunk (Tabelle 1)

Hörfunk

Langwelle LW 148,5 ... 283,5 kHz;
Mittelwelle MW 526,5 ... 1606,5 kHz;
Kurzwelle

m-Band	75	49	41	31	25
Frequenz in kHz	3,95...4	5,95...6,2	7,1...7,3	9,5...9,9	11,65...12,05

m-Band	21	19	16	13	11
Frequenz in kHz	13,6...13,8	15,1...15,6	17,55...17,9	21,45...21,85	25,67...26,1

Ultrakurzwelle UKW 87,5 ... 108 MHz

Fernsehen

Band	I VHF	III VHF	IV UHF	V UHF
Frequenz in MHz	47...68	147...230	470...606	606...862
Kanal	2...4	5...12	21...37	28...69

Kabelanlagen

Übertragen wird in der Regel der Frequenzbereich von 47 MHz bis 446 MHz Die Kanalbreite beträgt beim Fernsehen bis 230 MHz 7 MHz, darüber 8 MHz. Digitale Programme werden in das Hyperband des Kabelfernsehens eingespeist (Kanäle 527 bis 537). Für den digitalen Fernsehempfang sind spezielle Receiver (d-Box) erforderlich.

Tabelle 1
Die Frequenzen des terrestrischen Rundfunks

Bereich	Frequenz in MHz	Kanäle
Analoger Hörfunk UKW	87,5...100	–
Fernsehen Band I VHF	47...68	K2, K3, K4
Fernsehen unterer Sonderkanalbereich USB	125...174	S4...S10
Fernsehen Band III VHF	174...230	K5...K12
Fernsehen oberer Sonderkanalbereich OSB	130...300	S11...S20
Fernsehen erweiterter Sonderkanal (Hyperband) ESB	302...446	S21...S38
Fernsehen Band IV UHF	470...606	K21...K37
Fernsehen Band V UHF	606...862	K38...K69

Zeitzeichen und Normalfrequenz

Stefan Eiselt

Die Zeit gehört zu den Grundgrößen der Physik. Früher war die Zeiteinheit Sekunde (s) als der 86 400ste Teil des mittleren Sonnentages festgelegt. Um eine größtmögliche Genauigkeit zu erzielen, wurde 1967 die atomphysikalische Definition der Sekunde eingeführt:

Die Sekunde ist das 9 192 631 770fache der Periodendauer der dem Übergang zwischen den beiden Hyperfeinstrukturniveaus des Grundzustandes von Atomen des Nuklids ^{133}Cs entsprechenden Strahlung.

Für die Realisierung der Zeiteinheit stehen Caesium-Atomuhren zur Verfügung. Weltweit gibt es von den Atomuhren mit höchsten Genauigkeitsanforderungen nur etwa 10 Exemplare. Drei davon werden von der Physikalisch-Technischen Bundesanstalt in Braunschweig (PTB) betrieben. Die zur Verfügung stehenden Sekundenintervalle unterscheiden sich im Mittel um 1 ... 2 x 10^{-14} Sekunden, was im Jahr einer möglichen Differenz von weniger als einer Mikrosekunde entspricht.

Die Zeitzeichen und die Normalfrequenz werden über den Sender DCF77 der Deutschen Telekom in Mainflingen, 25 km südöstlich von Frankfurt am Main, gesendet. Die Trägerfrequenz beträgt 77,5 kHz (Langwelle) mit einer relativen Abweichung vom Nennwert im Mittel über 1 d ≤ 1 x 10^{-12} und über 100 d ≤ 2 x 10^{-13}. Die Phasenzeit wird so nachgeregelt, dass sie am Sendeort etwa mit UTC (Universal Coordinated Time = koordinierte Weltzeit) übereinstimmt (±0,3 µs). Die Senderleistung beträgt 50 kW und die abgestrahlte Leistung ca. 30 kW. Die Reichweite beträgt etwa 2000 km.

Die Trägerfrequenz ist amplitudenmoduliert. zu Beginn jeder Sekunde wird der Träger für 0,1 s bzw. 0,2 s auf 25 % abgesenkt. Der Beginn der Trägerabsenkung ist der genaue Sekundenbeginn.

Die Zeitinformationen können auch über das Telefonnetz unter der Nummer +49 531 51 20 38 abgefragt werden. Der Zugriff erfolgt im ASCII-Code mit einem Modem (1200 Bd, Vollduplex, 8 Datenbits, keine Parität, 1 Stoppbit).

Informationen über den Internet-Zeitdienst der PTB sind unter www.ptb.de abrufbar. Es stehen zwei Zeitversionen zur Verfügung. Das Network Time Protocol (NTP) ist für alle üblichen Betriebssysteme verfügbar.

Das GPS-Ortungssystem
Stefan Eiselt

Das Global Positioning System, abgekürzt GPS, ist seit 1981 in Betrieb und kann den Nutzer weltweit mit Orts- und Zeitinformationen in hoher Genauigkeit versorgen. Zum Betrieb sind GPS-Satelliten nötig (im Endausbau 24 Stück), die einen Identifizierungscode, die Position und ein hochgenaues Zeitsignal, abgeleitet von Cäsium- und Rubidium-Frequenznormalen, aussenden **(Bild 1)**.

Das GPS-Ortungsverfahren beruht auf der Entfernungsbestimmung durch die Messung der Laufzeit von Signalen zwischen dem Nutzer und den Bezugspunkten der Satelliten, deren genaue Positionen bekannt sind. Das Messsignal wird im Satelliten erzeugt, ausgestrahlt und nach dem Durchlaufen der jeweiligen Strecke vom Nutzer empfangen. Gemessen wird die Laufzeit ab der Ausstrahlung beim Satelliten bis zum Empfang durch den Nutzer, wobei eine sehr genaue Zeitmessung erforderlich ist. Die Satelliten umkreisen die Erde einmal in 12 h in einer Höhe von 20 200 km. Sie senden im L-Band bei 1575,42 MHz und bei 1227,6 MHz digitale Signale aus. Zum Empfang der Signale dient eine kleine aktive Mikrostreifenantenne mit 10 cm Durchmesser.

Die GPS-Empfangsgeräte werden in verschiedenen Ausführungen für die jeweiligen Anwendungen angeboten. Bei Geräten zur Festmontage in Flugzeugen, Schiffen und Landfahrzeugen sind die Auswerteelektronik und die Antenne getrennt angeordnet. Das ermöglicht die Antennenmontage an der Stelle mit dem besten Empfang. Kompakte Geräte im Taschenformat gestatten das unmittelbare Ablesen der Standortkoordinaten. Die empfangenen Daten können auch direkt in Kartenlesegeräte übertragen werden. Ein vorgesetztes LCD-Display zeigt dann den Standort als Pfeil in der unterlegten Landkarte an.

Ein neues Ortungssystem Galileo ist im Aufbau begriffen.

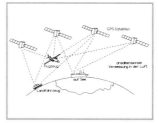

Bild 1
Das GPS-Ortungssystem

Günter Nimtz
Handy, Mikrowelle, Alltagsstrom – Gefahr Elektrosmog?
130 S. mit 48 Abb. und 8 Tabellen, kart., € 15,-
ISBN 3-7905-0841-1

Der Autor beschreibt in verständlicher Form die Effekte, die durch elektromagnetische Strahlung bzw. durch elektrische oder magnetische Felder bei Mensch, Tier und Pflanze auftreten können und geht dann im einzelnen auf die Wirkung bestimmter technischer Strahlungsquellen ein. Anhand treffender Beispiele wird dargestellt, was mit modernen Messmethoden nachweisbar ist und was ins Reich der Fabel verwiesen werden muss.

Das Resultat: Werden vorgegebene Grenzwerte nicht überschritten, können Geräte, die technisch intakt sind, ohne Wenn und Aber verwendet werden!

Ein Zusammenhang zwischen der Nutzung eines Gerätes, das elektromagnetische Strahlung abgibt, und einer Erkrankung kann beim derzeitigen Wissensstand nicht belegt werden.

Die biologische „Bordelektronik" des Menschen wurde von der Natur äußerst stabil ausgelegt und wohl gewappnet gegenüber Störungen; deshalb können ihr weder die natürliche elektromagnetische Strahlung noch die normale, technisch verursachte, elektromagnetische Strahlung Schäden zufügen. Eine wichtige Buchempfehlung für besorgte Kunden des Elektrohandwerks.

 Richard Pflaum Verlag, Lazarettstr. 4, 80636 München
Tel. 089/12607-0, Fax 089/12607-333
e-mail: kundenservice@pflaum.de

Hauskommunikation

Die Planung von Antennenanlagen 192
Einstellung der Satelliten-Empfangseinrichtung 193
Verteilnetze für den Satellitenrundfunk 195
Das Leitungsnetz der Antennenanlagen 202
Erdung und Potentialausgleich 203
Prüfung der Antennenanlagen 204
Elektroakustische Anlagen (Ela) 205
Steckverbindungen für Audio- und Videogeräte.............. 210

Die Planung von Antennenanlagen

Stefan Eiselt

Eine neu zu errichtende Antennenanlage muss
- den einwandfreien Empfang der mit ausreichender Feldstärke einfallenden Rundfunk- und Fernsehsender gestatten,
- den Wünschen des Auftraggebers entsprechen und
- die technischen Normen und Bestimmungen berücksichtigen.

Um diese Forderungen zu erfüllen, ist eine sorgfältige Planung nötig. Als Grundlage der Planungsarbeit müssen bekannt sein:
- Für den Satellitenempfang: die Satelliten, die empfangen werden sollen. In der Regel werden dies das Astra-System und Eutelsat sein.
- Der Pegel der empfangswürdigen terrestrischen Sender an einer Bezugsantenne am vorgesehenen Empfangsort.

Die Pegelmessung erfolgt mit einem Antennenmessgerät und der jeweiligen Bezugsantenne. Die in Frage kommenden Aufstellungsorte der Antenne sind zu überprüfen und der günstigste auszuwählen.
- Bei Kabelanlagen ist der Einspeiseort von Bedeutung. Für den Hausanschlussverstärker müssen der Platz und ein Stromanschluss vorhanden sein.
- Der Montageort der Antennensteckdosen. Dazu ist der Bauherr bzw. der Architekt zu befragen. Auf jeden Fall sollte pro Wohneinheit nicht nur eine Antennensteckdose montiert werden.

Die Antenne ist aufgrund der gegebenen Empfangsverhältnisse und entsprechend den Frequenzbereichen auszuwählen:

1. Satellitenempfang

Frequenzbereich 10,7 … 12,75 GHz
Für den Satellitenempfang werden Parabolantennen benötigt. Es stehen Reflektoren mit 50 cm bis 90 cm Durchmesser zur Verfügung. Für den Empfang von Astra sind 60-cm-Spiegel ausreichend. Der zufriedenstellende Empfang von Eutelsat und Intelsat ist mit 60-cm- oder 90-cm-Offset-Parabolreflektoren möglich, sofern extrem rauscharme Low-Noise-Converter (LNC) verwendet werden (Rauschmaß ca. 0,8 dB). Für den Digitalempfang sind Universal-LNC nötig. Die Antenne wird auf den gewünschten Satelliten genau ausgerichtet. Die Satelliten Astra und Eutelsat können unter bestimmten Voraussetzungen mit nur einer Parabolantenne empfangen werden, da ihre Positionen nicht weit auseinander liegen.

2. Terrestrischer Empfang

Obwohl über Kabel und Satellit eine große Zahl von Rundfunk- und Fernsehprogrammen empfangen werden kann, ist in manchen Fällen auch der terrestrische Empfang noch zeitgemäß. Dies gilt insbesondere auch für den Fernempfang in den LMK-Bereichen.

Rundfunkbereiche LMK, Langwelle 150...285 kHz, Mittelwelle 510 ... 1605 kHz, Kurzwelle 3,95... 26,1 MHz: In der Regel wird eine Stabantenne (Rute) von ca. 2 m Länge montiert. Wegen der Vielzahl der Sender ist eine Pegelmessung im LMK-Bereich kaum sinnvoll. Antennengewinn 3...8 dB je nach Antennenausführung. Für den Kurzwellenempfang stehen spezielle KW- Antennen zur Verfügung, die vor allem auch für den KW-Amateur von Bedeutung sind.

Rundfunkbereich UKW, 87,5... 108 MHz, Kanal 2...56: Häufig wird ein Kreuzdipol (–3 dB) für Rundempfang gewählt. Es stehen Dipol-Antennen mit Richtwirkung zur Verfügung, die auf bevorzugte UKW-Sender ausgerichtet werden können: einfacher Dipol (0 dB), Dipol mit Reflektor und Direktor, Mehr-Element-Richtantennen (5...9 dB).

Fernsehbereiche,
F I: 47...68 MHz,
Kanäle 2 bis 4,
F III: 174...230 MHz,
Kanäle 5 bis 12
F IV/V: 470...934 MHz,
Kanäle 21 bis 77.

Für jeden zu empfangenden Sender wird ein eigenes Antennengebilde am Antennenstandort montiert. Schwach einfallende Sender benötigen eine Antenne mit hohem Gewinn (7...20 dB), bei Reflexionen und Störungen sind Antennen mit hoher Richtwirkung vorzusehen.

Einstellung der Satelliten-Empfangseinrichtung
Stefan Eiselt

Für die Aufstellung und die Einstellung des Parabolspiegels sind abhängig von der jeweiligen Satellitenposition der Erhebungswinkel (Elevation) und in horizontaler Richtung der Azimut (Zählrichtung von Nord über Ost) maßgebend **(Bild 1).**

Bei der Aufstellung ist zu beachten, dass in Richtung Süden in einem Erhebungswinkel von etwa 12...35° optisch freie Sicht gegeben sein muss.

Zur Ermittlung des Azimuts und der Elevation sind entsprechende Ta-

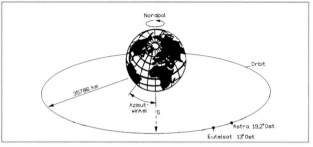

Bild 1
Satellitenpositionen

bellen heranzuziehen. Die geografische Länge und Breite des Empfangsorts können einer guten Landkarte entnommen werden.

Die Berechnung ist mit folgenden Formeln mit dem Taschenrechner möglich:

Azimut $= \operatorname{arctg}(-\operatorname{tg} \Delta L/\sin B)$

Elevation $=$

$\operatorname{arctg} \cdot \dfrac{\cos \Delta L \cdot \cos B \cdot 0{,}1513}{\sqrt{1-(\cos \Delta L \cdot \cos B)^2}}$

Darin sind ΔL = Längengrad Satellit − Längengrad Empfangsort; B die geografische Breite des Empfangsorts **(Tabelle 1)**.

Es gibt auch Programme für Taschencomputer zur Berechnung der Winkel. Die Einstellung des Parabolspiegels erfolgt in Azimutrichtung grob mit einem Peilkompass. Der Elevationswinkel wird mit einer Winkelwasserwaage eingestellt. Nach dieser Grobeinstellung wird mit Hilfe eines Messempfängers und den Feinstellmöglichkeiten am Parabolspiegel das Bild optimal eingestellt. Zum Empfang von Satelliten aus verschiedenen Orbit-Positionen werden Dreheinrichtungen angeboten. Bei deren Montage sind die Herstellervorschriften zu beachten.

Tabelle 1
Empfangsorte

Ort	Berlin	Frankfurt/M.	Hamburg	Köln	München	Stuttgart
Längengrad östl.	13,1	8,7	9,7	7,0	11,6	9,2
Breitengrad nördl.	52,4	50,1	53,6	50,9	48,1	48,8

Verteilnetze für den Satellitenrundfunk
Stefan Eiselt

Es wird zwischen der Sat-ZF-Verteiltechnik für bis zu etwa 100 Teilnehmern und der Kopfstellentechnik für mehr als 100 Teilnehmer unterschieden. Das Programmangebot über Satellit ist heute so umfangreich, dass in der Regel auf den terrestrischen Empfang verzichtet werden kann (mit Ausnahme des LMK-Bereichs). Auf jeden Fall können aber auch terrestrische Programme in die Sat-Verteilanlage eingespeist werden.

Moderne SAT-Empfangsanlagen sind digitaltauglich ausgelegt. Dafür stehen entsprechende Universal-LNCs zur Verfügung. Dabei sind die technischen Daten:
- Eingangsfrequenz unteres Band analog 10,7 ... 11,7 GHz
- Eingangsfrequenz oberes Band digital 11,7 ... 12,75 GHz
- Ausgangsfrequenz unteres Band analog 950 ... 1950 MHz
- Ausgangsfrequenz oberes Band digital 1100 ... 2150 MHz

Die Oszillatorfrequenz beträgt für das untere Band 9,75 GHz und für das obere Band 10,6 GHz. Das Rauschmaß beträgt etwa 0,8 ... 1,0 dB.

Die Umschaltung horizontal/vertikal erfolgt über die Spannungsversorgung 18/13 V (16 ... 19 V horizontal, 11,5 ... 14 V vertikal) und die Umschaltung unteres/oberes Band über eine Schaltfrequenz (0 kHz = unteres, 22 kHz = oberes Band).

Je nach Zahl der Ausgänge gibt es Single-, Twin- und Quattro-LNBs (1, 2, 4 Ausgänge).

Die SAT-Receiver stehen beim Teilnehmer. Sie besitzen 400 und mehr Programmspeicherplätze und verfügen über die Schaltspannungen- und -frequenzen zur Steuerung der LNCs. Der Eingangsfrequenzbereich liegt bei 950 ... 2150 MHz. Für den digitalen Empfang müssen digital taugliche Receiver (z. B. d-Boxen) zur Verfügung stehen.

Die Einzelempfangsanlage nach **Bild 1** besteht aus dem Speisesystem

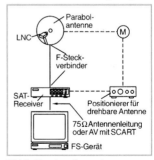

Bild 1 *Einzelempfangsanlage*

(Feed) mit dem Low Noise Converter (LNC) und mit dem Antennenreflektor und dem Satellitenreceiver, an dem das Fernsehgerät angeschlossen ist. Um mehrere Satelliten empfangen zu können, bietet sich bei Einzelempfangsanlagen die drehbare Parabolantenne an. Ein besonderes Steuergerät dient zum Einstellen der jeweiligen Positionen. Bei richtiger Montage ist die Antenne immer auf die Himmelsposition über dem Äquator ausgerichtet.

Für Mehrteilnehmeranlagen stehen Multischalter zur Verfügung **(Bild 2).** Sie besitzen in der Regel 2 SAT-Eingänge für Twin-LNCs, 4 SAT-Eingänge für Quattro LNCs oder bis zu 9 Eingänge für 2 Quattro LNCs und einen terrestrischen Eingang.

Bei 4 SAT-Eingängen stehen Signale von 2 Satellitensystemen analog (z. B. Astra und Eutelsat) oder einem Satellitensystem analog und digital zur Verfügung. Bei 8 SAT-Eingängen sind entsprechend 2 Satellitensysteme analog und digital empfangbar. Die Sternstruktur der Leitungsverlegung ermöglicht die Verteilung mit Multischaltern. Das SAT-Signal von der LNC mit horizontaler und vertikaler Polarisation und eventuell analogem und digitalem Signal bzw. Ein- oder Zwei-Satellitenempfang gelangt an den Multischalter mit 2, 4, 8 oder mehr Ausgängen. Bei mehr Teilnehmern können u. U. auch mehrere Multischalter bei bestimmten Konzepten in Reihe geschaltet werden.

Die Umschaltung von der vertikalen auf die horizontale Polarisation erfolgt über die Versorgungsgleichspannung des Empfangskonverters. Für einen Doppelempfangskonverter mit zwei Ausgängen A1 und A2 gilt z. B. **Tabelle 1.**

Nennspannungen sind 14 V und 18 V

Über geeignete Verteilbausteine können auch terrestrische Programme eingespeist und unterschiedliche Pegel angepasst werden.

Insgesamt gesehen ist eine sorgfältige Planung der Anlage von Bedeutung.

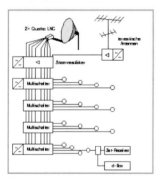

Bild 2
Mehrteilnehmeranlage mit zwei Quattro-LNBs (2 Satelliten analog und digital)

Tabelle 1
Umschaltspannungen

Spg. an A1 in V	12...15,5	16...19	0	0	12...15,5	16...19	12...15,5	16...19
Spg. an A2 in V	0	0	12...15,5	16...19	12...15,5	12...15,5	16...19	16...19
Signal an A1	v	h	h	v	v	h	v	h
Signal an A2	h	v	v	h	h	v	h	h

Verteilanlagen für den Empfang von zwei Satelliten

Zum Empfang von zwei Satelliten an unterschiedlichen Orbitpositionen, z. B. von Astra und Eutelsat, sind entweder zwei getrennte Satellitenantennen oder eine Antenne mit Duo-Feed nötig. Die Verteilungsanlage wird in Sternstruktur ausgelegt **(Bild 3)**.

Die Umschaltung zwischen den Satelliten erfolgt über eine 22-kHz-Schaltspannung. In modernen Satellitenempfängern ist der Schaltfrequenzgeber bereits eingebaut. Für ältere Satellitenreceiver werden Satellitenumschalter als Zusatzgerät angeboten. Die Umschaltung zwischen vertikaler und horizontaler Polarisation erfolgt auch hier über die Schaltspannung 14V/18V.

Kopfstellen für mittlere und größere GA bestehen aus den Eingangssammelfeldern mit den aktiven und pas-

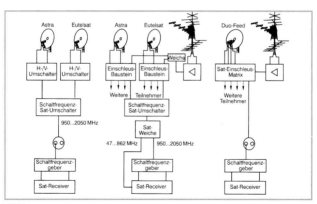

Bild 3
Empfang von zwei Satelliten

siven Satellitenverteilbausteinen, der Aufbereitung in den Kanalumsetzern und aus den Ausgangssammelfeldern **(Bild 4)**. Die Steuerung der Kanalumsetzer erfolgt zentral über eine Mastereinheit oder auch dezentral in den einzelnen Kanalumsetzern. Die Umsetzung erfolgt in die Bereiche VHF I, VHF III und UHF IV/V sowie in die Sonderkanalbereiche einschließlich dem Hyperband. Die Stereoaufbereitung des Fernsehtons ist möglich. Auch der terrestrische Empfang kann mit eingespeist werden. Über AV-Modulatoren ist die Einspeisung von Videoprogrammen (z. B. in Hotels) möglich.

Derartig aufgebaute GA und GGA können über 200 Fernsehprogramme und eine Vielzahl von Radioprogrammen über ein Kabel verteilen. Sie haben ausgezeichnete Übertragungseigenschaften, sofern sie fachgerecht installiert sind.

Einkabel-Matrix-Anlagen

Oft ist es nicht möglich zu jedem Anschluss ein eigenes Kabel (Sternstruktur) zu führen. Dann bietet sich das Einkabel-Matrix-System an, bei dem ein Kabel zu den Steckdosen durchgeschleift wird (Baumstruktur). Besonders ist das System auch für die Umrüstung älterer Anlagen geeignet. Das Kaskadieren mehrerer Einkabel-Matrixen ist möglich. Es können bis zu 96 Teilnehmer versorgt werden. Benötigt werden spezielle Steckdosen. **Bild 5** zeigt eine Anlage mit 8 Teilnehmern für einen Satelliten, analog und digital, Low-/High-Band, Polarisationen H und V, sowie für terrestrische Signale.

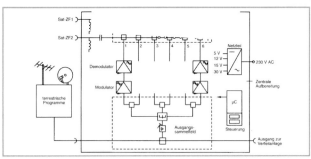

Bild 4
Beispiel einer Kopfstelle

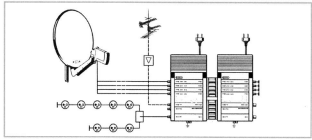

Bild 5
Einkabel-Matrix-System für 8 Teilnehmer

Anschluss privater Hausanlagen an das Kabel-Netz

Ab Hausübergabepunkt ist das Errichten der Hausverteilanlage Sache von Elektrofachleuten. Es gibt eine Empfehlungsschrift „Anschließen von privaten Breitbandanlagen an Breitbandanschlüsse" mit technischen Angaben.

Garantierte Daten am Hausübergabepunkt

Kanalpegel von Fernsehrundfunksignalen 66...83 dBµV. Die Differenz zwischen dem niedrigsten und höchsten Kanalpegel muss weniger als 8 dB betragen. Pegelunterschied bei Abstand von einem Kanal 3 dB, bei 10 Fernsehkanälen maximal 5 dB.

Pegel von UKW-Ton-Rundfunksignalen 62...76 dBµV, Differenz zwischen höchstem und niedrigstem Signalpegel maximal 4 dB.

Frequenzbelegung am Übergabepunkt: USB = unterer Sonderkanalbereich S1 bis S10 (104...174 MHz), OSB = oberer Sonderkanalbereich S11 bis S20 (167...300 MHz); erweiterter Sonderkanalbereich ESB mit S21 bis S41 (302...470 MHz), Ton-Rundfunk von 87,5...108 MHz).

Die Bereiche MW, LW und F IV/V können nach dem Übergabepunkt in die Hausverteilanlage eingespeist werden.

Dem Hausübergabepunkt wird ein Hausanschlussverstärker nachgeschaltet. Dieser muss zugelassen sein. Frequenzbereich etwa 47...450 MHz, Schirmungsmaß 75 dB, Verstärkung je nach Anforderung etwa 10...36 dB entsprechend der gewählten Ausführung. Möglich ist auch eine eingebaute Rückkanalweiche 4...30 MHz.

Moderne Kommunikationstechnik

Lothar Starke
Grundlagen der Funk- und Kommunikationstechnik
Für Informationselektroniker und IT-Berufe

2., neu bearbeitete Auflage 2003.
624 Seiten. Kartoniert.
€ 50,– sFr 82,–
ISBN 3-7785-2882-2

In prägnanter Form wird das gemeinsame Grundlagen- und Fachwissen moderner informationstechnischer Berufe praxisorientiert und didaktisch aufbereitet. Die Neuauflage wurde in allen Belangen dem rasant fortschreitenden Stand der Technik angepasst. Neue Anwendungen wie DAB, DVB oder DVD oder neue Verfahren wie QPSK, QAM, COFDM, MUSICAM und DCV sind daher zusätzlich aufgenommen bzw. wesentlich ausführlicher behandelt worden.

Lothar Starke/Herbert Zwaraber
Praktischer Aufbau und Prüfung von Antennen- und Verteilanlagen

14., völlig neu bearb. u. erw. Auflage 2002.
300 Seiten. Kartoniert.
€ 28,– sFr 47,10
ISBN 3-7785-2879-1

Die früher verwendeten Einzelantennen sind Gemeinschaftsantennen- oder anderen Verteilanlagen gewichen. Aktuelle Entwicklungen bei Satellitenempfangs- und Verteilanlagen werden daher in der Neuauflage dieses Standardwerkes ausführlich behandelt. Berücksichtigt wird der neueste Stand der Technik, die Übertragung digitaler Fernsehsignale in Kabelanlagen sowie die interaktiven Multimedianetze.

Hüthig Fachverlage
Im Weiher 10, D-69121 Heidelberg
Tel. 0 62 21/4 89-5 55, Fax: 0 62 21/4 89-6 23
kundenservice@huethig.de, www.huethig.de

Frequenzbelegung

Kanal	K2	K3	K4	K5	K6	K7	K8	K9	K10	K11	K12
Frequenz in MHz	48,25	53,25	62,25	175,25	182,25	189,25	196,25	203,25	210,25	217,25	224,25
Kanal	S4	S5	S6	S7	S8	S9	S10	S11	S12	S13	S14
Frequenz in MHz	126,25	133,25	140,25	147,25	154,25	161,25	168,25	231,25	238,25	245,25	252,25
Kanal	S15	S16	S17	S18	S19	S20	S21	S22	S23	S24	S25
Frequenz in MHz	259,25	266,25	273,25	280,25	287,25	294,25	303,25	311,25	319,25	327,25	335,25

Kanal S35: 415,25 MHz, Kanalraster 7 MHz

Geforderte Mindestwerte an den Antennensteckdosen: UKW 40...80 dB, F 1 52...80 dBµV, F III 54...84 dBµV, F IV/V 57...84 dBµV.

Entkopplung zwischen den Antennensteckdosen 40 dB, min. 22 dB, Entkopplung zwischen Übergabepunkt und Steckdose 14 dB, Rauschabstand 49 dB, mindestens 43 dB.

Grundsätzlich sollen alle Bauteile der Verteilanlage den Vorschriften entsprechen. Dazu sind die Herstellerangaben heranzuziehen. Koaxialkabel 75 Ω doppelt geschirmt, für Kabelverteilanlagen geeignet. Der Übergabepunkt befindet sich im Keller des jeweiligen Gebäudes.

Steckverbindungen bei Sat-Empfangsanlagen

Verwendet werden vielfach so genannte F-Stecker **(Bild 7).** Sie bestehen nur aus einem äußeren Aufschraubstück, das auf das Koaxialkabel aufgeschraubt wird. Das Koaxialkabel selbst stellt den Mittelanschluss der Steckverbinder da. Es ist nötig, den F-Stecker entsprechend dem Kabeldurchmesser zu wählen. Zur Verfügung stehen folgende Ausführungen mit Schraubanschlusskontakt für Kabel mit 4,0 mm, 5,2 mm, 6,5 mm und 7,0 mm Kabeldurchmesser.

Die Satellitenreceiver verarbeiten die vom Empfangskonverter kommende 1. ZF von 950...2050 MHz weiter. Sie werden über Koaxkabel mit dem Antenneneingang oder über ein Scartkabel mit der Scartbuchse des Fernsehempfängers verbunden. Die Signale der terrestrischen Antennenanlage werden durchgeschleift.

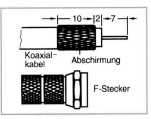

Bild 7 *Koaxialkabel mit F-Stecker*

Das Leitungsnetz der Antennenanlagen
Stefan Eiselt

Je nach Größe der Antennenanlage unterscheidet man zwischen Einzelantennenanlagen (EA) für 1 bis 2 Teilnehmer, Gemeinschaftsantennenanlagen (GA) zur Versorgung eines größeren Wohnhauses oder ganzen Wohnblocks und Großgemeinschaftsantennenanlagen (GGA) zur Versorgung ganzer Wohnsiedlungen oder Stadtteile.

Die zentrale Aufbereitung von großen GA und GGA erfolgt in der Kopfstation, von der die Hauptstammleitung zum Verteilnetz führt.

Beim Verteilersystem gehen von der Hauptstammleitung mehrere Stammleitungen über Verteiler ab **(Bild 1)**. Die Verstärkerausgangsleistung ist gleichmäßig auf die Stammleitungen verteilt. Beim Abzweigsystem befinden sich mehrere Abzweiger in der Hauptstammleitung. Von diesen werden eine oder mehrere Stammleitungen abgezweigt. Nur ein Teil der jeweils eingespeisten Leistung wird der Hauptstammleitung entzogen. Beim Stichleitungssystem werden Stichleitungen über Abzweiger aus der Stammleitung ausgekoppelt mit maximal zwei Steckdosen an der Stichleitung. Beim Durchschleifsystem liegen alle Steckdosen nacheinander an der Stammleitung. Die Leistung wird gleichmäßig auf alle Steckdosen verteilt. Abschluss der letzten Steckdose mit 75 Ω.

Zu verwenden sind Koaxialkabel doppelt geschirmt.

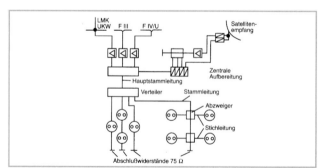

Bild 1 *Verteilersystem*

Erdung und Potentialausgleich
Stefan Eiselt

Grundsätzlich ist der Antennenträger zum Schutz gegen Blitzeinwirkungen, Überspannungen und Spannungsunterschiede zu erden **(Bild 1)**. Bei der Anordnung nach **Bild 2** ist keine Erdung erforderlich. Als Erder können gewählt werden:
1. Fundamenterder,
2. Blitzschutzerder,
3. Banderder aus verzinktem Stahl von mindestens 3 m Länge und der Verlegung mindestens 50 cm tief,
4. Staberder aus verzinktem Stahl, mindestens 1,5 m lang,
5. im Erdreich liegende leitfähige und verbundene metallene Rohrnetze (die Genehmigung des Rohrnetzinhabers, z. B. Wasserversorgungsunternehmen, muss vorliegen),
6. Stahlbauten, Stahlskelette u. ä.

Der Antennenerder ist in einen vorhandenen geerdeten Potentialausgleich einzubeziehen.

Als Leitungen für Antennen- erdungen und den Potentialausgleich kommen in Frage:
- Kupferleitungen blank oder isoliert, mindestens 16 mm^2.
- Aluminiumleitungen blank oder isoliert, mindestens 25 mm^2, z. B. NAYY, Stahl verzinkt mindestens 50 mm^2.
- Für Potentialausgleichsleitungen zwischen Betriebsmitteln der Antennenanlage sind Kupferleitungen blank oder isoliert mit mindestens 4 mm^2 vorzusehen.
- Elektrisch leitfähige Tele dürfen als Erdungsleitungen verwendet werden, sofern sie dafür geeignet sind.

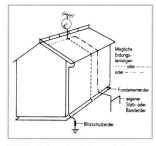

Bild 1 *Erdung des Antennenträgers*

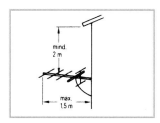

Bild 2 *Keine Erdung erforderlich*

Prüfung der Antennenanlagen
Stefan Eiselt

Eine neu errichtete oder instand gesetzte Anlage ist vor der Inbetriebnahme zu überprüfen.

1. Sichtprüfung auf ordnungsgemäße Montage.
2. Gleichstromprüfung mit Widerstandsmessgerät:
   Stammleitungen am Antennenanschluss bzw. in den Verteilern abklemmen. Widerstand zwischen Ader und Abschirmung messen: Widerstand der Isolation nahezu ∞, mit Abschluss in den Enddosen 75 Ω.
   Bei Verdacht auf Unterbrechungen oder Kurzschluss:
   Durchgangswiderstand der Antennenleitungen Schirm und Ader überprüfen.
   Eine Überprüfung der Entkopplungswiderstände ist ebenfalls möglich.
3. Bildqualität überprüfen (Antennen ausrichten) mit Antennenmessgerät: Es ist auf ein einwandfreies Bild ohne Reflexionen und sonstige Störungen zu achten.
4. Pegelmessung mit Antennenmessgerät: Die vorgeschriebenen Minimal- und Maximalpegel dürfen in allen Frequenzbereichen nicht unter- bzw. überschritten werden.
5. Zur Überprüfung von Koaxialkabeln gibt es Impulsreflektometer, die reflektierende Stoßstellen ermitteln. Für Satellitenempfangsanlagen stehen Leistungsmessgeräte zur Bestimmung der HF-Leistung nach dem Empfangskonverter und sehr teure Spektrumanalysatoren zur Beurteilung der Signalform zur Verfügung.

Antennenmessgeräte

Fernseh-Prüfempfänger mit hochauflösendem Farbmonitor zur Qualitätsbeurteilung des Fernsehbilds und zur Pegelmessung von z. B. 20...130 dBµV. Die Geräte sind in der Regel durchstimmbar. Es werden auch Mehrnormen-Messempfänger angeboten. Die Antennenmessgeräte sollen kompakt aufgebaut sein, ein robustes Gehäuse besitzen und weitgehend einstrahlungsfest sein.

Besonderer Wert wird auf einfache und problemlose Bedienung gelegt. Automatische Messungen sind häufig möglich.

Impulsreflektometer zur Ermittlung von Reflexionen geben einen steilen Spannungsimpuls ab, dessen Verbleib auf der zu untersuchenden Leitung mit einem eingebauten Sampling-Oszilloskop verfolgt wird.

Videogeneratoren und Rauschgeneratoren bieten zusätzliche Messmöglichkeiten.

Elektroakustische Anlagen (Ela)
Stefan Eiselt

Elektroakustische Anlagen bestehen aus den Signalquellen (Mikrofon, CD-Spieler, Bandgerät), einem Mischpult, dem Verstärker und den Lautsprechern.

Die hauptsächlichen zentralen und dezentralen Beschallungsarten nach Bild 1 sind:

Deckenbeschallung
Geeignet für Berieselungsmusik und allgemeine Durchsagen, wenn die Deckenhöhe des Raumes ca. 3…4 m nicht übersteigt. Die Abstände der Lautsprecher sollen der Raumhöhe entsprechen. Bei Einbau in abgehängte Decken ist wegen „Flatterechos" die Abdeckung mit Steinwolle zu empfehlen. Lautsprecherdurchmesser maximal 130 cm. Anwendung für Kaufhäuser, Restaurants, Flure, Werkstätten usw.

Folgebeschallung
Geeignet bei geringen Raumhöhen, die eine zentrale Beschallung nicht zulassen, und bei sehr halligen Räumen, z. B. kleine Räume und Bahnsteige.

Frontalbeschallung
Gefordert immer dann, wenn der Schall von der gleichen Stelle ausgehen soll wie das optisch wahrzunehmende Geschehen (Vortragsräume, Säle mit Bühnen usw.). Verwendet werden hauptsächlich Schallzeilen, Beschallung von der Seite bei kleinen Räumen, von der Stirnwand bei mittleren Räumen und mit Schallampeln bei großen Räumen. Zwei Lautsprechergruppen links und rechts von der Bühne sind ungünstig!

Diagonalbeschallung
Für Räume von ca. 15…25 m Breite, 15…25 m Länge und 3,5…5 m Höhe gut geeignet. Anordnung der Schallzeilen übereinander in einer Ecke. Für den Nahbereich 8…10 m: 1. Schallzeile Unterkante 1,5 m über Fußboden. 2. Schallzeile für hinteren Teil des Raums. Einstellung des Neigungswinkels. Für die Zentralbeschallung von der Stirnwand gilt in etwa das gleiche wie bei der Diagonalbeschallung. Drei Lautsprecherzeilen empfehlenswert.

Zentralbeschallung mit Schallampeln
Geeignet für große Räume und Räume mit hoher Nachhallzeit sowie bei der Forderung von besonders hohen Lautstärken. Zentralanordnung der Lautsprecher bis etwa 8 m vor der Bühne an der Decke. Zur Schallampel sind im Nahbereich zusätzliche

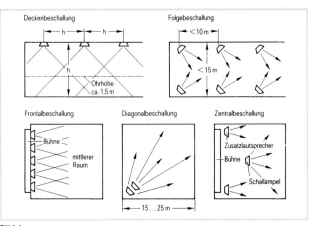

Bild 1
Die Beschallungsarten

Lautsprecher zu empfehlen. Laufzeitverzögerungen sind einzuplanen. Bewährt haben sich Schallzeilen links und rechts von der Bühne oder mehrere Lautsprecher in der Bühnenrampe.

Anordnung der Lautsprecher

Um unerwünschte Reflexionen zu vermeiden, soll der Schall nicht senkrecht auf Raumbegrenzungsflächen auftreffen. Die Lautsprechergruppen bzw. Schallzeilen sollen daher so montiert werden, dass deren Hauptabstrahlrichtung diagonal zu den Wänden und schräg nach unten liegt. In kleineren und mittleren Räumen sollte die Unterkante einer Schallzeile etwa in Höhe von 1/4 der Reichweite der Lautsprecher angebracht sein.

Mischpult und Verstärker

Die Anlage (**Bild 2**) besteht aus den Vorverstärkern mit Eingängen für die vorhandenen Tonquellen, der Summenverstärkung nach Zusammenführung der Tonquellen und dem Leistungs- bzw. Endverstärker, der die Lautsprecherleistung gemäß der Raumgröße und Raumart zur Verfügung stellen muss.

Das Mischpult kann als das Herz der Beschallungsanlage bezeichnet werden. An die Eingangskanäle sind

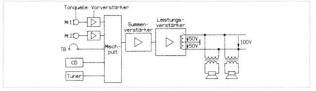

Bild 2
Verstärkeranlage

die Signalgeber angeschlossen. Im Mischpult werden die Eingangssignale entsprechend den Erfordernissen in der Lautstärke angepasst, gemischt und im Klang beeinflusst. Die Eingangs-Vorverstärker sollten folgende Eigenschaften aufweisen:

Klirrfaktor maximal 0,1 %; Übertragungsbereich 20 Hz ... 20 kHz; Klangsteller ± 12 dB für Höhen und Tiefen, Eingangsempfindlichkeit 0,1 ... 1 V (Mikrofone: niederohmig 0,5 ... 5 mV, hochohmig 4 ... 40 mV); Geräuschspannungsabstand ca. 70 dB.

Split-Mischpulte bestehen aus zwei Mischpulthälften. Die linke Inputsektion übernimmt die Eingangssignale, bearbeitet sie und gibt die Signale an eine Mehrspurmaschine weiter. Die rechte Output/Monitorsektion führt die mehrspurigen Signale zur Abmischung. Bei den Inline-Mischpulten ist die Input- und Monitorfunktion in einem Input/Output-Modul zusammemgefasst.

Equalizer beeinflussen die Übertragungskennlinie und sind eine Kombination aus Hochpass (Höheneinstellung bei ca. 10 kHz) und Tiefpass (Tiefeneinstellung bei ca. 1000 Hz).

Der Leistungsverstärker muss dauerbetriebs-, leerlauf- und überlastsicher sein und besitzt un der Regel einen 100-V-Ausgang (mit geerdeter Mittelanzapfung).

In der Regel besitzen Verstärker Konstantspannungsausgänge zum Anschluss der Lautsprecher, meist $U = 100$ V, in Amerika 70,7 V, bei kleinen Anlagen auch 50 V oder 25 V. Die jeweils durch den Lautsprecher entnommene Leistung P richtet sich nach dessen Impedanz Z
$P = U^2 : Z$.

Bei $U > 50$ V ist eine Schutzmaßnahme erforderlich. Durch die Erdung einer Mittelanzapfung von 100-V-Anlagen kann deren Spannung auf 50 V gegen Erde begrenzt werden. Richtwerte für Verstärker-Nennleistungen sind in **Tabelle 1** aufgeführt.

Tabelle 1
Richwerte für Verstärker-Nennleistungen

Art des Raums	Fläche in m² ca.	Leistung in W bei Raum-Geräuschpegel hoch	mittel	niedrig
Hotel-, Krankenzimmer	20	–	–	1…2
Büro-, Arbeitsraum bis 3,5 m Höhe	30	10…20	5…8	2…4
Verkaufsraum	50	–	10…20	3…5
Schulzimmer	70	–	3…8	1…3
Konferenzsaal	100	–	20…30	10…20
Bahnhofs-Schalterraum	200	60…100	30…60	–
Turnsaal	200	–	20…30	10…20
mittleres Theater	500	–	100…120	50…60
Schwimmhalle, Spielfeld	800	40…50	20…30	–
Werkshalle	1000	100…200	40…50	10…20
Tanzfläche	100	100…200	50…100	–
Schwimmbad mit Liegewiese	500…1000	–	20…40	10…20
Tennisplatz mit Tribüne	500…1000	40…50	20…30	10…20
Freiluftbühne, Zuschauerraum	100	100…150	50…70	30…50
Schulhof	1500	50…80	20…40	10…20
Industriehof	300	100…200	40…60	20…30
Fußballplatz	15000	400…500	200…300	80…150
Sessellift 2…3 km	–	–	100…500	200…300

Signalquellen

Zu den Signalquellen gehören neben CD-Abspielgeräten, Bandgeräten, Soundkarten in Computern und Rundfunk-Empfangsgeräten (Tuner) die Mikrofone.

Es werden dynamische Mikrofone und Kondensatormikrofone in verschiedenen Bauarten angeboten. Bei der Auswahl sind die Herstellerangaben heranzuziehen. Dynamische Mikrofone weisen eine gute Mikrofonempfindlichkeit auf, haben auch bei hohen Schalldrücken eine nur geringe Verzerrung und eine niedrige „Popp"- und Windempfindlichkeit. Kondensatormikrofone besitzen eine hohe Bandbreite, eine hohe Transparenz und ein geringes Gewicht.

Der Richtcharakteristik ist besonderes Augenmerk zu widmen. Für die Beschallungstechnik werden hauptsächlich Mikrofone mit Nierencharakteristik gewählt. Die Supernierencharakteristik ist immer dann erforderlich, wenn akustische Rückkopplungen zu vermeiden sind.

Bei handgehaltenen oder auf Schwanenhälsen befestigten Mikrofonen wird durch Frequenzgangbeschneidung bei den Tiefen das Körperschallverhalten verbessert.

Grenzflächenmikrofone besitzen eine frequenzunabhängige Richtcharakteristik.

Lautsprecher

Angeboten werden dynamische Lautsprecher mit Belastbarkeiten von ca. 50…500 W. Tieftonlautsprecher sind für Frequenzen von ca. 20…2000 Hz und Mittel-Hochtonlautsprecher für 2…20 kHz geeignet Die frequenzmäßige Aufteilung des Signals erfolgt über Frequenzweichen. Schallzeilen fassen mehrere Einzel-Lautsprecher zu einer Strahlergruppe zusammen. Dabei wird neben der Addition der Lautsprecherleistungen eine Richtcharakteristik in der Ebene der Lautsprecheranordnung erzielt. Bei Druckkammerlautsprechern arbeitet die Membran auf einen Druckraum und komprimiert eine Luftmenge, die durch eine schmale Austrittsöffnung gepresst wird.

Für Durchsagen und Hintergrundmusik in relativ niedrigen Räumen werden Decken-Einzellautsprecher mit kleinerer Leistung (4…10 W) verwendet. Strahlergruppen werden im Kleinbeschallungsbereich (kleine Säle, Kirchen usw.) gewählt.

Nachhall und akustische Rückkopplung

Die akustische Rückkopplung tritt immer dann auf, wenn ein Mikrofon den vom Lautsprecher kommenden Schall wieder aufnimmt und erneut dem Verstärker zuführt. Die Rückkopplungsgefahr nimmt mit der Nachhallzeit des jeweiligen Raumes zu.

Bekanntlich hat der Schall in der Luft eine Laufzeit von ca. 340 m/s. Sind mehrere Lautsprecher weit voneinander entfernt, so treffen die Signale an einem bestimmten Punkt zu verschiedenen Zeiten ein, was zur Verringerung der Sprachverständlichkeit führt. In diesem Fall sind im Signalweg vor dem Endverstärker Digitaldelays eingefügt die für eine Verzögerung des Signals sorgen **(Bild 3).** Die Verzögerungszeit ist meist von 0…1 s einstellbar.

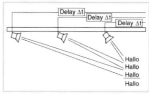

Bild 3 *Schallverzögerung*

Steckverbindungen für Audio- und Videogeräte
Stefan Eiselt

Auf Lötseite der Buchsen bzw. auf Stifte der Stecker gesehen.

DIN 41 524 3polig	Mikrofon Mono	Radio Mono	TA alt	TA/TB alt
	1 Aufnahme	1 Aufnahme	1 rechter Kanal	1 Aufnahme TB
	2 Masse	2 Masse	2 Masse	2 Masse
	3 leer	3 Wiedergabe	3 linker Kanal (bzw. Mono)	3 Wiedergabe TA/TB

DIN 41 524 5polig	Mikrofon Stereo	Radio/Tuner Stereo	TAStereo	TB Stereo
	1 Aufn. links	1 Aufn. links	1 leer	1 Aufn. liinks*
	2 Masse	2 Masse	2 Masse	2 Masse
	3 leer	3 Wieder. links	3 links	3 Wieder. links*
	4 Aufn. rechts	4 Aufn. rechts	4 leer	4 Aufn. rechts
	5 leer	5 Wieder. rechts	5 rechts	5 Wieder. rechts
				* bzw. Mono

DIN 45482 6polig — Audio-Video
1 Schaltsp. Wieder. 12 V
2 Video FBAS
3 Masse
4 Audio linker Kanal
5 Betriebsspannung 12 V
6 Audio rechter Kanal

DIN 45329 7polig — Universal Mono
1 Aufnahme, 2 Masse
3 Wiedergabe, 4 leer
5 mit 3 verbunden
6, 7 Start/Stop-Fernbed.

SVHS. Y/C
1, 2 Masse
3 Luminanz Y (BAS)
4 Chrominanz C

DIN-EN 50049 Euro-AV (SCART)
1 Audio-Aus, rechts
2 Audio-Ein, rechts
3 Audio-Aus, links
4 Masse (Audio)
5 Masse (Blau)
6 Audio-Ein, links
7 Blau 0,7 V, 75 Ω
8 Schaltspannung 0…2/9,5…12 V
9 Masse (Grün)
10 Datenleitung 2
11 Grün 0,7 V 75 Ω
12 Datenleitung 1
13 Masse (Rot)
14 Masse Datenltg.
15 Rot 0,7 V, 75 Ω
16 Austastung
17 Masse (Video)
18 Masse (Austast.)
19 Video-Aus 1 V, 75 Ω
20 Video-Ein 1 V, 75 Ω
21 Masse (Stecker)

Daten- und Geräteschutz

Die Elektromagnetische Verträglichkeit 212
Überspannungsschutz 213
Datensicherungssysteme 214
Bandlaufwerke für die Datensicherung 216
Das RAID-Sicherheitskonzept 218
Schutz vor Computerviren 219
Die Datenverschlüsselung 221

Die Elektromagnetische Verträglichkeit
Stefan Eiselt

Ganz allgemein versteht man unter der elektromagnetischen Verträglichkeit, abgekürzt EMV, die Fähigkeit einer elektrischen Einrichtung, in ihrer Umgebung zufriedenstellend zu funktionieren und dabei diese Umgebung (zu der auch andere elektrische Einrichtungen gehören) nicht unzulässig zu beeinflussen.

Der Begriff EMV wird noch unterteilt in:

- Die elektromagnetische Störaussendung (EMI) ist ein Maß für das Störvermögen einer elektrischen Einrichtung. Die Störaussendung kann über Leitungen oder Abstrahlung erfolgen.
- Die elektromagnetische Störfestigkeit (EMS) ist die Fähigkeit einer elektrischen Einrichtung, elektromagnetische Störgrößen zu ertragen und dabei zufriedenstellend zu funktionieren. Auch hier ist die leitungsgebundene Zuführung der Störgrößen und die Einstrahlung möglich.

Betrachtet wird in der Regel der Hochfrequenzbereich zwischen 10 kHz und 3000 GHz, wobei leitungsgebundene Auswirkungen hauptsächlich bei Frequenzen unter 30 MHz auftreten.

Es gibt eine Vielzahl von Normen und Richtlinien zur EMV, wie z. B.:

DIN EN VDE 0838 Teile 1. 2, 3 und 11 „Elektromagnetische Verträglichkeit (EMV)".

DIN EN 61000
VDE 0839 Teile 2 und 6 „Elektromagnetische Verträglichkeit (EMV)" mit Aussagen zur Störaussendung und Störfestigkeit.

DIN VDE 0848 Teile 1, 4, 5, 357, 360, 361, 364, 371 „Sicherheit in elektrischen, magnetischen und elektromagnetischen Feldern" mit Aussagen zum Personenschutz und dem Explosionsschutz.

DIN VDE 0875 Teil 3 „Funkentstörung von besonderen elektrischen Betriebsmittel und Anlagen.

DIN EN 55014 VDE 0875 Teil 14 „Elektromagnetische Verträglichkeit Anforderungen an Haushaltsgeräte und Elektrowerkzeuge".

DIN VDE 0878 Teil 2 „Funkentstörung von Anlagen und Geräten der Fernmeldetechnik, Anlagen und Geräte in Fernmeldebetriebsräumen".

> Alle elektrischen Einrichtungen, wie z. B. Computer und Telekommunikationsgeräte und Anlagen aller Art müssen hinsichtlich der EMV geprüft sein. Bei Geräten mit dem CE-Kennzeichen oder dem VDE-EMV-Zeichen ist dies der Fall.

Überspannungsschutz
Stefan Eiselt

Die Bauteile der Telekommunikationsgeräte und Computer sind in der Regel empfindlich gegen Überspannungen aller Art, die aus der Stromversorgung zugeführt werden können, einen Blitzschlag oder atmosphärische Entladungen zum Ursprung haben oder durch elektrische Aufladungen entstehen. In der Regel bieten schon die Netzteile einen gewissen Schutz, indem sie Überspannungen aus dem Netz weitgehend unterdrücken. Überspannungsschutzgeräte für die Netzsteckdosen bieten zusätzliche Sicherheit. Auch Überspannungen durch Blitzeinschlag gelangen in der Regel kaum bis zu Geräten, die in Innenräumen aufgestellt sind, es sei denn, der Blitz schlägt direkt im nächsten Bereich ein. Gefährdet sind vor allem Kupferdraht-Übertragungsleitungen, die über größere Entfernungen im Freien verlaufen. Hier sind meist Überspannungsableiter erforderlich. Bei Lichtwellenleitern tritt dieses Problem nicht auf.

> Gefahren wegen elektrischer Aufladungen treten immer dann auf, wenn der Isolationswiderstand der Bauteile hohe Werte erreicht. Dann können statische Aufladungen durch die Luftelektrizität, durch Reibung usw. nicht gegen Erde abfließen. Für diese Fälle werden leitende Bodenbeläge, leitende Bürostühle und sonstige Hilfsmittel angeboten.

Festlegungen zum Überspannungsschutz sind u.a. in DIN VDE 0845 Teile 1, 3, 4 und 5 „Schutz von Fernmeldeanlagen gegen Blitzeinwirkungen, statische Aufladungen und Überspannungen aus Starkstromanlagen" zu finden. Festlegungen für Überspannungsschutzgeräte sind enthalten.

Einige Beispiele des Schutzes mit Entladungsstrecken und Varistoren zeigt **Bild 1.**

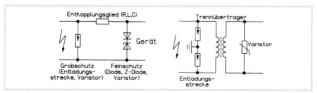

Bild 1 *Überspannugsschutz*

Datensicherungssysteme
Stefan Eiselt

Für alle EDV-Anwender und oft auch für Privatleute sind die gespeicherten Daten und Programme ein wertvoller Besitz. Für Betriebe kann es eine Katastrophe sein, wenn größere Mengen an Daten verloren gehen oder unbrauchbar werden. Aus diesem Grunde ist der Datensicherung besonderes Augenmerk zu widmen. Nachstehend sind die wichtigsten Maßnahmen zur Datensicherung aufgelistet:

Sicherung beim Arbeiten mit dem Computer

Der Arbeitsspeicher des Computers ist ein RAM. Dabei besteht die Möglichkeit, dass die Daten durch unvorhergesehene Ereignisse, wie z. B. einen kurzzeitigen Stromausfall, eine Fehlbedienung, einen Computerabsturz, einen Programmfehler usw. ganz plötzlich verlorengehen und dann die Arbeit von einigen Stunden umsonst war.

Abhilfe schafft die Abspeicherung des jeweiligen Bearbeitungszustands in gewissen zeitlichen Abständen auf der Festplatte. Dies kann durch Eingabe des Speicherbefehls bei den meisten Programmen geschehen oder kann auch automatisch erfolgen, wobei die Zeitabstände der Abspeicherung oft einstellbar sind. Eine unterbrechungsfreie Stromversorgung des Computers ist ebenfalls nützlich.

Die Sicherung kann z. B. in Betrieben jeweils am Arbeitsschluss erfolgen. Zur Aufbewahrung der Speichermedien für die Sicherung bieten sich einbruch- und feuersichere Datensicherungsschränke an. Sind Laufwerke mit Wechsel-Festplatten installiert, so kann auch die jeweilige Festplatte aus dem Laufwerk entnommen und im Datensicherungsschrank aufbewahrt werden.

> Streamer sind spezielle Kassettenlaufwerke zur Datensicherung von Festplatten. Die Datenübertragungsrate liegt je nach Hardware-Konfiguration bei etwa 0,3 ... 4 Mbyte/s. Je nach Gerätetyp können die Streamerkassetten etwa 20 Mbyte bis 4 Gbyte und mehr speichern. Das System arbeitet nicht nach dem üblichen Start-Stopp-Verfahren, der Sicherungsvorgang verläuft vielmehr kontinuierlich ab (stream = strömen).

Sicherung der auf Festplatte gespeicherten Informationen

Auch auf der Festplatte sind die Daten und Programme nicht 100-prozentig sicher abgelegt. So können durch Hardwarefehler, Computerviren, Fehlbedienungen wie versehentliche Formatierung der Festplatte usw. Dateien durchaus verlorengehen. Zur Datensicherung werden einzelne oder mehrere Dateien oder der gesamte Speicherinhalt der Festplatte auf Disketten oder Streamer kopiert.

Beim RAID-Verfahren werden Festplatten zur Datensicherung verwendet.

Schutz gegen Manipulationen unbefugter Personen

Um die Benutzung durch unbefugte Personen zu verhindern, können viele Programme mit Benutzerkennungen (Identifikation) und Passwörtern (Autorisierung) versehen werden. Dabei muss die richtige Kennung bzw. das richtige Passwort eingegeben werden. Mehrmalige Falscheingaben bedingen oft das Sperren der Eingabe.

> Selbstverständlich dürfen die jeweiligen Passwörter nur den jeweils berechtigten Personen bekannt sein. Ein Passwortwechsel in gewissen Zeitabständen ist sinnvoll.

Es sind einige Regeln zu beachten, um sichere Passwörter zu erhalten. Das Passwort sollte aus mindestens 8 Zeichen bestehen. Ein Wort, das im Wörterbuch zu finden ist und eine reine Zahl, z. B. der Geburtstag, sind ungeeignet. Größtmögliche Sicherheit bietet ein langes Passwort, das aus einer wahllosen Folge von Buchstaben (groß und klein geschrieben), Zahlen und Sonderzeichen besteht.

Einen Paßwortschutz bietet auch das BIOS. Der Rechner kann angewiesen werden, bei jedem Bootvorgang ein frei wählbares Passwort zu erfragen.

Da die Abfrage vor dem Laden des Betriebssystems erfolgt, sind die Chancen gering, Zugang ohne Passwort zum Computer zu erhalten.

Eine Protokollierung der Datei- und Programmbenutzung ist ebenfalls zu empfehlen. Damit können dann Falscheingaben oft nachträglich den dafür Verantwortlichen zugeordnet werden. Alte, nicht mehr benötigte Daten sollten dauerhaft gelöscht bzw. die entsprechenden Datenträger vernichtet werden.

Einen gewissen Schutz bietet auch das Abschalten der Stromzuführung über Schaltschlösser. Manche Computer besitzen ein eingebautes Schaltschloss. Die Computerräume sollten durch feste Türen mit sicheren Schlössern geschützt sein. Alarmanlagen und die ständige Überwachung bieten guten Schutz.

Bandlaufwerke für die Datensicherung
Stefan Eiselt

Bei den Bandlaufwerken sind das digitale lineare Aufzeichnungsverfahren **(Bild 1)** und das Helical-Scan-Verfahren (Schrägspurverfahren) **(Bild 2)** anzutreffen.

Mit linearer Aufzeichnung arbeiten:

QIC-Streamer (QIC = Quarter Inch Cartridge) werden mit Bandformaten von 5,25" und von 3,5" (Mini Cartridges) angeboten. An die Floppy-Schnittstelle des Computers können angeschlossen werden: QIC-80-Laufwerke mit Speicherkapazitäten von 80…400 Mbyte (unkomprimiert), QIC-3010-Laufwerke mit Speicherkapazitäten von 255…500 Mbyte (komprimiert) und QIC-3020-Laufwerke mit Speicherkapazitäten von 0,68…1,3 Gbyte. Bei den QIC-Standards 3030, 3040 und 3050 erfolgt der Anschluss über eine SCSI-Schnittstelle. Mini-Data-Cartridges und Laufwerke besitzen Speicherkapazitäten zwischen 1,1…2 Gbyte (komprimiert). Beim QIC-Wide-Verfahren mit längeren 8-mm-Bändern lassen sich 70 % mehr Daten auf den Cartridges unterbringen.

Travan-Streamer (Bild 3) setzen auf den QIC-Standard auf, haben aber eine höhere Speicherkapazität. Die 8-mm-Travan-Bänder sind gegenüber QIC länger (228,6 m) und können 2,36-mal dichter beschrieben werden. Bänder nach **Tabelle 1** stehen zur Verfügung.

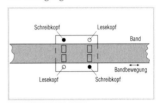

Bild 1
Digitale lineare Aufzeichnung

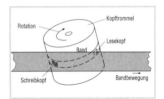

Bild 2
Schrägspurverfahren

Bild 3
Backup-Steamer 32 Gbyte (komprimiert)
Foto: Tandberg

Tabelle 1 *Travan-Bänder*

Mini-Cartridge	Speicher unkomprimiert	Speicher komprimiert
TR-1	400 Mbyte	800 Mbyte
TR-2	800 Mbyte	1,6 Gbyte
TR-3	4 Gbyte	8 Gbyte
TR-4	10 Gbyte	20 Gbyte
TR-5	10 Gbyte	20 Gbyte

MLR-Streamer (MLR = Multichannel Linear Recording) bieten die rückwärtige Kompatibilität zu den bisherigen Band-Formaten. Auf der neuen Plattform MLR3 sind Speicherkapazitäten von 25 Gbyte (unkomprimiert) bzw. 50 Gbyte (komprimiert) möglich. Die Datentransferrate ist mit 120 Mbyte/min bzw. 240 Mbyte/min (komprimiert) hoch.

DLT-Streamer (DLT = Digital Linear Tape) arbeiten mit Magnetbändern mit einem halben Zoll Breite und 600 m Länge und haben Speicherkapazitäten von 15...40 Gbyte. Sie arbeiten mit nur einer Spule. Ein neues Super-DLT-Verfahren ermöglicht Kapazitäten bis 110 Gbyte.

LTO (= Linear-Tape-Open-Technologie) ist ein neues Mitglied der Backup-Familie und basiert auf linearer Antriebstechnik. Es stehen zwei Bandformate – Ultrium und Accelis – zur Verfügung.

Nach dem Helical-Scan-Verfahren arbeiten:

DAT-Streamer (DAT = Digital Audio Tape) besitzen Kassetten mit einem Streifencode am Anfang des Bandes um Verwechslungen mit normalen Audiokassetten zu vermeiden Auf DAT-Kassetten mit 160 m Bandlänge können bis zu 7 Gbyte gespeichert werden.

DDS-Streamer (DDS = Digital Data Storage) setzen auf das DAT-Verfahren auf. DDS-2-Bänder mit 120 m Länge speichern 4 Gbyte, DDS-3-Bänder mit 125 m Länge 12 Gbyte (25 Gbyte komprimiert) und DDS-4-Bänder 20 Gbyte (40 Gbyte komprimiert).

8-mm-Video-Streamer arbeiten in AIT-Technologie (AIT = Advanced Intelligent Tape) mit 25 Gbyte Speicherkapazität oder in Mammoth-Technologie mit bis zu 20 Gbyte Speicherkapazität. Bei AIT-Bändern ist auf der Kassette ein EEPROM eingebaut das aktuelle Informationen speichert.

ADR-Streamer (ADR = Advanced Digital Recording) können 8 Spuren gleichzeitig lesen und Schreiben. Die Spurlage wird automatisch geregelt. Kapazitäten von 15 bis 25 Gbyte sind möglich.

Das RAID-Sicherheitskonzept

Stefan Eiselt

Um die Datensicherheit in Netzwerken sicherzustellen stehen fehlertolerante Lösungen mit Festplatten zur Verfügung welche der Leistungsfähigkeit moderner Serverumgebungen entsprechen. Ein RAID-Array (RAID = Redundant Array of Indepent Discs) verbindet mehrere Festplatten zu einer logischen Einheit. Von den fünf RAID-Leveln haben sich die Level 0, 1 und 5 in der Praxis durchgesetzt **(Bild 1).** es werden Hauptplatinen mit RAID-Sicherheitskonzept angeboten.

Beim **RAID-Level 0** (Data Striping) werden zwei oder mehr Festplatten zusammengeschaltet. Kleine Blöcke der Nutzdaten werden abwechselnd auf den verschiedenen Festplatten des Arrays gespeichert. Es kann parallel auf die Festplatten zugegriffen werden, was die Schreib- bzw. Lesegeschwindigkeit erhöht. Es ist allerdings keine Redundanz vorhanden (Level 0). Bei Ausfall einer Festplatte sind deren Daten verloren. Keine Verwendung in Serversystemen.

Beim **RAID-Level 1** (Drive Mirroring, Drive Duplexing) werden identische Daten auf zwei Festplatten gespeichert. Beim Ausfall einer Festplatte arbeitet das System mit der 2. Festplatte weiter (= 100 % Redundanz). Verwendung bei kleinen Serversystemen, bei großen Kapazitäten wegen der benötigten doppelten Plattenkapazität teuer.

Beim **RAID-Level 5** (Block Striping mit verteilter Parity) mit mehreren Festplatten werden die Daten in größere Blöcke aufgeteilt (8, 16, 64 oder 128 Kbyte) und diese auf den Festplatten gespeichert. Ein Parity-

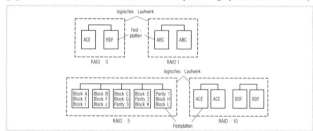

Bild 1 *Die RAID-Level*

Block (Summe der Daten in einer Zeile) wird für jede Zeile, auf alle Festplatten des Arrays verteilt, gespeichert. Verwendung bei Servern mit hoher Massenspeicherkapazität.

Beim **neuen RAID-Level 10** (Mirrored Striping Array) liegt eine Kombination von Level 0 und Level 1 vor. Meist 4 Festplatten mit zwei Paaren gespiegelter Arrays. Keine Parity. Schneller Schreibzugriff. Für große Dateien, die redundant gespeichert werden sollen.

Schutz vor Computerviren
Stefan Eiselt

Computerviren richten oft großen Schaden an. Sie können Dateien und Programme löschen oder verändern und sogar unbrauchbar machen. Festplatten und Disketten werden u. U. neu formatiert, so dass alle eingegebenen Daten und Programme verloren gehen.

Selbst Hardwareschäden können in bestimmten seltenen Fällen durch die Viren verursacht werden.

Woher kommen die Viren?
Mit Computerviren verseuchte Programme und Dateien welche von Disketten, CD-ROMs, aus dem Internet usw. geladen werden, sind eine der Hauptursachen des Virenbefalls. Hier sind vor allem private Kopien und ausgetauschte Programme, im geringeren Umfang auch ungeprüfte Public-Domain- und Shareware-Programme, verdächtig.

Ein weiterer Weg des Eindringens von Viren sind alle Daten- und Programmübertragungen von außen über LANs und sonstige Computernetze sowie die Datenfernübertragung über Modems. Schließlich ist noch der Fall zu erwähnen, dass ein „Bösewicht" heimlich ein Virenprogramm eintippt.

> Selbst bei gekaufter Originalsoftware kann ein Virenbefall nicht 100-prozentig ausgeschlossen werden. Zu erwähnen sind hier Boot-Records verseuchter Disketten und CD-ROMs.

Wie äußern sich Viren?
Beim Lauf eines Programms, das vor dem Virenbefall ordnungsgemäß gearbeitet hat oder bei einem neuen Programm, sind auf dem Bildschirm unerwartete oder unsinnige Angaben

zu entdecken. Möglich sind auch das Auseinanderfallen von Zeilen (z. B. am unteren Bildrand) oder sonstige Störungen des ordnungsgemäßen Bildaufbaus.

Ein anderes Anzeichen für Virenbefall sind sonderbare Geräusche, Töne oder auch Musik.

Plötzlicher Programmabsturz oder unbekannte Fehler eines Programms, das früher einwandfrei funktionierte, längere Programmlaufzeiten, häufige nicht notwendige Disketten- oder Festplattenzugriffe, verschwundene Dateien, zunehmende Programm- und Dateilängen können auf einen Virenbefall hindeuten. Verdächtig sind auch Probleme beim Systemstart. Ein Boot-Virus wird u. U. aktiviert.

Am heimtückischsten sind Viren, die sich zunächst gar nicht bemerkbar machen, dann aber nach einem gewissen Zeitraum oder auch zu einem bestimmten Datum voll in Aktion treten. Über derartige Viren wurde schon oft in der Fachpresse informiert.

Wie läuft ein Virenbefall ab?

Im verseuchten Trägerprogramm sind Viren als Programmteile abgelegt. Sie werden zusammen mit dem Trägerprogramm transportiert, wobei das Trägerprogramm nicht aktiviert sein muss.

Beim Starten eines verseuchten Programms wird in der Regel auch der Virus aktiviert. Es wird ein Sprung zum Virusteil vorgenommen und dieser abgearbeitet, dann der Programmstart zurückkopiert und schließlich das befallene Programm abgearbeitet. Obwohl oft das Programm scheinbar normal arbeitet, wurde der Virus aktiviert und hat sich u. U. vermehrt und weitere unverseuchte Programme befallen.

Viren können sich auch auf Festplatten und Disketten festsetzen, z. B. an der Stelle des System-Startprogramms. Wird dann der Massenspeicher gestartet, wird der Boot-Virus aktiviert und abgearbeitet. Ein derartiger Virus kann nahezu alle Funktionen des Systems stören.

Oft nisten sich Viren als TSR-Routinen im Arbeitsspeicher ein.

Vorsorgemaßnahmen

Zunächst sollten Programme auf unbekannten Disketten und CD-ROMs mit Vorsicht betrachtet werden. Raubkopien sind z. B. oft verseucht. Das System sollte nie mit unbekannten Disketten gestartet werden. Disketten sollten nur so lange im Laufwerk bleiben, wie sie dort benötigt werden. Ein wichtiger Schutz gegen Zerstörungen bei Virenbefall sind die Anfertigung von Sicherungskopien in gewissen Zeitabständen.

Virenschutzprogramme

Es wird heute eine große Zahl von Virenschutzprogrammen angeboten. Gute Programme sind in der Lage, viele hundert Virenarten zu finden.

Das Problem ist, dass immer wieder neue Viren auftreten und daher ständige Updates der Virenschutzprogramme nötig sind. Die Schutzprogramme beinhalten meist mehrere Möglichkeiten Disketten, Festplatten und Arbeitsspeicher mit einem Software-Schutzschild abzuschirmen.

Die Datenverschlüsselung

Stefan Eiselt

In der Zeit des Internet und der weltweiten Übertragung von riesigen Datenmengen wird es immer wichtiger, die Daten vor dem Zugriff durch Unbefugte und Kriminelle zu schützen. Dafür stehen eine Reihe von Verschlüsselungsverfahren zur Verfügung. Die Wissenschaft der Verschlüsselung von Daten wird auch Kryptologie genannt. Für den Computer gibt es auch kostenlose Kryptosoftware.

Symmetrische Verschlüsselungsverfahren verwenden für die Verschlüsselung und die Entschlüsselung den gleichen Schlüssel. Das Problem dabei ist, dass die Zahl der benötigten Schlüssel sehr groß ist und dass dem Empfänger der Schlüssel auf einem anderen zugriffssicheren Weg übergeben werden muss.

Asymmetrische Verschlüsselungsverfahren arbeiten mit zwei verschiedenen Schlüsseln und zwar einem öffentlichen Schlüssel, mit dem die Nachricht verschlüsselt wird, und einem geheimen Schlüssel zur Entschlüsselung der Nachricht, den nur der Empfänger kennt. Das Problem der Schlüsselübergabe besteht hierbei nicht. Es wird ein „Fingerabdruck" verteilt, mit dem man den öffentlichen Schlüssel verifizieren kann. Dabei wird die Prüfsumme des Schlüssels mit dem Fingerabdruck verglichen. Der Absender ermittelt die Prüfsumme der gesamten Nachricht, verschlüsselt sie mit dem öffentlichen Schlüssel und hängt diese Information an die Nachricht an. Der Empfänger ermittelt dann selbst die Prüfsumme und vergleicht sie mit dem mitgelieferten Fingerabdruck. Sind beide identisch, so stammt die Nachricht mit Sicherheit vom Absender und wurde bei der Übertragung nicht verändert.

Stromversorgung für Geräte und Anlagen

Allgemeines zur Stromversorgung 224
Die Betriebsspannungen 225
Störspannungen 226
Netzteile elektronischer Geräte 230
Schaltnetzteile 231
Schutz der Stromversorgung vor Kurzschluss und Überlast 234
Computernetzteile 236
Unterbrechungsfreie Stromversorgung USV 242
Pufferbatterien für Mainboards 243
Der Masseanschluss 244
Batterien für Geräte 245

Allgemeines zur Stromversorgung
Stefan Eiselt

Zusatzfestlegungen für die Stromversorgung von Fernmeldeanlagen und -geräten sind in DIN VDE 0800 Teil 5 enthalten. Man unterscheidet nach **Bild 1** folgende Betriebsarten der Stromversorgung: Netzanschlussbetrieb, Batteriebetrieb, Pufferbetrieb, Bereitschaftsparallelbetrieb, Gleichstrom-Umschaltbetrieb, Umschaltbetrieb mit und ohne Unterbrechung und Gleichstrom-Umrichterbetrieb. Bei Wechselstromversorgung gibt es den Netzbetrieb, den Wechselrichterbetrieb, den Wechselstrom-Umschaltbetrieb mit und ohne Unterbrechung sowie den Wechselstrombetrieb ohne Unterbrechung.

Schnittstellen nach **Bild 2** zwischen Stromversorgung und Fernmeldenetz sind:

- SVS1 Schnittstelle zum Versorgungsstromkreis. SVS1 liegt vor, wenn die Schnittstelle primär der Versorgung von Verbrauchsmitteln dient und die Bemessungsklasse 2 überschritten wird.
- SVS2 Schnittstelle zum Stromverteilungsnetz der Anlage. SVS2 wie SVS1, aber wenn Bemessungsklasse 2 nicht überschritten wird. Spannungsbereich bis 50 V AC, bis 120 V DC
- SVS3 Schnittstelle zum Fernmeldenetz. SVS3 liegt vor, wenn die Schnittstelle primär der Nachrichtenübertragung dient. Spannungsbereich wie SVS2.

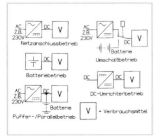

Bild 1
Die Betriebsarten der Stromversorgung

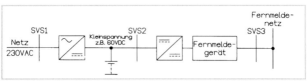

Bild 2
Die Schnittstellen

Die Betriebsspannungen
Stefan Eiselt

Bei Telekommunikationsgeräten und Computern liegen die üblichen Betriebsspannungen im Kleinspannungsbereich.

Zwischen Stromversorgung und Fernmeldenetz ist in aller Regel die sichere Trennung erforderlich.

Im Hinblick auf die Schutzmaßnahmen (siehe DIN VDE 0100 Teil 410 und DIN VDE 0800 Teil 1) unterscheidet man:

- Die Schutzkleinspannung SELV (= safety extra-low voltage) mit im Normalfall ungeerdeten Stromkreisen mit Sicherheitstransformatoren oder gleichwertigen Stromquellen (z. B. Batterien).
- Die geerdete Schutzkleinspannung PELV (= protective extra-low voltage) in geerdeten Stromkreisen mit Sicherheitstransformatoren oder gleichwertigen Stromquellen.
- Die Funktionskleinspannung FELV (= functional extra-low voltage) in geerdeten Stromkreisen ohne sicher getrennte Stromquellen.

Die zulässigen maximalen Spannungen bei Kleinspannung (Spannungsbereich I) sind bei Wechselspannung 50 V (Effektivwert) und bei oberschwingungsfreier Gleichspannung 120 V.

Festgelegt sind Nennwerte der Spannungen bei verschiedenen Bemessungsklassen. Für Frequenzen unter 1000 Hz und Einwirkungsdauer ab 2 s gilt die **Tabelle 1**.

Bei Bemessungsklasse 1A ist das Zustndekommen eines Berührungsstromkreises zulässig.

Bei Bemessungsklasse 1B ist das Zustandekommen eines Berührungsstromkreises im Regelfall zulässig. Er wird jedoch nicht in Kauf genommen, wenn ein spürbarer Körperstrom vermieden werden soll.

Bei Bemessungsklasse 2 wird das Zustandekommen eines Berührungsstromkreises nur im Fehlerfall in Kauf genommen.

Übliche Werte von Betriebsspannungen sind:
Computerschaltungen: 5 V
Laufwerkantriebe: 12 V
Moderne CPUs: 3,3 V
Fernmeldeanlagen: 24 … 60 V
Rufspannungen: 90 V bei reiner Wechselspannung und 125 V bei Wechselspannung mit überlagerter Gleichspannung von mindestens 48 V.

Tabelle 1 *Nennwerte der Spannungen*

Bemessungsklasse	1A	1B	2
Wechselspannung	12 V	25 V	50 V
Gleichspannung	30 V	60 V	120 V

Störspannungen

Stefan Eiselt

Um den einwandfreien Betrieb des Computers oder des Telekommunikationsgeräts zu gewährleisten und um eine Beschädigung oder Zerstörung der empfindlichen Halbleiterbauelemente auszuschließen, müssen alle Betriebs- und Signalspannungen innerhalb der zulässigen Bereiche liegen und dürfen keine auch nur kurz andauernden Überspannungen aufweisen. Es gilt daher, von außen kommende Störspannungen aller Art vom Gerät abzuwenden, aber auch umgekehrt zu verhindern, dass im Gerät selbst erzeugte Störspannungen nach außen gelangen. Die Aufgabenstellung wird unter dem Begriff „Elektromagnetische Verträglichkeit", abgekürzt EMV, zusammengefasst. Die EMV befasst sich mit allen elektrischen Störungen, die ein Gerät oder sonstiges elektrisches System beeinflussen können.

Es sind folgende Störmöglichkeiten zu berücksichtigen:

Netzstörungen: Störende Netzoberwellen entstehen hauptsächlich durch Schaltvorgänge an mechanischen Schaltkontakten oder elektronischen Schaltern (Thyristoren, Triacs usw.) oder durch nichtlineare Widerstände. Die Netzstörungen gelangen meist über die Stromversorgungsleitungen und über Masseleitungen zum gestörten Gerät.

Störungen aus der Umgebung können sein: atmosphärische Entladungen, elektrostatische Aufladungen, Störungen durch benachbarte Geräte bis hin zum nuklearen elektromagnetischen Impuls NEMP, den wir hoffentlich nie in Betracht ziehen müssen. Die Störungen können über alle Leitungen, die in das gestörte Gerät führen, durch induktive oder kapazitive Einkopplung, aber auch durch Strahlung übertragen werden.

Funkstörungen, die durch HF-Sender aller Art, wie z.B. durch Sender der Funkdienste, Mikrowellengeräte, die Taktfrequenzen von Computern und sonstigen elektronischen Geräten usw. auftreten können. Sie werden hauptsächlich durch Strahlung, aber auch über die Leitungen übertragen.

Es gilt, die Übertragung von Störungen über die Leitungen, durch Einkopplung und über die Strahlung zu verhindern (**Bild 1**).

Entstörmaßnahmen sind:
■ Die Beseitigung der Störquelle durch Außerbetriebsetzung des störenden Betriebsmittels, was leider fast nie möglich ist, bzw. die räumliche Trennung von Störquelle und gestörtem Gerät.

■ Die richtige Leitungsführung: Vermeidung von Parallelführungen über längere Strecken, um Einkopplungen zu vermeiden. Die Beseitigung von Störschleifen **(Bild 2).**

■ Die einfache oder auch doppelte Abschirmung der Leitungen und der störenden und gestörten Geräte.

■ Der Einbau von Filtern in die Leitungen vom und zum störenden bzw. gestörten Gerät.

In der Praxis sind folgende Maßnahmen angebracht:

■ Bei galvanischer Einkopplung von Störungen (Störschleife) liegt der Sachverhalt zugrunde, dass ein Leiter im Stromkreis mitverwendet wird, der Störspannungen führt (z. B. Rückleiter). Maßnahmen sind:

1. Verwendung eines separaten (Rück-)Leiters, der entkoppelt ist und keine Störungen führt.
2. Verbesserung der Masseverbindung, z. B. durch eine zusätzliche Masseschiene.
3. Möglichst niederohmige Ausführung der Schaltung.

Es gilt, die Übertragung von Störungen über die Leitungen, durch Einkopplung und über die Strahlung zu verhindern.

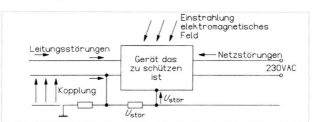

Bild 1 *Übertragung von Störungen*

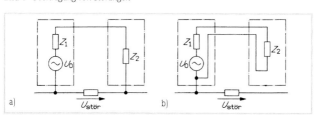

Bild 2 *a) Störschleife b) Vermeidung einer Störschleife*

Entstörmaßnahmen sind:

■ Bei induktiven und kapazitiven Kopplungen und Einstrahlungen auf Leitungen sorgen für Abhilfe:
1. Das Verdrillen der Leitungsadern nach **Bild 3.**
2. Die Abschirmung der Leitungen nach **Bild 4** Der Schirm sollte beidseitig geerdet sein, wobei aber darauf zu achten ist, dass über die Schirmung keine Störschleife entsteht (Stromfluss über die Schirmung). Die doppelte Abschirmung bietet die beste Lösung, wobei zu beachten ist, dass der innere Schirm bei höheren Frequenzen nur einseitig geerdet werden sollte.

■ Bei Übertragung der Störspannungen über die Leitungen sind Entstörfilter vorzusehen. Da die Störspannungen in der Regel eine höhere Frequenz. aufweisen, sind Entstörfilter als Tiefpassfilter **(Bild 5)** ausgelegt.

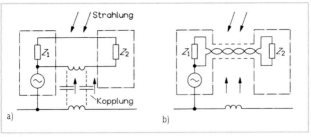

Bild 3
a) Kopplungen und Einstrahlung b) Verdrillen des Leitungsadern

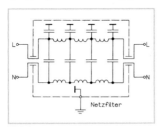

Bild 4
Abschirmung

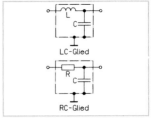

Bild 5
Entstörfilter

Für die Netzentstörung werden komplette Netzentstörfilter angeboten. Es handelt sich dabei um ein- bis dreigliedrige LC-Filter. Für Daten- und Steuerleitungen kommen einfache RC-Siebglieder in Frage, wenn die Frequenzbereiche des Stör- und Nutzsignals weit genug auseinanderliegen. Bei schnellen Datenleitungen werden LC-Siebglieder verwendet. Die Quell- und die Abschlusswiderstände der Leitung müssen bei der Dimensionierung der Filter berücksichtigt werden.

Es ist Einzel- oder Sammelentstörung möglich **(Bild 6)**. Auf gute Masseverbindung der Entstörfilter ist zu achten. Die Leitungen am Filtereingang und -ausgang müssen ausreichend voneinander entkoppelt sein. Die Sicherheitsbestimmungen sind bei der Auswahl der Entstörmittel zu beachten. Bei so genannten X-Kondensatoren zwischen den Netzanschlussleitungen gibt es keine Kapazitätsbegrenzung. Bei Y-Kondensatoren zwischen Leitung und Masse (PE, Erde) ist der Ableitstrom zu beachten, der möglichst gering sein soll. Y-Kondensatoren müssen für eine Isolierspannung von 250V AC ausgelegt sein und hohe Sicherheitsanforderungen erfüllen. Der Ableitstrom sollte höchstens betragen:
- bei Geräten der Schutzklasse I: 0,75 mA
- bei Geräten der Schutzklasse II: 0,25 mA.

Ganz allgemein kann gesagt werden, dass die richtige Dimensionierung der Entstörfilter nicht immer leicht ist. Berechnungen führen wegen der Vielfalt der zu berücksichtigenden Faktoren oft nicht zum Ziel. Es bleibt dann meist nur das Ausprobieren.

Es gibt eine Reihe von Normen, die die Funkentstörung zum Inhalt haben. Festlegungen sind u. a. enthalten in DIN VDE 0872, 0875, 0877, 0878 und 0879.

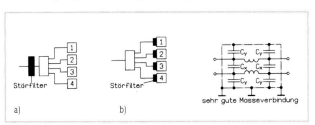

Bild 6
a) Sammelentstörung b) Einzelentstörung

Netzteile elektronischer Geräte

Stefan Eiselt

Zur Stromversorgung von Geräten und Anlagen der Telekommunikations- und Computertechnik werden geeignete Netzteile nach **Bild 1** benötigt, die aus der Netzspannung von in der Regel 230 V, 50 Hz, die nötigen Betriebsspannungen der elektronischen Schaltungen erzeugen. Es handelt sich dabei meist um Gleichspannungen im Bereich von etwa 3 … 60 V.

Als Gleichrichterschaltung wird meistens die Brückenschaltung gewählt. Die Glättung der pulsierenden Gleichspannung erfolgt mit einem Elektrolytkondensator. Für die Spannungsstabilisierung stehen Z-Dioden und Spannungsstabilisierungs-Bausteine zur Verfügung.

Z-Dioden dienen vor allem zur Stabilisierung von Spannungen **(Bild 2)**. Formel für den Vorwiderstand:

$$R_V = (U_{Emax} - U_Z) : (I_{Amin} + I_{Zmax})$$

Es muss sein:

$$(I_{Amax} - I_{Amin}) < 0{,}9 \cdot I_{Zmax}.$$

Die Eingangsspannung soll etwa doppelt so groß wie die Z-Spannung sein. Die Reihenschaltung von Z-Dioden ist möglich.

> Netzteile in klassischer Bauweise bestehen aus dem Netztransformator (in der Regel ein Sicherheitstransformator nach DIN VDE 0551 für die sichere Trennung zwischen Netz und Versorgung der Elektronik), dem Gleichrichter, den Glättungseinrichtungen, der Spannungsstabilisierung und Einrichtungen zum Überlast- und Kurzschlussschutz.

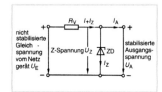

Bild 2 *Stabilisierungsschaltung*

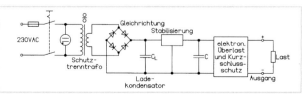

Bild 1 *Elektronisches Netzteil*

Schaltnetzteile
Stefan Eiselt

Die Vorteile von getakteten Netzteilen sind ein hoher Wirkungsgrad (geringe Verlustwärme), ein kleines Bauvolumen und geringes Gewicht. Mehrere Ausgangsgleichspannungen lassen sich problemlos bereitstellen.

Die Ausgangsspannung wird zwischen einem oberen und einem unteren Schwellwert geregelt. Die beiden Schwellwerte liegen etwa 50 mV auseinander. Eine entsprechende Sägezahnspannung mit der jeweiligen Taktfrequenz ist der Ausgangsgleichspannung überlagert. Zudem können noch nadelförmige Spannungsspitzen auftreten. Es ist daher eine Filter- und Glättungsschaltung nötig. Trotzdem überwiegen die Vorteile die genannten Nachteile, so dass z. B. Computernetzteile immer als Schaltnetzteile aufgebaut sind.

Es sind verschiedene Arten von getakteten Stromversorgungen möglich, die jeweils für bestimmte Anwendungen Vorteile bieten:

Primärgetaktete Schaltnetzteile

Die Taktung (Zerhacken der Gleichspannung) erfolgt bei primär getakteten Schaltnetzteilen nach **Bild 1** sofort nach der Gleichrichtung der Netzwechselspannung.

Die Schaltungen werden mit Schaltnetzteil-ICs aufgebaut. Es gibt folgende prinzipielle Ausführungsformen:

Eintakt-Sperrwandler, geeignet für kleine Leistungen und mehrere Ausgangsspannungen. Während der leitenden Phase von V wird magnetische Energie in Ü zwischengespeichert und während der Sperrphase über w2 und D an den Ausgang abgegeben.

Eintakt-Durchflusswandler geben während der Sperr- und der Leitphase von V Energie an den Ausgang ab. Während der Leitphase von V wird über w3, D1 und L Energie abgegeben und während der Sperrphase der Strom in L über D2 an den Ausgang abgegeben. Die Diode D3 ist während der Sperrphase leitfähig und speist die im Kern von Ü vorhandene restliche Energie in den Primärkreis zurück.

Gegentakt-Durchflusswandler besitzen je zwei Primär- und zwei Sekundärstromkreise. Sie haben einen ausgezeichneten Wirkungsgrad und werden für höhere Leistungen verwendet. Die Transistoren V1 und V2 werden abwechselnd angesteuert. Zwischen den Schaltzeiten wird eine kurze Totzeit eingehalten, um schaltzeitbedingte Überschneidungen zu vermeiden.

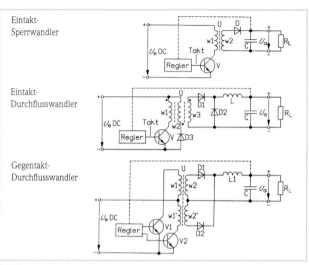

Bild 1
Bauarten primärgetakteter Schaltnetzteile

Sekundärgetaktete Schaltnetzteile

Hier wird erst nach einer normalen Gleichstromversorgung mit Netztrafo, Gleichrichter und Ladekondensator getaktet. Sekundärgetaktete Stromversorgungen werden gewählt, wenn zwischen Eingangsgleichspannung und Ausgangsgleichspannung nach **Bild 2** keine Potentialtrennung erforderlich ist und die Spannungen nicht sehr voneinander abweichen. Auch hier gibt es nach **Bild 3** verschiedene Ausführungsformen:

Drosselabwärtswandler, auch Tiefsetzsteller (step down converter) genannt, reduzieren die Eingangsgleichspannung. Der Wirkungsgrad ist gut (bis über 90%), da während der Einschaltphase von V Energie in die Speicherdrossel geladen und in der Sperrphase von V aus L an C und damit an den Ausgang weitergegeben wird. Beim Abschalten kehrt sich die Spannung an L um, der Strom fließt jedoch über die Last in gleicher Richtung über D weiter. Der Strom in der Drossel L steigt während der Einschaltphase ständig

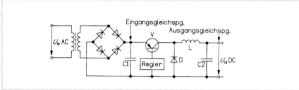

Bild 2
Sekundärgetaktete Stromversorgung

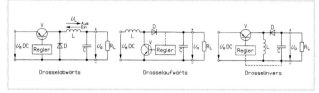

Bild 3
Bauarten sekundärgetakteter Schaltnetzteile

an und während der Ausschaltphase ab.

Drosselaufwärtswandler stellen eine im Vergleich zur Eingangsgleichspannung höhere Ausgangsgleichspannung zur Verfügung. Bei eingeschaltetem V wird Energie in L geladen und D ist gesperrt. Bei gesperrtem V fließt der Drosselstrom über D zum Ausgangskondensator und zur Last.

Drosselinverswandler kehren die Eingangsspannung um. Funktion wie beim Aufwärtswandler nur mit umgekehrter Polarität.

Die Auswahl einer geeigneten Ausführungsart kann nach **Bild 4** erfolgen.

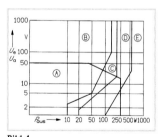

Bild 4
Bereich A: Sekundärgetaktete Drosselwandler, Bereich B: Primärgetaktete Sperrwandler, Bereich C: Primärgetaktete Eintaktsperrwandler und Eintaktdurchflusswandler, Bereich D: Eintaktdurchflusswandler mit zusätzlicher Glättungsdrossel und Freilaufdiode, Bereich E: Gegentaktdurchflusswandler.

Schutz der Stromversorgung vor Kurzschluss und Überlast
Stefan Eiselt

Die bekanntesten Schutzeinrichtungen für Geräte sind Schmelzsicherungen. Es stehen folgende Arten von Gerätesicherungen zur Verfügung:

Feinsicherungen 5 x 20 mm
(Bild 1)
Nennspannung 250 V AC, Abschaltcharakteristiken:
- Superflink FF 0,125 … 6,3 A
- Flink F 0,032 … 10 A
- Mittelträge MT 0,032 … 6,3 A
- Träge T 0,032 … 6,3 A
- Superträge TT 0,4 … 3,15 A

Die Nennstromabstufungen sind: 0,032 A – 0,05 A – 0,063 A – 0,08 A – 0,1 A – 0,125 A – 0,16 A – 0,2 A – 0,25 A – 0,315 A – 0,4 A – 0,5 A – 0,63 A – 0,8 A – 1 A – 1,25 A – 1,6 A – 2 A – 2,5 A – 3,15 A – 4 A – 5 A – 6,3 A – 8 A – 10 A – 12,5 A – 16 A.

Es gibt Feinsicherungen mit geringem Ausschaltvermögen (Kennzeichen L) und mit hohem Ausschaltvermögen (Kennzeichen H).

Ausschaltvermögen L bis 3,15 A Nennstrom: 35 A, darüber Nennstrom mal 10. Sicherungen mit Glasrohr.

Ausschaltvermögen H: 1500 A, Sicherungen mit Keramikrohr.

Gerätesicherungen gibt es auch mit Farbcodierung, die der Kennzeichnung von Widerständen entspricht.

Andere Feinsicherungen
(Bild 2)
Glasrohr-Feinsicherungen nach US-Norm haben die Größe 6,3 mm Ø · 32 mm (1/4" · 1 1/4"). Nennströme von 0,1 … 10 A und Abschaltcharakteristiken FF, F, MT, TT.

Es gibt auch noch spezielle Feinsicherungen 5 mm Ø · 30 mm, einlötbare Feinsicherungen und spezielle Halbleiterschutzsicherungen für ho-

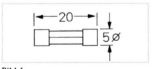

Bild 1
Feinsicherung 5 x 20 mm

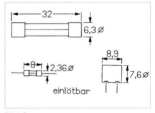

Bild 2
Spezielle Bauarten von Feinsicherungen

he Ströme von 5 ... 400 A mit Ausschaltvermögen bis 245 kA.

Wichtig ist, dass immer die Ersatzsicherungen gewählt werden, die vom Hersteller des Geräts vorgeschrieben sind. Die superflinken Sicherungen dienen in erster Linie dem Halbleiterschutz, während träge Sicherungen bei hohem Einschaltstrom (Netztrafo) erforderlich sind.

Einlötbare Sicherungen für gedruckte Schaltungen werden mit axialen oder mit radialen Anschlüssen angeboten. Charakteristiken flink oder superflink, Nennströme 60 mA bis 5 A.

Neben den Leitungsschutzschaltern für die Elektroinstallation stehen auch kleine Geräteschutzschalter für Überlast- und Kurzschluss zum Gehäuseeinbau zur Verfügung. Sie sind mit thermischer Auslösung (Überlastschutz) und/oder magnetischer Auslösung (Kurzschlussschutz) ausgerüstet. Es gibt Ausführungen mit Nennströmen von 0,5 ... 15 A.

Strombegrenzung durch elektronische Schaltungen

Durch eine elektronische Schaltung am Ausgang des Netzgeräts bzw. Netzteils ist ein sicherer Schutz gewährleistet. Das **Bild 3** zeigt das Beispiel einer einfachen Strombegrenzung bei einem Transistorregler. Am Strommesswiderstand R2 tritt ein Spannungsfall auf von: $U_{R2} = R_2 \cdot I_a$. Erreicht U_{R2} einen Wert > 0,6 V, so beginnt V2 durchzuschalten, womit V1 gesperrt wird. Die Ausgangsspannung sinkt ab und der Strom I_a kann nicht mehr steigen. R3 schützt V2 vor einem zu hohen Basisstrom. Je nach gewünschter Steilheit der Strombegrenzung liegt der Widerstandswert von R3 bei 50 ... 1000 Ω.

Moderne Netzteile sind in der Regel mit einer Strombegrenzung ausgerüstet, so dass ein weitgehender Schutz gegeben ist.

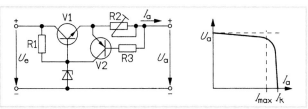

Bild 3
Beispiel einer Strombegrenzung

Computernetzteile
Stefan Eiselt

Zur Stromversorgung von Personalcomputern stehen spezielle Computernetzteile zum Einbau in die Computergehäuse zur Verfügung. Es handelt sich um Schaltnetzteile mit einer Gesamtleistung je nach Ausführung von ca. 150 … 550 W.

Viele Jahre waren AT-Netzteile üblich, die nachfolgend noch beschrieben sind. Moderne Hauptplatinen sind mit ATX-Netzteilen ausgerüstet.

Das AT-Netzteil

Übliche Abmessungen von AT-Netzteilen zeigt **Bild 1**. Die Ausgangsspannungen und Ausgangsströme von AT-Netzteilen verschiedener Leistungen sind in der **Tabelle 1** wiedergegeben.

Die Anschlüsse eines AT-Netzteiles zeigt **Bild 2**. Auf der Rückseite des Netzteils, die an der Gehäuserückwand des Computers angeordnet ist, befinden sich der Netzanschluss-Einbaustecker (dreipoliger Kaltgerätestecker), die Einbausteckdose für den Computermonitor und der Lüfter. Aus dem Netzteil werden Verbindungen mit Steckerleisten für das Motherboard und meist vier Laufwerke und für den Netzschalter herausgeführt.

Normalerweise ist bei vielen PCs der Lüfter nach dem Einschalten ständig in Betrieb. Möglich ist aber auch eine temperaturgesteuerte Lüfterregelung. Ein Temperatursensor schaltet den Lüfter nur bei Bedarf (zu hohe Temperaturen) ein. Die Lüfterregelung kann auch nachgerüstet werden.

Es gibt Lüfter mit eingebauter Elektronik, bei welchen die Drehzahl dem Kühlbedarf angepasst wird. Ein Vorteil der Lüfterregelung ist u. a. die Geräuschminderung, da der Lüfter

Tabelle 1 *Daten von AT-Netzteilen*

			Leistung in W		
Ausgangsspannung in V	Toleranz in V	Rauschspannung in mV	180 Ausgangsstrom in A	200 Ausgangsstrom in A	250 Ausgangsstrom in A
+5	4,875 … 5,25	50	20,0	22,0	25,0
−5	−4,75 … 5,25	50	0,3	0,3	0,3
+12	11,4 … 12,6	120	4,2	4,5	5,0
−12	−11,6 … 12,6	120	0,3	0,3	0,3

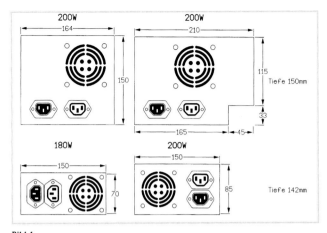

Bild 1
Beispiele für die Abmessungen üblicher AT-Netzteile

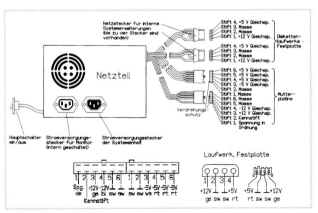

Bild 2
Anschlüsse eines AT-Netzteils

meist ein nicht überhörbares Geräusch verursacht.

Die Ausgänge sind in der Regel gegen Überspannung, Überstrom, Kurzschluss und Leerlauf (Stromkreisunterbrechung) geschützt. Der Stift 1 des ersten Steckers für die Mutterplatine liefert ein „Spannung-in-Ordnung-Signal": Beim Einschalten des Computers, nachdem er für mindestens 5 s abgeschaltet war, wird dieses Signal bereitgestellt. Es gibt an, dass die Stromversorgung für den Betrieb ausreicht. Liegen nach **Tabelle 2** die vier Ausgangsspannungen über dem Mindestansprechpegel, so wird diese Leitung auf 1-Signal gebracht. Liegt eine der vier Ausgangsspannungen unter dem minimalen oder über dem maximalen Ansprechpegel, hat diese Leitung 0-Signal. Das Signal hat eine Einschaltverzögerung von ca. 100 ms.

Das ATX-Netzteil

Netzteile für ATX-Hauptplatinen stellen neben den üblichen Versorgungsspannungen von +/− 5V und +/− 12V auch die heute für CPUs benötigte Versorgungsspannung von +3,3 V zur Verfügung. Die **Tabelle 3** zeigt die technischen Merkmale.

Die Netzteile nehmen im Leerlauf ca. 2 … 18 W auf. Es gibt hier also große Unterschiede, was bezüglich des Stromsparens beachtet werden

Tabelle 2
Ansprechpegel bei Unter- bzw. Überspannung

Nennspannung	5V	12V
Unterspannungsansprechpegel	ca. 4,0V	ca. 9,6V
Überspannungsansprechpegel	ca. 5,9V	ca. 14,2V

Tabelle 3
Merkmale von ATX-Netzteilen

Ausgangs-spannung in V	Toleranz in %	Rausch-spannung in mV	Leistung in W		
			235 Ausgangs-strom in A	250 Ausgangs-strom in A	300 Ausgangs-strom in A
+3,3	+/−4	50…80	0,3…20	0,3…22	0,3…28
+5	+/−5	50…100	0,3…22	0,3…25	0,3…30
−5	+/−5	150…200	0,0…1	0,0…1	0,0…1
+12	+/−5	100…180	1,5…10	1,5…10	1,5…12
−12	+/−5	150…240	0,0…1	0,0…1	0,0…1
+5 Standby	+/−5	50…100	0,1…2	0,1…2	0,1…2,2

sollte. Leider besitzen ATX-Netzteile keine Netzspannungsbuchse für den Monitoranschluss. Die Gehäusemaße sind: Breite 150 mm, Tiefe 140 mm und Höhe 85 ... 92 mm.

Der Lüfter des Netzteils ist in der Regel seitlich innen oder außen am Netzteil so angeordnet, dass der Luftstrom über die Hauptplatine und vor allem die CPU bläst.

Die Verbindung mit der Hauptplatine erfolgt über einen 20-poligen ATX-Netzteilstecker **(Bild 3).** Neben den Versorgungsspannungen stehen noch folgende Anschlüsse zur Verfügung:

Pin 8: Spannung in Ordnung (Power ok) wie bei AT-Netzteil

Pin 9: +5V Standby bleibt auch bei angeschaltetem Netzteil aktiv (z. B. für Modem-Karten, um das automatische Hochfahren des PCs bei Empfang zu ermöglichen)

Pin 11: 3,3V Stromversorgung oder 3,3-V-Sense-Signal, das die 3,3-V-Versorgung abschaltet, wenn das Motherboard nicht benutzt wird. Bei vorhandenem Sense-Signal ist die Leitung an Pin 11 braun, sonst aber orange.

Pin 14: PS_On TTL-Signal liegt über Hilfsspannung an +5V, wobei das Netzteil (außer +5V Stand-by) abgeschaltet ist. Wird Pin 14 auf Masse gezogen, ist das Netzteil in Betrieb.

Zu beachten ist, dass in abgeschaltetem Zustand an Pin 9 und Pin 14 +5V liegen. Beim Arbeiten am Computer muss daher das Netzteil über den Hauptschalter abgeschaltet oder der Netzstecker gezogen werden.

Es gibt auch 24polige ATX-Netzteilsteckverbindungen **(Bild 4).** Die Pins 1 – 10 sind belegt wie beim 20poligen Netzteilanschluss. Die Pins 13 – 22 entsprechen den Pins 11 – 20 beim 20poligen Netzteil-

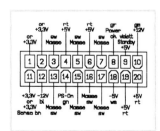

Bild 3
Die ATX-Netzteilsteckverbindung

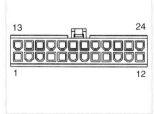

Bild 4
24-poligeATX-Netzteilsteckverbindung

anschluss. Pin 11 = +12 VDC; Pin 12 = +3,3 VDC; Pin 23 = +5 VDC und Pin 24 = Masse.

Zu beachten ist auch, dass alle Netzteile (AT und ATX) eine Mindestlast benötigen, um einwandfrei zu funktionieren. Dies sind bei +5V etwa 2 ... 4A, bei 3,3V etwa 0,2A und bei 12V ebenfalls etwa 0,5A.

Weitere Anschlüsse des ATX-Netzteils zeigt **Bild 5.** Die Bauform eines ATX-Netzteils ist in **Bild 6** abgebildet.

Moderne Prozessoren wie z.B. der Pentium 4 und der AMD K7 benötigen hohe Leistungen. Dafür werden ATX-Netzteile von über 300 W bis 600 W nach **Tabelle 4** angeboten.

Diese ATX-Netzteile besitzen neben den Peripherie-Anschlüssen für Festplatten, CD-Laufwerke und Floppys in der Regel noch einen Mainboard-Anschluss (für den Pentium 4), einen +12V Mainboard-Anschluss und einen Lüfteranschluss. Die Anschlüsse sind in Bild 5 dargestellt.

Es werden ATX-Netzteile mit zwei Lüftern angeboten, wobei sich der 2. Lüfter im Bodenblech des Netzteils befindet **(Bild 7).** Bei den hohen Verlustleistungen der heutigen Prozessoren bietet diese zusätzliche Lüftung Vorteile. Der Lüfter-Monitor-Pin 3 (FMC = Fan Monitor Connector) beim Lüfter-Anschluss dient zur Überwachung der Lüfterdrehzahl und zum Abschalten des Lüfters im Schlaf-Modus. Da die Lüfter oft eine erhebliche Geräuschentwicklung ha-

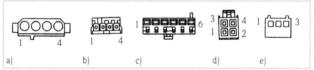

Bild 5
a) Peripherie-Anschluss:
1 = +12 VDC gelb; 2 = Masse schwarz; 3 = Masse schwarz; 4 = +5 VDC rot
b) Floppy-Anschluss:
1 = +5 VDC rot; 2 = Masse schwarz; 3 = Masse schwarz; 4 = +12 VDC gelb
c) Aux Mainboard-Anschluss:
1, 2, 3 = Masse schwarz; 4, 5 = +3,3 VDC orange; 6 = +5 VDC rot
d) +12 V-Mainboard-Anschluss:
1, 2 = Masse schwarz; 3,4 = +12 VDC gelb
e) Lüfteranschluss 3polig: 1 = Masse schwarz; 2 = +5 VDC; 3 = Lüfter-Monitor weiss; es gibt auch 6polige Lüfteranschlüsse

Tabelle 4
Beispiele von Daten von ATX-Netzteilen über 300 W

Ausgangs-spannung in V	Leistung in W				
	330 Ausgangs-strom in A	350 Ausgangs-strom in A	430 Ausgangs-strom in A	520 Ausgangs-strom in A	550 Ausgangs-strom in A
+3,3	30,0	32,0	35,0	35,0	40,0
+5	32,0	32,0	44,0	46,0	46,0
−5	1,0	1,0	2,0	1,0	1,0
+12	12,0	15,0	15,0	24,0	24,0
−12	1,0	1,0	1,0	1,0	1,0
+5 Standby	1,8	2,2	1,8	1,8	1,8

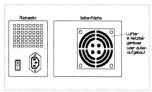

Bild 6
Bauform eines ATX-Netzteils

Bild 7
Lüfteranschlüsse eines ATX-Netzteils

ben, werden geräuscharme ATX-Netzteile angeboten.

Moderne Hauptplatinen besitzen einen Hardware-Monitor zur Anzeige der Temperatur, der Lüfterdrehzahlen und der Versorgungsspannungen. Mit dem Power Management kann der Stromverbrauch verringert werden (z.B. Abschalten von Monitor und Festplatte wenn nicht aktiv).

Die Netzteile besitzen einen Last-, Überspannungs- und Kurzschluss-schutz. Die Abschaltung erfolgt bei Kurzschluss der Ausgangsleitungen, beim Überschreiten des zulässigen Maximalstroms und bei Überspannung (z.B. 5,6 V bei Nennspannung 5 V und 3,65 V bei Nennspannung 3,3 V).

Unterbrechungsfreie Stromversorgung USV
Stefan Eiselt

Um den Betrieb von elektronischen Geräten und Anlagen auch bei einem Netzausfall zu gewährleisten, werden unterbrechungsfreie Stromversorgungen benötigt. Erforderlich sind USV z. B. für Fernmeldeanlagen.

USV für Personalcomputer

Fällt die Stromversorgung auch nur kurzzeitig aus, so gehen alle Informationen im RAM-Arbeitsspeicher des PCs verloren. Nur wenige Systeme arbeiten mit gepufferten RAM-Einheiten, so dass in vielen Fällen eine USV von Vorteil ist. Es gibt folgende Möglichkeiten der USV:

■ Montage einer USV-Karte mit Akkumulator und Power-Watchdog-Software innerhalb des Computergehäuses. Bei einer Stromunterbrechung übernimmt der NC-Akku für ca. 2 … 3 min die Gleichstromversorgung des PCs. Es erfolgt in dieser Zeit eine automatische Sicherung der Daten auf der Festplatte. Nach Rückkehr der Stromversorgung werden die Daten automatisch wieder in den RAM-Arbeitsspeicher geladen.

Bei der USV in Stand-by-Funktion übernimmt die USV-Anlage die Stromversorgung mit Netzspannung 230 V, sobald die normale Netzstromversorgung ausfällt. Die Umschaltzeit ist in der Regel sehr kurz und liegt oft unter 2 ms. Die USV-Anlage besteht aus einem Akku, der aus dem Netz ständig nachgeladen wird, einem Wechselrichter, der die Gleichspannung des Akkus (z. B. 12 V) in Wechselspannung umwandelt, und einem Trafo.

■ Bei USV-Anlagen im Online-Betrieb erfolgt die Versorgung des Computers zu jeder Zeit aus der USV. Diese besteht wiederum aus dem Akku, der ständig aus dem Netz nachgeladen wird, dem Wechselrichter und dem Trafo.

USV für Gefahrenmeldeanlagen

Es müssen ein Netz und eine Batterie vorhanden sein. Das Netzgerät muss den Strombedarf der meldebereiten Gefahrenmeldeanlage und den Ladestrombedarf der vollständig entladenen Batterie decken.

Die Kapazität der Batterie muss ausreichen für eine Betriebszeit von

■ 4 h, wenn eine Netzersatzanlage vorhanden ist, Ersatzteile vorhanden sind, der Netzausfall jederzeit erkannt wird und der Instandhalter ständig verfügbar ist;

■ 30 h, wenn die Störung jederzeit erkannt wird und der Instandhalter innerhalb von 24 h zur Verfügung steht;

■ 60 h in allen anderen Fällen.

Pufferbatterien für Mainboards
Stefan Eiselt

Bekanntlich sind auf Computer-Mainboards Pufferbatterien zu finden, die für die Erhaltung bestimmter Systemdaten wie z. B. der Uhrzeit und der Einstellungen im BIOS sorgen. Die Lebensdauer von Batterien ist begrenzt. Man muss damit rechnen, dass die Pufferbatterien in PCs spätestens nach etwa 10 Jahren, meist aber schon nach 3 bis 6 Jahren erschöpft sind. Die Lebensdauer hängt von der Qualität der Batterie, von der Mainboard-Schaltung und auch von der Temperatur innerhalb des PC-Gehäuses ab. Ist die Lebensdauer der Pufferbatterie erreicht, so macht sich dies durch rätselhafte Fehler bemerkbar. Eine falsch gehende Echtzeituhr (RTC = Real Time Clock) ist z. B. ein Anzeichen für eine schwache Pufferbatterie. Die Fehlermeldung „CMOS Checksum Error" deutet darauf hin, dass die im BIOS-Setup vorgenommenen Einstellungen, die in einem CMOS- oder NVRAM-Baustein gespeichert sind, wegen einer schwachen Pufferbatterie verloren gegangen sind.

Was ist zu tun, wenn derartige Anzeichen auftreten?

Zunächst gibt es natürlich die Möglichkeit, das ganze Mainboard auszutauschen und durch ein moderneres Modell zu ersetzen. In vielen Fällen wird man sich aber dazu entschließen, die Pufferbatterie auszuwechseln.

In vielen modernen Mainboards ist die Pufferbatterie eine Lithium-Knopfzelle CR2032 mit einer Nennspannung von 3 V. Liegt die gemessene Batteriespannung unter 2 V, sollte der Austausch erfolgen. In der Regel ist die Knopfzelle problemlos zu entfernen und die neue einzulegen.

Auf älteren Mainboards sind sehr unterschiedliche Pufferbatterien verwendet worden. Es sind z. B. eingelötete 3,6-V- oder 3-V-Lithium-Batterien und 3,6-V-NC-Akku-Pakete aus drei 1,2-V-Knopfzellen montiert. Hier kommt man beim Austausch nicht ohne Lötkolben aus. Es ist immer darauf zu achten, dass die neuen Batterien den bisherigen Ausführungen entsprechen. Primärbatterien sind als Ersatz für einen Akku nicht geeignet. Bei Akkus können u. U. andere Ausführungen verwendet werden, sofern Nennspannung und Kapazität übereinstimmen. Manche Mainboards besitzen einen vierpoligen Pfostenstecker zum Anschluss einer externen Pufferspannungsquelle. Auch hier muss die Nennspannung übereinstimmen. Es muss dann ein Jumper umgesetzt werden.

Der Masseanschluss
Stefan Eiselt

Ein Grund für Fehlfunktionen von elektronischen Geräten sind nicht selten unzureichende Masseanschlüsse. Durch geeignete Ausführung und ausreichenden Querschnitt ist zu verhindern, dass Störspannungen über die Masseanschlüsse übertragen werden.

Es gilt Störspannungsschleifen weitgehend zu vermeiden. Dazu sollten die Masseanschlüsse empfindlicher Eingänge direkt geerdet werden, wobei an anderen Stellen der Schaltung keine Erdungen vorhanden sein dürfen. Über die Erdungsleitung sollten möglichst keine Ströme fließen. Probleme können sich auch mit Schutzleitern ergeben, über die manchmal erhebliche Wechselströme fließen und damit auch Spannungen gegen Erde anstehen. Abhilfe ist nicht immer leicht. Für die Masseleitungen sollte ein möglichst großer Querschnitt gewählt werden.

Beispiel für eine Brummspannungsschleife

Als Brummspannung wird hier eine 50-Hz-Störspannung aus dem Netz bezeichnet, die in Lautsprechern als Brummen hörbar ist. Das obere **Bild 1** zeigt ein Gerät mit zwei Schaltungen mit empfindlichen Eingängen. Die Erdung erfolgt direkt am Minuspol des Netzgeräts 24 V mit einer Brummspannung von 1 mV. Über die Speisestromkreise der beiden Schaltungen ergeben sich Stromschleifen, die zu einem Spannungsfall auch für die Brummspannung führen. Im unteren Bild 1 wird die Brummspannungsschleife vermieden.

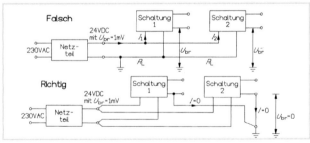

Bild 1 *Vermeidung einer Brummspannungsschleife*

Batterien für Geräte
Stefan Eiselt

Die netzunabhängige Stromversorgung von elektrischen und elektronischen Geräten erfolgt durch Batterien. Aufgrund der elektrochemischen Vorgänge unterscheidet man verschiedene Arten von Batteriesystemen. Bei den Baugrößen gibt es außer den kleinen Knopfzellen noch die zylindrischen Zellen und die größeren prismatischen Zellen.

Bei den nicht wiederaufladbaren Primärelementen (**Bild 1**) werden folgende Bauarten angeboten:

Das Zink-Braunstein-System

Das klassische Zink-Braunstein(Kohle)-Element besitzt einen Kohlestift als positive Elektrode, umpresst mit sauerstoffhaltigem Braunstein (Mangandioxid MnO_2). Zwischen dem Zinkbecher als negative Elektrode und dem Braunstein befindet sich die Elektrolytpaste, aufgebracht auf Spezialpapier. Das Ganze umgibt in der Regel eine Bitumenpapierisolation und ein Stahlmantel. Heute sind Zink-Kohle-Elemente weitgehend quecksilberfrei.

Es handelt sich um eine universelle Batterie, nicht geeignet für extreme Beanspruchung. Die kostengünstigen Batterien sind vor allem auch für Beleuchtungszwecke (Taschenlampen) geeignet. Nennspannung der Zelle 1,5 V.

Das Alkali-Mangan-System (Alkaline-Batterien)

Die Elektroden bestehen aus Mangandioxid hoher Reinheit und Zinkgranulat. Als Elektrolyt dient Kaliumhydroxid in wässriger Lösung. Es handelt sich um eine leistungsfähige Batterie, die auch für hohe Lastströme geeignet ist und in einem breiten Lastspielbereich über einen guten

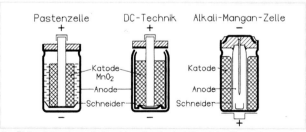

Bild 1 *Aufbau von Primärzellen*

Wirkungsgrad verfügt. Entsprechende Hochleistungsbatterien werden in den gängigen Größen gefertigt und dienen zur Stromversorgung von elektronischen Geräten aller Art. Es gibt auch wiederaufladbare alkalische Batterien. Nennspannung der Zelle 1,5 V.

Das Silberoxid-System (Bild 2)
Hauptsächlich für Knopfzellen verwendet. Mit Elektroden aus einwertigem Silberoxid und Zink. Sehr flache Entladekurve. Zellen-Nennspannung 1,55 V.

Das Lithium-MnO_2-System
Das System besteht aus einer Lithiumanode und einer Mangandioxidkatode in einem Lithium-Perchlorat-Elektrolyten. Modernes leistungsfähiges System mit hoher Spannung für Anwendungen bei geringen Ruheströmen mit hoher Impulsbelastung. Zellen-Nennspannung 3 V.

Das Zink-Luft-System
Luftsauerstoff, der durch Löcher in der katalytischen Katode eintritt, reagiert mit der Zinkanode. Batterie mit der höchsten Energiedichte. Zellen-Nennspannung 1,4 V.

Zu den wiederaufladbaren Sekundärelementen gehören:

Der Nickel-Cadmium-Akkumulator (NC-Akku)
Der bis zu 1000-mal wiederaufladbare NC-Akku nach **Bild 3** besitzt eine positive Elektrode aus Nickelhydroxid und eine negative Elektrode aus Cadmium. Als Elektrolyt dient verdünnte Kalilauge. Der gasdichte Akku benötigt keine Wartung und hat eine hohe Belastbarkeit und lange Lebensdauer. Zellen-Nennspannung 1,2 V.

Der Nickel-Metall-Hydrid-Akkumulator (NMH-Akku)
Der NMH-Akku bietet mehr Kapazität als gleichgroße NC-Akkus, ist aber nicht hochstromfähig. Er ist frei von toxischen Schwermetallen und

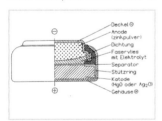

Bild 2
Aufbau einer Silberoxid-Zelle

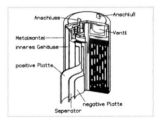

Bild 3
NC-Sinterzelle

besitzt keinen Memory-Effekt. Es handelt sich um einen modernen Akku zur Stromversorgung von mobilen Computern, Kameras, Handys usw. Nennspannung 1,2V.

Der Lithium-Ionen-Akkumulator

Es handelt sich um einen Akkumulator hoher Energiedichte der in entsprechenden Ausführungen für elektronische Kameras, Camcorder und Handys angeboten wird. Er wird aber auch als Großbatterie für Elektrofahrzeuge verwendet. Die Zellenspannung ist abhängig von der Elektrodenpaarung. Bei der Kombination Li_2MnO_2/C beträgt sie 3…4V je nach Art des verwendeten Braunsteins. Die Anode besteht aus Grafit. Beim Aufladen wird Lithium aus dem Li_2MnO_2 in den Kohlenstoff der Katode eingelagert und beim Entladen wieder abgegeben. Die Lithium-Ionen „swingen" zwischen den Elektroden hin und her. Deshalb werden Li-Ion-Batterien auch als Swing-Batterien bezeichnet.

Der Bleiakkumulator (Bild 4)

Der Akkumulator ist aus einer positiven Elektrode mit Bleidioxid (in Hartblei eingebettet) und einer negativen Elektrode aus Blei aufgebaut. Als Elektrolyt steht verdünnte Schwefelsäure zur Verfügung. Es handelt sich um einen Universalakku mit hoher Energiedichte. Zellen-Nennspannung 2V.

Entladekurven der verschiedenen Systeme bei mittlerer Belastung zeigt das **Bild 5.**

Entladekurven einer Alkali-Mangan-Mignonzelle MN 1500 bei verschiedenen Belastungen zeigt das **Bild 6.**

Daten der Primärzellen und Akkus enthält **Tabelle 1** Der zulässige Laststrom bei der Entladung von Primärzellen hängt von der Baugröße der Batterie **(Tabelle 2)** und auch von der Umgebungstemperatur ab. Es ist zwischen Dauerbelastung und kurzzeitiger (Impuls-)Belastung zu unterscheiden. Dazu stehen von den Herstellern genaue Angaben und Entladekurven zur Verfügung.

Die Lagerfähigkeit von Batterien hängt von der unvermeidlichen Selbstentladung ab **(Tabelle 3).**

Bei NC-Akkus wird die Selbstentladung pro Tag mit ca. 0,3% und bei Bleiakkus mit ca. 1% pro Tag angegeben.

Die Reihenschaltung von Primärzellen gleicher Größe zur Erhöhung

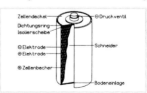

Bild 4
Blei-Rundzelle

der Batteriespannung ist problemlos möglich **(Bild 7).** Zu beachten ist, dass die Zuverlässigkeit mit steigender Zellenzahl abnimmt. Bei mehreren Zellen in Reihenschaltung besteht das Risiko der Umpolung der schwächsten Zelle am Ende der Lebensdauer.

Die Parallelschaltung ist nicht zu empfehlen. Sie könnte zur Erhöhung der Batteriekapazität oder des zulässigen Belastungsstroms nötig sein. In

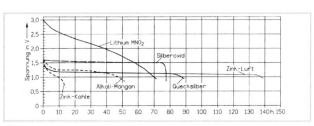

Bild 5
Entladekurven der verschiedenen Systeme bei mittlerer Belastung

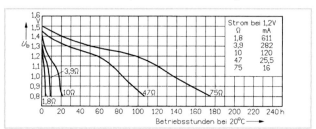

Bild 6
Entladekurven einer Alkali-Mangan-Mignonzelle MN 1500

Bild 7
Reihen- und Parallelschaltung

Tabelle 1 *Die wichtigsten Daten der Primärzellen und Akkus*

Bauart	mittlere Entladespannung in V	Nennspannung in V	Entladeschlussspannung in V	Energiedichte in mWh/g	Energiedichte in mWh/cm³
Zink-Braunstein	1,2	1,5	0,75	50…80	120…190
Alkali-Mangan	1,2	1,5	0,75	70…100	200…300
Quecksilber	1,2	1,35	0,9	90…120	400…520
Silberoxid	1,4	1,55	0,9	70…170	550…650
Lithium-Mn-O$_2$	2,4	3,0	1,5	120…380	650…800
Zink-Luft	1,15	1,4	0,9	300…380	650…800
NC-Akku	1,2	1,2	1,0	20…30	40…80
Bleiakku	1,9	2,0	1,63	30…40	50…100

Tabelle 2 *Übliche Batteriegrößen*

Batteriegröße	Kapazität Alkali MNO$_2$ in Ah	Kapazität Ni Cd-Akku in Ah	Nennstrom in mA
Monozelle	12 500	400	400
Babyzelle	5800	1800	180
Mignonzelle	200	500	50
Microzelle	970	180	18
Ladyzelle	600	150	15
E-Block 9 V	900	100	10

Tabelle 3 *Selbstentladung und Lagerfähigkeit*

	Bauart				
	Zink-Braunstein	Alkali-MnO$_2$	Lithium	Quecksilber	Zink-Luft
Selbstentladung in % pro Jahr	10	8	1	2	2
Lagerfähigkeit in Jahren	2	3	10	5	5

diesem Fall ist es besser, größere Zellen zu verwenden. Der Strom in einem Parallelweg muss dem zulässigen Betriebsstrom der Zellen entsprechen. Es ist sinnvoll, in jeden Parallelweg eine Diode zu schalten.

Einsatz von Batterien

Es gibt eine große Vielfalt von Batterien. In den **Tabellen 4 bis 8** sind die Bauarten üblicher Batterien aufgelistet.

Zur Stromversorgung von netzunabhängigen Geräten der Telekommunikation eignen sich besonders die Alkali-Mangan-Hochleistungsbatterien und die Lithiumbatterien. Je nach Stromverbrauch ist die Batteriegröße vom Geräteentwickler festgelegt. Dabei ist es von Vorteil, wenn gängige Batteriegrößen wie Mignonzellen, Babyzellen oder Mikrozellen Verwendung finden, die gegenüber von Spezialgrößen wesentlich preisgünstiger und oft auch leichter zu beschaffen sind. Der theoretische Leistungsinhalt einer Alkali-Mangan-Mignonzelle 1,5 V beträgt etwa 2,7 Wh, die höchstzulässige Dauerleistungsentnahme ca. 0,85 W bei 55 min Entladungsdauer. Bei Geräten, die problemlos am Netz aufgeladen werden können, wie z.B. schnurlose Telefone oder tragbare Computer, bieten sich NC-Akkumulatoren an. Deren Leistungsinhalt ist allerdings geringer (NC-Akku-Mignonzelle 0,6 Wh).

Tabelle 4
Daten von Standard-Batterien Zink-Chloride und Alkalisch-Mangan

Bezeichnung	IEC Baugröße	USA Baugröße	Spannung in V	Kapazität in mAh*	Durchmesser in mm	Höhe in mm	Gewicht in g*
Microzelle	LR 3	AAA	1,5	–/1100	10,5	44,5	–/11
Mignonzelle	LR 6	AA	1,5	1200/2600	14,5	50,5	18/23
Babyzelle	R14P	C	1,5	3500/7800	26,2	50,0	51/68,5
Monozelle	R20P	D	1,5	8000/16500	34,2	61,5	102/141
Ladyzelle	LR1	N	1,5	–/800	12,0	30,2	–/9
Duplexbatterie	2R10	–	3,0	1500/–	21,8	74,5	18/–
Normalbatterie	3R12P	–	4,5	2500/5900	62 x 22	67,0	102/168
E-Block	6F22	–	9,0	420/500	26,5x17,5	48,5	37/46
ohne	4LR61	J	6,0	–/50	37 x 9,2	35,6	–/31,5

* Der erste Wert bezieht sich auf Zink-Chloride-Batterien, der zweite auf Alkali-Mangan-Batterien.

Tabelle 5
Daten von Alkali-Mangan-Knopfzellen 1,5 V

Baugröße	andere Baugröße	andere Baugröße	Kapazität in mAh	Durchm. in mm	Höhe in mm	Gewicht in g
V8GA	LR55	LR1120	25	11,6	2,1	0,8
V10 GA	LR54	LR1130	50	11,6	3,1	1,1
V12GA	LR43	LR1142	80	11,6	4,2	1,35
V13GA	LR44	LR1154	125	11,6	5,4	1,8
–	LR59	LR726	33	7,9	2,6	
–	LR41	LR736	42	7,9	3,6	
–	LR48	LR754	75	7,9	5,4	
–	LR69	LR921	36	9,5	2,1	
–	LR57	LR926	55	9,5	2,6	
–	LR60	LR621	20	6,8	2,1	
–	LR66	LR626	29	6,8	2,6	

Tabelle 6
Daten von Silberoxid-Knopfzellen 1,5 5 V (Uhrenbatterien)

Bezeichnung V = Varta	IEC Baugröße	Andere Baugrößen	Kapazität in mAh	Durchm. in mm	Höhe in mm	Gewicht in g
V 301	SR 43	SR 43 SW	115	11,6	4,2	1,78
V 303	SR 44	SR 44 SW	170	11,6	5,4	2,33
V 309	SR 48	SR 754SW	70	7,9	5,4	1,08
V 315	SR 67	SR 716SW	20	7,9	1,65	0,4
V 317	SR 62	SR 516SW	8	5,8	1,6	0,18
V 319	SR 64	SR 527SW	16	5,8	2,66	0,25
V 321	SR 65	SR 616SW	13	6,8	1,65	0,25
V 329	–	SR 731SW	36	7,9	3,1	0,6
V 335	–	SR 512SW	5	5,8	1,25	0,15
337	–	SR 416SW	6	4,8	1,6	0,12
V 339	–	SR 614SW	11	6,8	1,4	0,22
V 341	–	SR 714SW	11	7,9	1,4	0,27
V 344	SR 42	SR1136SW	100	11,6	3,6	1,49
V 346	–	SR 712SW	10	7,9	1,3	0,3
V 350	SR 42	SR 1136	100	11,6	3,6	1,49
V 357	SR 44	SR 44 W	150	11,6	5,4	2,33
V 361	SR 58	SR 721 W	18	7,9	2,1	0,4
V 362	SR 58	SR 721SW	21	7,9	2,1	0,4
V 364	SR 60	SR 621SW	20	6,8	2,15	0,33
365	–	SR 1116 W	40	11,6	1,6	0,7
366	–	SR1116SW	40	11,6	1,6	0,7
V 370	SR 69	SR 920 W	30	9,5	2,1	0,6
V 371	SR 69	SR 920SW	44	9,5	2,1	0,61
V 373	SR 68	SR 916SW	23	9,5	1,6	0,5
376	·	SR 626 W	25	6,8	2,6	0,39
V 377	SR 66	SR 626SW	27	6,8	2,6	0,39
V 379	SR 63	SR 521SW	14	5,8	2,15	0,23
380	–	SR 936 W	65	9,5	3,6	1,04
V 381	SR 55	SR1120SW	45	11,6	2,1	0,9
V 384	SR 41	SR 41 SW	38	7,9	3,6	0,69
V 386	SR 43	SR 43 W	105	11,6	4,2	1,78
V 389	SR 54	SR1130 W	85	11,6	3,05	1,31
V 390	SR 54	SR1130SW	80	11,6	3,05	1,32
V 391	SR 55	SR 1120 W	40	11,6	2,1	0,9
V 392	SR 41	SR 41 W	38	7,9	3,6	0,69
V 393	SR 48	SR 754 SW	65	7,9	5,4	1,08
V 394	SR 45	SR 936 SW	67	9,5	3,6	1,04
V 395	SR 57	SR 927 SW	42	9,5	2,7	0,75
V 396	SR 59	SR 726 W	25	7,9	2,6	0,55
V 397	SR 59	SR 726 W	30	7,9	2,6	0,5
V 399	SR 57	SR 927 W	42	9,5	2,7	0,75

Tabelle 7
Daten von Lithium-Knopfzellen 1,5V

Varta Bezeichnung	IEC Baugröße	andere Baugrößen	Kapazität in mAh	Durchm. in mm	Höhe in mm	Gewicht in g
CR 1/3N	CR 11108	1/3N	170	11,6	10,8	3,0
CR 927	CR 927	–	50	9,0	2,7	1,1
CR 1025	CR 1025	–	50	10,0	2,5	1,2
CR 1216	CR 1216	–	25	12,5	1,6	0,7
CR 1220	CR 1220	–	35	12,5	2,0	0,8
CR 1225	CR 1225	–	45	12,5	2,5	1,0
CR 1616	CR 1616	–	55	16,0	1,6	1,0
CR 1620	CR 1620	–	70	16,0	2,0	1,2
CR 1632	CR 1632	–	110	16,0	3,2	1,9
CR 2016	CR 2016	–	90	20,0	1,6	1,8
CR 2025	CR 2025	–	170	20,0	2,5	2,5
CR 2032	CR 2032	–	230	20,0	3,2	3,0
CR 2035	CR 2035	–	250	20,0	3,5	3,2
CR 2320	CR 2320	–	135	23,0	2,0	2,9
CR 2325	CR 2325	–	165	23,0	2,5	3,6
CR 2330	CR 2330	–	200	23,0	3,0	4,3
CR 2430	CR 2430	–	280	24,5	3,0	4,0
CR 2450	CR 2450	–	560	24,5	5,0	6,2
CR 2477	CR 2477	–	860	24,5	7,7	9,5
CR 3032	CR 3032	–	360	30,0	3,2	5,2

Tabelle 8
Daten von Spezialbatterien (Fotobatterien u. a.)

IEC Baugröße	andere Baugrößen	System	Spannung in V	Kapazität in mAh	Durchmesser in mm	Höhe in mm	Gewicht in g
V23 GA	–	AlkaliMn	12,0	50	10,3	28,5	7,5
V4034PX	–	AlkaliMn	6,0	100	13	25,2	10,4
V72 PX	–	AlkaliMn	22,5	65	27 x 16	51,0	
V74 PX	–	AlkaliMn	15,0	45	16	35,0	14,0
V28 PX	–	Silberox.	6,2	145	13	25,2	11,1
V76 PX	SR44	Silberox.	1,55	145	11,6	5,5	2,4
V28PXL	2CR1/3N	Lithium	6,0	170	13	25,0	8,8
CR 2	–	Lithium	3,0	800	16	27,0	11,0
CR 123A	CR17335	Lithium	3,0	1300	17	34,5	16,0
2CR5	–	Lithium	6,0	1500	34 x 17	45,0	42,0
CR-P2	CR17345	Lithium	6,0	1300	34 x 20	36,0	38,0

PC-Hardware

Bauformen von Personalcomputern	254
Bauarten der Hauptplatinen für PCs	256
Mobile Computer	257
Aufbau des Industriecomputers	259
Prozessoren allgemein	260
Der Pentium 4 Prozessor	261
Der Celeron Prozessor	262
Der AMD Athlon (XP und MP) Prozessor	263
Chipsätze	265
Speicherbausteine für den Personalcomputer	266
IDE-Festplattenlaufwerke	271
Installieren von Festplattenlaufwerken	275
Der PCI-Bus	277
Der AGP-Port	278
FireWire	279
Die serielle Schnittstelle des Personalcomputers	280
Die parallele Schnittstelle des Personalcomputers	281
Die USB-Schnittstelle	282
SCSI-Schnittstellen	283

Bauformen von Personalcomputern
Stefan Eiselt

Für den stationär aufgestellten PC existieren zahlreiche unterschiedliche Gehäusetypen **(Bild 1)**. Die Auswahl reicht vom Slimlinegehäuse mit zwei Laufwerkschächten bis zur Tower-Bauform mit sechs und mehr Einbauschächten für Massenspeichermedien.

Die klassische Bauform ist das **Desktopgehäuse** wie es bereits beim XT verwendet wurde. Hier kann der Monitor auf das Gehäuse gestellt werden, und die Tastatur (und Maus) wird auf der Rückseite mit dem PC verbunden. Die Laufwerkschächte sind in der Regel auf der rechten Seite der Frontblende zugänglich und können, falls ein Schacht leer ist, mit einem Plastikeinsatz verschlossen werden. Auf der linken Seite des Desktop-PCs ist die Computerplatine mit der Gehäuseunterseite verschraubt, und Aussparungen auf der Rückseite erlauben den Einbau der Erweiterungskarten mit den nach außen führenden Anschlüssen.

Auch die Steckvorrichtungen für die Tastatur, die Maus, die Schnittstellen, USB usw. sind an der Rückseite angebracht. Desktopgehäuse werden heute nur mehr selten angeboten. Die Maße betragen etwa 43 cm breit, 16 cm hoch und 43 cm tief.

Weitere Gehäusebauformen, die heutzutage erhältlich sind, sind z. B.:

Das **Towergehäuse** (Big tower) ist für den Einbau von zahlreichen Erweiterungen ausgelegt und für ausbaufähige PCs ein vorteilhaftes Gehäuse. Es ist ca. 60…70 cm hoch, ca. 19…20 cm breit und ca. 40…45 cm tief. In den meisten Fällen sind beide Seitenbleche abnehmbar, um Reparaturen oder den Ein-/Ausbau von Komponenten zu erleichtern.

Ein **Minitower** ist wie der Tower ein aufrecht stehender Gehäusetyp, jedoch von der Größe eines Desktops (Maße ca.: Höhe 40…45 cm, Breite 18…20 cm, Tiefe 40…45 cm). Diese Bauform kann auf den Tisch neben den Monitor gestellt werden. Es werden auch noch etwas kleinere Microtower und etwas größere Miditower angeboten.

Bild 1
Übliche Gehäuse für Personalcomputer

Die Gehäusetypen

Bei den früher üblichen AT-Gehäusen sind auf der Rückseite neben den Schlitzen für die Deckbleche der PC-Karten und den Löchern für die Lüftung und die Montage des Netzteils an beliebiger Stelle noch Aussparungen für die Steckverbindungen der seriellen und parallelen Schnittstellen angebracht. Die Verbindung von den PC-Karten bzw. vom Mainboard zu den Steckverbindungen erfolgt über Flachbandkabel.

Der Schalter zum Ein- und Ausschalten des Computers ist beim AT-Gehäuse direkt mit dem Netzteil verbunden.

Bei heute im Einsatz befindlichen Computersystemen wird die ATX-Bauform für das Gehäuse verwendet **(Bild 2).** Hierbei bestehen zwei gravierende Unterschiede zur ursprünglichen Bauform. Bei Mainboards für ATX-Gehäuse sind die Steckverbinder für die integrierten I/O-Ports direkt auf dem Motherbaord angebracht. An der Stelle der Steckverbinder verfügt das ATX-Gehäuse über entsprechende Aussparungen. Um den Anforderungen unterschiedlicher Hauptplatinen gerecht zu werden, sind diese Aussparungen in ein separates, austauschbares Blech eingestanzt. Dieses Blech wird von Intel, dem Erfinder des ATX-Standards, als „Back Panel I/O Shield" bezeichnet. Der zweite entscheidende Unterschied zwischen dem AT- und dem ATX-Gehäuse besteht in der Stromversorgung des Computers. Hierbei wird das Ein- bzw. Ausschalten des Computers nicht mehr über einen Netzschalter sondern durch das Motherboard gesteuert. Der Tastschalter zum Aktivieren und Deaktivieren des Computers wird hierbei mit dem Motherboard verbunden. Nur diese Art der Verschaltung erlaubt ein erweitertes Powermanagement (Netzteil im Standby-Modus) und erlaubt es dem Mainboard, bzw. dem Betriebssystem das unbeabsichtigte Ausschalten des Computers vor dem Herunterfahren zu verhindern.

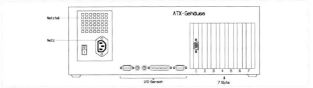

Bild 2
Die Rückseite eines ATX-Gehäuses

Bauarten der Hauptplatinen für PCs
Stefan Eiselt

Die Hauptplatinen (Mainboards) der PCs gibt es in verschiedenen Größen, wobei der Trend zu einer Verkleinerung geht. Neben speziellen Ausführungen sind vor allem die nachstehenden fünf Bauarten anzutreffen **(Tabelle 1).**

Passend zur Hauptplatine muss das Gehäuse gewählt werden, wobei vor allem auch die Unterschiede zwischen dem AT-Format und dem ATX-Format (Befestigungslöcher, Anordnung der Platine, Aussparungen an der Gehäuse-Rückseite) zu beachten sind.

Auf der Hauptplatine sind untergebracht:
- Die Steckfassung für den Prozessor,
- Die Steckfassungen für den RAM-Speicher und
- Die Steckplätze für Erweiterungskarten (Bussystem).

Ferner sind in der Regel vorhanden: zwei IDE-Ports für bis zu 4 Festplatten und/oder CD-ROM-Laufwerke, ein Floppy-Port, Anschlüsse für die Tastatur sowie Steckanschlüsse für die Stromversorgungen, verschiedene LEDs und Taster.

Fest auf der Platine montiert sind der Mainboard-Chipsatz, der BIOS-Baustein, der Keyboard-Kontroller, verschiedene Spannungsregler und Jumper.

Je nach Bauart der Hauptplatine sind die einzelnen Steckfassungen und Bauteile unterschiedlich angebracht. Beim ATX-Format befindet sich der Prozessor rechts auf dem Board. Damit können die Kartensteckplätze in voller Länge genutzt werden, und die CPU liegt direkt im Luftstrom des innenliegenden Netzteil-Lüfters.

Format	Abmessungen (Breite x Tiefe)* in mm
Volles AT-Format (FAT-Board)	300 x 350
Halbes AT-Format, Baby-AT (BAT-Board)	300 x 220
Mini-Baby AT-Format	250 x 220
Standard ATX-Format	305 x 244
Mini-ATX, kleinere Bauform	284 x 208
LPX-Format	Verschiedene Abmessungen

* Die genannten Mainboard-Größen sind Vorgaben aus der Spezifikation und können je nach Hersteller variieren.

Mobile Computer
Stefan Eiselt

Mobile Computer sind netzunabhängige Rechner mit geringem Gewicht und kleiner Gehäusebauform. Im Gegensatz zum stationären Standard-PC sind mobile Computer Rechner für unterwegs und kommen überall dort zum Einsatz, wo entweder kein Netzanschluss vorhanden oder Mobilität gefragt ist.

Die meisten mobilen Computer sind in einem Klappgehäuse untergebracht. Im Deckel befindet sich die Ausgabeeinheit in Form eines Displays. Die Eingabeeinheit Tastatur ist in der unteren Hälfte des Gehäuses eingelassen. Durch diesen Aufbau sind beim Transport beide Komponenten vor Umwelteinflüssen geschützt und können nicht beschädigt werden. An der Vorderseite des Gehäuses befindet sich oft ein zusätzlicher Tragegriff, der den Transport erleichtert.

Mobile Geräte sind mit konventionellen Desktopgeräten, was die Leistungsfähigkeit betrifft, durchaus vergleichbar. So werden Geräte mit den modernsten Prozessoren angeboten, wobei auf stromsparende Ausführungen zurückgegriffen wird. Bei den meisten Modellen existieren des weiteren zahlreiche Anschlussmöglichkeiten für externe Geräte, wie Drucker, Scanner, Tastatur und zusätzliche Laufwerke. Im Inneren der Geräte befindet sich ein komplettes Rechnersystem mit Prozessor, Steuerlogik, RAM-Bausteinen, Festplatte und Diskettenlaufwerk. Auch ein Akkupack ist in das Gehäuse integriert. Bezüglich der Grafikfähigkeiten bietet der Markt die unterschiedlichsten Geräte. Da die Fertigungskosten recht hoch sind, muss für solche Geräte, im Vergleich zu normalen PCs, ein relativ hoher Preis veranschlagt werden.

Die Abmessungen und das Gewicht der mobilen Computer haben sich im Laufe der Entwicklung immer mehr verringert. Zuerst wurden die sogenannten **Laptops** (lap = in der englischen Sprache Schoß) angeboten. Das waren Personalcomputer, die noch recht groß waren und auf den Schoß gelegt und dort bedient werden konnten. Heute sind vor allem sogenannte Noteboooks zu finden.

Moderne **Notebooks** stehen in ihrer Leistungsfähigkeit den Tischcomputern in der Regel in nichts nach. Sie sind klein und handlich und können unabhängig von einer Steckdose betrieben werden **(Bild 3)**. Nachteile sind die oft kleine Tastatur und die relativ kurzen Akkulaufzeiten. Da sich ein Notebook nicht immer problemlos erweitern lässt, sollten die benötigten Features bereits enthalten sein. Dazu gehören ein USB- und ein PS/2-Anschluss, eine serielle und eine parallele Schnittstelle, ein VGA-Ausgang für einen zusätzlichen Monitor, zwei PC-Card-Steckplätze für Netzkarten, Modems und SCSI-Adapter sowie ein Steckplatz zur Erweiterung des Hauptspeichers. Nützlich sind austauschbare CD-ROM- und Diskettenlaufwerke. Es gibt spezielle Prozessoren für Notebooks. Die Abmessungen der Notebooks liegen bei etwa 30 cm x 25 cm x 5 cm. Das Gewicht beträgt meist unter 4 kg. Hauptspeicher bis 256 Mbyte und eine Festplatte bis 40 Gbyte sind üblich. Die Größe des TFT-Bildschirms sollte mindestens 15 Zoll und die maximale Auflösung mindestens 800 x 600 Bildpunkte betragen. Für Notebooks gibt es vielseitiges Zubehör.

Noch geringere Abmessungen besitzen sogenannte Sub-Notebooks bzw. Taschencomputer. Deren Gewicht liegt bei etwas mehr als 1 kg bei Maßen um 26 cm x 22 cm x 3 cm. Dank modernster Technik entsprechen sie hinsichtlich der Merkmale den Notebooks. Das Betriebssystem ist in der Regel fest eingebrannt. Angeboten werden Mini-Notebooks mit Windows CE, Palm-OS und EPOC32 von Psion. Zur Verfügung stehen meist RAM-Speicher bis 256 Mbyte und Festplatten bis 20 Gbyte.

Eine besondere Art von Computern sind die Organizer bzw. PDA (= Personal Digital Assistant), auch Handhelds oder Palmtops genannt. Die Gerätegruppe Palmsize beinhaltet das englische Wort Palm, was Handfläche bedeutet. Palmtop-Computer (P/PCs) haben einen speziellen Funktionsumfang sowohl als persönlicher Organizer (Notizbuch, Kalender, Datenbank, Taschenrechner usw.) als auch im Hinblick auf die Kommunikation und für spezielle Aufgaben.

Bild 3
Modernes Notebook
Foto Panasonic

Aufbau des Industriecomputers
Stefan Eiselt

Im Vergleich zum üblichen PC für Anwendungen im Büro muß der Industriecomputer IPC erhöhten Anforderungen gerecht werden. Hinsichtlich des Aufbaus der Leiterplatten stehen drei verschiedene Systeme zur Verfügung:

Die Motherboardtechnik
Auf der Mutterplatine sind die CPU, alle nötigen weiteren Bausteine, in der Regel der gesamte Arbeitsspeicher und einige Steckplätze untergebracht. Die Motherboardtechnik ist preisgünstig, aber nicht sehr flexibel und ausbaufähig. Sie ist für Büro-PCs gut, für Industrie-PCs aber nur bedingt geeignet.

Die passive Busboardtechnik
Die passive Busboardtechnik wird den Anforderungen der Industrie-PCs am ehesten gerecht. Auf dem passiven Busboard in Multilayertechnik sind lediglich die Busleitungen und die Steckleisten für die Einsteckkarten untergebracht. Vorhanden sind noch die Anschlüsse für die Stromversorgung, Kondensatoren zum Schutz gegen Überspannungsspitzen und Abschlußwiderstände (Terminatoren) für die Datenleitungen.

Alle Funktionseinheiten sind auf Einsteckkarten untergebracht (auch die CPU). Damit ist eine hohe Flexibilität gegeben. Schadhafte Einheiten lassen sich sehr schnell auswechseln. Es ist eine Verfügbarkeit über lange Zeit gegeben, da die Einsteckkarten problemlos gegen modernere Versionen ausgewechselt werden können.

Die Splitboardtechnik
Die aktive Busboardtechnik (Splitboardtechnik) ist eine Zwischenlösung zwischen der passiven Busboard- und der Motherboardtechnik. Einige wichtige PC-Funktionen sind auf dem Busboard integriert. Das Board ist jedoch für die Aufnahme weiterer Funktionsbausteine offen. Auch die CPU ist auf einer Einsteckkarte untergebracht. Diese Technik ist vor allem für spezielle Anwendungen geeignet, die dann auch für die auf dem Board untergebrachten Einheiten maßgebend sind. Die Splitboardtechnik ist ein Kompromiß, der oft gewählt wird, wenn wenig Platz zur Verfügung steht.

Zusammenfassend ist zu vermerken, daß ein modularer Aufbau in passiver Busboardtechnik für IPCs am besten geeignet ist.

Gehäuseformen für IPCs
Häufig sind IPCs in 19-Zoll-Normschränke eingebaut. Dafür stehen geeignete Montagesätze zur Verfügung.

Prozessoren allgemein
Stefan Eiselt

Das zentrale Bauteil eines Computers ist der Mikroprozessor (CPU).

Ein Mikroprozessor ist aus einer Vielzahl von Transistoren aufgebaut, die auf einem Siliziumträgermaterial untergebracht werden. Hierbei werden MOS-Feldeffekttransistoren (MOSFET) verwendet, da diese besonders klein und einfach herzustellen sind. Moderne Prozessoren können einige Millionen solcher Transistoren enthalten.

Grob kann man die CPU-Familien nach der Bitbreite ihres Rechenwerks und anhand der Registersätze unterscheiden. Häufige Bitbreiten sind 8, 16, 32 und 64 bit. Die Verwendung anderer Bitbreiten ist entweder auf Spezialanwendungen (4, 18, 36 bit) oder moderne RISC-Prozessoren (64 bit) bzw. Arithmetikbeschleuniger (80 bit) beschränkt.

Ein weiteres Unterscheidungsmerkmal ist der interne Aufbau der Prozessoren. Hierbei lassen sich zwei Grundtypen unterscheiden: zum einen der CISC (Complex Instruction Set Computer) mit großem umfangreichen Befehlssatz und wenigen Registern und zum anderen der RISC (Reduced Instruction SetComputer) mit wenigen, jedoch sehr schnellen Befehlen und großer Registeranzahl.

Sockel und Slots

Sockel 1 bis 4 sind veraltet. Sie waren für Prozessoren 80486 und frühe Pentium-Prozessoren geeignet.

Sockel 5 mit 320 Pins für Pentium-Prozessoren 75…133 MHz und AMD-K5-Prozessoren.

Sockel 6 wie Sockel 1 bis 4

Sockel 7 und Super Sockel 7 mit 321 Pins für Intel Pentium 75…200 MHz, Pentium MMX 133…233 MHz, AMD K6-2, Cyrix M2 und andere mit 66 MHz Bustakt. Der Super Sockel 7 ist für 100 MHz Bustakt geeignet.

Sockel 8 mit 387 Pins für Intel Pentium Pro 150…200 MHz.

Sockel 370 mit 321 Pins für Celeron-Prozessoren in PPGA-Bauform und Pentium III-Prozessoren.

Sockel 423 mit 423 Pins für Intel-Pentium-4-Prozessoren.

Sockel A mit 462 Pins für AMD Athlon und Duron mit 266 MHz Bustakt.

Slot 1 mit 242 Pins in zwei Reihen übereinander für den Celeron, den Pentium II und den Pentium III.

Slot 2 mit 330 Pins für die Serverprozessoren Pentium II und III.

Slot A Aussehen wie Slot 1 aber dazu nicht kompatibel. Für AMD Athlon-Prozessoren.

Der Pentium 4 Prozessor
Stefan Eiselt

Der Prozessor (**Bild 1**) mit der Net-Burst^{TM} Mikroarchitektur steht mit folgenden Taktfrequenzen zur Verfügung: 533 MHz Systembus: 3,06; 28; 2,66; 2,53; 2,4 und 2,26 GHz. 400 MHZ Systembus: 2,6; 2,5; 2,4; 2,2; 2,0; 1,9; 1,8; 1,7; und 1,6 GHz. Er bietet die Grundlage, um Internet-Anwendungen optimal zu nutzen und wird in 0,18-μm- bzw. 0,13-μm-Prozessortechnologie gefertigt. Die NetBurst^{TM} Mikroarchitektur ist die Grundlage für Intels 32-bit-Prozessoren. Es stehen spezielle Pentium 4 Notebookprozessoren M zur Verfügung.

Mit der Hyper-Pipeline-Technologie wird eine Verdoppelung der Pipelinetiefe auf 20 Stufen erreicht, was die Durchsatzrate und Leistungsfähigkeit des Prozessors erhöht. Aufgrund der Rapid-Execution-Engine laufen die Rechenwerke des Prozessors mit doppelter Taktgeschwindigkeit, was größere Datendurchsatzraten und Verarbeitungsgeschwindigkeiten ergibt. Die Technologie des Execution-Trace-Cache für den Level-1-Befehls-Cache bietet einen leistungsfähigen Anweisungs-Cache und nutzt den Cache-Speicher effizienter. Die Gesamtleistung des Prozessors wird durch den auf dem Prozessor-Chip integrierten 256 kbyte großen Level-2-Advanced-Transfer-Cache gesteigert.

Der 533- bzw. 600-MHz-Systembus ermöglicht die schnelle Datenübertragung zwischen dem Prozessor und dem Speichercontroller und stellt damit eine sehr hohe Bandbreite zur Verfügung. Für den Benutzer hat das kürzere Reaktionszeiten des Computersystems zur Folge. Die Advanced-Dynamic-Execution und die verbesserte Fließkommaeinheit sorgen über einen effizienten Datendurchsatz für realistische Videowiedergabe und 3D-Grafik.

Die Streaming SIMD Extensions 2 (SSE 2) erweitern die Funktionen der MMX- und der SSE-Technologie.

Die Hyper-Threading-Technologie für Pentium 4 Prozessoren ab 3,06 GHz erlaubt Softwareprogrammen die „Erkennung" von zwei Prozessoren. Die parallele Ausführung von Befehlsthreads verbessert Leistung und Reaktionsgeschwindigkeit.

Bild 3
Der Pentium 4 Prozessor Foto: Intel

Der Celeron Prozessor

Stefan Eiselt

Die Celeron-CPU **(Bild 4)** wurde vom Hersteller Intel für den Lowcost-Markt konzipiert. Ursprünglich für den Slot-1 entwickelt, besaß der Prozessor keinen integrierten L2-Cache. Aufgrund des fehlenden Caches konnte sich die CPU jedoch nicht auf dem Markt durchsetzen, da sich viele Hersteller wegen der fehlenden Performance weigerten, den Prozessor in ihren Systemen einzusetzen. Erst die Nachfolgeversion mit einem integrierten L2-Cache von 128 kbyte bei vollem CPU-Takt brachte dem Celeron den gewünschten Durchbruch auf dem Markt, da die CPU ein sehr ausgewogenes Preis-Leistungs-Verhältnis bietet.

Um weitere Kosten bei der Prozessorfertigung einzusparen, kam Intel nach einiger Zeit vom relativ teuren Slot-1-Gehäuse ab und etablierte ein neues 370-Pin-PPGA-Gehäuse. Dieses neue Sockelsystem von Intel ist ausschließlich für den Celeron bestimmt und macht den Einsatz eines speziellen Mainboards erforderlich. Der Umstieg zu einer anderen CPU (z. B. AMD K6) ist bei Sockel-370-Systemen ohne Mainboard-Tausch nicht möglich. Jedoch bieten einige Hersteller Slot-1-Adapter für den Celeron an, die den Einsatz der CPU in einem Board mit LX- oder BX-Chipsatz ermöglichen. Somit ist der spätere Umstieg z. B. zu einem Pentium-III-System möglich. Der Prozessor ist für einen Systembus bis zu 400-MHz geeignet und ist für die Taktfrequenzen 500, 533, 566, 600, 700, 733, 766, 800, 850, 950 MHz sowie für 1,0; 1,1; 1,2; 1,4;1,7; 1,8: 2,0 und 2,2 GHz erhältlich. Weitere Merkmale: MMX^{TM}-Technologie, Streaming SIMD Extensions und Dynamic-Execution-Technologie. Mobile Celeron-Prozessoren sind für Takrfrequenzen von 450 MHz bis 2,2 GHz sowie als Low-Voltage- und Ultra-Low-Voltage-Ausführung erhältlich.

Bild 4
Der Celeron-Prozessor Foto: Intel

Der AMD Athlon (XP und MP) Prozessor
Stefan Eiselt

Der Prozessor der 7. Generation in den Ausführungen 1700+; 1800+; 2000+; 2100+; 2200+; 2400+; 2700+; 2800+ und 3000+ ist kein weiterer Nachfolger für den Sockel-7-Markt. Vielmehr befindet sich der Athlon in einer Version auf einer CPU-Platine, die neben einigen Widerständen und Kondensatoren Cache-Chips enthält. Um die Performance der CPU voll nutzen zu können, wurde von AMD auf die Kompatibilität zu bestehenden CPU-Slot-Systemen (Slot-1 oder Slot-2) verzichtet und ein eigenes Design (Slot A) verwendet. Die Version Sockel A ist verfügbar im PGA-Gehäuse (Pin Grid Array).

Der AMD Athlon Prozessor der 7. Generation ist auf der neuesten x86-Mikroarchitektur aufgebaut. Der Chip in 0,13-µm-Prozesstechnologie mit einer Größe von 102 mm^2 enthält ca. 37 Millionen Transistoren.

Auf dem Prozessor ist ein insgesamt 384 kbyte großes Cache integriert, das mit vollem Prozessortakt arbeitet und aus einem 128 kbyte großen Level-1-Cache und einem 256 kbyte großen Level-2-Cache besteht. Dieses Cache-Design beschleunigt das gesamte Computersystem. Die neunfach superskalare Superpipeline-Mikroarchitektur ist für hohe Taktfrequenzen optimiert. Von den neun Ausführungs-Pipelines sind drei für Adressberechnungen, drei für Integer-Rechnungen sowie drei für x87 (Fließkomma-)-, 3DNow^{TM}-und MMX^{TM}-Befehle vorgesehen. Der 200-MHz-Systembus (skalierbar bis über 400 MHz) ist gut geeignet für den Mehrprozessorbetrieb. Er entstand durch Weiterentwicklung der Hochleistungs-Alpha-EV6-Bustechnologie. Merkmale sind die generatorsynchrone Taktung (Taktweitergabe), die Unterstützung von 8-bit-ECC zur Sicherung der Datenintegrität auf dem Bus und eine Spitzenbandbreite von 1,6...3,2 Gbyte/s. Unterstützt werden pro Prozessor 24 wartende Transaktionen. Der Prozessor arbeitet mit komplett pipelinegestützter superskalarer Fließkommaverarbeitung.

Die 3DNow!-Technologie baut auf den 21 ursprünglichen Befehlen auf. Das Enhanced 3DNow! umfasst 24 weitere Befehle, und zwar 19 zur Beschleunigung von MMX-Integer-Rechnungen und für den schnelleren Datentransfer bei Internet-Streaming-Anwendungen sowie 5 DSP-Erweiterungen für Softmodem-, Soft-ADSL-, Dolby Digital- und MP3-Software.

Neue Entwicklungen sind der Athlon 64-Prozessor für 64 bit-Anwendungen und der Opteron, ein Mehrwegeprozessor für Server und Workstations.

Der mobile AMD Athlon-XP-M-Prozessor ist für erweiterte Sockel-A-Funktionen ausgelegt und in den Ausführungen 1400+; 1500+; 1600+; 1700+ und 1800+ lieferbar. Die AMD PowerNow!-Technologie kann die Standzeit des Akkus deutlich verlängern. Der Prozessor lässt sich mit unterschiedlichen Taktfrequenzen und Versorgungsspannungen betreiben, je nachdem ob höchste Rechenleistung oder maximale Betriebsdauer verlangt wird. Es werden drei Betriebszustände unterstützt: Im Automatik-Modus kontrolliert das System ständig die CPU-Auslastung bei den laufenden Anwendungen. Die Versorgungsspannung und die Taktfrequenz des Prozessors werden dabei kontinuierlich so verändert, dass das Verhältnis von Rechnerleistung und Stromverbrauch immer optimal ist. Der Anwender kann aber auch selbst festlegen, ob der Computer im Stromspar- oder im Hochleistungsmodus arbeiten soll.

Der AMD Athlon MP-Prozessor ist ein x86 Prozessor der speziell für Multiprozessor-Server und -Workstations entwickelt wurde.

Ein Vorteil der AMD Multiprozessor-Plattform ist die MP-Technologie, die die Leistung des Systems steigert, indem sie den Datentransfer zwischen den beiden CPUs, dem Chipsatz und dem Speicher erhöht. Smart MP-Technologie weist duale Punkt-zu-Punkt Hochgeschwindigkeits-Systembusse mit 266 MHz und Error Correcting Code (ECC) auf, die in einem Dual-Prozessor-System bis zu 2,1 Gbyte pro Sekunde und pro CPU an Bus-Bandbreite liefern.

Der AMD Athlon MP Prozessor, mit einer robusten Sockel A Infrastruktur und Unterstützung für DDR-Speicher-Technologie, verfügt über einen Cache (Zwischenspeicher) mit Hardware Data-Prefetch, der mit vollem Prozessortakt läuft, eine vollständig pipeline-unterstützte superskalare Fließkommaeinheit und einen exklusiven L2 Translation Lookaside Buffer (TLB).

Der AMD Duron™ Prozessor

Für das Low-Cost-Segment steht der Duron zur Verfügung. Der Name stammt vom lateinischen Wort durare ab, was soviel wie langlebig und ausdauernd bedeutet. Der Prozessor wird heute für Taktraten von 1 GHz, 1,1 GHz, 1,2 GHz, 1,3 GHz im Sockel-A-Format hergestellt. Je nach Chipsatz kann der Duron auf Speicher mit 100 MHz, 133 MHz oder 200 MHz zugreifen. Die Größe des L1-Caches beträgt 128 Kbyte, die des L2-Caches 64 Kbyte.

Chipsätze
Stefan Eiselt

Auf dem Mainboard des PCs sind neben dem Prozessor noch andere integrierte Bausteine enthalten. Dazu gehört in erster Linie der Chipsatz. Er steuert den Datenverkehr zwischen dem Prozessor, dem Arbeitsspeicher, dem BIOS, den Datenbussen und allen weiteren Einheiten des Mainboards. Wie bei den CPUs schreitet auch bei den Chipsätzen die Entwicklung schnell voran, und es werden kontinuierlich neue Produkte auf dem Markt angeboten. Die wichtigsten Chipsatzhersteller sind die Firmen Intel, AMD, SiS, VIA und Ali.

Welcher Chipsatz verwendet wird, ist im Regelfall im Handbuch zum Mainboard nachzulesen oder kann aus der Startmeldung des Computers abgeleitet werden. Hierbei ist die Chipsatzbezeichnung meistens in einer Zeichenkette auf dem ersten Monitorbildschirm nach dem Systemstart enthalten. Diese Zeichenkette wird bei den meisten Boards am linken unteren Bildschirmrand dargestellt.

Für die Hauptkomponenten des Chipsatzes wurden von Intel die Begriffe „Northbridge" und „Southbridge" eingeführt. Die Northbridge verbindet den Prozessor bzw. den Front-Side-Bus FSB mit dem Hauptspeicher, mit der Southbridge und dem AGP-Steckplatz. Die Southbridge ermöglicht den Anschluss der Onboardgeräte, der Peripheriegeräte und der Steckkarten. Integriert sind auch die Echtzeituhr und der batteriegepufferte Speicherbereich (CMOS, NVRAM). Angebunden sind auch der PCI-Bus und oft auch ein vorhandener ISA-Bus. Der PIC (Programmable Interrupt Controller) verwaltet die PCI- und ISA-Interruptleitungen. Auf der Southbridge sitzen auch der EIDE-Festplattencontroller und der USB-Controller. Ein Super-I/O-Chip dient zum Anschluss von Tastatur, Maus, Floppy-Laufwerken und zur Steuerung der Schnittstellen.

Heute sind in hochintegrierten Southbridges diese Funktionen mit integriert. In modernen Bausteinen ist oft auch eine AC-97-Soundschnittstelle integriert. Der Baustein in dem die BIOS-Software gespeichert ist, gehört zum Chipset. Die Verbindung zwischen Northbridge und Southbridge ist meist als interner PCI-Bus ausgeführt (außer bei Intel-Chipsätzen mit speziellem Verbindungssystem).

Beispiele für Chipsätze sind: VIA Apollo P4X 400, VIA Apollo 1P4X 266, Intel i 845, Intel i 850, SiS 730, SiS 735, AMD 760 usw.

Speicherbausteine für den Personalcomputer
Stefan Eiselt

Auf den verschiedenen PC-Computerplatinen kommen heute in der Regel SDRAM-Typen zum Einsatz. Da SDRAMS meistens in großen Banken betrieben werden, liegt es nahe, mehrere Bausteine in SMD-Bauweise auf einer kleinen Platine zusammenzufassen und die Anschlüsse, die allen gemein sind, nur einmal auf eine Kontaktleiste herauszuführen, um so die Pinzahl zu reduzieren und die Bestückungs- und Speicherdichte zu erhöhen. Deshalb kommen heute fast ausschließlich entsprechende Module zum Einsatz.

Das moderne Angebot umfasst DIM-Module mit 64 bit oder 72 bit Organisationsbreite mit 100-MHz-, 133-MHz-, 166-MHz-, oder 200 MHz-Bus mit Speicherkapazitäten von 32, 64, 128, 256, 512 Mbyte und 1 Gbyte.

DDR-Module gibt es in PC200-, PC366-, PC333- und PC400-Ausführung. RIM-Module für 600, 700 und 800 MHz in Rambus-Technik sind mit Speicherkapazitäten von 64, 128 und 256 Mbyte verfügbar.

Die Zugriffszeiten

Von Bedeutung für den effektiven Betrieb eines DRAMs sind die RAS- und CAS-Zugriffszeiten. Zunächst erhält das DRAM über das RAS-Signal die Zeilenadresse, worauf es alle zugehörigen Spalten (eine Page) ausliest und in den Schreib-Leseverstärkern zwischenspeichert. Durch das CAS-Signal wird die Spaltenadresse übermittelt. Ein normaler RAS-CAS-Zyklus dauert einschließlich der Erhol- und Ladephase (RAS-Zyklus) etwa doppelt so lang wie die angegebene Zugriffszeit. Bei einem 70-ns-DRAM beträgt z. B. die RAS-CAS-Zugriffszeit etwa 130 ns, was bei einem Pentium mit 66 MHz Systemtakt etwa 9 Takten entspricht und eine maximale Lese- oder Schreibrate von 61 Mbyte/s ergibt. Die Module sind mit der RAS-Zugriffszeit klassifiziert (z. B. 60 ns oder 70 ns).

Zur Verringerung der Zugriffszeiten wurden u. a. folgende Lösungen entwickelt:

FPM = Fast Page Mode: Dem CAS-Signal wurden zwei Funktionen aufgebürdet. Eine fallende Flanke zeigt an, dass die Spaltenadresse gültig ist. Die steigende Flanke signalisiert, dass das Datum gelesen wurde, womit das DRAM die Datentreiber freischaltet.

EDO = Extended Data Output: Wird CAS vom überflüssigen Datentreiberdienst befreit, kann die nächste Adresse schon übermittelt werden, noch bevor das Datum der vorangehenden Adresse gelesen wurde.

Die Angabe CL (= CAS-Latency) gibt Auskunft über die Taktzahl zwischen Lesekomando und Datenausgang. CL2 ist schneller als CL3.

Erweitern des PC-Arbeitsspeichers

Die meisten PCs sind beim Kauf noch nicht auf der maximalen On-Board-Speicher aufgerüstet. Dies kann nachträglich mit den geeigneten Speicherchips/Modulen geschehen. Welche Module dafür jeweils geeignet sind, ist in den Beschreibungen der Motherboards nachzulesen. Die freien RAM-Banken sind auf dem jeweiligen Mainboard gekennzeichnet und heute mit mehreren DIMM-Fassungen oder RIMM-Steckplätzen versehen. Wichtig ist das Einstecken in der richtigen Richtung. Bei DIMM- und bei RIMM-Modulen ist ein falsches Einstecken in die Fassung aufgrund von Aussparungen praktisch nicht möglich.

DIMM-Module mit 64 bit oder 72 bit Organisationsbreite (168-polig oder 184-polig)

Das DIMM-Modul ist ein heute üblicher Modul-Typ auf dem Speichermarkt. Es sind Module als SDRAM- oder DRAM-Variante in Speichergrößen von 16 Mbyte bis 10 Gbyte erhältlich. Im Vergleich zu älteren Modulen besitzen DIMM-Module keine fest verdrahtete Codierung für die Modulkonfiguration. Die Informationen über die Speichergröße, die Geschwindigkeit oder den Speichertyp sind in einem auf dem Modul integrierten EEPROM gespeichert und können mit dem „Serial Presence Detect"-Protokoll ausgelesen werden. Das auf einen I^2C-Bus (=syn-

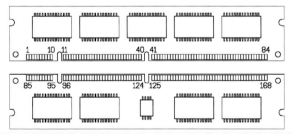

Bild 5 *DIMM-Modul*

chronous 2-wire bus) aufgesetzte Protokoll bietet, im Gegensatz zur Festverdrahtung, mehr Konfigurationsmöglichkeiten. **Bild 5** zeigt den Aufbau von DIMM-Modulen.

Für den 100-MHz-Bus bei PCs werden geeignete Speicherbausteine benötigt. Die PC100-DIMM-Module besitzen SDRAMs mit 6 ns Zugriffszeit. Wichtig ist der Konfigurationsspeicher mit einem SPD-EEPROM. PC100-Module und PC133-Module sind nach dem Schema PCX-abc-def R gekennzeichnet. Es bedeuten: X = Takt, a = CAS latency in Taktzyklen (2 oder 3), b = RAS-to-CAS delay in Taktzyklen (2 oder 3), c = RAS Precharge Time in Taktzyklen (2 oder 3), d = Zugriffszeit in ns (6 ns), e = SPD-EEPROM-Version (Versionsnummer, z. B. 2), f = 0, R = wird bei gepufferten DIMMs angehängt (R = registered). Die PC-Chipsätze unterstützen bis zu vier doppelseitige DIMMs, was möglichen Konfigurationen von 16…512 Mbyte entspricht.

Viele PC-Mainboards sind für den 133-MHz-Bus ausgelegt. Dafür stehen PC133-DIM-Module zur Verfügung. Es gibt z. B. PC133-333-DIMMs und PC133-222-DIMMs.

Die richtige Auswahl der DIMM-Module ist vom jeweiligen Mainboard abhängig. Da die Steckfassungen unregelmäßig angeordnete Einkerbungen besitzen, ist das Einstecken falscher Module nicht möglich. Die Einkerbungen beziehen sich auf die Betriebsspannung 3 V oder 5 V (alt), gepufferten oder ungepufferten Speicher sowie 2-Clock- oder 4-Clock-Taktleitungen.

Die Rambus-Technik

Ein Verfahren zur Erhöhung der Transferraten trotz der begrenzten Geschwindigkeit der DRAM-Zellen ist die Rambus-Technik **(Bild 6).** Mit relativ wenigen parallelen Leitungen sind hohe Übertragungsraten möglich. Ein Rambus Memory Controller (RMC) steuert einen Rambus-Channel, der als schneller Bus ausgelegt ist und an dem die einzelnen Rambus-Speicherchips direkt angeschlossen sind. Da jeder Baustein das Übertragungsprotokoll des Rambus vollständig beherrschen muss, sind Rambus-DRAMs (RDRAMs) kompliziert aufgebaut. Vorhanden sind zahlreiche Decoder und Multiplexer um die Transportprotokolle zu entschlüs-

Bild 6
Rambus-Module besitzen wegen großer Wärmeentwicklung einen Kühlkörper (oben ohne, unten mit Kühlkörper)

seln. Im Vergleich zu SDRAMs sind bei RDAMs die Zellen auf kleineren Feldern auf wesentlich mehr Bänke verteilt. Ein 64-Mbit-RDRAM besitzt z. B. 16 interne Bänke. Der Rambus-Kanal läuft mit hoher Taktfrequenz und überträgt jeweils zwei Datenwörter pro Taktschritt nach dem Double-Data-Rate-Prinzip (DDR-Prinzip). Die Datenwörter sind beim Direct-Rambus jeweils 2 byte breit. Zusätzlich können zwei Prüfbits übertragen werden. Die Betriebsspannung der RDRAM-Chips beträgt 2,5 V. Die Signale liegen um 0,4 V über bzw. unter dem Mittelwert von 1,4 V (1,8 V = 0-Signal, 1,0 V = 1-Signal).

Der Direct-Rambus-Kanal besteht aus 33 Leitungen, davon sind 18 Datenleitungen (16 für Daten, 2 für Prüfbits), 8 Adressleitungen, 4 Leitungen für Taktsignale und 3 Leitungen zur seriellen Programmierung (SIO Serial Input/Output, SCK Seriel Clock und CMD Command).

An jeden Rambus-Kanal können maximal 32 RDRAM-Chips angeschlossen werden. Ein RIM-Modul besitzt bis zu 16 RDRAMs (8 pro Seite). Bei zwei Steckplätzen auf dem Mainboard ergibt das bei 2 RIMMs mit je sechzehn 128-Mbit-DRAMs eine Kapazität von höchstens 512 Mbyte.

Wie die SDRAMs werden die RDRAM-Module in Geschwindigkeitsklassen eingeteilt. Es gibt PC600-, PC700-, PC800- und PC1200-RDRAM-Module. Die Rambus-Taktfrequenzen sind an die Front-Side-Bus-Taktrate (FSB-Taktfrequenz) des jeweiligen Prozessors gebunden (300 MHz, 350 MHz, 400 MHz, 533 MHz). Auf manchen RIMMs findet man noch die Zeitangabe für die Zugriffszeit (Row Acces Time) in ns. Es sind Werte von 40, 45, 50 und 53 möglich (z. B. PC800-45). Es gibt die Bezeichnungen PC4200 und PC4800 für Bandbreiten von 4,2 bzw. 4,8 Gbyte/s.

RDRAM-Module in Rambus-Technik (184- und 232-polig) gibt es in verschiedenen Ausführungen.

Die Bestückung hängt von dem auf dem Mainboard untergebrachten Chipsatz ab. Es gibt z. Z. Mainboards mit 2 RIMM-Plätzen für maximal 512 Mbyte. In Zukunft werden maximal bis 4 Gbyte zulässig sein. Für den Rambus-Kanal gibt es Adapter zur Verwendung von preisgünstigeren SDRAM-Modulen.

DDR-SDRAM

Das neue Speicherkonzept DDR-SDRAM basiert auf Standard-SDRAMs, verwendet aber beide Taktflanken zur Datenübertragung. Dem entsprechend spricht man von Dual Data Rate DDR im Gegensatz zur Single Data Rate SDR.

Ein PC133-SDRAM arbeitet mit 133 MHz Taktfrequenz auf dem Speicherbus. Daraus wird beim DDR-266-SDRAM durch Nutzung beider Flanken eine Frequenz von 266 MHz.

Die DDR-SDRAM Speichermodule verwenden die gleichen DIMM-Module wie SDR-SDRAM. Wegen zusätzlich notwendiger Steuersignale wird jedoch die Pin-Anzahl von 168 auf 184 erhöht. DDR-Speichermodule werden als DDR 200-, DDR 266-, DDR 333- und auch als DDR 400-Versionen angeboten, entsprechend den Bustaktfrequenzen von 100 MHz, 133 MHz, 166 MHz und 200 MHz.

DDR-SDRAMs nutzen intern vier unabhängige Bänke. Wegen des Datentransfers bei beiden Flanken des Taktsignals sind Laufzeitverzögerungen kritisch. Deshalb ist ein zusätzliches bidirektionales Strobe-Signal DQS nötig, das parallel zu den Daten läuft und dem Chipsatz und dem Speicher als Referenz für die Gültigkeit der Daten auf dem Bus dient.

Die Versorgungsspannung beträgt bei PC266-Modulen nur 2,5V gegenüber 3,3V bei PC133. Zudem kommen DDR-SDRAMs mit 20% kleineren Speicherkapazitäten aus. Diese Maßnahmen führen zur Halbierung des Energieverbrauchs, was für Notebooks von Bedeutung ist.

Mit den tatsächlichen Bustaktfrequenzen von 100 MHz bzw. 133 MHz erhöht sich die Bandbreite von DDR-SDRAMs auf maximal 1,6 Gbyte/s bzw. auf 2,1 Gbyte/s. Das führt zu den manchmal für entsprechende DIMM-Module zu findenden Bezeichnungen PC1600 und PC2100. Die **Tabelle 1** zeigt die Daten der Speicherarchitekturen.

Die richtige Bestückung

Die erforderliche Speicherkapazität des Arbeitsspeichers hängt hauptsächlich von den jeweils verwendeten Programmen ab. Dabei gilt: Im Zweifelsfall lieber mehr Speicher wählen. Für Textprogramme genügen oft schon 16 Mbyte, für Multimedia sind jedoch mindestens 64 Mbyte, besser aber 128 Mbyte oder 256 Mbyte nötig. Die Art der Speichermodule hängt vom jeweiligen Mainboard ab, dessen Handbuch auf jeden Fall zu Rate gezogen werden sollte. Ein möglichst schneller Speicherzugriff ist von Vorteil. Auf keinen Fall sollten in die Steckplätze unterschiedliche Modulausführungen gesteckt werden, zumindest müssen die jeweiligen Bänke immer dieselben Module enthalten. Das Handbuch des jeweiligen Mainboards sollte beachtet werden. Dort sind in der Regel Hinweise zur Bestückung zu finden.

Tabelle 1
Daten der Speichertypen

Speichertyp	SDRAM	DDR-SDRAM	DDR-SDRAM	RDRAM
Speicher	PC133	PC200	PC266	RDRAM-800
Effektiver Takt	133 MHz	200 MHz	266 MHz	800 MHz
Realer Takt	133 MHz	100 MHz	133 MHz	400 MHz
Datenbreite	64 bit	64 bit	64 bit	16 bit
Bandbreite	1,06 Gbyts/s	1,6 Gbyts/s	2,1 Gbyts/s	1,6 Gbyts/s
Spannung	3,3 V	2,5 V	2,5 V	2,5 V
Bank-Konfiguration	4 Bänke	4 Bänke	4 Bänke	16 Bänke
Bit-Organisation	x4/x8/x16	x4/x8/x16	x4/x8/x16	x16/x18
I/O-Interface	LVTTL	SSTL	SSTL	Rambus
IC-Gehäuse	54-Pin-TSOP	66-Pin-TSOP	66-Pin-TSOP	74-Pin-TSOP

IDE-Festplattenlaufwerke

Stefan Eiselt

Bei Personalcomputern werden heute hauptsächlich IDE-Festplatten eingesetzt. IDE steht für Intelligent Drive Electronics, eine Bezeichnung, die bereits viel über das eigentliche Festplatteninterface aussagt: Controller zur Ansteuerung der Laufwerkmechanik ist auf der Festplattenplatine untergebracht.

Das IDE-Buskabel

Zur physikalischen Verbindung des Laufwerks mit der Controllerkarte wird bei 3,5-Zoll-Festplatten ein 40-poliges Flachbandkabel verwendet, das 16 parallele Datenleitungen, die Adress- und Chip-Select-Leitungen und einige Handshakesignale führt. An das Kabel lassen sich bis zu zwei Festplatten anschließen, die erste Platte wird als Master, die zweite als Slave bezeichnet. Weiterhin existiert eine Kabelversion für 2,5- oder 1,8-Zoll-IDE-Festplatten, deren Einsatzort hauptsächlich Laptops sind. Für diese sehr kleinen Laufwerke wird ein 44-poliges Kabel sowie ein Stecker mit verringertem Pinabstand verwendet (Bild 7).

Einbau und Anschluss von IDE-Festplatten

An einen PC-Kontroller können maximal zwei IDE-Platten angeschlossen werden. Der physikalische Einbau des Laufwerks in einen der Laufwerkseinschübe dürfte keine Probleme verursachen. Das 40-polige

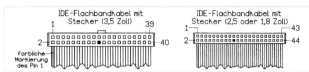

Bild 7
IDE-Flachbandkabel

Kabel besitzt in der Regel drei Stecker. Einer der Stecker wird mit dem Kontroller, die anderen werden mit dem jeweiligen Laufwerk verbunden. Ein Verpolen der Kabel ist im Regelfall nicht möglich, da der Stift für Pin 20 am Kontroller und an den Plattenlaufwerken fehlt. Bei den Steckern am Kabel ist dieser Pin mit einem Plastikeinsatz gefüllt. Hat das Kabel keinen Plastikeinsatz, so gilt das gleiche wie für alle anderen Plattentypen: Pin 1 ist am Kontroller und auf der Festplattenplatine markiert, beim Kabel ist der Pin 1 farblich markiert. Bei Verwendung einer IDE-Festplatte im Computersystem muss auf der Festplattenplatine der Master-Jumper gesetzt sein. Werden zwei IDE-Festplatten angeschlossen, muss eine der Platten auf Master, die andere auf Slave gejumpert werden. Zusätzlich ist auf der Master-Festplatte der Slave-Present-Jumper zu setzen, da andernfalls das BIOS die zweite IDE-Platte nicht erkennen kann. Die Platzierung der Jumper auf der Festplattenplatine kann dem mitgelieferten Handbuch entnommen werden. Die Setup-Einstellungen sind, wie im Kapitel BIOS-Setup beschrieben.

Moderne IDE-Laufwerke

Früher war bei den meisten PC-Systemen das ISA-Bussystem beschränkender Faktor, was die Übertragungsperformance von Festplattenlaufwerken betrifft. Mit Einführung des neuen Bussystems PCI fallen diese Schranken, und der Anwender stellt neue Anforderungen an die Übertragungsgeschwindigkeit seines Plattenlaufwerks. Zur Überwindung der Einschränkungen des ursprünglichen IDE-Interfaces wurde die ATA-Spezifikation (Advanced Technology Attachment) überarbeitet und erweitert. Die derzeit neueste Revision des Standards ist ATA-5. Oftmals wird die erweiterte Schnittstelle im Sprachgebrauch auch mit EIDE bezeichnet, wobei der zusätzliche Buchstabe „E" für „Enhanced" steht.

Im Gegensatz zur ursprünglichen Definition erlaubt ATA (ab ATA-4) nicht nur das Anschließen von Festplattenlaufwerken. Ab der vierten Version werden auch andere Speichermedien, wie z. B Streamer, CD-ROM-Laufwerke oder auch Diskettenlaufwerke, sowie CD-Writer unterstützt..

Übertragungsgeschwindigkeiten und Übertragungsarten

Im Zusammenhang mit der ATA-Spezifikation sind die Begriffe PIO, Einzelwort- und Multiwort-DMA, sowie UltraDMA von Bedeutung, wenn die maximale Übertragungsgeschwindigkeit und die Art der Datenübertragung betrachtet wird.

Der Begriff PIO-Mode steht für programmierte Ein- und Ausgabe und ermöglicht abhängig von der Nummer des Modus Übertragungsraten zwischen 3,33 Mbyte/s und 20 Mbyte/s **(Tabelle 2)**.

Beim Datentransfer im DMA- oder UltraDMA-Modus erfolgt der Datenaustausch über das PCI-Busmastering. Die CPU initialisiert den Datentransfer lediglich und wird durch die Übertragung kaum belastet. Die ersten DMA-Standards für IDE waren der Multiwort- und der Einzelwort-DMA-Modus. Im Einzelwort-DMA-Modus muss von der CPU jede Übertragung eines Datenworts einzeln initiiert werden. Beim Multiwort-Modus sendet die CPU einen Befehl zur Übertragung mehrerer Datenworte **(Tabelle 3)**. Der Festplattenkontroller übernimmt dann den Datenaustausch in den Systemspeicher.

Die Weiterentwicklung des Multiwort-DMA-Modus ist UltraDMA. UltraDMA/33 erlaubt eine maximale Transferrate von 33 MByte/s über

Tabelle 2 *PIO-Modus*

Datenübertragung im PIO-Modus

Modus	Zykluszeit in ns	Datenrate in Mbyte/s	Modus	Zykluszeit in ns	Datenrate in Mbyte/s
0	600	3,33	3	180	11,11
1	383	5,22	4	120	16,66
2	240	8,33	5	100	20,00

Tabelle 3 *DMA-Modus*

Einzelwort-DMA-Modus			Multiwort-DMA-Modus		
Modus	Zykluszeit in ns	Datenrate in Mbyte/s	Modus	Zykluszeit in ns	Datenrate in Mbyte/s
0	960	2,1	0	480	24,2
1	480	4,2	1	150	13,3
2	240	8,3	2	120	16,6

die Schnittstelle. Bei UltraDMA/66 wurde die Datentransferrate auf maximal 66 Mbyte/s erhöht und UltraDMA/100 liegt bei 100 Mbyte/s **(Tabelle 4)**.

Der Betrieb von UltraDMA/33-Geräten ist noch mit einem etwas gekürzten IDE-Kabel möglich. Für Mode-4- und 5-Geräte wird ein spezielles 80-poliges Kabel benötigt, wobei die Stecker auf dem Kabel unverändert 40-polig sind. Die zusätzlichen 40 Leitungen sind auf Masse gelegt und vermindern das Übersprechen der Signale auf die Nachbarleitungen. Auch ist bei diesem Kabeltyp die maximale Länge (max. 457,20 mm) beschränkt, wobei der Abstand zwischen dem ersten und dem zweiten Stecker mindestens 127,00 mm betragen muss und zwischen dem zweiten und dritten Stecker 152,40 mm nicht überschreiten darf.

Kompatibilität

Ein Vorteil des ATA-Standards ist die Abwärtskompatibilität der aktuellen Version 5 bis hin zur Version 1. Alte Festplatten für die IDE-Schnittstelle nach dem ATA-1-Standard laufen somit problemlos an einem modernen UltraDMA/66-Kontroller. Zwar lassen sich im Prinzip auch aktuelle IDE-Festplatten an ein altes ATA-1-Interface anschließen, jedoch ist dies mit großen Einschränkungen verbunden, da alte BIOS-Versionen nur 1024 Zylinder und Kapazitäten bis 528 MByte adressieren können. Im Regelfall sind derartige Lösungen somit inakzeptabel.

Erkennung von Geräten durch den IDE-Kontroller

Ursprünglich konnte mit dem IDENTIFY-DRIVE-Befehl des ATA-Standards nur die Größe und der logische Aufbau (Sektoren, Köpfe, usw.) einer IDE-Festplatte ermittelt werden. Der erweiterte Identify-Befehl bestimmt jetzt zusätzlich welche Übertragungsmodi das IDE-Gerät versteht und welcher Geräteklasse (z. B. Festplatte, CD-ROM oder Streamer) es angehört. Wurden diese Parameter vom Hostkontroller ermittelt, so einigen sich Laufwerk und Hostadapter auf den schnellstmöglichen Modus.

Tabelle 4 *UltraDMA-Modus*

Modus	Zykluszeit in ns	Datenrate in Mbyte/s	Modus	Zykluszeit in ns	Datenrate in Mbyte/s
0	240	16,6	3	90	44,4
1	160	25,0	4	60	66,6
2	120	33,3	5	40	100,0

Installieren von Festplattenlaufwerken

Stefan Eiselt

Sind alle physikalischen Arbeiten, wie Festplatte einbauen, Kabel anstecken usw., abgeschlossen und die Festplatte(n) im BIOS-Setup angemeldet, muss das jeweilige Laufwerk eingerichtet werden. Hierzu bietet MS-DOS zwei wichtige Befehle:

Partitionieren der Festplatte(n)

Der erste Befehl ist FDISK. Seine Aufgabe ist es, die Bootinformation auf die Platte zu schreiben und das Laufwerk zu partitionieren. Unter dem Einrichten von Partitionen versteht man das Aufteilen einer Festplatte in mehrere logische Laufwerke. Die Laufwerke belegen einen Teilbereich der Platte und können unter MS-DOS mit verschiedenen Laufwerksbezeichnungen angesprochen werden (z. B. <C>, <D>, <E>).

FDISK wird durch die Eingabe von FDISK <RETURN> in der DOS-COMMAND-LINE gestartet. Der erste Schritt bei der Partitionierung ist die Auswahl des Laufwerks mit dem fünften Menüpunkt. Hierbei werden die im System vorhandenen Festplatten auf dem Bildschirm angezeigt und können mit einer vorangestellten Referenznummer ausgewählt werden.

Anschließend sollte eine primäre DOS-Partition angelegt werden. Diese Partition trägt als erstes Laufwerk im BIOS-Setup die Kennung <C> als zweites Laufwerk die Kennung <D>. Wird nur ein Teil der Festplatte als primäre Partition verwendet, so besteht die Möglichkeit, zusätzlich eine erweiterte Partition anzulegen. Diese Partition kann im nächsten Arbeitsschritt wiederum in mehrere logische Laufwerke mit jeweils einer eigenen DOS-Kennung (<E>, <F> usw.) unterteilt werden.

Die Kapazitäten der beiden Partitionstypen (primär und erweitert) sollten addiert der Gesamtkapazität der Festplatte entsprechen, da andernfalls der restliche freie Plattenspeicher nicht ansprechbar ist.

Alle Menüpunkte von FDISK sind selbsterklärend und leicht verständlich. Mit jeweils voranstehender Nummer kann einer der Menüpunkte auf jeder Ebene angewählt werden. Angaben über die Speichergröße der jeweiligen Partition erfolgen in Mbyte oder mit einer Prozentangabe (%-Zeichen muss angefügt werden, z. B. 50 %).

Anhand des Dateisystems steuert der Computer, wie Dateien und Ordner auf der Festplatte gespeichert werden. Bei MS-DOS und früheren

Versionen von Windows wurde das Dateisystem FAT16 (= File Allocation Table) verwendet, das Partitionen bis zu einer Größe von 2 Gbyte gestattet. Auch Windows NT und OS/2 sind für dieses Dateisystem geeignet. Da moderne Festplatten Kapazitäten über 2 Gbyte besitzen, verwendet man heute in der Regel das Dateisystem FAT32, das für Speicherkapazitäten von 2 Gbyte bis 2 Tbyte geeignet ist und bei Windows 98 (bzw. ab Windows 95b) und mit speziellen Treibern bei Linux betriebsbereit ist. Entsprechendes gilt auch für das Dateisystem NTFS von Windows NT, Windows 2000 und Windows XP. Für OS/2 gibt es auch das Dateisystem HPFS (= High Performance File System).

Beim Speichern von Dateien oder beim Installieren von Programmen speichert der Computer die entsprechenden Daten in kleinen Bereichen auf der Festplatte, die als Zuordnungseinheiten bezeichnet werden. Je kleiner die Zuordnungseinheiten sind, desto effizienter werden die Daten auf der Festplatte gespeichert. Die Größe der Zuordnungseinheiten hängt von der Größe der verwendeten Partitionen und vom Dateisystem ab.

Es ist mit einem FAT32-Konvertierungsprogramm möglich, ein bestehendes Dateisystem zum FAT32-Dateisystem zu konvertieren. Dabei ist allerdings zu beachten, dass manche Programme mit dem Dateisystem FAT32 nicht laufen. FAT32-Partitionen sind auch für ältere DOS- und Windows-Versionen und für OS/2 nicht lesbar. Das FAT32-System bringt vor allem für größere Festplattenkapazitäten (ab 2 Gbyte) Vorteile. Für das Öffnen von Programmen wird weniger Zeit benötigt, und der Speicherplatz wird effektiver genutzt.

Formatieren der Festplatte(n)

Mit der Partitionierung der Platte ist der Hauptteil der Arbeit bereits getan. Nun müssen alle Partitionen einzeln formatiert werden. Das Betriebssystem bietet für diesen Arbeitsschritt den Befehl FORMAT. Seine Aufgabe ist es, eine DOS-Kennung auf alle Sektoren der Platte bzw. Partition zu schreiben. Beim Formatieren von Festplatten entfällt hierbei die Angabe über die Speicherkapazität des Mediums, da der Befehl mit Hilfe der von FDISK auf der Festplatte angelegten Partitionierungsinformation die Speichergröße ermitteln kann.

Es werden heute verschiedene Partitionierungsprogramme mit zusätzlichen Features angeboten.

Der PCI-Bus
Stefan Eiselt

Der PCI-Bus (Peripheral Component Interconnect), die Local-Busversion von Intel, stellt ein auf dem Motherboard integriertes Bussystem für Peripheriekomponenten dar. Die Entwickler haben alle wichtigen Systemkomponenten wie Festplattenkontroller, Netzwerkanschluss, die Schnittstellen sowie die Grafikkarte direkt auf dem Motherboard integriert und mit Hilfe des PCI-Buskonzepts verbunden. Dieses Konzept wird bei den meisten PCI-Motherboards auch verwirklicht, so integriert so gut wie jeder Hersteller die Standardschnittstellen Enhanced-IDE, zwei serielle Ports und einen parallelen Port und zwei USB-Ports auf der Platine. Auf weitere Komponenten wird im Normalfall verzichtet, da hier, insbesondere bei der Grafikkarte, die Anforderungen der Anwender sehr stark variieren. Moderne Hauptplatinen besitzen in erster Linie PCI-Steckplätze. Es gibt alle Einsteckkarten, wie z. B. Grafikkarten, Soundkarten, ISDN-Karten, Netzwerkkarten usw. in PCI-Ausführung. **Bild 1** zeigt den 32-bit- und den 64-bit-PCI-Busstecker.

Im Gegensatz zu anderen Bussystemen ist das PCI-Bus-System nicht auf eine bestimmte Prozessorarchitektur beschränkt. So kann das Bussystem für verschiedenste Prozessoren nicht nur aus einer Familie eingesetzt werden.

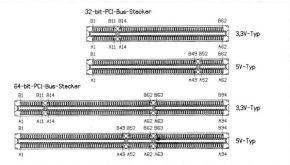

Bild 1 *Aufbau eines Personalcomputers mit PCI-Bus*

Der AGP-Port
Stefan Eiselt

Beim AGP-Port (AGP = Accelerated Graphics Port) handelt es sich im Prinzip um einen PCI-Bus mit einer Taktfrequenz von 66 MHz. Er wurde speziell für Grafikkarten entwickelt. Über den AGP kann die CPU direkt auf den Speicher der Grafikkarte zugreifen. Bei 66 MHz und 32 bit Breite lassen sich bis zu 266 Mbyte/s zwischen Grafikkarte und Hauptspeicher übertragen. Eine optionale Betriebsart gestattet AGP-Transfers mit der doppelten Übertragungsgeschwindigkeit.

Der AGP ist vor allem für die Beschleunigung bewegter und aufwendiger 3D-Grafik von Vorteil. Moderne 3D-Anwendungen arbeiten mit so genannten texturierten Oberflächen. Die Textur, d.h. eine mehr oder weniger große Bitmap, wird dabei auf ein dreidimensionales Objekt gelegt, um der Oberfläche ein realistisches Aussehen zu geben. Je größer die Textur ist, umso detailreicher ist auch das 3D-Objekt. Ein Performanceunterschied gegenüber einer PCI-Grafikkarte ist nur dann zu erwarten, wenn die AGP-Grafikkarte mit einer 3D-Software bedient wird, die mit so großen und so vielen Texturen arbeitet, dass diese nicht mehr im Speicher der Grafikkarte untergebracht werden können. Die AGP-Grafikkarte holt die Texturen für den Bildaufbau mit hoher Geschwindigkeit direkt aus dem Hauptspeicher. Die Performance des Hauptspeichers spielt dabei eine große Rolle, weshalb dieser mit schnellen SDRAMs bestückt werden sollte. Der Speicherdurchsatz ist für Grafikanwendungen von entscheidender Betuetung.

Moderne Hauptplatinen besitzen oft einen AGP-Port zum Einstecken einer Grafikkarte **(Bild 1).** Darüber hinaus muss auch die CPU und der Chipsatz dafür geeignet sein. Das Einstecken von geeigneten Speichermodulen muss möglich sein.

AGP läuft erst ab Windows 95b und selbstverständlich mit den modernen Windows-Versionen. Die jeweilige Software muss den Erfordernissen von AGP entsprechen.

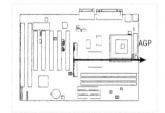

Bild 1
Hauplatine mit AGP
Skizze: Asus

FireWire
Stefan Eiselt

Die FireWire-Technologie stellt eine serielle High-Speed-I/O-Schnittstelle dar, um schnelle Peripherie-Geräte an einen Macintosh-Computer anschließen zu können. Im Januar 1999 wurde von Apple die FireWire-Schnittstelle beim Power Macintosh G3 eingeführt. FireWire ist inzwischen zum Industriestandard IEEE-1394 geworden. Die Schnittstelle eignet sich besonders für Multimedia-Anwendungen wie z. B. Camcorder, aber auch andere High-Speed-Geräte wie Drucker und Festplatten. Die FireWire-Schnittstelle ist für maximal 63 Geräte ausgelegt. Es erfolgt eine automatische Konfiguration, wobei weder Terminatoren noch ID-Nummern zu berücksichtigen sind.

FireWire ist eine Peer-to-Peer-Technologie, wobei man verschiedene Systeme am gleichen FireWire-Bus (FW-Bus) anschießen kann. Somit ist z. B. ein Camcorder über zwei oder mehr Computer nutzbar. Am FW-Bus können neue Geräte ohne Neustart des Computers angeschlossen werden (Hot-Plugging). Für den Anschluss älterer analoger Videogeräte stehen Converter zur Verfügung.

Es werden Datentransferraten von 100 Mbit/s, 200 Mbit/s oder 400 Mbit/s (12,5 Mbyte/s, 25 Mbyte/s oder 50 Mbyte/s) ermöglicht, wobei gemischter Betrieb unterschiedlich schneller Geräte problemlos bewältigt wird.

Die Konfiguration ist einfach, da keine Geräte-IDs, Einstellverfahren oder Abschlusswiderstände nötig sind. Es können preiswerte, dünne serielle Kabel verwendet werden. Die Geräte sind seriell hintereinander geschaltet wie in einer Kette. Verzweigungen sind bei Geräten mit zwei oder mehr 1394-Ports möglich. Es dürfen nur 16 Kabelstücke mit maximal je 4,5 m Länge in einer Kette vorhanden sein. Damit ist die Zahl der Geräte auf 17 hintereinander beschränkt. Schleifen zwischen und innerhalb verschiedener Stränge sind verboten. Jedes Gerät muss für saubere Signale an den Geräteausgängen sorgen und die Signale bei Bedarf „auffrischen". Die Spannungsversorgung der Geräte ist über das Datenkabel möglich sofern die Betriebsspannung bei 8...40 V bei einem Strom von maximal 1,5 A liegt.

Die digitalen Schnittstellen Firewire, IEEE 1394-1995, i.Link und Lynx sind kompatibel zueinander bzw. nur verschiedene Bezeichnungen für die selbe Sache. Für Firewire und IEEE 1394 sind sechspolige Steckverbinder vorgesehen.

Die serielle Schnittstelle des Personalcomputers
Stefan Eiselt

Die serielle Schnittstelle im PC ist eine abgespeckte Version der RS232-C-Norm. Die Steckverbindung **(Bild 1)** enthält nur die für das asynchrone Protokoll erforderlichen Leitungen. Jeder PC kann hierbei bis zu vier serielle Schnittstellen enthalten. Diese heißen AUX, COM1…COM4 (COM = Communication Interface/Kommunikationsschnittstelle), wobei AUX und COM1 äquivalente Bezeichnungen sind. Mit den genannten Bezeichnungen sind die Schnittstellen ansprechbar. Wurde z. B. eine Maus mit der seriellen Schnittstelle COM1 verbunden, so muss dies dem Maustreiber mitgeteilt werden; oder ist ein Modem an COM2 angeschlossen, so muss im Terminalprogramm diese Schnittstelle angewählt werden. Zum Anschluss von Peripheriegeräten an die serielle Schnittstelle des PCs existieren zwei unterschiedliche Steckertypen: eine 9-polige und eine 25-polige Sub-D-Version mit Stecker am PC.

Tabelle 1 zeigt die Belegung und Signale der 25- und 9-Pin-Steckverbindung.

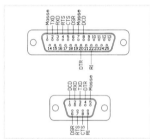

Bild 1
Steckverbindung RS232-Schnittstelle

Tabelle 1 *Belegung 25polige Steckverbindung*

25-Pin	9-Pin	Signal	Richtung	Beschreibung
01	–	GND	–	Gehäuseabschirmung (Masse)
02	03	TXD	DTE → DCE	Transmit Data
03	02	RXD	DTE → DCE	Receive Data
04	07	RTS	DTE → DCE	Request to Send
05	08	CTS	DTE → DCE	Clear to Send
06	06	DSR	DTE → DCE	Data Set Ready
07	05	GND	–	System Ground (Common)
08	01	DCD	DTE → DCE	Carrier Detect
20	04	DTR	DTE → DCE	Data Terminal Ready
22	09	RI	DTE → DCE	Ring Indicator
23	–	DSRD	DTE ↔ DCE	Data Signal Rate Detector

Die parallele Schnittstelle des Personalcomputers
Stefan Eiselt

Jeder PC ist mindestens mit einer parallelen Schnittstelle ausgerüstet. Die Schnittstelle ist meistens auf dem Motherboard untergebracht. Das BIOS eines PCs kann in der Regel bis zu vier parallele Schnittstellen verwalten. Diese werden als PRN (= Printer), LPT1, LPT2, LPT3 und LPT4 (LPT: Line Printer/Zeilendrucker) bezeichnet, wobei die Bezeichnung PRN gleichbedeutend mit LPT1 ist.

Die Hauptaufgabe der parallelen Schnittstelle(n) beschränkt sich im Wesentlichen auf das Übertragen von Druckerdaten. Zur Übertragung wird ein so genanntes Centronics-Kabel verwendet. An diesem Kabel befinden sich zwei verschiedene Steckertypen:

- zum einen die PC-seitige 25-polige Sub-D-Steckverbindung
- zum anderen die druckerseitige 36-polige Centronics-Steckverbindung (**Bild 1**).

Die Hälfte der Pins werden als Masseleitungen und die andere Hälfte als Daten- bzw. Steuerleitungen verwendet.

Tabelle 1
Belegung 25polige Steckverbindung

25 Pins	Beschreibung
1	Rechner möchte Daten senden
2...9	Datenleitung 0...7
10	Daten vom Drucker empfangen
11	Drucker ist beschäftigt
12	Druckerpapier ist zu Ende
13	Drucker ist ansprechbar
14	Automatischer Seitenvorschub
15/32	Druckerfehler
16/31	Drucker zurücksetzen
17/36	Drucker auswählen
18...25	Signalmasse
19, 30, 33	0 V
–/17	Gehäusemasse
–/18	+5 V
–/34, 35	nicht belegt

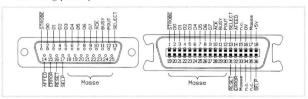

Bild 1 *Die Steckverbindung 25-polig Sub-D und Centronics*

Die USB-Schnittstelle

Stefan Eiselt

An eine USB-Schnittstelle (USB = Universal Serial Bus) lassen sich bis zu 127 Geräte anschließen. Die Steckvorrichtung für die Schnittstelle **(Bild 1)** ist auf modernen ATX-Hauptplatinen in zweifacher Ausfertigung vorhanden. An den USB können langsame Geräte wie die Maus und die Tastatur, aber auch schnelle Geräte wie Modems und Videokameras angeschlossen werden. Dafür sind auf derselben Schnittstelle ein Low-Speed-Kanal mit 1,5 Mbit/s und ein Medium-Speed-Kanal mit 12 Mbit/s untergebracht. Die neue Version USB 2.0 erlaubt einen High-Speed-Kanal mit 480 Mbit/s. Die vierpolige Steckvorrichtung ist für alle USB-Geräte gleich. Es handelt sich um einen seriellen Bus mit Punkt-zu-Punkt-Verkabelung. Die Daten werden über ein bidirektionales Leitungspaar (Datenleitungen D+ und D–) geführt. Wegen der differentiellen Datenübertragung wirken externe Störungen gleichermaßen auf beide Signalleitungen und lassen sich damit auf der Empfängerseite problemlos ausfiltern. Vorhanden sind noch die Stromversorgungsleitung (5 V, 500 mA) und die Masseleitung.

Für High-Speed-Geräte stehen geschirmte und verdrillte Kabel bis 5 m Länge und für Low-Speed-Geräte unverdrillte und ungeschirmte Kabel bis 3 m Länge zur Verfügung.

Der USB ist in einer kombinierten Stern- und Strangstruktur ausgelegt. Der Hostadapter befindet sich im Computer. An die Ausgänge des Hostadapters können einzelne Geräte oder Hubs (= Busverteiler) angeschlossen werden. Die Hubs lassen sich beliebig kaskadieren.

Ähnlich wie bei SCSI wird jedem Gerät eine ID zugeordnet. Das erfolgt über den USB-Host. Beim Einschalten des Systems hat jedes Gerät zunächst die ID 0. Der Host sucht dann im Strang jedes Gerät und teilt ihm eine ID zu. Darüber hinaus besitzt jedes Gerät eine feste Hardwareerkennung. Das USB-Gerät informiert bei der Initialisierung den Hostadapter über den unterstützten Datentyp und die benötigte Bandbreite. Der USB-Betrieb ist ab Windows 95b möglich.

Bild 1   *Die USB-Steckvorrichtung (Computerseite)*
1 = + 5 V, 2 = Datensignal –,
3 = Datensignal +, 4 = Masse

SCSI-Schnittstellen
Stefan Eiselt

SCSI (Small Computer System Interface) ist eine leistungsfähige und zugleich auch variabele Schnittstelle zum Einbinden von Festplatten, CD-ROM-Laufwerken, Scannern und anderen Geräten in das Computersystem. SCSI ist ein System, das im PC und bei anderen Computern im Workstationbereich Anwendung findet. Da sich am Bus nicht nur Festplatten, sondern auch andere Geräte wie Laserdrucker, Scanner, Streamer usw. anschließen lassen, kann der SCSI-Standard als universelle Schnittstelle bezeichnet werden.

Das SCSI-Interface ist wie das AT-Bus-System eine High-Level-Schnittstelle, die ausschließlich befehlsgesteuert arbeitet. Am Bus können bis zu acht Geräte angeschlossen werden, wobei der SCSI-Host-Adapter eine der Unitnummern belegt. Dieser stellt somit selbst ein Busdevice dar und dient als „Übersetzer" zwischen dem SCSI-Bus und dem Computerbussystem. Zur gleichen Zeit können bei SCSI maximal zwei Einheiten aktiv sein und miteinander kommunizieren. Im Regelfall ist dies eines der Busgeräte als Target und der Host-Adapter als Initiator, der Daten anfordert oder übergeben möchte. Zusätzlich besteht die Möglichkeit, dass zwei Einheiten unabhängig vom Host untereinander Daten austauschen. Fast alle SCSI-Geräte, die dem SCSI-2-Standard entsprechen, sind zu dieser Art der Kommunikation fähig. Eine weitere Fähigkeit, die SCSI besitzt, dient zur Beschleunigung der Abläufe im System. Eine in der Datenverarbeitung langsamere Einheit sollte die Möglichkeit besitzen, den Bus freizugeben, sobald der Pufferspeicher gefüllt ist (z.B. Druckerpuffer) oder das Gerät neue Daten verarbeiten muss (z.B. Scanner). Diesen Vorgang nennt man Disconnect. Sind alle Daten verarbeitet oder stehen neue Daten zur Verfügung, bekommt die Einheit den Bus wieder zugeteilt (Reconnect) und kann weitere Daten empfangen bzw. senden. Bei Anwendung dieses Verfahrens werden die Rollen vertauscht, d.h., das Gerät wird zum Initiator (Busmaster) und der Host-Adapter, der Daten benötigt oder schreiben möchte, zum Target.

Die Datenübertragung bei SCSI kann synchron oder asynchron stattfinden. Asynchron ist die Standardübertragungsmethode bei SCSI, d. h. alle Geräte arbeiten nach dem Einschalten nach diesem Verfahren. Hierbei wird jede Übertragung individuell mit REQ angefordert und mit ACK quittiert (synchronisiert).

Synchrone Übertragung ist nur während der Nutzdatenübertragung (Data Phases) zulässig. Mit der vereinbarten Datenrate wird eine bestimmte Anzahl von Datenpaketen ohne Quittung an das Ziel geschickt. Zwischenzeitlich erfolgen die Rückmeldungen, womit die Anzahl der empfangenen Datenpakete synchronisiert wird.

Mittlerweile existieren drei unterschiedliche Varianten des SCSI-Standards, SCSI-1, SCSI-2 und SCSI-3. Hierbei wurde die ursprüngliche SCSI-1-Norm vollständig durch SCSI-2 ersetzt, weshalb SCSI-1 offiziell aus der Liste der gültigen Normen gestrichen wurde. Die SCSI-3-Definition wiederum stellt eine Erweiterung von SCSI-2 um zusätzliche Fähigkeiten und logische und physikalische Übertragungsarten dar, wobei mit SCSI-3 die elektrischen Parameter von SCSI exakter spezifiziert wurden. Somit sollte es im Normalfall kein Problem darstellen SCSI-2-Geräte an einem SCSI-3-Bus und umgekehrt SCSI-3-Geräte an einem SCSI-2-Bus zu betreiben. Nur bei SCSI-1-Geräten an einem modernen Bus können vereinzelt Kompatibilitätsprobleme auftreten.

Die **Tabelle 1** stellt alle derzeit verfügbaren SCSI-Standards und deren maximal mögliche Übertragungsgeschwindigkeit dar. Die neueste Entwicklung ist hierbei der Wide-Ultra3-Standard, der von einigen Herstellern auch mit Ultra160 bezeichnet wird. Die eindeutige Identifizierung aller am Bus angeschlossenen Geräte erfolgt bei SCSI über die ID.

Tabelle 1 *Daten der SCSI-Varianten*

Ausführung	Datenübertragungsrate in Mbyte/s	Busbreite in bit	maximale Gerätezahl	maximale Kabellänge in m
SCSI, SCSI-1/2/3	5	8	8	6
Fast SCSI-2, Fast 10	10	8	8	3
Wide SCSI-2, Fast-10 Wide	20	16	16	3
Ultra SCSI-2 Fast-20	20	8	8	1,5
Wide Ultra SCSI, Fast-20 Wide	40	16	8	1,5
Wide Ultra SCSI, Fast-20 Wide	40	16	16	12 (LVD)
Ultra-2 SCSI, Fast 40	40	8	8	12 (LVD)
Wide Ultra-2 SCSI, Fast-40 Wide	80	16	16	12 (LVD)
Ultra-3 SCSI (160)	160	16	16	12 (LVD)
Wide Ultra SCSI (320)	320	16	16	12 (LVD)

Betriebssysteme und Konfiguration

Grundsätzliches zum Betriebssystem	286
Das BIOS	287
Windows 95, Windows 98, Windows ME	288
Windows NT	290
Windows CE	291
Windows 2000 Professional	292
Windows XP	293
UNIX	295
Linux	296
Das Betriebssystem DOS	299
Die Programmiersprachen	301
Ergonomie von Benutzeroberflächen	303
Anwendersoftware: Office-Produkte	305
Grafikprogramme	307
Utilities und Fehlersuchprogramme	308

Grundsätzliches zum Betriebssystem
Stefan Eiselt

Um die Arbeitsweise eines Betriebssystems zu verstehen, sollte man sich eine Ansammlung von Programmen vorstellen, die dem Anwender umfassende Dienste anbieten, um alle Abläufe im Computer zu regeln.

Der wichtigste Teil des Betriebssystems, der so genannte Betriebssystemkernel, wird beim Systemstart von Festplatte, Diskette oder aus einem Speicherbaustein resident in den Arbeitsspeicher des Rechners geladen. „Weniger wichtige" Zusatzprogramme des Systems stehen dem Anwender auf Festplatte oder Diskette zur Verfügung und werden nur im Bedarfsfall gestartet.

Somit kann ein Betriebssystem in zwei Komponenten unterteilt werden:
Die erste Komponente ist für den Anwender nicht sichtbar. Sie beinhaltet alle für den Ablauf des Systems wichtigen Routinen und dient zur direkten Steuerung der Computerhardware. Folgende Aufgabengebiete werden von dieser Komponente übernommen:

Die Ablaufplanung
Zur besseren Auslastung des Rechnersystems steuert das Betriebssystem den Programmablauf, d.h. die Reihenfolge der abzuarbeitenden Aufträge des Benutzers.

Die Betriebsmittelzuteilung
Jeder Programmablauf benötigt Betriebsmittel wie z.B. Speicher, Rechenzeit, Datenkanäle usw. Diese stehen nicht uneingeschränkt zur Verfügung und werden deshalb vom Betriebssystem vergeben.

Die Unterbrechungsbehandlung Das Betriebssystem muss auch die Möglichkeit bieten, laufende Programme zu unterbrechen und danach fortzusetzen, um auf gewisse Ereignisse zu reagieren (Daten liegen an der seriellen Schnittstelle an usw.).

Der Dateizugriff
Das Betriebssystem verwaltet die Massenspeichermedien (z.B. Festplatte, Diskette, CD-ROM) und stellt dem Anwender Speicherplatz – zum Speichern und Laden von Dateien – auf dem jeweiligen Datenträger zur Verfügung. Die zweite Komponente des Betriebssystems baut auf der ersten auf. Sie umfasst alle Arten von Zusatz- und nützlichen Hilfsprogrammen, die zum Arbeiten am Computer unerlässlich sind.

Diese Programme ermöglichen dem Anwender, zahlreiche Systemeinstellungen vorzunehmen, Operationen auf Massenspeichermedien durchzuführen und vieles mehr. Hilfreich sind auch im Betriebssystem integrierte Diagnoseprogramme.

Das BIOS
Stefan Eiselt

Zunächst wird bei Einschalten des Computers das BIOS (= Basic Input Output System) abgearbeitet. Es ist in einem EEPROM- oder Flash-Speicher auf der Hauptplatine des Computers zu finden und enthält den geräteabhängigen Teil der Steuerlogik. Da Computer sehr unterschiedlich aufgebaut sein können, hat man mit dem BIOS die Möglichkeit die Hardware des Computers an die Erfordernisse anzupassen. Damit ist der Vorteil gegeben, ein Betriebssystem auf unterschiedlichen Computern laufen zu lassen, ohne das Betriebssystem umzuschreiben.

Durch Drücken einer Taste (in der Regel „Del") kurz nach dem Einschalten des Computers wird das Setupmenü des BIOS aktiviert.

Es ermöglicht Einstellungen zum Datum, zur Uhrzeit, zu den angeschlossenen Festplatten und Diskettenlaufwerken, zur Konfiguration des Chipsatzes, der Schnittstellen, der PCI- und AGP-Slots (IRQ, DMA), zum Power Management, zur Eingabe eines Passwortes usw. Bei Änderungen an der Hardware eines PCs sollten auch die BIOS-Einstellungen überprüft werden.

Beim Start des Computers werden der POST (Power On Self Test), die SystemInitialisierung, und die Boot-Routine eingeleitet. Anschließend erfolgt der Runtime-Service mit der Dienstprogrammverwaltung und dem Hardware-Interrupt. Der POST testet und initialisiert die zentrale PC-Hardware und eventuelle Erweiterungen. Der Test beginnt bei der CPU. Danach wird eine Checksumme über das BIOS gebildet und mit der gespeicherten Checksumme verglichen. Weiterhin erfolgen Tests und die Initialisierung der Echtzeituhr, der ersten 64 Kbyte des RAMs, der DMA-Controller, der Tastatur-Controller, der InterruptController und der Cache-Controller. Beim DualBIOS bzw. dem doppelten BIOS sorgt ein zweites Sicherheits-BIOS dafür, dass im Schadensfall (z. B. Virusangriff oder fehlerhaftes Flashen) ein weiteres intaktes BIOS zur Verfügung steht. Wird ein fehlerhaftes Start-BIOS erkannt, erfolgt die automatische Umschaltung auf das Sicherheits-BIOS.

Hersteller von BIOS sind u. a. AMI (American Megatrends Inc.) (www.ami.com), Award (gehört zu Phoenix) (www.award.com), MR BIOS (mrbios.com) und Phoenix (www.phoenix.com). Änderungen im BIOS sollten stets gut überlegt werden. Falsche Einstellungen führen oft zum Computerabsturz.

Windows 95, Windows 98, Windows ME
Stefan Eiselt

Windows als grafische Erweiterung von MS-DOS wurde in der Version 1.01 im November 1985 von Microsoft eingeführt. Zum Konzept gehörte Multitasking, d. h. mit verschiedenen Programmen konnte mit Hilfe der Fenstertechnik gleichzeitig gearbeitet werden. Für Windows-Programme stehen DLLs (= Dynamic Link Libraries) zur Verfügung, auf die nach dem Aufruf zugegriffen werden kann.

Wesentlich verbessert gegenüber DOS wurde auch die Speicherverwaltung, die eine der Hauptaufgaben von Windows ist. Zwei Jahre danach folgte mit zahlreichen Verbesserungen die Version 2.03, die nicht mehr den Charakter eines Spieleprogramms zeigte. Im Sommer 1988 folgte die Version 2.10 in zwei Ausgaben für 8086/80286-Rechner und für 386er-Rechner. Bedeutende Unterschiede gegenüber den Vorgänger-Versionen zeigte die im Mai 1990 erschienene Version 3.0. Eine neue Speicherverwaltung, verbesserte Programm- und Dateimanager usw. waren Merkmale der neuen Version, deren letzte Fassung die Ausgabe 3.11 war.

Windows 95 war der Nachfolger von Windows 3.11 und Windows für Workgroups. Das neugestaltete Betriebssystem enthielt zahlreiche Verbesserungen wie einfachere Bedienung, höhere Verarbeitungsgeschwindigkeit und Netzwerkanbindung. Im Gegensatz zu den Vorgängern war Windows 95 ein eigenständiges Betriebssystem, d. h. DOS wurde als Betriebssystemgrundlage nicht mehr benötigt. Für DOS-Applikationen ließen sich aber auf der Benutzeroberfläche Fenster öffnen. Der Dateimanager von Windows 3.11 wurde durch den Windows Explorer ersetzt. Die Installation der Hard- und Software wurde vereinfacht. Die Konfiguration erfolgte durch Plug and Play. Ein optimierter Code und die 32-bit-Funktionen der Win32-Bibliothek sorgten dafür, dass Windows 95 schneller lief als die Vorgängerversionen. Die Anbindung an Netzwerke wurde unterstützt. Ebenso erfolgte die Multimedia-Unterstützung.

Die Version Windows 98 baute im Wesentlichen auf Windows 95 auf und zeichnete sich durch eine hohe Kompatibilität zu älterer Hard- und Software aus bei gleichzeitiger Unterstützung moderner Komponenten. Hervorzuheben war die einfache Bedienung und Konfiguration. Die zweite Ausgabe von Windows 98, die „Second Edition" SE (Windows

98 SE), war mit dem Windows 98 Service Pack, dem Internet Explorer 5, Net-Meeting3 und Media Player 6.1. Microsoft Plus! 98 mit zusätzlichen Systemdienstprogrammen und Desktop-Funktionen sowie einigen Spielen ausgerüstet.

Windows 98 lädt häufig benutzte Programme und Dateien in kurzer Zeit. Der Installationsvorgang (Update Setup), der Systemstart und das Beenden des Systems gehen schnell vonstatten. Der Windows 98 Tuning Assistent optimiert regelmäßig das System, defragmentiert die Festplatte, beschleunigt so Programme und löscht nicht erforderliche Dateien. Das FAT 32 Dateisystem nutzt den Platz auf Festplatten besser aus; Anwender können Festplatten über 2 Gbyte als eine Partition einrichten.

Mit Windows 98 ausgelieferte PCs ermöglichen mit der OnNow-Technologie die sofortige Systembereitschaft, der langwierige Boot-Vorgang entfällt. Das Betriebssystem testet regelmäßig die Festplatte, Systemdateien und Konfigurationsinformationen. Es orientiert sich bei der Benutzeroberfläche am Internet, so dass der Anwender stets das gleiche Look and Feel hat – egal, ob sich die Daten auf der lokalen Festplatte, im Internet oder im Intranet befinden. Windows 98 ist eine schnelle Plattform für den Internet Explorer und ermöglicht hohe Übertragungsgeschwindigkeiten durch die gleichzeitige Nutzung mehrerer Verbindungen (Multi Link Aggregation).

Die Millennium Edition Windows ME von Windows war der Nachfolger von Windows 98 SE. Es handelte sich um kein neues Betriebssystem, sondern vielmehr um ein Update von Windows 98 mit einigen neuen Features und Verbesserungen. Das Upgrade ist möglich von Windows 95, Windows 98 und Windows 98 SE. Nach Angabe von Microsoft sind bessere Tools für Digital-Media, zuverlässigere Internet-Tools und zusätzliche interessante Spiele enthalten. Die Stabilität des Systems wurde verbessert.

Die für alle anspruchsvollen Grafikanwendungen notwendige Leistung erbringt das Betriebssystem mit Hilfe der DirectX-Bibliotheken für schnellen Hardware-Zugriff. Darüber hinaus beherrscht das Betriebssystem das parallele Ansteuern mehrerer Monitore für Präsentationen, Software-Entwicklung oder CAD (Computer Aided Design). Windows 98 bietet das Anmelden an einem Dial-Up-Server und den entsprechenden Verbindungsaufbau auch in Virtual Private Netzwerken, es fungiert bei Bedarf selbst als Dial-Up-Server. Letzteres war bislang nur mit Windows NT möglich.

Windows NT
Stefan Eiselt

Etwa sieben Jahre Entwicklungszeit und mehr als 150 Millionen Dollar stecken in der Betriebssystemneuentwicklung von Microsoft, Windows NT. Der Ursprung der Entwicklungsarbeiten ist im Jahr 1988 zu suchen. Damals wollte Microsoft einen OS/2-Nachfolger schaffen, der auch auf RISC-Maschinen einsetzbar sein sollte. Mit Dave Cutler, einem ehemaligen Mitarbeiter von Digital Equipment und Mitentwickler des Betriebssystems VMS, wurden die Grundlagen für das NT-Projekt (NT für New Technology) geschaffen. Geplant war ein extrem modular aufgebautes System, das auf einer möglichst breiten Palette von Hardwareplattformen angeboten werden sollte. Doch erst mit dem Windows-Boom im Jahr 1990 wurde klar, welchen Weg das NT-Projekt gehen sollte. Alle bisherigen Überlegungen sollten die Grundlage für ein eigenständiges modernes Windows-Betriebssystem, Windows NT, bilden. Eine erste Endversion von Windows NT wurde im Jahr 1993 für verschiedene Computersysteme ausgeliefert: eine Intel-Version für 80386-, 80486- und Pentium-Rechner, eine RISC-Version für Rechner mit R4000-CPU und eine Version für den Alpha-PC von DEC. Seit 1995 konnte Windows NT mit der Version 3.51 auch auf Plattformen mit PowerPC-Prozessor eingesetzt werden.

Die wichtigen Fähigkeiten von Windows NT sind:

- Windows NT ist ein eigenständiges Betriebssystem und somit ohne MS-DOS ablauffähig.
- Windows NT ist ein 32-bit-Betriebssystem, wodurch das Leistungspotential eines 32-bit-Prozessors erst richtig genutzt wird. Die 32-bit-Architektur ermöglicht weiterhin die Nutzung eines nicht segmentierten RAM-Speichers von bis zu 4 Gbyte Größe.
- Ein Großteil der DOS-Anwendungen und die meisten Windows-Programme können ausgeführt werden. Auf RISC-Maschinen steht hierfür ein PC-Emulator zur Verfügung. 16-bit-Windows-Programme laufen in der Regel jedoch langsamer als unter Windows 3.1 ab.
- Sourcecode-kompatible POSIX-Schnittstelle nach IEEE 1003.1.
- Das Betriebssystem ist multiprozessorfähig. Hierbei setzt Microsoft auf symmetrisches Multiprocessing, wodurch eine homogene Rechnerarchitektur (System aus identischen CPUs) erforderlich wird. NT verteilt lauffähige

Threads (kleinste ausführbare Einheit bei Multitaskingsystemen) auf die Prozessoren und arbeitet diese gleichzeitig ab. Somit können Anwendungen, aber auch Teile des Betriebssystems parallel ablaufen.
- Windows NT unterstützt sowohl Peer-to-Peer-Netzwerkverbindungen (System mit nahezu gleichberechtigten Rechnern) als auch das Client-Server-Modell (LAN-Manager).
- Windows NT entspricht der Sicherheitsstufe C2 des amerikanischen Verteidigungsministeriums.

Als Hardwareplattform benötigt Windows NT mindestens einen Rechner mit Pentium-Prozessor, 16 Mbyte RAM und 70 Mbyte Festplattenkapazität.

Heute wird Windows NT nur mehr als Server-Betriebssystem angeboten. Windows NT Server 4.0 ist einfach zu installieren und zu bedienen. Die Server-Plattform erfüllt die Anforderungen im Internet- und Intranetbereich eines Unternehmens. Mit dem integrierten Webserver wird das Internet zum Bestandteil des Betriebssystems. Systemfehler in Hardware und Software werden nach Möglichkeit korrigiert. Tools zur Wiederherstellung von Daten und System werden geboten.

Windows NT Server, Enterprise Edition bietet eine erweiterte Skalierbarkeit und Verfügbarkeit sowie eine vereinfachte Verwaltung. Das clusterfähige Betriebssystem unterstützt Server mit symmetrischen Multiprocessing (SMP) mit bis zu acht Prozessoren. Die eingebauten Komponenten Microsoft Transaction Server und Message Queue Server erleichtern das Erstellen und Verwalten von Anwendungen die Tausende von Computern in Unternehmensnetzwerken verbinden. Die Transaktionen bleiben im vollen Umfang geschützt und die Zustellung der Nachrichten ist gewährleistet.

Windows CE

Stefan Eiselt

Das Betriebssystem Windows CE wurde vor allem für mobile Endgeräte wie PDAs, Webpads und Handhelds, aber auch für Spielekonsolen, Mobilfunkgeräte und Smartphones entwickelt. Dank der Multiple-Plattform- und Echtzeitfähigkeit wird es in Geräten mit unterschiedlichen Hardware-Plattformen und auch im Embedded-Bereich eingesetzt. Es handelt sich um ein 32bit-Multitasking-Multithread-Betriebssystem mit offener Architektur. Windows CE ist kompakt, was eine hohe Leistung bei Konfigurationen mit begrenztem Arbeitsspeicher ermöglicht und auch skalierbar wodurch Multimediaprodukte unterstützt werden. Die Version 2.00 war vor allem für PDAs geeignet. Heute stehen verschiedene Ausführungen wie z.B. Windows CE 3.0 und Windows CE embedded zur Verfügung.Die Version Windows CE 3.0 wurde hauptsächlich für Notebooks entwickelt. Obwohl das Betriebssystem wie Windows 98 aussehen soll, sind naturgemäß doch einige Abstriche zu machen, was besonders für Office-Anwendungen gilt. Da die Office-Anwendungen von Windows CE ein anderes Datenformat als die Originalprogramme verwenden, ist eine Konvertierung der Dateien nötig. Windows CE ist kompakt, was eine hohe Leistung bei Konfigurationen mit begrenztem Arbeitsspeicher ermöglicht.

Windows 2000 Professional
Stefan Eiselt

Windows 2000 richtet sich in erster Linie an professionelle Anwender (Windows 2000 Professional), bietet jedoch auch ein Update für das Umstellen vom Betriebssystem Windows 95 bzw. 98 auf Windows 2000. Das Betriebssystem bietet u. a. Powermanagement, Plug&Play und DirectX. Es ist leichter zu verwalten und weist verbesserte Reparaturfunktionen auf. Die Netzwerkkomponenten wurden aufgewertet und die modernisierte Bedienoberfläche kommt Einsteigern zugute. USB wird voll unterstützt. Es stehen auch Multimedia- und Spiele-Funktionen entsprechend Windows 98 komplett zur Verfügung. Das System ist entsprechend Windows NT auf Betriebs- und Zugangssicherheit getrimmt.

Die Produktfamilie der Windows 2000 Server umfasst die Versionen Windows 2000 Server, Windows 2000 Advanced Server und Windows 2000 Datacenter Server. Mit ihr bietet Microsoft eine Palette von Lösungen, die auf die spezifischen Anforderungen von Unternehmen abgestimmt sind. So handelt es sich bei der Standardversion, Windows 2000 Server, um ein Multi-Purpose-Betriebssystem für Firmen und Netzwerke jeder Größe, während Windows 2000 Advanced Server vor allem die Infrastruktur für unternehmenskritische Web- und Anwendungsserver bereitstellt. Das High-End-Betriebssystem Windows 2000

Datacenter Server bietet eine hohe Verfügbarkeit, Skalierbarkeit und Stabilität und wurde speziell für Netzwerke mit umfangreichem Datenaufkommen entwickelt.

Die Windows 2000 MultiLanguage Version ist eine eigenständige Version von Windows 2000, bei der die Sprache der Benutzeroberfläche den Einstellungen der einzelnen User entsprechend geändert werden kann. Sie wird für alle Windows 2000 Versionen angeboten. **Tabelle 1** zeigt die Systemanforderungen.

Tabelle 1
Systemanforderungen für Windows 2000

Windows 2000	Professional	Server	Advanced Server	Datacenter Server
maximal CPUs	2	4	8	32
max. Speicher in Gbyte	4	4	8	32
RAM in MByte	64	128	128	256
freier Festplattenspeicher in Gbyte	0,65	1	1	1

Windows XP
Stefan Eiselt

Die neueste Version von Microsoft Windows ist Windows XP. Die Abkürzung XP steht für das englische Wort „experience" = Erfahrung, Erleben. Sie symbolisiert die Möglichkeiten, die sich den Anwendern mit der Version Windows XP eröffnen. Besonderes Augenmerk wurde auf die Benutzerfreundlichkeit gelegt.

Mit Windows XP führt Microsoft die bisherigen Produktlinien Windows 9.x und Windows NT, technologisch gesehen, zusammen. Die weiterentwickelte Windows-NT-Architektur ist die gemeinsame Basis sowohl für Heimsysteme als auch für Businesssysteme. Den Anwendern bietet Windows XP eine Kombination der Zuverlässigkeit und Stabilität von Windows 2000 mit Home-Computing-Funktionen ebenso wie die Unterstützung für Home-Networking und Internetanwendungen. Unternehmen profitieren von der erweiterten Leistungsfähigkeit von Windows XP. Das Betriebssystem unterstützt sowohl 32-bit- als auch 64-bit-Architekturen und stellt eine stabile Plattform zum Aufbau unternehmenskritischer Umgebungen zur Verfügung. Dementsprechend stehen zwei Ausgaben von Windows XP zur Verfügung, und zwar Windows XP Home Edition, abgestimmt auf die Bedürfnisse der Heimanwender, und Windows XP Professional für den Einsatz in Unternehmen. Die Benutzeroberfläche wurde gegenüber den früheren Windows-Versionen entscheidend weiterentwickelt.

Die Neuerungen resultieren dabei aus dem Feedback von zahlreichen Anwendern und aus Forschungs- und Entwicklungsergebnissen von Microsoft. Die benutzerfreundliche Oberfläche erleichtert taskbasierte Computerarbeit und stellt für jeden Benutzertyp spezifische Steuerungsfunktionen zur Verfügung. Merkmale sind auch eine klar strukturierte Farbgebung und ein übersichtlicher Aufbau. Von Digitalkameras und Scannern können Bilder problemlos auf den PC kopiert werden, um dort die Dateien zu betrachten, zu bearbeiten oder zur Benutzung durch andere Anwender freizugeben. Bei Fragen oder Problemen, die während der Arbeit am PC auftreten, kann der Anwender eine direkte Verbindung zu Experten herstellen.

Eingeführt wurde ein Aktivierungsmechanismus. Der Anwender muss das Produkt über das Internet oder per Telefon aktivieren lassen. Hierbei wird von Anwenderseite ein automatisch generierter Installationscode angegeben, woraufhin ein Bestätigungscode das Produkt aktiviert.

Plus! für Windows eröffnet neue Möglichkeiten der Anpassung des Computers an die eigenen Vorstellungen. Das Programm weist viele neue Funktionen und Hilfsmittel auf. Die Audio- und die Grafikqualität, insbesondere auch die 3-D-Grafik können wesentlich verbessert werden.

Die Anforderungen an den Computer sind:

- Prozessor: Intel Pentium oder Celeron-Familie sowie AMD K6 Athlon- oder Duron-Familie bzw. kompatible Prozessoren. Empfohlener Prozessortakt 300 MHz oder höher, mindestens aber 233 MHz.
- Arbeitsspeicher: 128 Mbyte oder mehr, mindestens aber 64 Mbyte, wobei dann die Leistung einiger Funktionen eingeschränkt sein kann.
- Festplatte: Mindestens 1,5 Gbyte Festplattenspeicher. Die tatsächlichen Anforderungen sind von der jeweiligen Systemkonfiguration und den installierten Anwendungen abhängig. Bei der Installation über ein Netzwerk kann zusätzlicher Festplattenspeicher nötig sein.
- Laufwerke: CD-ROM oder DVD-Laufwerk.
- Peripherie: Super VGA-Grafikkarte und Monitor mit einer Auflösung von 800 x 600 oder höher. Für die Videoaufnahmefunktion Windows

Movie Maker ist ein geeignetes digitales oder analoges Videoaufnahmegerät erforderlich (Prozessor mindestens 400 MHz).

Für das Paket Plus! für Windows wird ein Prozessor mit 750 MHz Taktfrequenz oder höher, mindestens aber 500 MHz gefordert. Es ist eine Direct3D-kompatible Grafikkarte zu wählen.

UNIX

Stefan Eiselt

Zu Beginn der 70er Jahre wurde bei Bell Laboratories, einer gemeinsamen Tochter von Western Electric und AT&T, auf dem heute schon legendären PDP-7, zunächst in Assembler, UNIX entwickelt. In den folgenden Jahren fristete UNIX sein Dasein in Universitäten und konnte sich kaum in der kommerziellen Computerwelt durchsetzen. Erst als es, um eine Maschinenunabhängigkeit zu erreichen, in C (Computerhochsprache) umgeschrieben wurde, gelang UNIX der allgemeine Durchbruch. Heute sind ca. 90 % der Systemsoftware in C geschrieben, wobei UNIX fast alle gängigen Programmiersprachen zulässt. Nur der Systemkern (Kernel) ist prozessor- oder maschinenspezifisch und meist in Assembler programmiert.

Kein anderes Betriebssystem ist für so viele Prozessoren und Computersysteme erhältlich wie UNIX. Die Grundlage hierfür wurde mit dem Aufkommen von neuen Mikroprozessorarchitekturen, insbesondere leistungsfähiger RISC-Architekturen geschaffen. Es ergab sich die Nachfrage nach einem geeigneten Betriebssystem für Rechner mit diesen leistungsfähigen Prozessoren. Für viele Hersteller war es einfacher, UNIX zu lizenzieren als ein eigenes Betriebssystem zu entwickeln. Somit hat UNIX eine gewisse Vorreiterstellung bei offenen Systemen übernommen, was dazu führte, dass sich die Normungsbestrebungen von IEEE an diesem Betriebssystem orientieren und folglich weitaus die meisten UNIX-Varianten die POSIX-P1003.1-Normen erfüllen.

UNIX ist als Betriebssystem an Multifunktionalität nicht zu überbieten: Features wie z. B.. Multitasking- und Multiuserfähigkeit, Netzwerkanbindung (zumeist TCP/IP), geeignete Schutzmechanismen usw. sind selbstverständlich. Auch hinsichtlich der Benutzeroberfläche ist eine Normung im Rahmen von UNIX zu beobachten. OSF/Motif (XWindows) und Open Look von den Herstellern USL und Sun sind die beiden Oberflächensysteme, die sich durchsetzen konnten.

Die Kommunikation des Benutzers mit UNIX erfolgt über eine „Shell" Die Shell speichert die jeweils letzten Kommandos, die eingegeben wurden. Der Benutzer muss sich beim System mit dem Benutzernamen und einem Passwort anmelden. Es werden heute eine große Zahl von Varianten des Betriebssystems angeboten wozu auch das Betriebssystem Linux gehört.

Linux
Stefan Eiselt

Das freie Betriebssystem Linux ist leistungsfähig, stabil und obendrein noch spottbillig. Es kann als PC-Unix bezeichnet werden und ist sehr komplex. Jeder Windows-taugliche PC ist auch für Linux geeignet. Das System läuft auf Intel-Prozessoren und erfordert mindestens 16 Mbyte Arbeitsspeicher (besser 32 Mbyte). Auf der Festplatte genügt eine freie Partition von etwa 500 Mbyte. Linux ist nicht das Produkt eines einzelnen Herstellers, vielmehr ranken sich um den Linux-Betriebssystemkern eine Vielzahl von Utilities, die mit dem Kern das Betriebssystem bilden. Aus diesem Grunde sind die Linux-Installationen sehr vielfältig und kaum eine gleicht der anderen. Das hat allerdings den Nachteil, dass für die richtige Installation einige Erfahrungen nötig sind. Zunächst ist eine Linux-Distribution zu wählen. Sie stellt eine Zusammenstellung aus dem Linux-Kernel, dem Dateisystem, Installations- und Konfigurationsprogrammen, Bibliotheken sowie verschiedenen Anwendungen und Utilities dar. Dazu steht in der Regel ein Handbuch und auch Support zur Verfügung. Die meisten Anbieter bieten neben einer Einsteigerversion auch eine Profiversion an.

Die Tabelle 1 zeigt die wichtigsten Distributionen.

Linux kann nahezu problemlos neben anderen Betriebssystemen auf dem PC installiert werden. Andere Betriebssysteme (wie z. B. Windows) sollten zuerst installiert werden, da sie u. U. Teile von Linux überschreiben.

Die Komponenten des Linux-Systems

Das Linux-System besteht aus einzelnen Komponenten. Für die Hardware ist der Kernel zuständig. Er verteilt Speicher und Ressourcen, wie z. B. die CPU-Zeit, an die Prozesse und stellt die Netzwerkprotokolle

Tabelle 1

Produkt	Firma	Internet-Adresse	Sprache
Open Linux 64	Caldera	www.caldera.com	dt./engl.
Corel Linux		www.corel.linux.com	dt./engl.
Debian GNU/Linux	Lehmanns Fachbuchhandlung	www.debian.org www.lob.de	dt./engl.
Easy Linux 9.1		www.linux-easy.com	deutsch
Mandrake Linux 9.1	MandrakeSoft SA	www.mandrakelinux.com	dt./engl.
Red Hat Linux 9.0 Personal	Red Hat Deutschl.	www.redhat.de	dt./engl.
Red Hat Linux 9.0 Professional			
Suse Linux 8.2	SuSe Linux AG	www.suse.de	dt./engl.
SuSe Linux Enterprice Sevice 8			
SuSe Linux Office Server			

wie IPX oder TCP/IP zur Verfügung. Dateisysteme wie FAT gehören bei Linux zum Kernel. Bestimmte Treiber wie z. B. für den Chipsatz des Mainboards und die Soundkarte sind ebenfalls im Kernel integriert, nicht jedoch viele Treiber für Peripheriegeräte wie Maus, Grafikkarte, Modem und Drucker. Für diese Geräte sind Anwendungsprogramme zuständig, die als geschützte Prozesse ablaufen. Das hat den Vorteil, dass fehlerhafte Treiber in der Regel keinen Absturz des Systems verursachen.

Beim Booten des Systems wird ein Bootloader geladen. Der oft verwendete Bootmanager Linux Loader, kurz LILO, lädt den Linux-Kernel in den Arbeitsspeicher oder startet andere Betriebssysteme wie Windows oder DOS, je nach Anwenderauswahl. Nach dem Laden wird der Kernel über eine spezielle Routine dekomprimiert. Danach initialisiert das System die Hardware und gibt die Aktivitäten auf der Systemkonsole aus. Der Kernel mountet das Root-Filesystem und der Computer kann auf die Festplatte(n) zugreifen. Zum Schluss wird vom Kernel sbin/init aufgerufen. Über die Init-Skripte wird das System konfiguriert und ist dann benutzbar.

Die sogenannten „Daemons" sind dienstbare Geister, die als Hintergrundprozesse ohne Benutzerinteraktion verschiedene Arbeiten ausführen. Dazu gehören grundlegende Systemtätigkeiten, Serverdienste und das regelmäßige Ausführen von Wartungsdiensten.

Linux bietet eine Reihe von Shells, wie die Linux-Standard-Shell bash oder die klassischen Bourne- und C-

Shells sowie verschiedene Derivate. Welche Shell beim Einloggen ausgeführt wird, ist einstellbar.

Auch die zahlreichen Systemprogramme, die ein Linux-System benutzbar machen sind kein Bestandteil des Systems sondern austauschbare Utilities. Alle Systemprogramme greifen auf Kernel-Routinen zurück. Sie müssen gegen eine Systembibliothek gelinkt werden, die ihnen den Zugang zu den Kernelschnittstellen in der Form von C-Funktionen ermöglicht. Um den Betrieb der Grafikkarte kümmert sich ein X-Server. Zur Verfügung stehen mehrere anwendungsreife Fenstermanager, die für die gute Optik des Desktops sorgen. Das funktionsfähige Linux-Betriebssystem entsteht durch das Zusammenspiel von Bootloader, Kernel, Init-Prozess, Systembibliotheken, Systemprogrammen und Shell.

Laden des Linux-Systems (LILO)

Nach der Initialisierung der Hardware sucht das BIOS auf dem Master-Boot-Record (MBR) der ersten Systemplatte nach einem Bootloader, ein Programm, das für das Laden des Betriebssystems verantwortlich ist. Bei den meisten Linuxsystemen handelt es sich hierbei um den Linux-Loader LILO. LILO lädt nach seiner Aktivierung den Linuxkernel, oder, sofern dies gewünscht wird, ein anderes Betriebssystem, wie z. B. Windows. Wird der Linuxkernel gestartet, so übernimmt dieser alle weiteren Aktionen, wie das Prüfen der BIOS-Register, das Testen der Grafikkarte, das Lesen der BIOS-Einstellungen, die Initialisierung der Hardwareschnittstellen, das Mounten der Systempartition und startet anschließend den Prozess zur weiteren Abwicklung des Bootvorgangs „/sbin/init".

Der Kernel

Der Kernel selbst regelt ab diesem Zeitpunkt lediglich den Zugriff auf die Hardware und stellt somit die Schnittstellen zwischen der Systemsoftware und der Hardware dar. Hierbei sind jedoch nur die wichtigsten Gerätetreiber, wie z. B.. für den Chipsatz des Computers oder der Harddisk-Kontroller direkt in den Kernel integriert. Andere Gerätetreiber, wie für die Maus, die Grafikkarte, das Modem oder den Drucker sind Anwendungsprogramme, die als geschützte Programme ablaufen.

/sbin/init – Der Vater aller Prozesse

Das Programm „init" ist der Ursprung aller Prozesse eines Linux-Systems. Der Prozess arbeitet die Datei „/etc/init" ab, welche den weiteren Ablauf des Systemstarts festlegt. Alle Einträge der „inittab"-Datei haben einen fest definierten Aufbau der Form „id:runlevel:action:prozess". Dabei ist die „id" eine eindeutige Zeilenkennung. Runlevel sind numerische Bezeichnungen für bestimmte Systemkonfigurationen. Der „action"-Wert definiert die Art des Programmstarts bzw. die Art der Prozessüberwachung. Die „prozess"-Angabe schließlich nennt den zu startenden Prozess mit den erforderlichen Parametern.

Es sind jedoch nicht alle Programme direkt in der „/etc/inittab" hinterlegt, sondern werden überwiegend aus Skripten gestartet, welche durch den init-Prozess gestartet wurden. Das erste Skript, welches durch „init" ausgeführt wird, ist normalerweise die Datei „/etc/rc.d/rc.sysinit".

Das Betriebssystem DOS
Stefan Eiselt

Der Name MS-DOS war vor Jahren in der Computerwelt allgegenwärtig. Dafür waren nicht zuletzt die über 40 Millionen verkauften Kopien dieses Programms verantwortlich, die es zum weitverbreitesten machten. So ist auch verständlich, dass dieses Betriebssystem zum Standard in der Computerwelt wurde.

In den verschiedenen Generationen des Betriebssystems wurden die sich ändernden technischen Gegebenheiten sowie die Wünsche und Erfahrungen der User umgesetzt.

Der letzten 6.22-Version von MS-DOS wurden gegenüber früheren Versionen einige Hilfsprogramme hinzugefügt.

Batch-Dateien unter DOS

Auch unter Windows 98 sind die Batch-Dateien noch zu finden. Die AUTOEXEC.BAT ist eine so genannte Batch-Datei, d.h. sie enthält eine Folge von DOS-Befehlen, die bei Aufruf der Datei aufeinander folgend vom Rechner abgearbeitet werden.

Die AUTOEXEC.BAT-Datei selbst enthält eine Folge von DOS-Aufrufen, die immer in der gleichen Reihenfolge abgearbeitet werden sollen. Sie wird ausgeführt, nachdem das Betriebssystem geladen wurde und die Konfigurierung durch die CONFIG.SYS-Datei erfolgt ist. Dabei hat die AUTOEXEC.BAT die Aufgabe, bestimmte Aktionen, die beim Start erfolgen sollen, zu steuern.

Genauso wie die Datei AUTOEXEC.BAT bei jedem Neustart des Systems im Stammverzeichnis gesucht und, falls vorhanden, ausgeführt wird, so sucht das Betriebssystem die Datei mit dem Namen CONFIG.SYS und arbeitet deren Anweisungen ab. Der Unterschied zur AUTOEXEC.BAT besteht darin, dass die CONFIG.SYS spezielle Kommandos zur Konfiguration des Rechners beinhaltet. So werden zum Beispiel in der CONFIG.SYS-Datei die Anzahl der maximal gleichzeitig zu öffnenden Dateien, die Installation von Gerätetreibern, die landesspezifischen Zeit-, Datums- und Währungsformate oder auch die Aufteilung des Hauptspeichers festgelegt.

COUNTRY = Landescode [,Codeseite,(Dateiname)] stellt das länderspezifische Datums- und Währungsformat sowie Besonderheiten einer Landessprache ein.

Der Parameter *Landescode* besteht aus der dreistelligen Telefonvorwahlnummer des jeweiligen Landes. Optional kann eine Codeseite sowie eine Hilfsdatei, aus der COUNTRY seine Informationen bezieht, angegeben werden.

Die Programmiersprachen
Stefan Eiselt

Ohne Programme (Software) ist die Computeranlage (Hardware) wertlos. Zum Erstellen von Software existieren zahlreiche Programmiersprachen, die prinzipiell in zwei Kategorien unterteilbar sind: Zum einen die maschinenorientierten Assemblersprachen, zum anderen die Hochsprachen.

Es werden vier Generationen der Programmiersprachen unterschieden. Bei der First-Generation-Language 1GL handelt es sich um die Maschinensprache.

Mit **Assemblersprachen** der 2. Generation (2GL) können, bedingt durch die systemnahe Architektur, Programme mit optimalem zeitlichen Ablauf bei minimalem Speicherplatzbedarf realisiert werden. Jedoch sind maschinenorientierte Sprachen meist schwer erlernbar und erlauben keine Portierung der Programmapplikationen auf andere Computersysteme. Somit werden Assemblersprachen meist nur für zeitlich kritische Routinen eingesetzt, die anderen Teile des Programms werden dann in einer Hochsprache geschrieben.

Die **Hochsprachen** (engl. high level programming language) der 3. und 4. Generation arbeiten prozessorunabhängig und sind zum größten Teil an die menschliche Sprache angelehnt (Englisch). Sie wurden entwickelt, um auch hardware-unkundigen Personen das Programmieren zu ermöglichen. Des weiteren sind Hochsprachen meistens problemorientiert und eignen sich oft speziell für bestimmte Anwendungsgebiete.

Beispiele für Hochsprachen sind:

BASIC ist die Abkürzung von „Beginners All Purpose Instruction Code". Es handelt sich um eine leicht erlern- und anwendbare Programmiersprache der ersten Stunde, die z. B. in den erweiterten Formen GW-BASIC, QOICK-BASIC usw. für den Personalcomputer zur Verfügung stehen.

FORTRAN (Formula Translation System) wird als problemorientierte Programmiersprache hauptsächlich für technische Anwendungen eingesetzt. Applikationen auf Großrechnersystemen, wie z. B. VAX unter dem Betriebssystem VMS, werden häufig mit FORTRAN programmiert.

C ist eine sehr systemnahe Programmiersprache. Hohe Ablaufgeschwindigkeiten bei geringem Speicherplatzbedarf können nahezu in „Assemblerqualität" erreicht werden; z. B. das Betriebssystem UNIX ist zu 95 % in C geschrieben. Durch die flexiblen Programmstrukturen und die uneingeschränkte Portabilität (ANSI-C) auf andere Computersysteme wird sich C auf lange Sicht zur Standardsprache entwickeln.

C++ ist die Erweiterung von C zu einer objektorientierten Programmiersprache.

Java wurde von der Firma Sun entwickelt und 1995 als objektorientierte plattformunabhängige Programmiersprache eingeführt. Java geht auf die Programmiersprache Oak zurück, die 1991 von Bill Joy, James Gosling und Mike Sheridan entwickelt wurde, um eine einfache Programmiersprache zu schaffen, mit der nicht nur übliche Computer wie PCs, Unix-Workstations und Apple-Computer programmiert werden können, sondern auch Haushalts- und Industriegeräte mit eingebauten Mikrocomputern. Allgemein bekannt wurde Java 1996 in Verbindung mit Web-Browsern und Internet-Anwendungen. Es werden zwei grundsätzliche Arten von Java-Programmen unterschieden, und zwar Applikationen und Applets. Applikationen sind Computerprogramme mit vollem Funktionsumfang. Applets werden in einer Web-Seite dargestellt und unter der Kontrolle eines Web-Browsers ausgeführt.

Der neueste Trend auf dem Computermarkt sind die sogenannten **Script-Sprachen.** Diese im Regelfall von bestimmten Hochsprachen abgeleiteten Sprachvarianten, werden oftmals beim Entwickeln von Internet-Anwendungen oder zum Steuern von einfachen Systemabläufen eingesetzt. Die Vorteile für den Anwender liegen bei diesen Sprachen in der einfachen Handhabung, das Programm kann mit einem beliebigen Texteditor entwickelt und auf dem Desktop oder durch das Aufrufen über eine Webseite gestartet werden. Bestimmte Fachkenntnisse der Entwicklungsumgebung sind nicht erforderlich und teilweise besteht auch die Möglichkeit entwickelte Scripte plattformunabhängig einzusetzen.

Die wichtigsten Script-Sprachen:

VBScript ist die Scriptvariante von Visual Basic. Diese Sprache kann auf Rechnern mit dem Betriebssystem Windows verwendet werden. Das, die Internetseiten betreffende Equivalent zu VBScript, ist auf Unix-Plattformen **PHP/PHP3**. Diese von C abgeleitete Sprache hat einen sehr umfangreichen Sprachumfang und zeichnet sich durch eine optimierte Verarbeitungsgeschwindigkeit und sehr hohe Stabilität aus.

Perl steht für „Practical Extraction and Report Language" und bietet die Möglichkeit, leicht zu handhabende Such- und Ersetzungsoperationen durchzuführen.

Ergonomie von Benutzeroberflächen
Volker Friedritz

Softwaresysteme sind stets so aufzubauen, dass Benutzer möglichst einfach und effektiv damit arbeiten können. Dadurch wird nicht nur Arbeitszeit gespart, sondern auch unnötige physische und psychische Belastungen.

In den vergangenen Jahren hat sich durch den Einsatz grafischer Benutzeroberflächen zwar schon vieles verbessert, aber auch heute noch werden Anwendungen auf den Markt gebracht, die nicht optimal auf die Bedürfnisse des Benutzers ausgerichtet sind.

In der Norm EN ISO 9241, Teile 10 bis 17, sind die elementaren Vorschriften für den Dialog zwischen Softwaresystem und Benutzer festgelegt.

Die Norm definiert sieben Grundsätze:
- Aufgabenangemessenheit,
- Selbstbeschreibungsfähigkeit,
- Erwartungskonformität,
- Steuerbarkeit,
- Individualisierbarkeit,
- Fehlertoleranz,
- Lernförderlichkeit.

Aufgabenangemessenheit bedeutet, dass das Dialogsystem die Bearbeitung einer gestellten Aufgabe durch sinnvolle Vorgabewerte optimal unterstützt und den Benutzer nicht mit überflüssigen Arbeitsschritten belastet. Beispielsweise sollte die Eingabemaske zur Übernahme von Personendaten in einer Arztpraxis genauso aufgebaut sein wie das vom Patienten auszufüllende Formblatt.

Unter *Selbstbeschreibungsfähigkeit* versteht man, dass die Software möglichst auch ohne Benutzerhandbuch bedienbar ist. Sie sollte dem Anwender den aktuellen Stand der Verarbeitung in jeder Situation durch sinnvolle Zusatzinformationen – beispielsweise in der Statuszeile – anzeigen. Gut strukturierte Hilfesysteme und Hinweistexte ermöglichen den Zugriff auf Detailinformationen.

Unter *Erwartungskonformität* versteht man, dass das Dialogsystem sich so verhält und aufgebaut ist, wie der Benutzer es erwartet. Dazu ist eine Anlehnung an die Konventionen des Betriebssystems notwendig. Dialoge zur Bearbeitung vergleichbarer Aufgaben sind möglichst ähnlich aufzubauen. Die Anwendung sollte den Benutzer durch Meldungen und das Umschalten des Mauszeigers darüber informieren, dass ein bestimmter Arbeitsschritt voraussichtlich länger andauern wird.

Bei aller Unterstützung durch das

Dialogsystem muss dennoch stets sichergestellt sein, dass der Benutzer und nicht das Softwaresystem den Ablauf der Bearbeitung bestimmt. Die Software darf daher nicht eigenmächtig Operationen in Gang setzen. Dieser von der Norm als *Steuerbarkeit* bezeichnete Aspekt beinhaltet außerdem z. B. die alternative Verwendung von Maus und Tastatur, das Aufrufen der Programmfunktionen sowohl über Menüs als auch mit Tastenkürzeln sowie die Möglichkeit, alle im System verfügbaren Drucker einsetzen zu können.

Ein ergonomisches Dialogsystem kann vom Benutzer an seine eigenen Wünsche und Bedürfnisse angepasst *(individualisiert)* werden. Häufig wird völlig ignoriert, dass auch Menschen mit körperlichen Einschränkungen in der Lage sein müssen, Anwendungen zu bedienen. Neben der Änderbarkeit von Schriftgrößen und Farben kann auch die Definition von Makros zur Automatisierung immer wiederkehrender Aufgaben beitragen und damit die Ergonomie des Dialogsystems verbessern.

Auch wenn ein Dialogsystem optimal aufgebaut ist, werden dem Benutzer ab und an Fehler bei der Bedienung unterlaufen. Dieses darf keinesfalls fatale Konsequenzen haben. Ein *fehlertolerantes Dialogsystem* versucht deshalb, Fehler des Bedieners rechtzeitig zu erkennen und ihn bei der Korrektur des Fehlers zu unterstützen. Vor der Ausführung gravierender Operationen muss der Anwender durch eine Rückfrage über die Folgen der Ausführung informiert werden.

Der Grundsatz *Lernförderlichkeit* besagt, dass das Dialogsystem durch sinnvollen Aufbau das Erlernen der Bedienung zu vereinfachen hat. Dieses kann z. B. dadurch geschehen, dass man versucht, als Tastenkürzel möglichst immer den ersten Buchstaben eines Menüpunktes zu wählen. Mit Hilfesystemen lassen sich durch Schritt-für-Schritt-Anleitungen die Vorgehensweisen zum Erreichen eines bestimmten Zieles darstellen.

Auch die optische Gestaltung von Bildschirmmasken spielt eine wichtige Rolle. Zusammengehörige Dialogelemente sollten entsprechend angeordnet oder innerhalb von Rahmen gruppiert werden. Fenster sind sorgfältig zu gestalten. Anstatt zu versuchen, alle nötigen Eingabeelemente in einem Fenster unterzubringen, sind – wenn nötig – Unterfenster zu schaffen. Symbole und andere Kodierungen müssen immer eindeutig sein und sollten so verwendet werden, wie es im jeweiligen Kontext erwartet wird.

Anwendersoftware: Office-Produkte
Stefan Eiselt

Office-Produkte gewinnen auf dem PC-Sektor zunehmend an Bedeutung. Hierbei handelt es sich um Pakete von Anwenderprogrammen, die speziell für die kommerzielle Nutzung im Büro zusammengestellt wurden. Doch auch für den Hausgebrauch kann die Zusammenstellung interessant sein, denn die beiliegenden Applikationen sind oftmals um vieles günstiger als beim Einzelkauf.

Wie die Bezeichnung bereits verrät, können mit den beigepackten Applikationen die wichtigsten in einem Büro anfallenden Computerarbeiten erledigt werden. Deshalb zählen die Anwendungen Textverarbeitung, Tabellenkalkulation, ein Programm zum Erstellen von Präsentationen sowie Programme für die Kommunikation zu den Hauptbestandteilen des Computeroffices. Zusätzlich sind im Lieferumfang oftmals Hilfsprogramme, wie z. B. eine Toolleiste zum Starten von Anwendungen oder Dateibetrachter für verschiedene Formate enthalten. Alle Programme laufen in der Regel auf der grafischen Benutzeroberfläche Windows und teilen sich durch gemeinsame Funktionsbibliotheken die Ressourcen. Weiterhin erlauben die Pakete das einfache Austauschen von Informationen unter den Programmen. Bekannt sind vor allem vier Programmpakete:

Das Microsoft Office 2003

Microsoft (www.microsoft.com) bietet unterschiedliche Office-Versionen. Die Standard-Version beinhaltet Word, Excel, PowerPoint und Outlook. Small Business verfügt über Word, Excel, Outlook, Publisher und Small Business Tools. Die Professional-Version enthält alles wie die Standard-Version und zusätzlich Access. In der Developer-Version sind darüber hinaus noch Tools und Database Runtimes enthalten.

- Word für Windows wird oftmals als Referenzprodukt bei Textverarbeitungssystemen bezeichnet.
- Microsoft Excel 2003 wurde in puncto Funktionsumfang gegenüber der Vorgängerversion erheblich erweitert. So gibt es kaum eine Berechnungsart, die mit dem Programm nicht möglich ist.
- Mit PowerPoint 2003 lassen sich Präsentationen erstellen.
- Outlook 2003 ist ein E-Mail- und Terminplanungsprogramm, Publisher 2000 ermöglicht das Gestalten von Broschüren, Access 2003 ist das Datenbanksystem im Paket.

Corel WordPerfect Office 11

Neben der neuen Version 11 werden auch die Versionen WordPerfect Office 2002 Standard und Professional angeboten (ww.corel.com). Zur Verfügung stehen die Applikationen:

- WordPerfect ist das Textverarbeitungsprogramm von Corel Office. Das Programm wurde bis zur Version 6.0 von der Firma WordPerfect vertrieben und ist bekannt für seine Vielseitigkeit und Funktionalität.
- Als Tabellenkalkulation wird Quattro Pro beigefügt. Die größten Stärken sind die zahlreichen Grafikfunktionen zur Analyse von Tabellen.
- Presentations ist eine Lösung zur Präsentation von Grafiken. Die Anwendung überzeugt durch eine vielfältige Funktionalität. Als wegweisend kann der Multimedia-Support bezeichnet werden, so erlaubt das Programm das Einbinden von Video- und Animationssequenzen in die Präsentation. Zur Eingabe von Texten gibt es Thesaurus, Rechtschreibhilfe, automatische Korrektur und Grammatikprüfung.

Weiterhin sind enthalten die Datenbank Paradox, sowie Corel Draw, Corel Flow, Info central, Cord Time Line, Envoy u. a.

Es gibt eine Standard-, eine Professional- und eine Academic-Edition. Eine Linux-Version steht zur Verfügung.

Lotus SmartSuite 9.8

von Lotus (www.lotus.com) besteht aus den Programmen WordPro, Lotus 1-2-3, Freelance Graphics, Datenbank Approach, ScreenCam, Fast-Site 2.1, Smart Center und Organizer 6.

- Die Textverarbeitung WordPro zeichnet sich insbesondere durch einen niedrigen Verbrauch an Systemressourcen aus. Dies kommt allen Anwendungen zugute, die auf Systemen mit wenig Speicher arbeiten (wie z. B. Laptops).
- Lotus 1-2-3 ist der Klassiker unter den Tabellenkalkulationen.
- Freelance Approach ist für einfache Präsentationen gut geeignet.

StarOffice

Das StarOffice-6-Paket von Sun Microsystems (www.sun.com) vereint unter einer einheitlichen Oberfläche neben dem Textprogramm StarWriter 6.0 noch weitere Programme wie eine Tabellenkalkulation (StarCalc), eine Datenbank (StarBase), ein Präsentationsprogramm, ein Grafikprogramm und einen Terminplaner (StarSchedule). Privatkunden können die StarOffice 6.0 Personal Edition kostenlos aus dem Internet herunterladen (65 Mbyte, www.stardivision.). Für Firmen steht eine StarOffice Professional Edition zur Verfügung.

Grafikprogramme
Stefan Eiselt

Grafische Programme waren ursprünglich die Domäne von Amiga, Macintosh oder Workstations und Großrechnern wie Sun und Silicon-Graphics. Heute kann auch der Personalcomputer, bedingt durch moderne Grafikkarten und den Möglichkeiten von Windows, diese Variationen anbieten. Grafikkarten mit bis zu 1600 x 1024 Bildpunkten und 16 Millionen Farben haben sich zum Standard entwickelt. Hierbei hat der PC einen entscheidenden Vorteil. Diese „High-end-Karten" werden im Gegensatz zu anderen Computersystemen, bedingt durch hohe Produktionsstückzahlen, erschwinglich.

Zeichnen mit Pinsel und Airbrush

Reine Mal- und Zeichenprogramme sollen die klassischen Arbeitsmethoden eines Malers nachvollziehen. Diese Programme arbeiten pixelorientiert, d.h., jeder Punkt der Zeichnung ist in Farbe und Attribut frei definierbar. Diese Fähigkeit kann als Grundkonzept eines Malprogramms bezeichnet werden und wird bei heutigen Applikationen mit umfangreichen Features realisiert. So kann die Stiftart mit vordefinierten oder anwenderdefinierbaren Merkmalen belegt werden, um bei Bewegungen der Maus auf der Zeichenfläche Striche, Linien oder Kreise zu hinterlassen. Die Stifteigenschaften entsprechen oft den in der Malerei verwendeten Materialien. Auch Airbrushtechniken können nachempfunden werden.

Vektoren in zwei oder drei Dimensionen

Grafische Anwendungen erfordern weniger die Möglichkeiten des Freihandzeichnens, sondern vielmehr die Fähigkeit zur Darstellung von geometrischen Formen. Ein pixelorientiertes Programm wäre hier fehlplatziert. „Vektoren" heißt die Devise. Vektoren besitzen grundsätzlich nur einen Anfangs- und einen Endpunkt sowie verschiedene Attribute wie Strichdicke, Farbe und Beschaffenheit (durchgezogene Linie, gestrichelt usw.). Auch Kreise, Kreissegmente oder Ellipsen lassen sich vektoriell unter Zuhilfenahme der Werte Mittelpunkt, Radius, Winkel usw. realisieren. Das Festlegen von Grafikobjekten mit Vektoren macht von der Auflösung der Zeichenfläche unabhängig und erlaubt äußerst präzise Grafiken.

Beispiele für Grafikprogramme: CorelDraw, Picture Publisher, Adobe Photoshop und Lotus Freelance.

Utilities und Fehlersuchprogramme
Stefan Eiselt

Hilfsprogramme (Utilities) sind beim täglichen Arbeiten mit dem Computer unerlässlich. Auftretende Fehler können auf einfache Art und Weise analysiert und behoben werden. Die Fähigkeiten der angebotenen Hilfsmittel umfassen jedoch nicht nur Fehlerbehandlungsoperationen, sondern auch die Aufgabengebiete Dateiverwaltung, Systemanalyse und Massenspeicheroptimierung.

Tools werden zumeist als Programmpakete angeboten, die den vollen Umfang an wichtigen Operationen umfassen. Ein Beispiel ist das Paket „Norton Utilities", das aus mehr als 20 Hilfsprogrammen besteht. Die enthaltenen Funktionen erstrecken sich von der Massenspeicheroperation bis zum vollständigen Systemtest.

Wichtig ist immer, dass Hilfsprogramme zur Wiederherstellung von gelöschten Dateien und beschädigten Massenspeicherstrukturen im System vorhanden sind. Auch Programme zum Markieren defekter Speicherblöcke auf der Festplatte sind wichtige Utensilien. So sind Massenspeicher und damit verbundene Datenbereiche meist wieder herstellbar.

Programme zum Optimieren von Massenspeicherzugriffen sind ebenfalls sinnvolle Hilfsmittel. Da das Betriebssystem alle Daten nach freien Sektoren, z. B. auf der Festplatte, verteilt, kann es nach einiger Zeit vorkommen, dass Datei- und Programmfiles nicht fortlaufend auf dem Medium stehen. So muss der Schreib-/Lesekopf der Platte oft „weite Strecken" auf dem Medium zurücklegen, um ein bestimmtes File einzuladen. Optimierungsprogramme analysieren die Datenstruktur des Mediums und sortieren die Programme nach einem Verfahren, das zeitlich optimierte Zugriffe auf alle Bereiche des Speichermediums gewährleistet.

Auch Anti-Virenprogramme gehören – so traurig es auch sein mag – zur Standardausstattung eines jeden PC-Besitzers. Man sollte sich nie auf die Aussage verlassen: „In meinem System gibt es keine Viren", denn diese sind fast schon allgegenwärtig. Wenn ein Virus im System aktiv wird, ist es meistens zu spät (siehe auch „Schutz vor Computerviren").

Programme zum Testen der Systemhardware sind nützlich, wenn nicht sofort identifizierbare Fehler auftreten. So können, Programmabstürze auftreten, deren Ursache häufig zuerst in anderen Bereichen gesucht wird.

Internet und Multimedia

Grundsätzliches zur Datenfernübertragung 310
Das Modem 314
ISDN-Adapter 318
Das Internet – Internetprovider 321
Routing-Varianten 324
Internet-Zugangsarten 325
Grundlagen Web-Design 329
Schreiben in HTML – der Sprache des WWW 331

Grundsätzliches zur Datenfernübertragung

Stefan Eiselt

Der Transport von Daten über weite Strecken erfolgt mit Einrichtungen zur Datenfernübertragung (DFÜ). Einen Überblick über die Datendienste zeigt **Tabelle 1.** Zur Übertragung können dienen:

Das normale Telefonnetz (analog oder ISDN)

Über ein Modem wird der PC an das Telefonnetz angeschlossen, wobei das Modem als Zusatzgerät an der TAE- bzw. IAE-Steckdose des Teilnehmers angeschlossen wird. Das Telefonnetz ist eine preisgünstige Möglichkeit zur Datenübertragung, sofern nur gelegentlich Daten mit nicht allzu hoher Übertragungsgeschwindigkeit übertragen werden sollen. Der T-Online-Dienst, AOL, CompuServe, Internet-Verbindungen usw. werden über das Telefonnetz abgewickelt.

Besitzt ein Unternehmen bei T-ISDN einen Primärmultiplexanschluss, können 30 Kanäle à 64 Kbit/s zusammengeschaltet werden, womit eine Übertragungsgeschwindigkeit von fast 2 Mbit/s möglich ist. Bei Kanalbündelung ist die Anzahl der Kanäle, die über einen Kundenanschluss genutzt werden, beliebig erweiterbar.

Zur schnellen Datenübertragung über die Kupferadern des Telefonnetzes bis zum Vermittlungsknoten dient ADSL bzw. der T-DSL-Dienst der Telekom (T-DSL = Telekom Digital Service Line). Neben einem Hochgeschwindigkeits-Modem ist ein Splitter vorhanden, der die Datenübertragung vom normalen Telefondienst trennt.

Bei den Datendiensten über vermittelte Netze (Switched Links) wird der Datenstrom in Pakete aufgespalten, die mit einer Adresse versehen sind. Die Vermittlungseinrichtungen an den Netzknoten erkennen, wohin sie das Paket schicken müssen. Die Endgeräte setzen die Datenpakete wieder in der richtigen Reihenfolge zusammen.

Zu den Switched Link-Datendiensten gehören:

Datex-P ist ein Datendienst der Telekom mit X.25-Protokoll und hohen Sicherheitsvorkehrungen. Die Netzknoten prüfen, ob kein Datenpaket verloren gegangen ist.

Bei **Datex-M** wird für jedes gesendete Datenpaket überprüft, ob die Sende- und Zieladressen miteinander kommunizieren dürfen. Es lassen sich damit geschlossene Benutzergruppen (Firmennetze) einrichten (Intranet, Telekommunikation zwischen Filialen). Jeder kann mit jedem Daten austauschen.

Beim **T-Net-ATM** werden die Datenströme in Zellen definierter Länge zerlegt, die von den Netzknoten ohne großen Aufwand und Zeitverlust vermittelbar sind. Multimedia-Anwendungen, Bild- und Tonübertragungen sowie Telefonate sind über die Datenleitungen möglich.

Frame Link Plus ermöglicht den Datentransfer in Frame-Relay-Technik. Das Endgerät prüft, ob kein Datenpaket verschollen ist. Übertragung der Pakete im Netz mit hoher Geschwindigkeit. Die Sprachübertragung ist möglich.

Bei **T-Interconnect** erfolgt die Übertragung mit dem Internet Protocol (IP) bei Vermittlung ohne Prioritäten. Die Zieladresse steht fest. Jedes Datenpaket kann einen eigenen Weg nehmen. Geeignet für Internet-Nutzung, Intranets und Extranets, LAN-Kopplung.

Zu den festgeschalteten (Leased Links) Verbindungen gehören:

Standardfestverbindungen (SFV) sind für Anwendungen mit häufigen Datentransfer vorteilhaft (Handwerksbetriebe, Zweigstellen, Ersatzteil-Management).

Datendirektverbindungen (DDV) beinhalten bereits Schnittstellen zum Anschluss von Endgeräten. Für höhere Sicherheitsansprüche, Überwachung durch die Telekom.

City-Netze sind Glasfaserringe in ca. 30 deutschen Großstädten mit hoher Verfügbarkeit und hoher Übertragungsgeschwindigkeit.

Internationale Mietleitungen sind grenzüberschreitende Festverbindungen, die in Absprache mit ausländischen Carriern eingerichtet werden.

Bei allen Datenübertragungsdiensten werden günstige Tarife, eine ho-

Tabelle 1
Die Datendienste im Überblick

Dienst	Unternehensgröße Kunde	Übertragungsgeschwindigkeit	Netzknoten in Deutschland
T-ISDN	jede Größe	bis n · 64 Kbit/s	ca. 800
Datex-P	jede Größe	bis 1,92 Mbit/s	ca. 3000
Datex-M	groß	bis 140 Mbit/s	71
T-Net-ATM	groß	2...155 Mbit/s	42
Frame Link Plus	mittel bis groß	19,2 Kbit/s...2 Mbit/s	191
T-Interconnect	mittel bis groß	64 Kbit/s...34 Mbit/s	220
DDV	jede Größe	bis 2 Mbit/s	ca. 120
SFV	jede Größe	bis 155 Mbit/s	ca. 5000
City-Netz	jede Größe	2...155 Mbit/s	über 30
Intern. Mietleitungen	jede Größe	bis 155 Mbit/s	–

he Flexibilität und eine hohe Verfügbarkeit verlangt. Die Verfügbarkeit üblicher Datendienste liegt bei 98,5 … 99,95 %.

Bei T-ISDN beträgt die Durchlasswahrscheinlichkeit 97 %. Sie bezeichnet die Möglichkeit, über T-ISDN eine Verbindung herzustellen. Die Instandsetzungszeit bei Störungen beträgt je nach vereinbarter Servicequalität 1 bis 48 Stunden.

Welche Übertragungsart gewählt wird, hängt von den Anforderungen ab, die gestellt werden. Preisgünstig und für viele Fälle ausreichend ist die Übertragung über das Telefonnetz, wobei ein ISDN-Anschluss und besonders ein T-DSL-Anschluss eine erhebliche Leistungssteigerung ermöglichen.

Um eine einwandfreie Übertragung zu ermöglichen, muss zwischen den Teilnehmern eine einheitliche Übertragungsnorm gewählt werden. Da die Übertragung in der Regel über öffentliche Netze erfolgt, müssen die Richtlinien der Netzbetreiber eingehalten werden.

Auch das ISDN-Netz erlaubt den Anschluss eines analogen Modems. Hierbei ist zur Anpassung an die S_0-Schnittstelle ein Endgeräteadapter Ta a/b notwendig. Ein an das ISDN-Netz angeschlossenes Modem kann sowohl mit einem anderen Modem am ISDN-Netz als auch mit einem Modem am analogen Telefonnetz kommunizieren.

Beim Datex-P-Dienst werden Datenpakete über scheinbare (virtuelle) Verbindungen übertragen. Die scheinbaren Verbindungen stellen keinen zwischen den Teilnehmern fest durchgeschalteten Kanal dar. Die zwischengespeicherten Datenpakete werden immer dann in einem Teilabschnitt in Richtung zum Ziel übertragen, wenn dies im jeweiligen Teilabschnitt möglich ist.

Der Transport der Datenpakete erfolgt bei Datex-P nach der Schnittstellennorm X.25 (CCITT-Empfehlung). Die Basisdienstleistung Datex-P10 umfasst Geräte, die nach dieser Norm arbeiten. Bei anderen Datenendgeräten muss eine Anpassung erfolgen. Dafür steht der Anpassungsdienst Datex-P20 zur Verfügung. Datex-P20 basiert auf den Kommunikationsdienstleistungen X.3, X.28 und X.29.

Für einen Datex-P-Hauptanschluss werden eine Datex-Steckdose und ein PC mit X.25-Karte benötigt. Die Übertragungsgeschwindigkeit beträgt maximal 1,92 Mbit/s. Bei den Hauptanschlüssen Datex-P10 wird nur die X-25-Schnittstelle benutzt.

de-Jahrbücher 2005

Fax 06221/489-623

Ich bestelle die Jahrbücher 2005 zum Preis von

☐ Je ca. € 17,50 sFr 29,90
☐ Je ca. € 14,80 sFr 25,60 (Fortsetzungspreis)
Preise inkl. MwSt. zzgl. Versandkosten. Mengenpreise auf Anfrage.

Absender

Firma _____

Name, Vorname _____

Straße/Postfach _____

PLZ, Ort _____

Ich habe das Recht, diese Bestellung innerhalb von 14 Tagen nach Lieferung ohne Angabe von Gründen zu widerrufen. Der Widerruf erfolgt schriftlich oder durch fristgerechte Rücksendung der Ware an den Verlag oder an meine Buchhandlung. Zur Fristwahrung genügt die rechtzeitige Absendung des Widerrufs oder der Ware (Datum des Poststempels). Bei einem Warenwert unter 40 Euro liegen die Kosten der Rücksendung beim Rücksender. Meine Daten werden gemäß Bundesdatenschutzgesetz elektronisch gespeichert und können für Werbezwecke verwendet werden.

Datum, 1. Unterschrift _____

Bei Fortsetzungsbezug bitte zusätzlich unterschreiben: Ich habe zur Kenntnis genommen, dass ich beim Fortsetzungsauftrag automatisch jährlich im Oktober die neuen de-Jahrbuch-Ausgaben erhalte. Der Fortsetzungsauftrag läuft über mindestens 2 Jahre (Ausgaben 2005 und 2006) und kann jeweils zum 30. Juni für das Folgejahr gekündigt werden.

Datum, 2. Unterschrift _____

Elektrotechnik für Handwerk und Industrie
_____ Expl. 2005.
Ca. 400 S. Taschenbuchf. Kart.
ISBN 3-8101-0197-4

Informations- und Telekommunikationstechnik
_____ Expl. 2005.
Ca. 450 S. Taschenbuchf. Kart.
ISBN 3-8101-0199-0

Gebäudetechnik
_____ Expl. 2005.
Ca. 450 S. Taschenbuchf. Kart.
ISBN 3-8101-0198-2

Elektromaschinen und Antriebe
_____ Expl. 2005.
Ca. 450 S. Taschenbuchf. Kart.
ISBN 3-8101-0200-8

HÜTHIG & PFLAUM VERLAG, Postf. 10 28 69, 69018 Heidelberg

Das Modem

Stefan Eiselt

Der Begriff Modem ist die Abkürzung für „MOdulator/DEModulator" und kennzeichnet ein Gerät, welches die digitalen Daten des Computers in analoge Signale umwandelt. Die modulierten Signale werden über das analoge Telefonnetz übertragen. Der Empfänger wandelt die analogen Informationen von der Telefonleitung wiederum in digitale Daten um (Demodulation) und leitet diese zum Computer weiter.

Die wichtigste Aufgabe des Modems ist das Übertragen von Computerdaten über das analoge Telefonnetz. Zur Anwahl der gewünschten Gegenstelle bietet das Modem mittels bestimmter Befehle die Möglichkeit Telefonnummern zu wählen. Diese Befehle werden durch die Terminalsoftware an das Modem übermittelt. Weiterhin kann ein Modem für das automatische Annehmen von Anrufen konfiguriert werden. Mit der geeigneten Software ist so der Betrieb einer Mailbox möglich.

Moderne Modems nach dem V.34+-Standard erlauben Übertragungsraten bis 33,6 Kbit/s. Der Standard V.90 ermöglicht Raten bis 56 Kbit/s.

Datenfernübertragungsgeräte benötigen eine Zulassung. Die Richtlinien sind in den entsprechenden Bestimmungen festgehalten.

Aufbau eines Modems

Ein Modem besteht aus mehreren Funktionsgruppen zur Steuerung des Übertragungsablaufs **(Bild 1).** Der wohl wichtigste funktionelle Teil ist die Schnittstelle zum Computer, meistens durch eine V.24-Schnittstelle, also ein serielles Interface realisiert. Einige Hersteller bieten auch Modemsteckkarten für das Computer-

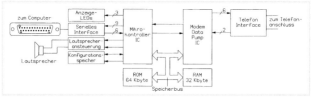

Bild 1
Blockschaltung eines Modems

bussystem an. Über diese Verbindung steuert der Computer das Modem und übermittelt (empfängt) die zu übertragenden Daten. Ein Mikrokontroller und im ROM-Speicher verfügbare Software verarbeiten die Daten in ein für den Modulator/Demodulator-Chip verständliches Format. Dieser Chip steuert bei modernen Modemchipsätzen zusätzlich die zum Aufbau der Telefonverbindung notwendigen Abläufe (Telefonnummer wählen, Anruf annehmen, Verbindung beenden). Ein zusätzlicher Lautsprecher ermöglicht dem Anwender das akustische Überwachen des Verbindungsaufbaus oder der Datenübertragung. Viele Modems besitzen ein sogenanntes NVRAM, um anwenderspezifische Einstellungen dauerhaft abzuspeichern.

Ein wichtiger Teil der Schaltung ist das Telefoninterface, da hier die Bestimmungen der Zulassungsstelle im Fernmeldewesen am stärksten zum Tragen kommen. Ein in Deutschland zugelassenes Modem muss (anders als z. B. in den USA) beim Modembetrieb das Telefon über ein Relais vom Telefonnetz abkoppeln. Dies wird über ein Relais im Modem realisiert, welches im Bedarfsfall zwischen Modem- und Telefonbetrieb umschaltet. Der Anschluss an die Telefonleitung erfolgt über TAE-N-Stecker.

Zur Software

Mit der Modemhardware alleine ist es nicht getan. Zur Steuerung des Datentransfers ist zusätzlich Software notwendig. Im Programmumfang der modernen Windows-Betriebssysteme (ab Windows 95) ist bereits eine zur Modemkommunikation geeignete Anwendung (Hyperterminal) enthalten. Weiterhin liefern fast alle Hersteller ihre Modemprodukte mit zum Modem passender Software aus. Hierbei erklärt die beiliegende Gebrauchsanleitung sehr oft nur die Bedienung des Programms und nicht die Grundlagen der Datenfernübertragung per Modem. Nachstehende Auflistung enthält die wichtigsten bei der Modemkommunikation verwendeten Begriffe.

COM-Port

Externe Modems werden über ein Seriellkabel an eine serielle Schnittstelle des Computers angeschlossen. Zur Inbetriebnahme des Modems, muss der mit dem Modem verbundene COM-Port in der Terminalsoftware eingestellt werden. Die Konfiguration erfolgt bei älteren Terminalemulationen durch die direkte Auswahl des COM-Ports (COM1, COM2). Durch die Fähigkeiten von Windows und von anderen Betriebssystemen werden Modems über das Betriebssystem automatisch erkannt und konfiguriert. Ein angeschlossenes Modem wird anschließend vom Betriebssystem in die Systemkonfiguration (Systemsteuerung, Modem) eingetragen. In der Terminalsoftware wird nicht der COM-Port sondern der Eintrag in der Systemkonfiguration ausgewählt.

Baudrate

Die Baudrate bestimmt wie viele Datenbits pro Sekunde übertragen werden. Bei der Modemkommunikation muss die Baudrate der seriellen Verbindung zwischen Modem und Computer nicht mit der tatsächlichen Rate auf der Telefonleitung übereinstimmen. Die Baudrate der Datenübertragung zwischen Modem und Computer sollte mindestens der maximalen Geschwindigkeit des Modems entsprechen. Da alle derzeit verfügbaren Modems über Mechanismen zur Datenkompression verfügen ist es sinnvoll für die Modem-Computer-Verbindung eine höhere Übertragungsrate zu wählen als die physikalisch mögliche. Für ein Modem mit maximal 33,6 Kbit/s ist eine Rate von 57600 bit/s sinnvoll. Bei einem Modem nach dem V.90-Standard (56 Kbit/s) sollten 115200 bit/s für die Übertragung vom Computer zum Modem gewählt werden.

Die Baudrate auf der Telefonleitung wird nach dem Verbindungsaufbau von beiden Modems automatisch ermittelt. Hierbei entspricht die Übertragungsrate immer der maximal möglichen Rate des langsameren Teilnehmers.

Übertragungsprotokoll

Das Übertragungsprotokoll gibt Auskunft über die Reihenfolge der Bit-Übertragung. Die Datenbytes der ausgegebenen oder empfangenen Signale werden von Start- und Stoppbits umrahmt (Datenrahmen). Das Startbit **(Bild 2)** dient zur Synchronisation des Empfängers und löst eine interne Taktfolge zum Sampeln der Datenbits aus. Die Stoppbits kennzeichnen das Ende der Übertragung eines Zeichens (Byte).

In einem Datenrahmen werden die Datenbits übertragen. Als Einstellung sind 7 oder 8 Datenbits möglich.

Zur Erhöhung der Übertragungssicherheit wird den Datenbits ein zusätzliches Bit hinzugefügt, das Paritätsbit. Der Wert dieses Bits ergänzt das Datenbit je nach Einstellung im

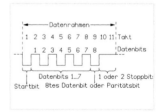

Bild 2
Der Datenrahmen

Terminalprogramm auf einen geraden oder einen ungeraden Wert. Der empfangende Computer prüft nun, ob Übertragungsfehler aufgetreten sind, indem er den Paritätswert mit seiner Programmeinstellung vergleicht.

Mögliche Parameter sind:
- NONE für keine Paritätsprüfung.
- EVEN für die Ergänzung auf einen geraden Wert.
- ODD für die Ergänzung auf einen ungeraden Wert.

Als Parameter sind hier 1 oder 2 Stoppbits möglich. Die am häufigsten verwendete Einstellung ist „8N1", d. h. acht Datenbits, kein Paritätsbit (NONE), ein Stoppbit.

Duplex
Unter Duplex versteht man die Datenfernübertragung in beide Richtungen, was bedeutet, dass das Modem kann Daten senden und empfangen.

Beim Halbduplexverfahren kann das Senden und das Empfangen nur abwechselnd stattfinden.

Das Vollduplexverfahren ermöglicht gleichzeitiges Senden und Empfangen von Daten, wobei die Datenströme in jeder Richtung einer anderen Frequenz aufmoduliert werden.

Lokales Echo
Besteht eine Modemverbindung zu einer Mailbox oder einem anderen Terminalprogramm, so werden alle im Fenster der Terminalemulation getätigten Eingaben von der Gegenstelle empfangen, ausgewertet und anschließend an den Absender zurückgesendet. Dieses Funktionsprinzip erleichtert das Arbeiten mit der Terminalsoftware, da der Anwender alle getätigten Eingaben auf dem eigenen Bildschirm lesen kann. Werden die Eingaben von der Gegenstelle nicht retourniert, so ist es sinnvoll die Option „Lokales Echo" im Terminalprogramm zu aktivieren. Die Funktion stellt alle eingegebenen Zeichen dar, ohne dass diese von der entfernten Software zurückgesendet werden.

AT-Kommandos
Zur Steuerung besitzt jedes Modem spezielle Befehle, die sogenannten AT-Kommandos. Dieser Befehlssatz wurde ursprünglich vom amerikanischen Modemhersteller Hayes entwickelt und im Laufe der Zeit um zahlreiche Features ergänzt. Damit der Anwender spezielle Fähigkeiten des Modems nutzen kann, können diese Befehle direkt im DFÜ-Programm eingegeben werden. So kann ein Terminalprogramm alle Funktionen des Modems wie z. B. das Datenübertragungsprotokoll, die Übertragungsrate (Baud), das Anwahlverfahren usw. ansprechen.

Fast alle Befehle beginnen mit „AT", darauf folgen der auszuführende Befehl und eventuelle Parameter.

ISDN-Adapter
Stefan Eiselt

Modems kommunizieren über analoge Fernmeldeleitungen, die mit derzeitigen Verfahren maximal 56 Kbit/s transportieren können. ISDN-Adapter sind hier durch Ausnutzung des digitalen Übertragungsmediums im Vorteil. Über einen B-Kanal sind Raten von 64 Kbit/s möglich. Unter Verwendung von beiden B-Kanälen können Übertragungsraten von 128 Kbit/s erreicht werden. Ein weiterer Vorteil von ISDN-Karten, bzw. Adaptern ist der erheblich schnellere Verbindungsauf- und abbau, da das Verfahren zum Ermitteln einer geeigneten Übertragungsrate entfällt. Bei ISDN-Adaptern unterscheidet man zwischen drei gängigen Typen, die passive oder aktive ISDN-Steckkarte, die ISDN-Box, zum Anschluss an den Parallelport und das ISDN-Modem, das wie ein normales Modem an die serielle Schnittstelle angeschlossen wird. Der Unterschied zwischen aktiven und passiven ISDN-Karten ist, dass die aktive Karte über einen eigenen Mikroprozessor verfügt, der alle Steuer- und Rechenaufgaben übernimmt. Bei der passiven Karte werden diese Funktionen vom Prozessor des Computers ausgeführt. ISDN-Boxen werden nur von wenigen Herstellern angeboten und sind vom Funktionsprinzip mit der passiven Karte vergleichbar. Das ISDN-Modem stellt eine Sonderform des ISDN-Adapters dar, da dieser im Regelfall wie ein Modem mittels AT-Befehlen angesteuert wird. Oftmals sind hier zusätzlich a/b-Wandler und ein V.34-Modem-Chip für analoge Verbindungen integriert. Zum Betrieb von ISDN-Karten und ISDN-Boxen im PC wird spezielle Software benötigt, die direkte Ansteuerung aus einem Terminalprogramm, wie bei Modems ist nicht möglich.

Die Schnittstellensoftware zur ISDN-Hardware

Zum Betrieb einer ISDN-Karte oder ISDN-Box benötigt man spezielle Treiber. Diese werden vom jeweiligen Hersteller mitgeliefert oder sind auch im Internet erhältlich.

CAPI-Treiber (Common Application Program Interface)

Die CAPI-Schnittstelle ist das Interface zwischen der ISDN-Hardware und dem Betriebssystem. Alle ISDN-fähigen Anwendungen benützen die Schnittstelle zur Kommunikation mit der Außenwelt über die ISDN-Karte. CAPI wurde 1989 mit der Markteinführung des nationalen 1TR6-Protokolls definiert. Die damalige Version 1.0 hatte zahlreiche Schwächen, weshalb ein Jahr später eine CAPI-Version 1.1 vorgestellt wurde. Mit der Einführung von Euro-ISDN im Jahr 1993 konnte die Version jedoch nicht mehr allen Anforderungen genügen, da nur Endgeräteauswahlziffern und keine Mehrgeräterufnummern unterstützt wurden. Man vereinbarte somit einen neuen Standard mit dem Namen CAPI 2.0.

Fosiltreiber (Fido/Opus/SEAdog Standard Interface Layer)

Der Fosiltreiber setzt auf den CAPI-Treiber auf und erlaubt die Ansteuerung der ISDN-Karte mit AT-Befehlen, wie sie beim Modem üblich sind. Hierbei wird vom Programm eine COM-Schnittstelle emuliert oder ein Zugriff über Int14h ermöglicht. Mit einem Terminalprogramm kann diese Emulation genutzt und z. B. ein Mailboxsystem mit ISDN-Zugang angewählt werden. Fosiltreiber existieren für Windows und benötigen je nach Version einen CAPI-1.1 oder -2.0-Treiber

Pakettreiber

In DFÜ-Netzen benötigt man als Verbindungsglied zwischen CAPI und dem Netzwerkprotokoll einen sogenannten Pakettreiber. Bei bestimmten Betriebssystemen (z. B. Windows) und einigen kommerziellen Komplettlösungen ist der Pakettreiber bereits im Lieferumfang enthalten. Dieser Treiber simuliert zur Applikationsseite eine Ethernet-LAN-Schnittstelle über die ISDN-Karte.

Mememulation

Einige Hersteller liefern mit der ISDN-Karte zusätzliche Software zur Emulation eines Modems mit eingeschränktem AT-Befehlssatz. Über diesen Modemtreiber läßt sich eine DFÜ-Netzwerkverbindung oder der Zugang zu einer Mailbox realisieren. So z. B. bietet der Hersteller AVM einen Treiber mit der Bezeichnung CAPI-PORT an. Durch die Emulation werden unter Windows verschiedene ISDN-Modemtypen bereitgestellt, die den Zugang zum Internet oder das Anwählen von Mailboxen erlauben.

NDIS WAN Treiber

NDIS ist die Abkürzung für „Network Device Interfac Specification" und definiert einen Standard zur Anbindung von Netzwerkkarten (Hardware) an Netzwerkprotokolle (Software). Hierbei muss vom Hardwarehersteller für jede Netzwerkkarte ein eigener Treiber geschrieben werden, der über eine einheitliche Schnittstelle zum Betriebssystem verfügt. Ein NDIS-Treiber besteht aus drei Komponenten, dem MAC-Treiber, dem Protokoll-Treiber und dem Protokoll-Manager. Nach der Spezifikation erlaubt der Treiber den gleichzeitigen Betrieb von bis zu vier Protokollen (Protokoll-Stacks) auf einer Netzwerkkarte.

NDIS WAN ist eine Erweiterung der NDIS-Spezifikation in Bezug auf Wide Area Networking (WAN). Als Hardware kommt hierbei z. B. eine ISDN-Karte zum Einsatz, die über den NDIS-WAN-Treiber wie eine Netzwerkkarte ins Betriebssystem eingebunden wird. Hierbei setzt ein NDIS-WAN-Treiber im Regelfall nicht direkt auf die Hardware der ISDN-Karte auf, sondern bildet eine Schnittstelle zwischen dem CAPI-Treiber und den Protokoll-Stacks des Betriebssystems.

Die Konfiguration der ISDN-Wählverbindung erfolgt unter Windows, nach erfolgreicher Installation des NDIS-Wan-Treibers und der gewünschten Netzwerkprotokolle, über das DFÜ-Netzwerk. Unter Windows 95 muss zusätzlich das MS ISDN Accelerator Pack 1.1 auf dem Computer installiert sein.

Beim Betriebssysten Windows NT ist neben dem NDIS-WAN-Treiber die Installation des im Betriebssystem enthaltenen Netzwerkdienstes „Remote Access Services (RAS)" erforderlich.

Die Übertragungsprotokolle

Nach dem ISO-Schichtenmodell für Übertragungen auf einen B-Kanal wird die Übermittlung auch bei Datenverbindungen in Ebenen unterteilt. Über die B2-Schicht wird, je nach Anwendungsart, eine transparente oder paketweise (mit Fehlerkorrektur) Übertragung realisiert. Bei paketorientierten Übertragungen ist zusätzlich die Größe der Datenpakete von Bedeutung. Die B3-Schicht des Modells übernimmt die Zuordnung von Datenpaketen zu unterschiedlichen Anwendungen. Wird die Verbindung nur durch ein Programm (z. B. Terminalprogramm) benutzt, so ist ein B3-Protokoll überflüssig.

Folgende B2-Protokolle sind möglich:

- **X.31** dient zur paketorientierten Übertragung von Daten im ISDN-Netz unter Ausnutzung der beiden B-Kanäle und des D-Kanals.
- **X.75** ist ein paketorientiertes Übertragungsmodell für ISDN-Systeme.
- **V 110** läßt einer der Kommunikationspartner nicht die volle ISDN-Übertragungsrate von 64 bit/s zu, so kann die Datenrate angepasst werden.
- Bei **V.120** handelt es sich um ein ähnliches Protokoll wie bei V.110.

Das Internet – Internetprovider

Rainer Holtz

Das Internet besteht aus vielen Einzelnetzen, die über sogenannte Backbones miteinander verbunden sind. Man kann sich also vorstellen, dass jeder Internetanbieter (ISP Internet Service Provider) an diesem Backbone angeschlossen ist. Um die Vorgehensweise einer Netzwerkanbindung an das Internet besser zu verstehen, muss man sich kurz mit dem Aufbau und der Funktion eines Internetproviders **(Bild 1)** befassen.

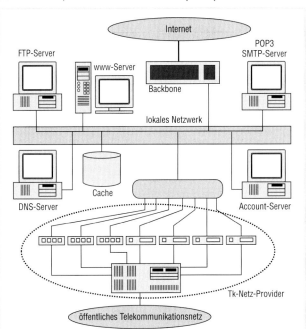

Bild 1
Frequenzbereich

Funktionsgruppen eines Service-Providers

Der Internet-Service-Provider (ISP) setzt sich aus verschiedenen Funktionsgruppen zusammen, die nach außen die verfügbaren Internetdienste darstellen. In der Regel umfassen diese Dienste u.a.:

- E-Mail,
- News,
- www-Zugang.

Hinzu kommt eine wichtige Grundfunktion, die bei jedem ISP vorhanden sein muss: **der DNS-Server**

DNS: Domain-Name-System

Die Abkürzung DNS wird auch gern mit »Domain-Name-Service« oder »Domain-Name-Server« übersetzt. Das Domain-Name-System ist ein integraler Bestandteil des Internet und im Allgemeinen auch jedes Intranets. Es sorgt dafür, dass ein Benutzer überhaupt in der Lage ist, mit Domain-Namen oder Host-Namen, z. B. »www.bfe.de« zu arbeiten. Im DNS vollzieht sich die Umsetzung von Host-Namen auf numerische IP-Adressen, z. B. „192.168.0.1".

> Tatsächlich ist das DNS für das Funktionieren des Internets so wichtig, dass ein totaler DNS-Ausfall das Internet für praktisch alle Computersysteme und Benutzer unbrauchbar machen würde.

Die Frage nach der Notwendigkeit eines Domain-Name-Servers, also eines Computersystems, das die Domain-Name-System-Funktionalität in einem TCP/IP-Netzwerk zur Verfügung stellt, ist praktisch überflüssig. Menschen arbeiten eben viel lieber mit Host-Namen als mit IP-Adressen ganz einfach deshalb, weil sich Host-Namen leichter merken lassen als IP-Adressen.

Weil jedoch das einzelne Computersystem – oder besser der TCP/IP-Stack – auf Protokollebene nicht mit Host-Namen arbeiten kann, muss ein System her, das den Host-Namen in eine IP-Adresse umwandelt. Dabei ist es nicht sinnvoll, in einem großen Netzwerk alle Computersysteme mit einer lokalen Host-Tabelle zu versehen. Daher wird dieser Dienst auf ein oder mehrere Systeme, die so genannten DNS-Server, ausgelagert.

Ein DNS-Server verwaltet also verschiedene Tabellen, die es ihm ermöglichen, auf Anfragen IP-Adressen in Host-Adressen umzuwandeln und umgekehrt. Wichtig dabei ist, dass ein DNS-Server auch eine eigene IP-Adresse hat. Diese muss bekannt sein, wenn z. B. per Router ein Zugang ins Internet über den Provider erfolgen soll. Der DNS-Server ist außerdem für E-Mail- und News-Dienste notwendig.

Serveradressen, Übergabeseiten

Im Folgenden sind Serveradressen und Übergabeseiten zusammengestellt, die dem Internet-Service-Provider bekannt sein müssen, um einen erfolgreichen Zugriff auf alle Dienste zu erhalten:

- IP-Adresse des DNS-Servers,
- Adresse des POP3-Servers (Server für eingehende E-Mails) **POP3,** Post Office Protocol, Standard zum Empfang von E-Mails,
- Adresse des SMTP-Servers (Server für ausgehende E-Mails) **SMTP,** Simple Mail Transport Protocol, Datenübertragungsverfahren für E-Mails vom Versender,
- Adresse des FTP-Proxy-Servers **FTP,** File Transfer Protocol, Internetprotokoll für den Dateitransfer, Standard zur Datenübertragung via Internet (auf der Grundlage von TCP/IP) wird von fast allen Browsern unterstützt,
- Adresse des HTTP-Proxy-Servers HTTP, Hyper Text Transfer Protocol, Datenübertragungsverfahren im WWW, standardisiertes Protokoll, über das sich Web-Server und Browser miteinander verbinden lassen.

Beispiel: T-Online

Als Beispiel werden die netzwerktechnischen Daten vom Internet-Service-Betreiber „T-Online" angegeben:

- IP-Adr. Domain Name Server: 194.25.2.129
- Domain suffix: t-online.de
- POP3-Server: pop.t-online.de (eingehende Mails)
- SMTP-Server: mailto.t-online.de (ausgehende Mails)
- NNTP-Server: news.t-online.de (Newsserver)
- FTP-Proxy: ftp-proxy.btx.dtag.de PORT: 80
- HTTP-Proxy: www-proxy.btx.dtag.de PORT: 80

Die Informationen für andere Provider können direkt dort telefonisch erfragt werden. Oftmals sind sie auch auf den Homesites der ISP zu finden, hier zumeist unter der Rubrik „FAQ" oder „Service".

Routing-Varianten

Rainer Holtz

Unter der Voraussetzung, dass sowohl ein TCP/IP-Netzwerk installiert als auch ein Internetzugang eingerichtet ist, geht es im Folgenden darum, diese beiden noch separat laufenden Funktionen zu vereinen. Damit soll erreicht werden, das jeder Rechner im IP-Netz auf das Internet zugreifen kann, ohne selbst ein Modem oder eine ISDN-Karte aufweisen zu müssen.

Dazu muss im Detail erreicht werden:

- Wenn auf einem der Clients der Internet-Browser gestartet wird, muss der Kommunikationsserver (Router) automatisch eine Verbindung zum Internet herstellen.
- Wird während der bestehenden Internetsitzung des ersten Client der Browser auf einem zweiten und sogar dritten Client gestartet, so sollen auch diese auf das Internet zugreifen können, obwohl die Wählleitung bereits benutzt wird.
- Nachdem alle Clients die Internetverbindung nicht mehr benötigen, muss die Wählverbindung durch den Router automatisch beendet werden.

Technisch kann diese Aufgabe unterschiedlich gelöst werden:

- **Softwarelösungen:**
  1. Installation eines Proxy-Servers auf dem Rechner mit der Datenendeinrichtung. Dieser Rechner wird dadurch zu einem Router.
  2. Installation einer Software, die ein sog. virtuelles CAPI zur Verfügung stellt, und damit jedem Client eine ISDN-Karte „vortäuscht", obwohl diese nur in einem Rechner (Kommunikationsserver) vorhanden ist.

- **Hardwarelösung:**
  Einbindung eines dedizierten (also alleinstehenden) Routers in das Netzwerk
  (z. B.: Cisco o. ä.)

Internet-Zugangsarten
Rainer Holtz

Das Internet kann auf unterschiedliche Arten erreicht werden. Weit reichend und oft dargestellt sind die klassischen Internetzugangarten mit *Modem* bzw. *ISDN-Adapter*. Daher soll im Folgenden auf andere Methoden eingegangen werden, die nicht so verbreitet sind. Eine Variante zu Beginn behandelt die Internetverbindung aus einem Netzwerk heraus. Um die Einrichtung und Funktion eines Routers zu verstehen, sind außerdem Grundkenntnisse über die Funktion eines Internetproviders erforderlich, s. Beitrag weiter vorn.

Internet für kleine Netzwerke

Diese Form des Internetzugangs wird für viele Anwender immer wichtiger, denn auch in Privathaushalten geht der Trend zu kleinen Netzwerken. Nicht zuletzt, um Verbindungskosten zu sparen, wird die Verbindung aus dem Netzwerk mit nur einem Endgerät durchgeführt. Die Grundsätzliche Funktion dieses Gerätes ist die eines Gateways. Ein Gateway kann dabei unterschiedlich realisiert sein, z. B. durch den Einsatz eines Routers als zusätzliches Gerät oder durch eine Softwarelösung als Proxy im lokalen Netzwerk. Bei der Konfiguration solcher Einrichtungen muss in der Regel der weiter vorn beschriebene DNS-Server des Internetproviders angegeben werden.

Internetzugang per Proxy

Das Wort „Proxy" kommt aus dem Englischen und bedeutet in der deutschen Sprache soviel wie „Stellvertreter" oder „Bevollmächtigter". Diese Definition beschreibt im Prinzip auch schon die eigentliche Aufgabe eines Proxy, nämlich die Erledigung eines Schrittes im Auftrage eines anderen.

In erster Linie wird ein Proxy an Orten eingesetzt, an denen Anfragen gebündelt an das Internet gegeben werden sollen, z. B. von eigenständigen Netzwerken, die nicht direkt an das Internet angeschlossen sind. In solchen Fällen werden Internet-Anfragen von Rechnern innerhalb dieses Netzwerkes an den Proxy geleitet, der dann seinerseits die Anfrage ausführt und das Ergebnis an den Absender im Netzwerk zurückliefert. Im Gegensatz zu einem „vollwertigen" Internet-Zugang für alle Rechner in einem lokalen Netzwerk hat eine Proxy-Lösung entscheidende Vorteile:

- Nur der Proxy-Server benötigt eine eigene IP-Adresse, da nur er direkten Zugriff auf das Internet hat. Rechner innerhalb des Netzwerkes können mit IP-Adressen versorgt werden, die im Internet nicht routingfähig sind.

- Rechner, die über einen Proxy-Server auf Ressourcen im Internet zugreifen, können dies mehr oder weniger ohne Preisgabe des wirklichen Absenders tun, da bei einer Anfrage über einen Proxy nur der Proxy-Server als abrufende Instanz erscheint. Auf diese Weise lässt sich effektiv zum Beispiel ein lokales Netzwerk vor direkten Zugriffen aus dem Internet schützen, da nur der Proxy einen direkten Zugriff auf das Internet benötigt und demnach auch nur der Proxy entsprechend vor Fremdzugriffen geschützt werden muss.
- Ein Proxy kann gleichzeitig auch mit einem Zwischenspeicher, einem sogenannten Cache, gekoppelt werden. Dieser speichert alle Daten, die der Proxy bezogen hat, für einen bestimmten Zeitraum und stellt sie für gleiche Anfragen aus dem lokalen Netzwerk in diesem Zeitraum zur Verfügung, so dass diese Daten nicht jedesmal neu geladen werden müssen **(Bild 1)**.

Peer-to-Peer-Netzwerk mit Proxy

Ein lokales Netzwerk (LAN), ergänzt um einen Proxy, hat damit ein Aussehen entsprechend **Bild 2.**

Proxy-Server sind als Software-Lösungen im Internet teilweise sogar kostenlos erhältlich. Bei der Anbindung eines lokalen Netzwerkes an das Internet in der dargestellten Form sind die Bedingungen des Internetproviders aber unbedingt zu beachten. So wird z. B. die gleichzeitige Nutzung eines Accounts (Zugang) unter Umständen nicht gewünscht.

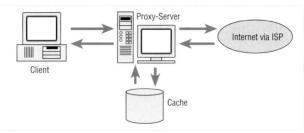

Bild 1
Arbeitsweise eines Proxy

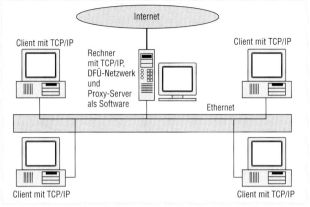

Bild 2
Peer-To-Peer Netzwerk mit Proxy

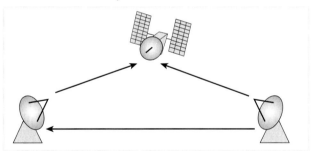

Bild 3
Internet via Satellit – Hybridlösung

Internet via Satellit
1. Hybrid-Lösung

Darunter versteht man eine Kombination aus Downstream per Satellit und Upstream per Leitungsnetz über das öffentliche Tk-Netz **(Bild 3).** Der Downstream wird dabei über digitale Videokanäle abgewickelt (DVB).

Für diese Variante gibt es einige Provider mit entsprechenden Angeboten. Die Datenraten werden aber in der Regel an der von ADSL orientiert, 2 MBit/s bzw. 4 Mbit/s sind zu entsprechend höheren Preisen möglich. Interessant für alle diejenigen, die keine Möglichkeit haben einen ADSL-Anschluss zu bekommen.

2. Senden und Empfangen per Satellit

Eine andere Methode des Internetzugangs ist die Variante ohne das Leitungsnetz des öffentlichen Tk-Netzes in Anspruch zu nehmen. Die Verbindung wird hier im Gegensatz zur Hybridlösung ausschließlich per Satellit sowohl in Sende- als auch in Empfangsrichtung durchgeführt. Hierzu muss der Anwender über eine Sendevorrichtung verfügen. Die Sendemöglichkeit ist entsprechend kostenintensiv. Dabei ist es nicht unbedingt die Hardware, sondern es sind eher die Nutzungsgebühren, die hier deutlich teurer ausfallen als bei anderen Internetzugangstechniken.

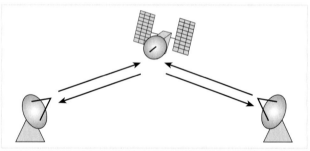

Bild 4
Internetzugang ohne Leitungsnetz

Grundlagen Web-Design
Rainer Holtz

HTML

HTML bedeutet Hyper Text Markup Language. Es handelt sich dabei um einen Ableger von SGML (Structured Generalized Markup Language) mit spezieller Ausrichtung auf Hypertext-Funktionen. SGML ist als ISO-Norm 8779 festgeschrieben und wird immer häufiger von großen Konzernen und Institutionen zum internationalen, standardisierten Dokumentenaustausch benutzt.

HTML ist zur Sprache für Dokumente des World-Wide-Web (WWW) im Internet geworden.

HTML ist eine so genannte Dokumentbeschreibungssprache. Eine Dokumentbeschreibungssprache hat die Aufgabe, die logischen Strukturen eines Dokuments zu beschreiben. Dazu gehören Kapitel, Unterkapitel, Absätze, Querverweise zu anderen Dokumenten usw. Daneben hält HTML etliche Sprachelemente zur Formatierung von Text und zum Darstellen von Tabellen u. Ä. bereit. Damit ein HTML-Dokument ansprechend präsentiert wird, stellen die modernen Anzeigeprogramme (WWW-Browser) umfangreiche Konfigurationsmöglichkeiten bereit. Beispielsweise stehen dem Anwender zur Konfiguration alle installierten Schriftarten zur Verfügung.

HTML ist ein so genanntes Klartext-Format. HTML-Dateien können mit jedem beliebigen Texteditor bearbeitet werden, der Daten als reine Textdateien abspeichern kann. Es gibt also keine bestimmte Software, die man zum Erstellen von HTML-Dateien benötigt. Zwar existieren längst mächtige Programme, die auf das Editieren von HTML spezialisiert sind, doch das ändert nichts an der entscheidenden Eigenschaft:

HTML ist *nicht* an irgendein bestimmtes, kommerzielles Software-Produkt gebunden.

Eine der wichtigsten Eigenschaften von HTML ist die Möglichkeit, Verweise zu definieren. Verweise („Hyperlinks") können zu anderen Stellen im eigenen Projekt führen, aber auch zu beliebigen anderen Adressen im World Wide Web und sogar zu Internet-Adressen, die nicht Teil des WWW sind. Im Zeitalter der Kommerzialisierung des Internets sind natürlich auch die Verweise zu einem kommerziellen Gegenstand geworden. Anklickbare Werbe-Grafiken („Banner") auf häufig besuchten Seiten führen zu Anbietern, die für die Platzierung der Banner-Miete bezahlen. Auch das sind Verweise. Glücklicherweise gibt es daneben aber weiterhin genügend „herkömmliche" Verweise im WWW, die einfach nur die Grundidee des Web verfolgen und zur weltweiten Vernetzung von Information beitragen wollen.

Das W3-Konsortium als Wächter über HTML-Standards

Das W3C unter Leitung der WWW-Erfinder *Tim Berners Lee* und *Jean-François Abramatic* ist ein weltweiter Verbund von Unternehmen und Forschungseinrichtungen, die gemeinsam an Standards und Entwicklungen für das World-Wide-Web arbeiten. Dem W3C gehören unter anderem die weltweit operierenden Unternehmen Microsoft, Netscape, IBM, Sun und Oracle an. Mitglied im W3C kann jeder werden, der Informationen im Web abruft, anbietet, austauscht, neue Web-Anwendungen entwickelt und Vorschläge zu dessen Verbesserungen hat.

Das Konsortium ist ein neutraler Ort, an dem sich alle Interessengruppen treffen, um sich auf allgemeine Standards zu einigen.

Schreiben in HTML – der Sprache des WWW
Rainer Holtz

Die Arbeit mit Tags

Ein HTML-Dokument kann wie ein normales Text-Dokument geschrieben werden. Doch um eine optisch ansprechende Darstellungsweise zu erzielen, ist es notwendig dem Browser mitzuteilen, wie er einen bestimmten Textbereich darzustellen hat. Der Beginn einer abgeänderten Darstellungsweise wird mit einem **Start-Tag** kenntlich gemacht und das Ende mit einem sogenannten **End-Tag**. Diese Befehle werden in eckige Klammern (< bzw. >) gesetzt. Der Start-Tag sieht dann so aus: <Befehl>, und der End-Tag sieht dann so aus: </Befehl>.

Beispiel:
<h4>HTML – die Sprache des WWW**</h4>**
In Ihrem WWW-Browser erscheint dieser Beispieltext so:
HTML – die Sprache des WWW

Das Beispiel zeigt eine Überschrift 4. Ordnung. Das einleitende Tag **<h4>** signalisiert, dass eine Überschrift 4. Ordnung folgt (h = heading = Überschrift). Das abschließende Tag **</h4>** signalisiert das Ende des Überschriftentextes. Ein abschließendes Tag ist immer an dem Schrägstrich „/" zu erkennen.

> *Hinweis:* Es spielt keine Rolle, ob die Tags in Form von Klein- oder Großbuchstaben notiert werden. So bedeuten z. B. **<h1>** und **<H1>** das Gleiche. Bei künftigen Versionen wie XML gilt dies jedoch nicht mehr, hier werden alle Tags klein geschrieben. Daher sollte man sich von Beginn an daran gewöhnen, Tags grundsätzlich klein zu schreiben.

Es gibt einige wenige **„Standalone-Tags"**, d. h. Tags, die keine Einleitung für den folgenden Text darstellen und deshalb kein abschließendes Tag haben.

Beispiel:
Eine Zeile, ein manueller Zeilenumbruch **
**
und die nächste Zeile
Am Ende der ersten Zeile signalisiert das Tag **
**, *dass ein manueller Zeilenumbruch eingefügt werden soll (br = break = Umbruch).*

Grundgerüst einer HTML-Datei

Eine HTML-Datei besteht grundsätzlich aus folgenden zwei Teilen:
1. **Header (Kopf)**
   (enthält Angaben zu Titel u. ä.)
2. **Body (Körper)**
   (enthält den eigentlichen Text mit Überschriften,
   Verweisen, Grafikreferenzen usw.)

Schema des Grundgerüsts einer HTML-Datei

Das folgende Grundgerüst können Sie für alle herkömmlichen HTML-Dateien verwenden:

```
<html>
<head>
<title>
Text des Titels
</title>
</head>
<body>
Überschriften, Text, Verweise, Grafikreferenzen usw.
</body>
</html>
```

Der gesamte Inhalt einer HTML-Datei wird in die Tags **<html>** bzw. **</html>** eingeschlossen.

Hinter dem einleitenden HTML-Tag folgt das einleitende Tag für den Header **<head>**. Zwischen diesem Tag und seinem Gegenstück **</head>** werden allgemeine Angaben zur HTML-Datei notiert. Die wichtigste dieser Angaben, die jede HTML-Datei enthalten sollte, ist der Titel, markiert durch die Tags **<title>** bzw. **</title>**. Unterhalb davon folgt der Textkörper, markiert durch die Tags **<body>** bzw. **</body>**.

Umlaute und scharfes S

Damit HTML-Dateien problemlos zwischen verschiedenen Rechnerwelten ausgetauscht werden können, setzt die Sprache HTML auf einem international genormten Zeichensatz auf: dem Zeichensatz ISO 8859-1 (auch ISO Latin-1 genannt). Im Hinblick auf das Internet und die internationale Verwendung sollten deutsche Umlaute in HTML-Dateien durch die dafür vorgesehenen

HTML-Zeichenfolgen ersetzt werden. Das gilt für den gesamten Inhalt einer HTML-Datei.
Ersetzen Sie das Zeichen **ä** durch die Zeichenfolge **ä**
Ersetzen Sie das Zeichen **Ä** durch die Zeichenfolge **Ä**
Ersetzen Sie das Zeichen **ö** durch die Zeichenfolge **ö**
Ersetzen Sie das Zeichen **Ö** durch die Zeichenfolge **Ö**
Ersetzen Sie das Zeichen **ü** durch die Zeichenfolge **ü**
Ersetzen Sie das Zeichen **Ü** durch die Zeichenfolge **Ü**
Ersetzen Sie das Zeichen **ß** durch die Zeichenfolge **ß**

Beispiel:
In M**ü**nchen steht ein Hofbr**äu**haus.
Dort gibt es Bier aus Ma**ß**kr**ü**gen>

Maskierung von HTML-Zeichen

Wenn in Ihrem Text Zeichen vorkommen, die in HTML eine bestimmte Bedeutung haben, müssen Sie diese Zeichen maskieren. Die folgenden Zeichen müssen Sie wie folgt maskieren:
Ersetzen Sie das Zeichen **<** durch die Zeichenfolge **<**
Ersetzen Sie das Zeichen **>** durch die Zeichenfolge **>**
Ersetzen Sie das Zeichen **&** durch die Zeichenfolge **&**
Ersetzen Sie das Zeichen **„** durch die Zeichenfolge **"**

Überschriften

HTML unterscheidet 6 Überschriftenebenen, um Hierachieverhältnisse in Dokumenten abzubilden.

Beispiel:
<h1>Überschrift 1. Ordnung</h1>
<h3>Überschrift 3. Ordnung</h3>

Erläuterung: **<h[1-6]>** leitet eine Überschrift ein. Die Nummer steht für die Überschriftenebene. 1 ist die höchste Ebene, 6 die niedrigste. Dahinter folgt der Text der Überschrift. **</h[1-6]>** beendet die Überschrift und steht am Ende des Überschriftentextes.

Es wird empfohlen, die Hierarchie der Überschriften genau einzuhalten und nicht mehr als 3 Ebenen zu verwenden:
<h1> für die Haupt-Überschriften (Kapitel),
<h2> für Abschnitte innerhalb der Kapitel,
<h3> für Unter-Abschnitte innerhalb der Abschnitte.
Neue Kapitel oder Abschnitte bedeuten automatisch neue Absätze, die Überschriften dürfen deshalb nicht innerhalb von Absätzen oder Listen und dergleichen stehen.

Die meisten Web-Browser stellen die Überschriften durch fette und größere Schrift dar. Manche Web-Browser rücken den nachfolgenden Text entsprechend der Hierarchie-Ebene ein.

Überschriften werden linksbündig ausgerichtet, wenn Sie nichts anderes angeben. Sie können eine Überschrift auch zentriert oder rechtsbündig ausrichten.

Beispiel:
<h1 align=center>Überschrift 1. Ordnung**</h1>**
<h3 align=right>Überschrift 3. Ordnung**</h3>**

Erläuterung: Durch die Angabe **align=center** im einleitenden Tag wird erreicht, dass die Überschrift zentriert ausgerichtet wird. Mit der Angabe **align=right** wird die Überschrift rechtsbündig ausgerichtet.

Einfache Absätze

Absätze dienen der optischen Gliederung eines Textes. Beim Erstellen von HTML-Dateien genügt es nicht, im Editor einen harten Umbruch einzufügen.

WWW-Browser ignorieren solche Umbrüche. Browser fügen nur dann Umbrüche bei der Textpräsentation ein, wenn sie auf einen entsprechenden HTML-Befehl stoßen.

Beispiel:
Hier ist ein Absatz zu Ende.
<p>
Hier beginnt ein neuer Absatz.

oder:
<p>Das ist ein Absatz.**</p>**
<p>Das ist der nächste
Absatz.**</p>**

<p> (paragraph) fügt eine Absatzschaltung ein. Dabei ist es egal, ob das Tag am Ende der Zeile des vorherigen Absatzes steht oder in einer eigenen Zeile (wie im ersten Beispiel) oder am Anfang des folgenden Absatzes.

Absatzschaltungen funktionieren im normalen Fließtext, aber auch in speziellen Absatzformen wie Listen oder Zitaten, ferner innerhalb von Tabellenzellen und sogar innerhalb von Überschriften.

Absätze zentrieren oder rechts ausrichten

Absätze werden linksbündig ausgerichtet, wenn Sie nichts anderes angeben. Sie können einen Absatz auch zentriert oder rechtsbündig ausrichten.

Beispiel:
<p align=center>Dieser Absatz wird zentriert ausgerichtet.
<p align=right>Dieser Absatz wird rechts ausgerichtet.

Bullet-Listen[1]

Eine solche Auflistung fügen Sie in HTML wie folgt ein.

Beispiel:
<ul>
<li>Listeneintrag
<li>anderer Listeneintrag
<li>letzter Listeneintrag
</ul>

Erläuterung: Mit **<ul>** (unordered list) wird eine Liste oder Aufzählung begonnen. Jedes Listenelement innerhalb der Liste beginnt mit **<li>** (list item). Mit **</ul>** wird die Liste beendet.

Bullet-Typ festlegen

Netscape erlaubt es auch, einen Bullet-Typ zu bestimmen. Ob und wie der Bullet-Typ am Bildschirm angezeigt wird, hängt jedoch letztlich vom Zeichensatz der Schriftart ab, die der Anwender eingestellt hat.

---

1 z. B. Aufzählungen mit Anstrichen

Beispiele:
```
<ul type=circle>
<li>...
</ul>

<ul type=square>
<li>...
</ul>
```

Erläuterung: Mit **<ul type=circle>** bestimmen Sie ein rundes Bullet. Mit **<ul type=square>** bestimmen Sie ein eckiges Bullet.

Nummerierte Listen

Nummerierte Listen sind z. B. von Bedeutung, um nacheinander auszuführende Aktionen oder Rangfolgen übersichtlich darzustellen. Bei einer nummerierten Liste werden alle Listeneinträge automatisch durchnummeriert.

Beispiel:
```
<ol>
<li>Listeneintrag, bekommt „1." vorangestellt</li>
<li>Listeneintrag, bekommt „2." vorangestellt</li>
<li>Listeneintrag, bekommt „3." vorangestellt</li>
```

Erläuterung: **<ol>** leitet eine nummerierte Liste ein (ol = ordered list = nummerierte Liste). Mit **<li>** beginnt ein neuer Punkt innerhalb der Liste (li = list item = Listeneintrag). Das End-Tag **</li>** am Ende eines Listeneintrags ist nicht zwingend erforderlich, im Sinne SGML-konformer Kodierung jedoch sauberer. **</ol>** beendet die Liste.

Hinweis: Verschachteln von nummerierten Listen bewirkt keine Gesamtnummerierung. Automatische Nummerierungshierarchien, z. B.: 1, 1.1, 1.1.1, sind in HTML (noch) nicht möglich.

Listen alphabetisch nummerieren

Sie können Listen alphabetisch nummerieren. Die Listen werden dabei nicht mit 1, 2, 3 usw. durchnummeriert, sondern mit A, B, C (oder auch a, b, c) usw.

Beispiele
```
<ol type=a>
<li>Listeneintrag, bekommt ein „A." vorangestellt
<li>Listeneintrag, bekommt ein „B." vorangestellt
<li>Listeneintrag, bekommt ein „C." vorangestellt
</ol>

<ol type=a>
<li>Listeneintrag, bekommt ein „a." vorangestellt
<li>Listeneintrag, bekommt ein „b." vorangestellt
<li>Listeneintrag, bekommt ein „c." vorangestellt
</ol>
```

Erläuterung: Mit **<ol type=A>** werden die Listeneinträge mit A., B., C. usw. nummeriert. Mit **<ol type=a>** werden die Listeneinträge mit a., b., c. usw. nummeriert.

Listen römisch nummerieren

Sie können Listen römisch nummerieren. Die Listen werden dabei mit I., II., III., IV. (oder auch i., ii., iii., iv.) usw. versehen.

Beispiele:
```
<ol type=I>
<li>Listeneintrag, bekommt ein „I." vorangestellt
<li>Listeneintrag, bekommt ein „II." vorangestellt
<li>Listeneintrag, bekommt ein „III." vorangestellt
<li>Listeneintrag, bekommt ein „IV." vorangestellt
</ol>

<ol type=i>
<li>Listeneintrag, bekommt ein „i." vorangestellt
<li>Listeneintrag, bekommt ein „ii." vorangestellt
<li>Listeneintrag, bekommt ein „iii." vorangestellt
<li>Listeneintrag, bekommt ein „iv." vorangestellt
</ol>
```

Mit **<ol type=I>** werden die Listeneinträge mit I., II., III., IV. usw. nummeriert.

Mit **<ol type=i>** werden die Listeneinträge mit i., ii., iii., iv. usw. nummeriert.

Nummerierung beeinflussen

Sie können die Listen-Startnummer einer nummerierten Liste frei festsetzen. Die Liste beginnt dann z. B. nicht mit 1, sondern mit 7, oder nicht mit A., sondern mit G. Ferner können Sie innerhalb der nummerierten Liste bei jedem Listeneintrag eine neue Startnummer festlegen.

```
Beispiele:
<ol start=7>
<li>Listeneintrag, bekommt „7." vorangestellt
<li>Listeneintrag, bekommt „8." vorangestellt
<li>Listeneintrag, bekommt „9." vorangestellt
<li value=10000>Listeneintrag, bekommt „10000." vorangestellt
<li>Listeneintrag, bekommt „10001." vorangestellt
<li>Listeneintrag, bekommt „10002." vorangestellt
<li>Listeneintrag, bekommt „10003." vorangestellt
</ol>
```

Erläuterung: Mit **start=** innerhalb des einleitenden Tags von **<ol>** können Sie einen beliebigen Startwert setzen, z. B. **<ol start=7>**. Die Nummerierung beginnt dann bei 7. Mit **value=** innerhalb des Tags von **<li>** in einer nummerierten Liste können Sie den Startwert beliebig neu setzen, z. B. auf **<li value=15>**. Die Nummerierung fährt dann bei 15 fort.

Textauszeichnung

Es stehen verschiedene HTML-Befehle zur Verfügung, um Textabschnitte zu formatieren.

Am Anfang des Textbereichs, der hervorgehoben werden soll, wird ein einleitendes Tag (z. B. das Tag ****) eingefügt. Am Ende des gewünschten Textbereichs wird ein entsprechendes Abschluss-Tag eingefügt (zum Beispiel das Tag ****). Keines dieser HTML-Tags erzeugt einen eigenen Absatz, d.h., es handelt sich um reine Textauszeichnungen.

Nachfolgend sind die wichtigsten HTML-Tags zur Textformatierung aufgeführt:

****...**** bewirkt fett formatierten Text,
<i>...**</i>** bewirkt kursiv formatierten Text,
<u>...**</u>** bewirkt unterstrichenen Text,
<big>...**</big>** bewirkt größer formatierten Text,
<small>...**</small>** bewirkt kleiner formatierten Text,
^{**...**} bewirkt hochgestellten Text,
_{**...**} bewirkt tiefgestellten Text,
...**<blink>**...**</blink>** probieren Sie doch einmal selbst

und testen Sie das Ergebenis mit unterschiedlichen Browsern (Netscape, IE)!

Schriftgröße definieren

Sie können für beliebige Textabschnitte eine bestimmte Schriftgröße bestimmen.

Beispiele:
<font size=7>Ziemlich riesiger Text**</font>**
<font size=1>Ziemlich winziger Text**</font>**
<font size=+1>Text etwas größer als normal**</font>**
<font size=-2>Text deutlich kleiner als normal**</font>**

Erläuterung: **<font size=...>** bestimmt die Schriftgröße (font size = Schriftgröße). Der Wert kann in absoluten Zahlen zwischen 1 und 7, oder relativ im Verhältnis zur Normalschriftgröße mit +(Zahl) bzw. -(Zahl) angegeben werden. Die Normalschriftgröße ist 3. Mit **</font>** beenden Sie den Abschnitt.

Hinweis: Bei den Angaben zu **<font size=...>** handelt es sich um relative Werte. Wenn der Anwender eine 12-Punkt-Schrift eingestellt hat, hat beispielsweise <font size=5> eine andere Wirkung, als wenn der Anwender eine 9-Punkt-Schrift eingestellt hat.

Die Schriftgröße, die mit **<font size=...>** bestimmt werden kann, ist relativ zu der Schriftgröße des Absatztyps. Wenn **<font size=...>** z.B. innerhalb einer Überschrift 1. Ordnung verwendet wird, gilt der Befehl relativ zur Schriftgröße für Überschriften 1. Ordnung.

Die Zusatzangabe **size=** ist mit Angaben zur Schriftfarbe und Schriftart im gleichen Einleitungs-Tag **<font...>** kombinierbar.

Innerhalb von Tabellen müssen Sie die Angabe zur Schriftgröße in jeder einzelnen Tabellenzelle wiederholen, wenn alle Tabellenzellen die gleiche Schriftgröße haben sollen.

Schriftfarbe definieren

Es können für beliebige Textabschnitte Schriftfarben bestimmt werden. Diese Farben gelten unabhängig von den Farben, die als dateiweite Textvordergrundfarben festgelegt sind.

Beispiele:
<font color=#FFFFFF>Weißer Text**</font>**
<font color=#FF0000>Knallroter Text**</font>**
<font color=#00C000>Grüner Text**</font>**
<font color=#0000FF>Blauer Text**</font>**
<font color="white">Weißer Text**</font>**
<font color="red">Knallroter Text**</font>**
<font color="green">Grüner Text**</font>**
<font color="blue">Blauer Text**</font>**

Erläuterung: **<font color=...>** bestimmt die Schriftfarbe (font color = Schriftfarbe). Der Wert kann in Hexadezimalschreibweise oder als Farbnamen angegeben werden. Mit **</font>** beenden Sie den Teil des Abschnittes mit anderer vorn angegebener Schriftfarbe. Hinweise zur Farbauswahl sind im Abschnitt „Farben definieren in HTML" genauer erläutert.

Hinweis: Die definierten Textfarben sollten mit der dateiweit definierten Hintergrundfarbe kontrastieren. Die Zusatzangabe **color=** ist mit Angaben zur Schriftgröße und Schriftart im gleichen Einleitungs-Tag **<font...>** kombinierbar.

Trennlinien definieren

Trennlinien dienen der optischen Abgrenzung von nicht unmittelbar zusammengehörigen Textabschnitten oder allgemein zur Auflockerung des Textes. Eine Trennlinie erzeugt einen eigenen Absatz.

Beispiel:
Hier ist ein Abschnitt zu Ende.
<hr>
Hier beginnt etwas Neues.

Erläuterung: **<hr>** fügt eine Trennlinie ein (hr = horizontal rule = Querlinie). Dabei ist es gleichgültig, ob das Tag am Ende der Zeile des vorherigen Absatzes steht, oder in einer eigenen Zeile (wie im Beispiel) oder am Anfang des folgenden Absatzes.

Trennlinien ausrichten

Das Ausrichten von Trennlinien ist nur in Verbindung mit der Angabe width= (Trennlinie verkürzen) sinnvoll, da die Trennlinie ansonsten stets über die gesamte Breite des Anzeigefensters geht.

WWW-Browser richten Trennlinien per Voreinstellung zentriert aus. Sie können die Trennlinie auch links oder rechts ausrichten.

Beispiel:
Hier ist ein Abschnitt zu Ende.
<hr width=60% align=left>
Hier beginnt etwas Anderes.
<hr noshade width=260 size=4 align=right>
Hier beginnt noch etwas Anderes.

Erläuterung: Durch das Attribut **align=left** wird die Trennlinie linksbündig ausgerichtet (align = Ausrichtung, left = links). Mit **align=right** wird die Trennlinie rechtsbündig ausgerichtet (right = rechts).

Hinweis: Alle Angaben zur Ausrichtung sind auch in Kombination mit nichtschattierten Trennlinien (noshade) erlaubt.

Tabellen definieren

In HTML sind Tabellen sehr wichtig. Es können Tabellen definiert werden, um tabellarische Daten darzustellen oder um Text und Grafik attraktiver am Bildschirm zu verteilen. Dazu wird grundsätzlich unterschieden zwischen Tabellen, die Gitternetzlinien haben (für tabellarische Daten), und Tabellen ohne sichtbare Gitternetzlinien („ blinde Tabellen" – etwa für mehrspaltigen Text oder für sauberes Beieinanderstehen von Text und Grafik).

Beispiel:
<table Border="1">
<!--hier folgt der Tabelleninhalt einer blinden Tabelle-->
</table>

Erläuterung: **<table>** leitet eine Tabelle ein (table = Tabelle). Wenn die Tabelle sichtbare Gitternetzlinien enthalten soll, müssen Sie den Zusatz „border" mit angeben – wie im Beispiel (border = Rand).

Um die Tabelle mit Inhalten zu füllen, müssen Sie Zeilen und Spalten definieren wie im Folgenden beschrieben.

Zeilen und Spalten definieren

Eine Tabelle besteht aus mindestens einer, normalerweise aus mehreren Zeilen. Eine Zeile besteht aus mindestens einer, normalerweise aus mehreren Zellen. Dadurch ergeben sich die Spalten der Tabelle.

Beispiel:
```
<table border="1">
<tr>
<th>Kopfzelle: 1. Zeile, 1. Spalte</th>
<th>Kopfzelle: 1. Zeile, 2. Spalte</th>
<th>Kopfzelle: 1. Zeile, 3. Spalte</th>
</tr>
<tr>
<td>Datenzelle: 2. Zeile, 1. Spalte</td>
<td>Datenzelle: 2. Zeile, 2. Spalte</td>
<td>Datenzelle: 2. Zeile, 3. Spalte</td>
</tr>
<tr>
<td>Datenzelle: 3. Zeile, 1. Spalte</td>
<td>Datenzelle: 3. Zeile, 2. Spalte</td>
<td>Datenzelle: 3. Zeile, 3. Spalte</td>
</tr>
</table>
```

Erläuterung: **<tr>** leitet eine neue Tabellenzeile ein (tr = table row = Tabellenzeile). Im Anschluss daran werden die Zellen (Spalten) der betreffenden Reihe definiert. Am Ende einer Tabellenzeile wird ein abschließendes Tag **</tr>** notiert.

Eine Tabelle kann Kopfzellen und gewöhnliche Datenzellen enthalten. Text in Kopfzellen wird hervorgehoben (meist fett und zentriert ausgerichtet).

<th> definiert eine Kopfzelle, **<td>** eine normale Datenzelle (th = table header = Tabellenkopf, td = table data = Tabellendaten). Der Inhalt einer Zelle wird jeweils hinter dem Tag notiert. In einer Tabellenzelle können beliebige Elemente stehen, d.h. außer normalem Text z. B. auch Verweise oder Grafik in HTML. Sogar eine weitere Tabelle können Sie innerhalb einer Zelle definieren.

Die Tags **<th>** und **<td>** können zwar auch allein (ohne End-Tag) stehen. Dennoch ist es dringend zu empfehlen, stets die zugehörigen End-Tags zu notieren, also am Ende der Zelle ein abschließendes Tag </th> bzw. </td> einzufügen.

Dicke des Außenrahmens

Sie können die Dicke des Außenrahmens einer Tabelle in Pixeln bestimmen.

Beispiel:
<table border=8>
<!--hier folgt der Tabelleninhalt-->
</table>

Dicke der Gitternetzlinien

Die Dicke der Gitternetzlinien zwischen den Zeilen und Spalten einer Tabelle in Pixel bestimmen:

Beispiel:
<table border=8 cellspacing=10>
<!--hier folgt der Tabelleninhalt-->
</table>

Zelleninhalte ausrichten
Ausrichtung horizontal

Kopfzellen (**<th>**) werden standardmäßig zentriert ausgerichtet, Datenzellen (**<td>**) linksbündig. Die Ausrichtung kann wie folgt beeinflusst werden:

Beispiel:
```
<table border>
<tr>
<th align=left>Kopfzelle: 1. Zeile, 1. Spalte</th>
<th>Kopfzelle: 1. Zeile, 2. Spalte</th>
<th align=right>Kopfzelle: 1. Zeile, 3. Spalte</th>
</tr>
<tr>
<td>Datenzelle: 2. Zeile, 1. Spalte</td>
<td align=center>Datenzelle: 2. Zeile, 2. Spalte</td>
<td align=right>Datenzelle: 2. Zeile, 3. Spalte</td>
</tr>
</table>
```

Erläuterung: Mit **align=left** kann eine Kopfzelle in ihrem einleitenden Tag links ausgericht werden, durch die Angabe **align=right** rechts. Datenzellen können durch Ergänzung des einleitenden Tag mit align=center zentriert und durch align=right rechts ausgerichtet werden.

Ausrichtung vertikal

Innerhalb einer Tabellenzeile bestimmt die Zelle mit dem meisten Inhalt die Höhe der Tabellenzeile. Die Inhalte der übrigen Zellen in der gleichen Zeile werden mittig dazu ausgerichtet. Auch bei erzwungenen Zeilenhöhen werden alle Zelleninhalte mittig ausgerichtet. Die Zelleninhalte können aber auch oben- und untenbündig ausgerichtet werden.

Beispiel:
```
<table border>
<tr>
<th valign=top>Kopfzelle: 1. Zeile, 1. Spalte</th>
<th>Kopfzelle: 1. Zeile, 2. Spalte</th>
<th valign=bottom>Kopfzelle: 1. Zeile, 3. Spalte</th>
</tr>
<tr>
<td valign=top>Datenzelle: 2. Zeile, 1. Spalte</td>
<td>Datenzelle: 2. Zeile, 2. Spalte</td>
<td valign=bottom>Datenzelle: 2. Zeile, 3. Spalte</td>
</tr>
</table>
```

Hinweis: Um alle Zellen einer Zeile gleich auszurichten, können Sie die Angaben zur Ausrichtung auch im einleitenden Tag der Zeile **<tr>** notieren. So richten Sie beispielsweise mit **<tr valign=top>** alle folgenden Zellen der Zeile obenbündig aus.

Zellen in einer Zeile spaltenweise verbinden

Mehrere Zellen innerhalb einer Zeile verbinden, so dass sich eine Spalte in dieser Zeile über mehrere Spalten hinweg erstreckt.

Schema:

Die Menscheit besteht aus	
Eseln	Affen

Beispiel:
```
<table border>
<tr>
<th colspan=2>Die Menschheit besteht aus</th>
</tr>
<tr>
<td>Eseln</td>
<td>Affen</td>
</tr>
</table>
```

Erläuterung: Durch das Attribut **colspan=** [Anzahl Spalten] wird erreicht, dass sich eine Zelle über mehrere Spalten hinweg erstreckt (colspan = column span = Spalten spannen). Die Angabe ist nur wirksam, wenn die Tabelle mindestens so viele Spalten aufweist wie angegeben.

Zellen in einer Spalte zeilenweise verbinden

Sie können mehrere Zellen in einer Spalte verbinden, so dass sich eine Zeile in dieser Spalte über mehrere Zeilen hinweg erstreckt.

Schema:

Die Eselheit besteht aus	echten Eseln verkappten Eseln (Menschen)
Die Affenheit besteht aus	echten Affen verkappten Affen (Menschen)

Beispiel:
```
<table border>
<tr>
<th rowspan=2>Die Eselheit besteht aus</th>
<td>echten Eseln</td>
</tr>
<tr>
<td>verkappten Eseln (Menschen)</td>
</tr>
<tr>
<th rowspan=2>Die Affenheit besteht aus</th>
<td>echten Affen</td>
</tr>
<tr>
<td>verkappten Affen (Menschen)</td>
</tr>
</table>
```

Erläuterung: Durch das Attribut **rowspan=** [Anzahl Zeilen] wird erreicht, dass sich eine Zelle in einer Spalte über mehrere Zeilen hinweg erstreckt (rowspan = Zeilen spannen). Die Angabe ist nur wirksam, wenn die Tabelle mindestens so viele Zeilen aufweist wie angegeben.

Zellen spalten- und zeilenweise zugleich verbinden
Ziel: Zellen definieren, die sich gleichzeitig über mehrere Zeilen und Spalten hinweg erstrecken.
Schema:

	zum einen Teil ein Esel	
Der Mensch ist ...	zum anderen Teil ein Affe	
weder ein richtiger Esel	noch ein richtiger Affe	**menschlich, allzumenschlich**

Beispiel:
```html
<table border>
<tr>
<th colspan=2 rowspan=2>Der Mensch ist ...</th>
<td align=center>zum einen Teil ein Esel</td>
</tr>
<tr>
<td align=center>zum anderen Teil ein Affe</td>
</tr>
<tr>
<td>weder ein richtiger Esel</td>
<td>noch ein richtiger Affe</td>
<td><b>menschlich, allzumenschlich</b></td>
</tr>
</table>
```

Erläuterung: Die Attribute colspan= [Anzahl Spalten] und rowspan= [Anzahl Zeilen] können in einer Zelle kombiniert werden. Dadurch wird erreicht, dass sich die Zelle über mehrere Spalten und Zeilen zugleich erstreckt.

Hintergrundfarbe für gesamte Tabelle

Ziel: Für alle Zellen einer Tabelle eine einheitliche Hintergrundfarbe definieren.

Beispiel:
```html
<table border bgcolor=#CCFFFF>
<tr>
<td>Zeile 1 Spalte 1 = hellblau</td>
</tr>
<tr>
<td>Zeile 2 Spalte 1 = hellblau</td>
<td>Zeile 2 Spalte 2 = hellblau</td>
</tr>
</table>
```

Erläuterung: Durch das Attribut bgcolor= im einleitenden Tag der Tabelle wird eine Hintergrundfarbe für die gesamte Tabelle bestimmt (bgcolor = background color =Hintergrundfarbe). Beim Angeben der Farbe gelten die Regeln zum Definieren von Farben in HTML.

Hintergrundfarbe für Zeilen oder Zellen

Ziel: Für eine Zeile oder eine einzelne Zelle innerhalb einer Tabelle eine Hintergrundfarbe definieren.

Beispiel:
```
<table border bgcolor=#CCFFFF>
<tr>
<tr bgcolor=#CCFFFF>
<td>Zeile 1 Spalte 1 = hellblau (gilt für Zeile)</td>
</tr>
<tr bgcolor=#CCFFCC>
<td bgcolor=#CCFFCC>Zeile 2 Spalte 1 = hellgrün (gilt für diese Zelle)</td>
<td bgcolor=#FFCCFF>Zeile 2 Spalte 2 = hellviolett (gilt für diese Zelle)</td>
</tr>
</table>
```

Erläuterung: Durch das Attribut **bgcolor=** im einleitenden Tag einer Zeile (**<tr>**) können Sie eine Hintergrundfarbe für alle Zellen in dieser Zeile bestimmen (bgcolor = background color = Hintergrundfarbe). Wenn Sie **bgcolor=** im einleitenden Tag einer Datenzelle (**<td>**) oder einer Kopfzelle (**<th>**) angeben, gilt die Hintergrundfarbe für diese eine Zelle. Beim Angeben der Farbe gelten die Regeln zum Definieren von Farben in HTML.

> *Hinweis:* Im Konfliktfall hat die Farbangabe in einzelnen Zellen Vorrang vor der Angabe der Farben für ganze Zeilen oder Tabellen. Die Angabe für eine Zeile hat wiederum im Konfliktfall Vorrang vor der Angabe für die ganze Tabelle.

Schema für Verweise in HTML

Alle Verweise in HTML haben einen einheitlichen Aufbau, gleichgültig ob sie zu einem Verweisziel in der gleichen Datei, zu einer anderen Datei im selben Projekt, zu einer beliebigen WWW-Adresse, zu einer beliebigen Datei eines anderen Dateityps im Internet oder lokal auf den eigenen Rechner führen.

Schema:

```
<a href="[Verweisziel]">Verweistext</a>
```

Erläuterung: Das Setzen eines Verweises beginnt mit **<a href=** (a = anchor = Anker, href = hyper reference = Hyper(text-)Referenz). Hinter dem Istgleich-Zeichen steht das Verweisziel. Das Verweisziel muss in Anführungszeichen gesetzt werden. Dahinter endet das einleitende Tag mit >. Es folgt der Text, der dem Anwender als Verweis angeboten wird (bei den meisten WWW-Browsern andersfarbig, häufig unterstrichen). Im Beispiel ist das der Text „Verweistext". Dahinter wird das abschließende Tag **</a>** notiert.

Das Verweisziel kann sein, eine:
- Stelle innerhalb der gleichen HTML-Datei,
- andere HTML-Datei im eigenen Projekt,
- WWW-Adresse,
- FTP-, Gopher-, Telnet-, oder Newsgroup-Adresse,
- E-Mail-Adresse,
- Datei im Internet, auch eine Download-Datei.
- lokal abgelegte Datei.

> *Hinweis:* Zwischen **<a href=...>** und **</a>** kann anstelle eines Verweistextes auch eine Grafik als Verweis eingebunden werden. Dadurch wird das Ziel durch einen Mausklick auf die Grafik aufgerufen.

Verweis zu Datei im gleichen Verzeichnis

Bei kleineren Projekten, zum Beispiel bei persönlichen Homepages, befinden sich alle Projektdateien zumeist im gleichen Verzeichnis, auch nach dem Upload auf einen WWW-Server. In diesem Fall genügt bei Verweisen zwischen den

Beispiel:
```
<a href="datei.htm">Verweistext</a>
```
Darstellung im Browser:
Verweistext

Dateien einfach die Angabe der anderen Datei.

> *Hinweis:* Bei der Angabe des Dateinamens ist unbedingt zwischen Groß- und Kleinschreibung zu unterscheiden.

Verweis zu Datei in anderem Verzeichnis (relativ)
Bei größeren Projekten ist es sinnvoll, die Dateien auf mehrere Verzeichnisse zu verteilen. Dies dient der besseren Übersicht. Damit die Projekte auf andere Rechner mit anderen Verzeichnisstrukturen übertragbar bleiben, sollte bei Verweisen zwischen Dateien, die zu Dateien in anderen Verzeichnissen führen, mit relativen Pfadnamen gearbeitet werden.

Beispiele:
```
<a href="verzeichnis/datei.htm">Verweis zu Datei in Verzeichnis unterhalb</a>
<a href="verzeichnis/unterverz/datei.htm">Verweis zu Datei in Verzeichnis weit unterhalb</a>
<a href="../datei.htm">Verweis zu Datei ein Verzeichnis höher
<a href="../../../datei.htm">Verweis zu Datei drei Verzeichnisse höher</a>
```

Erläuterung: Das Verweisziel ist die relative Pfadangabe und der Dateiname der anderen HTML-Datei. Bei relativen Pfadnamen ist das Verzeichnis, in dem die Datei steht, die den Verweis enthält, der Bezugspunkt.

Verweis zu Adresse im WWW

Beispiel:
```
<a href="http://www.bfe.de/index.htm">Hypertext</a>
```

Grafiken des selben Verzeichnisses einbinden
Geeignete Dateiformate für WWW-gerechte Grafiken sind GIF und JPEG.

Beispiel:
```
<img src="datei.gif">
<img src="datei.jpg">
```

Erläuterung: Die Grafikreferenz beginnt mit **<img src=** (img = image = Bild, src = source = Quelle). Hinter dem Istgleich-Zeichen kommt der Name der Grafikdatei, auf die verwiesen wird (in den Beispielen: „datei.gif" bzw. „datei.jpg"). Der Dateiname muss in Anführungszeichen stehen. Der Befehl für die Grafikreferenz endet mit **>**.

Grafik eines anderen Verzeichnisses einbinden

Beispiele:
```
<img src="verzeichnis/datei.gif">
<img src="verzeichnis/unterverz/datei.gif">
<img src=".../datei.gif">
<img src=".../..../.../datei.gif">
```

Alternativer Text

Wenn HTML-Dateien fürs WWW erstellt werden, sollten Sie bei Grafikreferenzen so weit wie realisierbar von der Möglichkeit Gebrauch machen, eine Textalternative zur Grafik mit einzubinden. Der Text wird angezeigt, wenn die Grafik aus irgendwelchen Gründen (und da gibt es viele!) beim Anwender nicht darstellbar ist. Manche Browser zeigen den Alternativtext auch als kleines „Tooltip"-Fenster an, wenn man langsam mit der Maus über die Grafik fährt.

Beispiel:
```
<img src="datei.gif" alt="Kurzbeschreibung des Bildes">
```

Erläuterung: Der alternativ zur Grafik anzuzeigende Text wird innerhalb des Befehls für die Grafikreferenz notiert. Eingeleitet wird die Anweisung für die Textalternative durch alt= (alt =alternative). Dahinter folgt, in Anführungszeichen eingeschlossen, der Alternativtext.

> *Hinweis:* Der alternative Text wird bei größeren Grafiken auch angezeigt, bevor die Grafiken geladen sind. So kann der Anwender sich schon über den Inhalt der Grafik informieren, bevor sie selbst auf dem Bildschirm erscheint.

Breite und Höhe einer Grafik mit angeben

Beim Einbinden von Grafiken in HTML-Dateien, die Sie im WWW anbieten wollen, sollten immer die Breite und Höhe der Grafik mit angeben werden. Dadurch entnimmt der WWW-Browser bereits der HTML-Datei, wie groß die Grafik ist, und muss nicht warten, bis er die entsprechende Header-Information der Grafikdatei ausgelesen hat.

So kann er die gesamte WWW-Seite bereits auf dem Bildschirm aufbauen und bei noch nicht eingelesenen Grafiken erst einmal entsprechend große Freiflächen anzeigen. Wenn Breite und Höhe nicht angegeben sind, wartet der Browser mit der Anzeige der WWW-Seite, bis er alle nötigen Größenangaben aus eingebundenen Grafikdateien eingelesen hat.

Beispiel:
`<img src="datei.gif" width=250 height=450>`

Erläuterung: Mit der Angabe width= [Pixel] geben Sie die Breite der Grafik an, mit height= [Pixel] die Höhe (width = Breite, height = Höhe).

Grafik in einen Verweis einbinden

Anstelle eines Verweistextes können beliebige Grafiken angegeben werden. Dann ist die gesamte Grafik anklickbar, und beim Anklicken der Grafik wird der Verweis ausgeführt.

Beispiel:
`<a href="datei.htm"><img src="datei.gifF"></a>`

Hinweis: Der WWW-Browser kennzeichnet die Grafik als Verweis, indem er einen Rahmen in der eingestellten Farbe für Verweise um die Grafik zieht. Wenn der Rahmen nicht erwünscht ist, kann er unterdrückt werden. Mehr dazu im folgenden Abschnitt.

Verweis-Rahmen unterdrücken

Der Rahmen, den der WWW-Browser per Voreinstellung um eine Grafik zieht, wenn diese als Verweis eingebunden wird, ist in vielen Fällen störend.

Beispiel:
`<a href="datei.htm"><img src="datei.gif" border=0></a>`

Erläuterung: Durch die zusätzliche Angabe **border=0** wird der Rahmen unsichtbar. Die Grafik bleibt weiterhin als Verweis anklickbar.

Frame-Sets definieren

Definieren von Frame-Sets bedeutet, festzulegen wie das Anzeigefenster aufgeteilt werden soll. Dabei kann man sich das Anzeigefenster wie den leeren Rahmen einer Tabelle vorstellen. Damit die Tabelle Gestalt annimmt, müssen zunächst Reihen und Spalten definiert werden.

Beispiel 1:
<frameset rows="20%,80%">
...Dadurch ergeben sich zwei Frames, deren Inhalt hier bestimmt wird...
</frameset>

Erläuterung:
Die nebenstehende Abbildung zeigt den Effekt des obigen Beispiels. Der einleitenden Tag **<frameset...>** bestimmt die Aufteilung. Durch rows= teilt sich das Anzeigefenster in Reihen auf (rows = Reihen).

| 1. Frame |
| 2. Frame |

Im Beispiel wird mit Hilfe von **rows="20%, 80%"** eine Aufteilung in zwei Reihen erzwungen, wobei die obere Reihe 20% des Anzeigefensters in Anspruch nimmt, die zweite 80%. Die Angaben für die Aufteilung müssen in Anführungszeichen stehen und durch Komma getrennt sein.

Beispiel 2:
<frameset rows="100,*,60">
...Dadurch ergeben sich zwei Frames, deren Inhalt hier bestimmt wird...
</frameset>

Erläuterung:
Die nebenstehende Abbildung zeigt den Effekt von Beispiel 2. Mit der Angabe **rows="100,*,60"** wird die obere Reihe genau 100 Pixel hoch, die untere Reihe genau 60 Pixel. Die mittlere Reihe erhält den Rest des Anzeigefensters. Ihre Höhe ist abhängig von der Größe des Anzeigefensters des Anwenders.

| 1. Frame |
| 2. Frame |
| 3. Frame |

Mit Zahlenangaben, die ein Prozentzeichen enthalten, wird die Aufteilung also prozentual (relativ zur Größe des Anzeigefensters) interpretiert. Bei Zahlenangaben ohne Prozentzeichen wird die Angabe als absoluter Pixelwert interpretiert. Mit dem Sternzeichen * werden Bereiche von relativer Größe, abhängig von den übrigen Angaben, definiert. Es können auch vier oder noch mehr Reihen definiert werden.

So definiert man beispielsweise mit rows="10%,25%,30%,25%,10%" fünf Reihen.

Beispiel 3:
```
<frameset cols="200,*">
...Dadurch ergeben sich zwei Frames, deren Inhalt hier bestimmt wird...
</frameset>
```

Erläuterung:
Die nebenstehende Abbildung zeigt den Effekt von Beispiel 3. Durch cols= teilt sich das Anzeigefenster in Spalten auf (cols =columns = Spalten). Mit Hilfe von **cols="200,*"**
wird eine Aufteilung in zwei Spalten erzwungen, wobei die linke Spalte 200 Pixel des Anzeigefensters in Anspruch nimmt, die rechte den Rest.

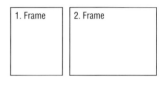

Frame-Inhalte definieren
Nachdem durch die Definition von Frame-Sets geeignete Bereiche des Anzeigefensters bestimmt worden sind, werden nun die Frame-Inhalte definiert:

Beispiel:
```
<frameset cols="40%,60%">
<frame src="verweise.htm" name="LinkesFenster">
<frame src="inhalt_1.htm" name="HauptFenster">
</frameset>
```

Erläuterung: Mit **<frame src=...>** "Dateiname" beschreibt man den Inhalt des bzw. der zugehörigen Frames (frame = Rahmen, src = source = Quelle). Die Angabe muss in Anführungszeichen stehen. Bei der Adressierung der Dateien, die in einem Frame angezeigt werden sollen, gelten die gleichen Regeln wie beim Einbinden von Grafiken.

Grafikformate im WWW

Im WWW haben sich zwei Dateiformate für Grafiken durchgesetzt, die von allen modernen Browsern angezeigt werden können: GIF und JPEG. Beide sind pixelorient, habe jedoch unterschiedliche Vorteile.

Das GIF-Format. Es gilt als das „Haus"-Format von CompuServe und wurde speziell für den Online-Einsatz entwickelt. Es zeichnet sich durch eine hohe Komprimierungsdichte aus (zum Vergleich: Bitmap-Dateien im BMP-Format sind bei gleichem Inhalt durchschnittlich 10-mal bis 30-mal so umfangreich wie GIF-Dateien).

Der jetzt gültige Standard des GIF-Formats ist das so genannte „89er-Format". Dieses Format bietet *drei prinzipielle Vorteile,* die es für den Einsatz im WWW besonders interessant machen:

1. Die Möglichkeit, eine Datei „interlaced" abzuspeichern.
   Eine Grafik, die so abgespeichert ist, wird beim Laden nicht zeilenweise eingelesen und aufgebaut, sondern schichtweise. Gerade bei der Online-Übertragung ist das sehr hilfreich. Denn so erscheint die Grundstruktur der Grafik sehr rasch am Bildschirm des Anwenders. Beim weiteren Einlesevorgang wird die Grafik dann immer deutlicher und feiner aufgelöst angezeigt.
2. Die Möglichkeit, mehrere Grafiken in einer einzigen Grafikdatei zu speichern, verbunden mit Optionen zur Steuerung der Einzelgrafiken. Mit Hilfe dieses Features des GIF-Formats sind animierte Grafiken realisierbar.
3. Die Möglichkeit, eine Farbe, die in der Grafik vorkommt, als „transparent" zu definieren. Mit Hilfe dieses Features lassen sich transparente Hintergründe bei Grafiken definieren, wodurch Sie auf WWW-Seiten sehr reizvolle Effekte erzielen können.

Nachteile: nur maximal 256 Farben pro Datei speicherbar.

Aufgrund seiner Charakteristik ist das GIF-Format nicht so sehr für hochauflösende Grafiken wie Fotos oder fein strukturierte Wallpaper-Hintergründe geeignet.

Vorteil: GIF-Grafiken sind verlustfrei komprimierbar.

Ideal geeignet ist es für Buttons, Symbole und Cliparts.

Das JPEG-Format. Es wurde entwickelt von der Joint Photographic Expert Group. Hierbei handelt es sich um ein Grafikformat, das auf dem Komprimierungsalgorithmus DCT (Diskrete Cosinus Transformation) in Verbindung mit der Huffman-Kodierung basiert. Da dieses Verfahren zunächst nur für statische Grafiken von Bedeutung war, entstand das gleichnamige Dateiformat für

Bilder. Mittlerweile wird der JPEG-Algorithmus auch auf Videos angewendet und hat das zukunftsweisende Video-Format MPEG hervorgebracht.

Vorteil (gegnüber GIF): Es kann pro Bild bis zu 16,7 Millionen Farben speichern.

Aufgrund seiner Charakteristik eignet es sich vor allem zum WWW-gerechten Abspeichern von eingescannten Fotos, aber auch für andere Grafiken, in denen sehr feine Farbverläufe vorkommen.

Nachteil: JPEG lässt sich nur mit Verlust komprimieren, d.h., je höher der Komprimierfaktor, desto schlechter die Qualität der Grafik.

Farbtiefen

Farbtiefe bedeutet, wie viele verschiedene Farbtöne in einer Grafikdatei gespeichert werden. Bei Pixelformaten gibt es heute folgende typische Farbtiefen:

- 2 Farben (schwarz/weiß),
- 16 Farben,
- 256 Farben,
- 16,7 Mio. Farben.

Das GIF-Format unterstützt 2, 16 und 256 Farben, das JPEG-Format 16,7 Mio. und 23,6 Mio. Farben. Dass in einer Datei so viele Farben gespeichert werden können, bedeutet aber noch lange nicht, dass Anwender tatsächlich so viele Farben sehen. Denn wie viele Farben beim Anwender angezeigt werden können, hängt von der eingesetzten Hardware (Grafikkarte, Bildschirm) ab. Nur die wenigsten Anwender verfügen über Hardware, mit deren Hilfe volle 16,7 Mio. Farben angezeigt werden können.

Viele Standard-PCs bieten bei arbeitsgerechter Bildschirmauflösung auch heute nicht mehr als 256 Farben an. Bei etwas besserer Ausstattung werden häufig auch 16.000, 32.000 oder 64.000 Farben angezeigt, was für alle Computerbesitzer, die viele Grafiken betrachten (also auch für WWW-Surfer) unbedingt zu empfehlen ist.

Das RGB-Modell

Bei diesem Modell wird eine Farbe durch ihre Anteile an den drei Grundfarben Rot, Grün und Blau definiert. Jede Farbe hat also einen Rotwert, einen Grünwert und einen Blauwert. Jeder der drei Werte wird durch Zahlen zwischen 0 und 255 definiert. Der Wert 0 bedeutet: keinen Anteil der betreffenden Grundfarbe, der Wert 255 bedeutet: maximalen Anteil an der betreffenden Grundfarbe. Ein dunkles Blau hat nach diesem Schema z. B. die Farbwerte 0,0,153. (0 rot, 0 grün, 153 blau). Mit diesem Schema können bis zu 16,7 Mio. unterschiedliche Farben definiert werden.

Für WWW-gerechte Grafiken ist das RGB-Modell maßgeblich. Wenn Sie zum Erstellen von WWW-Grafiken mit einem Grafikprogramm arbeiten, dass mehrere Farbmodelle kennt, halten Sie sich an das RGB-Modell.

In HTML werden die 256 möglichen Werte für RGB-Werte in Hexadezimalform (0 bis FF) notiert.

Hexadezimale Angabe von Farben

Wenn Sie Farben direkt im Hexadezimal-Modus definieren, müssen Sie die gewünschte Farbe aus Angaben zu den drei Grundfarben Rot, Grün und Blau (RGB-Werte) zusammenstellen.

Beispiele:
\<body bgcolor=#808080\> \<!-- dunkelgrauer Dateihintergrund--\>
\<font color=#990000\>roter Text**\</font\>**
\<table bgcolor=#00C0C0\> \<!-- blaugrüner Tabellenhintergrund --\>
\<hr color=#CC00CC\>\<!-- violette Trennlinie --\>\>

Erläuterung: Jede hexadezimale Farbdefinition ist 6-stellig und hat das Schema: #XXXXXX.

Nach dem Gatter # folgen 6 Stellen für die Farbdefinition. Die ersten beiden Stellen interpretieren den Rot-Wert der Farbe, die zweiten beiden Stellen den Grün-Wert und die letzten beiden Stellen den Blau-Wert.

Eine hexadezimale Ziffer kann 16 Zustände haben. Für jeden Farbwert (Rot, Grün, Blau) stehen 2 Ziffern zur Verfügung. Das macht 16 x 16 (= 256) mögliche Zustände pro Farbwert.

Farbpaletten

Theoretisch kann jede der 256 Farben beliebige RGB-Werte haben, d.h., es sind auch „krumme" Farbwerte wie 71,217,34 denkbar. Für WWW-gerechte GIF-Grafiken sollte man sich jedoch an ein Standard-Schema halten, das auch von Netscape optimal interpretiert wird. Bei diesem Schema sind alle Farben möglich, deren RGB-Werte durch 51 dividierbar sind. R(ot), G(rün) und B(lau) sollten danach also einen der Werte 0, 51, 102, 153, 204 oder 255 (hexadezimal: 00, 33, 66, 99, CC oder FF) haben. Ein realisierbarer Wert ist danach z. B. 255,51,204 (hexadezimal: FF,33,CC). Auf diese Weise ergeben sich 6 x 6 x 6 mögliche Farben, also 216. Die verbleibenden 40 Farben können als „eiserne Reserve" betrachtet werden.

Mit diesem Artikel sind die Grundlagen zu HTML sicher noch nicht ausgeschöpft.
Für weiterführende Informationen, Beispiele und Tipps zur Gestaltung von Web-Seiten gibt es im Internet einige sehr empfehlenswerte Hilfsmittel: u. a.

- das Nachschlagewerk für html: selfhtml
  (im Internet kostenlos zu download),
- den HTML-Editor Phase5, ebenfalls im Internet als Freeware erhältlich.

Messtechnik und Fehlersuche

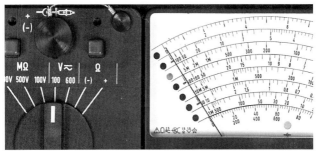

ISDN-Messtechnik: Dienste-Prüfung 360
ISDN-Messtechnik: Bitfehlerratenmessung 362
LAN-Messtechnik 367
LWL-Mess- und LWL-Prüftechnik 371

ISDN-Messtechnik: Dienste-Prüfung

Rainer Holtz

ISDN ist ein dienstintegrierendes Netz, d. h., wenn eine Datenübertragung durchgeführt werden soll, so wird eine entsprechende Dienstekennung im ISDN-D-Kanal signalisiert. Wenn z.B. die gerufene Nebenstelle bei der Überprüfung der Dienstekennung unter der gewählten Rufnummer keine Endeinrichtung identifizieren kann, die den Datendienst unterstützt, wird keine Verbindung aufgebaut. Das hat den Vorteil, dass über den D-Kanal unterschiedliche Endeinrichtung, mit der gleichen Rufnummer über die Diensterkennung unterschieden werden können. Damit hat unter Umständen eine Dienstekennung die gleiche Priorität für einen Verbindungsaufbau wie die Rufnummer selbst. Eine Prüfung der Dienste (Telefonie, Daten, Fax, …), wird unter Umständen nötig, um zu ergründen, warum eine Verbindung nicht aufgebaut wird.

Dienste-Prüfung lokal

Diese Prüfart ermöglicht es, sich einen Überblick über die freigeschalteten ISDN-Dienstleistungsmerkmale zu verschaffen. Insbesondere wenn Probleme bei einer bestimmten Anwendungsart auftreten, ist ein solcher Test ein wichtiger Bestandteil einer genauen Fehleranalyse. Ist es zum Beispiel nicht realisierbar, mit einem PC Daten zu übertragen, so könnte eine Ursache hierfür das Fehlen des entsprechenden Dienstes sein. Die Überprüfung der Leistungsmerkmale kann bei vielen ISDN-Prüfgeräten dienstorientiert durchgeführt werden. Aber auch eine Prüfung aller Dienste in einem automatischen Messablauf ist eine häufig vorkommende Funktion. Dabei kann mit Hilfe einer internen Rufnummer die Dienste-Prüfung für eine lokale TK-Anlage ausgeführt werden oder über einen Selbstanruf die an der Verbindung beteiligten Netzknoten in die Prüfung einbezogen werden. So ist feststellbar, welche Dienste von der Vermittlungstechnik freigeschaltet sind. Es besteht darüber hinaus die Möglichkeit, einen Dienste-Check bei anderen ISDN-Teilnehmern durchzuführen. Dies könnte dann von Bedeutung sein, wenn ein gewünschter Verbindungsaufbau mit dem externen Teilnehmer nicht zustande kommt.

Dienste-Prüfung entfernt

Hier wird festgestellt, welche Dienste auf einem Anschluss verfügbar/freigegeben sind. Nach der Auswahl des

Messpunktes „Dienste-Prüfung" erfolgt eine Abfrage, ob der Dienstetest lokal (d.h am eigenen Anschluss) oder entfernt (an einem anderen Anschluss) durchgeführt werden soll.

Bei Dienste-Prüfung entfernt folgt eine Aufforderung zur Eingabe der Rufnummer des Anschlusses, an dem ein Dienstetest durchgeführt werden soll. Der Dienstetest startet: Die Dienste werden nacheinander getestet. Ein verfügbarer Dienst wird im Messergebnis entsprechend gekennzeichnet.

Hinweis: Bei der Prüfung der verfügbaren Dienste zu einem entfernten Endgerät können nur die Dienste geprüft werden, die am eigenen Anschluss vorhanden sind.

Ist das entfernte Endgerät ein Faxgerät, ist es möglich, dass freigegebene Dienste als nicht freigegeben angezeigt werden. Die Ursache dafür liegt in der längeren Auslösezeit des Faxgerätes. Wird das Faxgerät z.B. mit dem Dienst SPRACHE belegt und erkennt diesen als verfügbar, wird sofort danach ein neuer Verbindungsaufbau mit einem anderen Dienst gestartet. In dieser Zeit ist das Faxgerät jedoch noch als besetzt anzusehen und es kann zur Prüfung des Dienstes keine entsprechende Nachricht von der Gegenstelle gesendet werden.

ISDN-Messtechnik: Bitfehlerratenmessung

Rainer Holtz

Grundlagen der Bitfehlermessung

Aufgabe der Bitfehlermessung ist es, festzustellen wie viele Bits innerhalb einer bestimmten Zeit (Messdauer) aufgrund schlechter Übertragungsbedingungen ihren ursprünglichen Informationsgehalt (also 0 oder 1) verloren haben. Dazu wird eine Anzahl Bits (abhängig von der Messdauer) übertragen. Der Sender kennt die logischen Zustände der Bitfolge und kann diese später mit den Ergebnissen beim Empfänger vergleichen. Sind alle Bits in Ordnung, so ist kein Übertragungsfehler aufgetreten. Rechnerisch sieht das so aus:

Die Bitfehlerrate ist der Qoutient aus der Anzahl der fehlerhaft übertragenen Bits und der Anzahl aller übertragenen Bits:

BERT = Anzahl der fehlerhaft übertragenen Bits / Anzahl aller übertragenen Bits.

Anhand der oben stehenden Gleichung ist zu erkennen, dass der schlechteste Wert der Wert 1 ist. Er ergäbe sich, wenn alle Bits falsch beim Empfänger ankommen. Alle anderen möglichen Werte sind immer kleiner als 1.

Beispiel:

Bei einer Messung werden innerhalb einer Messdauer ($t = 20$ Sekunden) 1.280.000 Bits übertragen. Am Ende der Messzeit wird festgestellt, dass 300 Bits als fehlerhaft erkannt wurden. Entsprechend obiger Gleichung ergibt sich folgende Bitfehlerate:

BERT = 300 Bit / 1.280.000 Bit
     = $2{,}34 \cdot 10^{-4}$

Der Wert $2{,}34 \cdot 10^{-4}$ würde in diesem Fall als Messergebnis auf dem Display des Testers erscheinen.

Grundsätzlich bleibt die Entscheidung zu bewerten, ob dieses Ergebnis gut oder schlecht ist:

- Bei einer Fehlerhäufigkeit von 10^{-3} erfolgt bei Sprachübertragung eine Außerbetriebnahme des Übertragungssystems.
- Besser als 10^{-7} wird von vielen Testgeräten nicht mehr ausgewertet. Das heißt, Systeme mit einer Bitfehlerrate von besser als 10^{-7} werden als optimal angesehen.

In etlichen Fällen wird die Anzahl der Fehler pro Sekunde (Fehlersekunde) von den Testern mit angezeigt. Hierdurch können Ereignisse erkannt werden, die nur zu bestimmten Zeitpunkten auftreten, z. B. bedingt durch äußere Einflüsse, und dabei Störungen verursachen.

In der Praxis ist eine Bitfehlerratenmessung auf unterschiedliche Weisen realisierbar. Die Auswahl von geeigneten Prüfanordnungen ist eine Voraussetzung für die Möglichkeit der Eingrenzung des Fehlerortes. Der Bitfehlerratentest (nachfolgend als „BERT" bezeichnet) wird mit Hilfe von ISDN-Prüfgeräten durchgeführt. Viele dieser Prüfgeräte sind sowohl für den Test von Mehrgeräteanschlüssen als auch von Anlagenanschlüssen einsetzbar.

Der Betrieb eines Testgerätes an einer bestehenden Installation kann auf die im Folgenden aufgeführten Weisen erfolgen.

Messaufbau für ISDN-Anschluss ohne TK-Anlage (Bild 1)

Der Aufbau zeigt den Anschluss eines ISDN-Testgerätes an einer mit dem NTBA verbundenen IAE. In dieser Anordnung kann die Messung über die Strecke zwischen Teilnehmer und Netzknoten durchgeführt werden. Für den Selbstanruf wird hier eine vom Netzbetreiber bereitgestellte MSN verwendet.

Messaufbau für ISDN-Anschluss mit TK-Anlage (Bild 2)

Mit dieser Anordnung kann in zwei Messvorgängen zunächst die Bit-

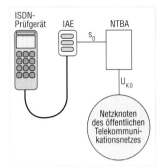

Bild 1
BERT-Messung am NTBA

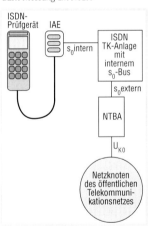

Bild 2
BERT-Messung an einer TK-Anlage

fehlerrate des internen S_0-Busses der Installation und danach die der Gesamtstrecke vom Anschluss des Testers bis hin zum nächst höheren Netzknoten gemessen werden. Durch einen Vergleich mit einer Messung am NTBA (also ohne TK-Anlage) lässt sich eine Fehlerlokalisierung zwischen dem internen und externen Netz durchführen.

Messmethoden

Für die eigentliche Messung werden zwei Arten der Bitfehlermittlung unterschieden:
- Messung bei „Selbstanruf",
- Strecken-Messung oder Ende-Ende-Messung.

Bitfehlerratentest durch Selbstaufruf (Bild 3)

Die erste und zugleich häufigste Methode ist die Messung der Bitfehlerrate durch einen so genannten Selbstanruf. Bei diesem Verfahren wird eine Rufnummer verwendet, die dem gleichen S_0-Anschluss zugewiesen ist. Das kann eine interne MSN von einer TK-Anlage sein oder die vom Netzbetreiber bereitgestellte MSN.

Ein ISDN-Prüfgerät wird an die zu prüfende S0-Schnittstelle angeschlossen. Der Messvorgang wird entsprechend der jeweiligen Bedienung des Gerätes gestartet. Durch die Eingabe der MSN stellt das Prüfgerät eine Verbindung über die angewählte digitale Vermittlungsstelle mit sich selbst her. Nach erfolgtem Verbindungsaufbau sendet das Prüfgerät über einen B-Kanal ein definiertes Bitmuster an die digitale Vermittlungsstelle, die ihrerseits das empfangene Bitmuster über den zweiten B-Kanal zurücksendet. Das Prüfgerät empfängt also das von ihm selbst gesendete Bitmuster und vergleicht es mit den Sendedaten. Das empfangene Signal wird

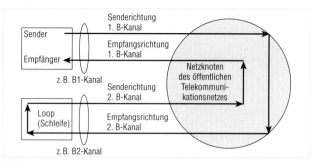

Bild 3
BERT durch Selbstanruf

bitweise geprüft und eventuelle Abweichungen als Bitfehler registriert. Als Bitmuster wird das sog. Bitpattern 2047 pr (pr= pseudo random) übertragen.

Diese Testart nutzt während der Messung alle vier Sende- und Empfangsadern. Voraussetzung für die Anwendung dieser Messanordnung ist die Funktionalität der Schleifenbildung (Loop-Funktion) in dem verwendeten Prüfgerät. Dies ist bei den aktuell auf dem Markt erhältlichen Testern in der Regel gegeben.

Die Bitfehlerratenmessung per Selbstanruf ist dann von Vorteil, wenn eine Aussage über die Übertragungsqualität einer lokalen Installation oder zwischen einem ISDN-Teilnehmeranschluss und dem übergeordneten Netzknoten (Vermittlung) benötigt wird.

Für Aussagen über die Qualität einer ISDN-Netz-Verbindung oder einer Festverbindung ist die weiter hinten beschriebene Streckenmessung geeignet.

Streckenmessung (Bild 4)

In diesem Beispiel sendet und empfängt der steuernde Tester die Datensignale und führt darüber hinaus auch die Auswertung der Ergebnisse durch. Der in der Betriebsart Loop (Schleife) arbeitende Tester wird ebenfalls von dem Sender gesteuert. Dieser Test ist nur möglich, wenn die Loop-Funktion unterstützt wird. Es werden beide Senderichtungen geprüft. Eine Aussage darüber, in welcher Richtung die Bitfehler entstanden sind, ist jedoch nicht möglich.

Ende-Ende-Messung

Eine weitere Möglichkeit zur Messung der Bitfehlerrate ist die Prüfung

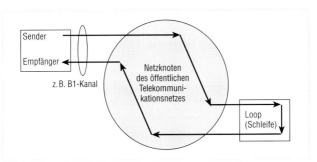

Bild 4
BERT durch Streckenmessung

der Verbindung zu einem anderen Anschluss. Hierbei wird an der Gegenstelle ein weiteres Prüfgerät angeschlossen. Der Vorgang der Bitfehlermessung verläuft wie zuvor beschrieben. Die Auswertung der Bitfehler erfolgt richtungsabhängig auf einem der beiden Prüfgeräte. „Ende-Ende-Messungen" werden erforderlich, wenn ein Übertragungsproblem im öffentlichen digitalen Wählnetz oder auf den Leitungswegen und Übertragungskomponenten einer Festverbindung vermutet wird.

Tips zur Vermeidung von Bitfehlern

- Bei der Installation von Leitungen zwischen ISDN-Komponenten ist ein Mindestabstand von 10 mm zu anderen stromführenden Leitungen einzuhalten. Bei Kabelkanälen ist die Verwendung von Trennstegen zu empfehlen.
- Bei Leitungsführung zwischen zwei Gebäuden sollte die Abschirmung der Leitungen nur auf einer Seite angeschlossen werden. Unterschiedliche Erdungspotentiale sind nicht nur eine häufige Ursache für Störungen, sondern können darüber hinaus zu einer Zerstörung der Endgeräte führen (z. B. PC).
- Während einer Messung der Bitfehlerrate ist sicherzustellen, dass keine ISDN-Endgeräte auf dem zu prüfenden Bus an- bzw. abgesteckt werden. Dieser Vorgang verursacht in der Regel einen so genannten Fehler-Burst, in dessen Folge ein kurzer aber messbarer Anstieg der Bitfehler zu erwarten ist. **Diese Erscheinung ist kein Fehler!**

LAN-Messtechnik
Rainer Holtz

Grundlagen
Die Messfunktionen im lokalen Netzwerken sind zunächst abhängig von der verwendeten Leitungsart. Dies können sein:
- symmetrischen Kabel (Cat 5, …) oder
- Koaxialkabel.

Die am Markt verfügbaren Messgeräte bieten in der Regel folgende Messfunktionen:
- Netzaktivitäten und Kollisionen überwachen und feststellen,
- Impulsstörungen überwachen und feststellen,
- graphische Darstellungen von Funktionen erzeugen und ausdrucken.

Bei vielen der Messfunktionen wird am Ende der zu prüfenden Strecke ein Gegenstück benötigt, mit dem der Tester die Messungen durchführt.

Koaxiale Leitungen: Hier reicht ein Abschlusswiderstand oft aus.

Symmetrischen Leitungen: Hier wird durch eine Remote-Einheit die Leitung nicht nur abgeschlossen, sondern auch die Verbindung zwischen den Leitungen bzw. Aderpaaren automatisch umgeschaltet. Dies ist z. B. dann wichtig, wenn Übersprechen o. Ä. gemessen werden muss.

Messungen an Twisted-Pair-Leitungen
Bild 1 zeigt den Messaufbau.

Messparameter
Wire-Map (Leitungsbelegung s. **Tabelle 1**)
   Anzeige eventuell auftretender Verdrahtungsfehler

Länge der Leitungen

Widerstand

Impedanz (Wellenwiderstand)
   Eigenwiderstand einer beliebig langen Leitung bei reflexionsfreiem Abschluss.

Laufzeit
   kürzeste Zeit, die ein Messimpuls benötigt, um die Länge des Kabels zu durchlaufen.

Dämpfung
   Signalstärkeverlust in Abhängigkeit von der Kabellänge.

Rückflussdämpfung (RL)
   Differenz zwischen der Leistung eines gesendeten Signals und der Leistung der aufgrund von Variationen in der Impedanz des Kabels verursachten Signalreflexionen

NEXT
   Nah-Nebensprechdämpfung (unerwünschte Signalübertragung von einem Kabelpaar zu benachbartem Kabelpaar (hoher NEXT-Wert = geringes Nebensprechen)

ACR
Differenz zwischen Dämpfung und NEXT bei gleicher Frequenz.
ACR-Wert = NEXT − Dämpfung
Verdrahtungstest Wire-Map

Messungen an Koaxialleitungen

Bei Koaxialkabeln können folgende Tests durchgeführt werden:
- Impedanz,
- Widerstand,
- Länge der Leitung,
- Laufzeit,
- Entdecken von Anomalien.

Bild 2 zeigt den Messaufbau für Koaxialkabel

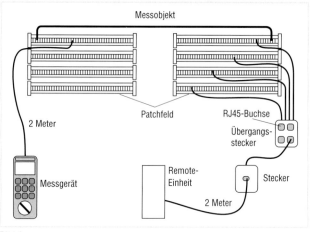

Bild 1
Messaufbau an Twisted-Pair-Leitungen

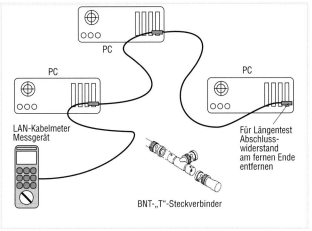

Bild 2
Autotest-Anschlüsse für Koaxialkabel

Tabelle 1
Wire-Map-Anzeigen

Wire-Map-Zustand	Anzeige	Schema (nur betroffene Paare gezeigt)	Beschreibung
gekreuzte Drähte oder einige offene Drähte	Wire Map RJ45-Stift 1 2 3 4 5 6 7 8 S | | | | | | | | | RJ45-Stift ? ? ? 4 5 ? 7 8 S fail	1 ———— 1 2 ——╳—— 2 3 ——╳—— 3 6 ———— 6 (ähnliche Verdrahtungsfehler oder offene Verbindungen können eine ähnliche Kabelpaaranzeige erzeugen)	Ein Draht im 1,2-Paar ist mit einem Draht im 3,6-Paar gekreuzt. Die Verdrahtung formt keienen erkennbaren Schaltkreis.
vertauschte Paare	Wire Map RJ45-Stift 1 2 3 4 5 6 7 8 S x x | | | | | | | RJ45-Stift 2 1 3 4 5 6 7 8 S fail	1 ——╳—— 1 2 ——╳—— 2	Drähte 1 und 2 sind gekreuzt
gekreuzte Doppelader	Wire Map RJ45-Stift 1 2 3 4 5 6 7 8 S x x x | | x | | | RJ45-Stift 3 6 1 4 5 2 7 8 S fail	1 ——╳—— 1 2 ——╳—— 2 3 ——╳—— 3 6 ———— 6	Paare 1,2 und 3,6 sind gekreuzt
Kurzschluss	Wire Map RJ45-Stift 1 2 3 4 5 6 7 8 S k | k | | | | | | RJ45-Stift ? ? ? 4 5 ? 7 8 S fail	1 ———┬—— 1 2 ———│—— 2 3 ———┴—— 3 6 ———— 6	Drähte 1 und 3 sind kurzgeschlossen. Der Kurzschluss kann mit Hilfe des TDR-Tests gefunden werden.
offen	Wire Map RJ45-Stift 1 2 3 4 5 6 7 8 S o | | | | | | | | RJ45-Stift ? 3 4 5 6 7 8 S fail	1 —— —— 1 2 ———— 2	Draht 1 ist unterbrochen. Die offene Stelle kann mit Hilfe des TDR-Tests gefunden werden
vertauschte Verdrillung	Wire Map RJ45-Stift 1 2 3 4 5 6 7 8 S | | | | | | | | | RJ45-Stift ? ? ? 4 5 ? 7 8 S fail Split pair gefunden: 1,2–3,6	1 —⋀⋀— 1 2 —⋁⋁— 2 3 —⋀⋀— 3 6 —⋁⋁— 6	Ein Draht im 1,2-Paar ist mit einem Draht im 3,6-Paar vertauscht. Die vertauschte Verdrillung kann mit Hilfe des TDX-Analysators gefunden werden.

LWL-Mess- und LWL-Prüftechnik
Werner Stelter

Abnahmemessung und Fehlersuche

Vor der Inbetriebnahme werden aussagefähige Messungen über die Gesamtdämpfung und den Dämpfungsverlauf der installierten Glasfaserstrecken benötigt. Diese werden zusammen mit den wesentlichen Parametern der LWL-Strecke dokumentiert. Damit lassen sich im Störungsfall Fehlerursachen und Fehlerstellen schnell lokalisieren. Für die Abnahmemessung und Fehlersuche an installierten LWL-Kabelstrecken unterscheidet man zwei Arten von Messungen:

1. **Dämpfungsmessung nach dem Durchlichtverfahren,**
2. **OTDR-Messung nach dem Rückstreuverfahren.**

Welches Verfahren bei der Abnahmemessung eingesetzt wird, schreibt zumeist der Auftraggeber vor.

Für Gebäude- und Campusverkabelungen sind die Grenzwerte für Dämpfung und Reflexion der installierten Strecken und Verbindungselemente in DIN EN 50173-1 „Anwenderneutrale Kommunikationskabelanlagen" festgelegt.

Bei Telekommunikationsnetzen gibt es für Bereiche mit Glasfaserstrecken Abnahmerichtlinien der Netzbetreiber, in denen auch Sollwertvorgaben und Verfahren zur Abnahmemessung festgelegt sind.

Die Anforderungen an Abnahmemessungen können sehr unterschiedlich sein:

Einfache Forderungen enthalten z. B. die
- einseitige Dämpfungsmessung bei einer Wellenlänge.

Wesentlich aufwendiger, aber auch aussagefähiger ist die
- beidseitige OTDR[1]-Messung für jeweils zwei Betriebswellenlängen mit Vor- und Nachlauffaser.

Teilweise werden sogar
- beidseitige OTDR-Messungen bei zwei Betriebswellenlängen und zusätzlich
- eine Dämpfungsmessung gefordert.

Die Anforderungen an die Abnahmemessung sind bei Weitverkehrsstrecken in Telekommunikationsnetzen wesentlich höher als bei Glasfaserstrecken in LAN-Verkabelungen.

Bei der Durchführung der Messungen ist ganz besonders auf die Sauberkeit der Steckverbindungen zu achten.

---
1 Die Abkürzungen sind im Abschnitt „Kleines Lexikon IT-Technik" erläutert.

> DIN EN 50346: 2003-06 „Informationstechnik – Installation von Verkabelung – Prüfen installierter Verkabelung" behandelt auch die Prüfung
> installierter Lichtwellenleiter-Verkabelung, die den Normen der Reihe
> *DIN EN 50173 „Anwenderneutrale Kommunikationskabelanlagen"*
> entspricht.

Als LWL-Prüfparameter gelten
- Laufzeit,
- Länge,
- Dämpfung und
- Rückflussdämpfung.

Für das Prüfverfahren zur Rückflussdämpfung wird jedoch auf DIN EN 61300-3-6 verwiesen.

Dämpfungsmessung

Die beschriebene Dämpfungsmessung ist sowohl
- auf Verkabelung mit Mehrmoden-Lichtwellenleitern als auch
- auf Verkabelung mit Einmoden-Lichtwellenleitern anwendbar.

Prüfschnüre

Die Glasfasern in den Prüfschnüren müssen bezüglich Fasertyp, Kerndurchmesser und numerischer Apertur (NA) mit den Nennwerten der zu prüfenden Verkabelung übereinstimmen.

Die Prüfschnüre müssen 1 bis 5 m lang sein und Mechanismen enthalten, die Mantelmoden entfernen. Außerdem haben sie über Steckverbindungen zu verfügen, die mit der Lichtquelle und der zu prüfenden Verkabelung kompatibel sind.

Modenabstreifer/Modenmischer für Gradientenindexfasern

Mehrmoden-Lichtwellenleiterprüfschnüre müssen zylindrische Wickeldorne enthalten, die eine Übertragung von Mantelmoden verhindern und dadurch die Reproduzierbarkeit der Messung ermöglichen.

Folgende Durchmesser für Wickeldorne werden vorgeschrieben:

G50/125: Ø 15 mm für Ø 900-µm-Ader, (18 mm für Ø 3-mm-Ader

G62,5/125: Ø 17 mm für Ø 900-µm-Ader, Ø 20 mm für Ø 3-mm-Ader

Einseitige oder zweiseitige Messung (DIN EN 50346)

Bei Glasfaserstrecken, die nur Verbindungstechnik am nahen und fernen Ende enthalten, braucht die Messung nur in einer Richtung durchgeführt zu werden. Enthält die Verkabelung jedoch Verbindungstechnik zur Durchverbindung, muss die Prüfung in beiden Richtungen erfolgen.

Dämpfungsmessplatz

Sender und Empfänger werden zumeist mit dazugehörigen Anschlusskabeln, mit Modenabstreifer und/oder Vorlauffaser als Testset angeboten und sind in ihren Eigenschaften aufeinander abgestimmt. Man unterscheidet Dämpfungsmessplätze für:

- Multimodefasern mit LED für die Wellenlängen 850 nm und 1300 nm
- Einmodenfasern mit Laser für die Wellenlängen 1310 nm und 1550 nm.

Dämpfungsmessung für LAN-Verkabelung

Die notwendigen Messanordnungen sind in **Bild 1** angegeben.

Bidirektionale Dämpfungsmessung (Bild 2)

Weiterentwicklungen bei den optischen Dämpfungs-Testsets ermöglichen inzwischen die bidirektionale Dämpfungsmessung. Mit diesem „Zertifizierungs-Testset" lassen sich durch Aussenden von Lichtimpulsen auch Laufzeitmessungen und damit die Bestimmungen der Streckenlängen durchführen. Damit kann bei Eingabe der Anzahl von Steck- und Spleißverbindungen automatisch ein Sollwert bestimmt werden und durch Vergleich mit den Messergebnissen eine Pass/Fail-Aussage über die Qualität der gemessenen LWL-Strecke gegeben werden.

Rückstreumessung mit dem OTDR

OTDR = **O**ptical **T**ime **D**omain **R**eflectometer = optisches Impulsreflektometer

Das Prinzip der optischen Rückstreumessungen beruht auf der Tatsache, dass Strahlung auf dem Weg durch den LWL gestreut wird. Die Strahlung, die an den Ursprungsort zurückgelangt, wird mit dem OTDR gemessen. Die Neigung der Rückstreukurve ist ein Maß für den Dämpfungsbelag der LWL-Faser.

Mit dem OTDR werden die Rayleighstreuung und die Fresnelreflexion erfasst.

Rayleighstreuung. Ursache dafür sind mikroskopisch kleine Bereiche unterschiedlicher Brechzahlen in der Faser. Diese Streuung ist regellos und ungerichtet.

Fresnelreflexion an diskreten Ereignissen. An Übergängen zwischen verschiedenen Materialien (z. B. Faserkern – Luftschicht bei Steckern) oder am Ende der Fasern treten diese Art von Reflexionen auf.

Insbesondere bei der Montage und Wartung von Glasfasern in Telekommunikationsnetzen ist das OTDR ein unverzichtbares Messwerkzeug. Bei der Installation von Glasfaserver-

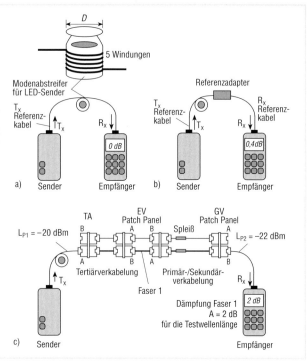

Bild 1   *Dämpfungsmessung für LAN-Verkabelung*
a) Referenzmessung mit nur einem Anschlusskabel (DIN EN 50346 Verfahren 1; DIN EN 61280-4-2 Verfahren 1a). Der Modenabstreifer soll bei Gradientenindexfasern verhindern, dass Mantelmoden bei der Referenzmessung auf die Empfängerdiode gelangen und das Messergebnis verfälschen.
b) Überprüfung des zweiten Referenzkabels. Die Einfügungsdämpfung darf 0,5 dB (Grenzwert für eine Steckverbindung) nicht überschreiten.
c) Messung der installierten Glasfaserstrecke. Es wird die Dämpfung der gesamten Strecke einschließlich der Steckverbindungen am Anfang und Ende der Strecke bestimmt.
TA Teinehmeranschluss im Arbeitsbereich; EV Etagenverteiler; GV Gebäudeverteiler

bindungen in LAN-Datennetzen ist die Messung mit dem Dämpfungsmessplatz oft ausreichend, Fehlersuche oder Beurteilung der Rückflussdämpfung von Verbindungselementen ist ohne OTDR jedoch auch hier nicht möglich.

Mini-OTDR für den Feldeinsatz. Die

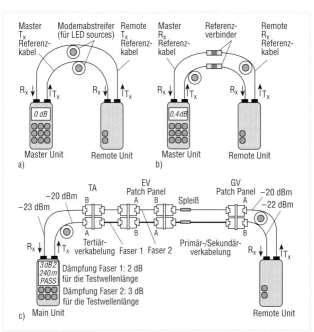

Bild 2 *Bidirektionale Dämpfungsmessung*
a) Referenzmessung mit einem Referenz-Anschlusskabel für jede Richtung
b) Überprüfung des zweiten Referenz-Anschlusskabels für jede Richtung. Die Einfügungsdämpfung darf 0,5 dB nicht überschreiten.
c) bidirektionale Dämpfungsmessung für die installierte Strecke. Es wird die Dämpfung der installierten Strecke einschließlich der Steckverbindungen am Anfang und Ende der Strecke bestimmt.
TA Teinehmeranschluss im Arbeitsbereich, EV Etagenverteiler, GT Gebäudeverteiler

Analyse wird mit diesen Geräten weitgehend automatisch durchgeführt. Trotzdem ist das Verständnis für die prinzipielle Wirkungsweise des Messverfahrens erforderlich, um die Beurteilung der Messergebnisse und die Fehlersuche an LWL-Strecken erfolgreich durchführen zu können.

Funktionsprinzip des OTDR (Bild 3)

OTDRs senden Lichtimpulse von einem Laser in eine Faser. Die Pulsdauer im Nano- oder Mikrosekunden-Bereich kann vom Benutzer eingestellt werden. Gemessen wird die rückkehrende Strahlung, die durch einen Strahlteiler (Polarisationsfilter) vom hinlaufenden Licht entkoppelt wird und auf einem Bildschirm als Amplitude über eine Zeitbasis (Entfernung) zu sehen ist. Das OTDR zeigt also die Energie des zurückreflektierten Signals im Verhältnis zur Entfernung an.

OTDR-Messung an einer LAN-Strecke (Bild 4)

Vorlauffaser. Das OTDR wird über eine Vorlauffaser an die Strecke angeschlossen. Erst durch Verwendung

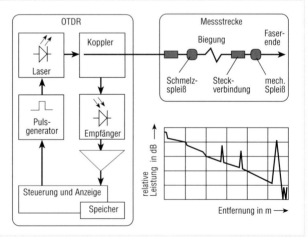

Bild 3   *Funktionsprinzip des OTDR*

der Vorlauffaser wird es möglich, die Einfügungsdämpfung der Steckverbindung am Streckenanfang zu bestimmen. Außerdem erreicht man dadurch die Modengleichgewichtsverteilung im Kern der Gradientenindexfaser bzw. den richtigen Modenfelddurchmesser bei Einmodenfasern.

Nachlauffaser. Die Verwendung einer Nachlauffaser ermöglicht die Bestimmung der Einfügungsdämpfung von der letzten Steckverbindung und schließt eine Faservertauschung aus.

Als Vor- und Nachlauffasern sollten Fasern verwendet werden, die von den Parametern her identisch mit den Fasern der installierten Strecke sind.

Ergebnis der OTDR-Messung (Bild 5)

Das OTDR ermöglicht:
1. exakte Darstellung aller Ereignisse entlang der Faser als Funktion der Entfernung,
2. Gesamt- und Teillängenmessung; die Brechzahl muss dafür als Materialkonstante eingegeben werden,
3. Messung der Gesamt-Streckendämpfung,
4. Bestimmung von Dämpfungslägen (kilometrische Dämpfung),
5. Bestimmung der Einfügungsdämpfung (IL) von Spleiß- und Steckverbindungen,
6. Bestimmung der Rückflussdämpfung (RL) von reflexiven Ereignissen wie Steckverbindungen.

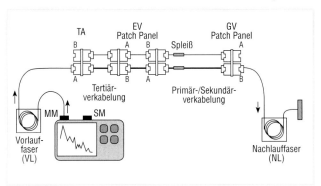

Bild 4 *OTDR-Messung mit Vor- und Nachlauffaser*
TA Teinehmeranschluss im Arbeitsbereich; EV Etagenverteiler; GV Gebäudeverteiler, MM Multimode-Modul; SM Singlemode-Modul

Mit modernen ODTRs wird die *automatische* Bestimmung aller wesentlichen übertragungstechnischen Parameter realisiert. Außerdem ist mit dem OTDR die präzise Fehlerortung (Faserbruch, fehlerhafter Spleiß, ...) möglich.

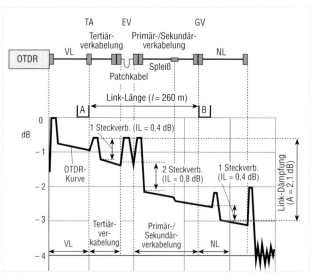

Bild 5
Im Rückstreudiagramm werden alle Ereignisse entlang der Faser dargestellt
VL Vorlauffaser; NL Nachlauffaser, IL Insert Loss

Grundlagen und Formeln der Elektronik

Die gesetzlichen Maßeinheiten	380
Einheiten der Computertechnik und Telekommunikation	382
Formelzeichen	383
Grundformeln der Elektrotechnik und Elektronik	384
Wechselstrom	385
Leistung und Energie	386
Widerstandsberechnung	387
Induktivität und magnetisches Feld	391
Schalten von Spulen und Kondensatoren	393
Kapazität und elektrisches Feld	394
Der Wellenwiderstand	395
Die Pegelrechnung	396

Die gesetzlichen Maßeinheiten

Basiseinheiten des internationalen Einheitensystems sind: die Länge in Meter (m), die Masse in Kilogramm (kg), die Zeit in Sekunden (s), die elektrische Stromstärke in Ampere (A), die Temperatur in Kelvin (K), die Substanzmenge in Mol (mol) und die Lichtstärke in Candela (cd).

Abgeleitete Einheiten

Fläche in m^2; Volumen in m^3

Winkel in Radiant (rad): 1 rad schneidet aus einem Kreis mit $r = 1$ m einen Bogen von 1 m Länge aus **(Bild 1).**

Raumwinkel in Steradiant (sr): 1 sr schneidet aus der Oberfläche einer Kugel mit $r = 1$ m genau 1 m^2 aus.

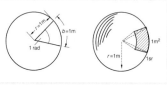

Bild 1
Radiant und Steradiant

Frequenz in Hertz (Hz): 1 Hz = 1/s

Geschwindigkeit in m/s; Beschleunigung in m/s^2; Winkelgeschwindigkeit in rad/s; Winkelbeschleunigung in rad/s^2

Weitere Zeiteinheiten: Minute (min), Stunde (h), Tag (d), Jahr (a): 1 min = 60 s, 1 h = 3600 s; 1 d = 86 400 s; 1 a = 31 536 000 s.

Kraft (Gewichtskraft) in Newton (N): 1 N = 1 kg · m/s^2

Drehmoment in N m (1 Nm = 1 kg · m^2/s^2)

Druck in Pascal (Pa): 1 Pa = 1 N/m^2 = 1 kg/(m · s^2) oder in Bar (bar): 1 bar = 100 000 Pa = 0,1 MPa; 1 hPa (Hektopascal) = 1 mbar.

Leistung in Watt (W): 1 W = 1 N · m/s = 1 J/s = 1 kg · m^2/s^3

Arbeit (Energie, Wärmemenge) in Joule:
1 J = 1 W · s = 1 N · m = 1 kg · m^2/s^2; 1 Kilowattstunde (kWh) = 3 600 000 J.

Weitere Temperatureinheit: Grad Celsius (°C):
0 °C = 273,15 K; 1 °C $\stackrel{\wedge}{=}$ 1 K (Temperaturdifferenz)

Elektrische Spannung in Volt (V): 1 V = 1 W/A = 1 kg · m^2/(A · s^3)

Elektrischer Widerstand in Ohm (Ω): 1 Ω = 1 V/A = 1 kg · m^2/(A^2 · s^3)

Elektrischer Leitwert in Siemens (S): 1 S = A/V = 1 A^2 · s^3/(kg · m^2)

Elektrizitätsmenge (Ladung) in Coulomb (C): $1\,C = 1\,A \cdot s$

Kapazität in Farad (F): $1\,F = 1\,A \cdot s/V = 1\,A^2 \cdot s^4/(kg \cdot m^2)$

Stromdichte in A/m^2 bzw. A/mm^2; elektrische Flussdichte in $A \cdot s/m^2$

Elektrische Feldstärke in $V/m = m \cdot kg/s^3 \cdot A$

Magnetischer Fluss in Weber (Wb): $1\,Wb = 1\,V \cdot s = 1\,kg \cdot m^2/(A \cdot s^2)$

Magnetische Feldstärke in A/m

Magnetische Flussdichte (Induktion) in Tesla (T):
$1\,T = 1\,V \cdot s/m^2 = 1\,kg/(A \cdot s^2)$

Induktivität in Henry (H): $1\,H = 1\,V \cdot s/A = 1\,kg \cdot m^2/(A^2 \cdot s^2)$

Leuchtdichte in cd/m^2

Lichtstrom in Lumen (lm): $1\,lm = 1\,cd \cdot sr/m^2$

Beleuchtungsstärke in Lux (lx): $1\,lx = 1\,lm/m^2 = 1\,cd \cdot sr/m^2$

Wärmekapazität in Joule je Kelvin: $1\,J/K = 1\,m^2/(s^2 \cdot K)$

Wärmeflussdichte in Watt pro m^2: $1\,W/m^2 = kg/s^3$

Tabelle 1
Vielfache und Teile von Einheiten

Zehnerpotenz	Zahl mal	Vorsatz	Vorsatzzeichen
10^{-15}	0,000 000 000 000 001	Femto	f
10^{-12}	0,000 000 000 001	Piko	p
10^{-9}	0,000 000 001	Nano	n
10^{-6}	0,000 001	Mikro	µ
10^{-3}	0,001	Milli	m
10^{-2}	0,01	Zenti	c
10^{-1}	0,1	Dezi	d
10^{0}	1	–	-
10^{1}	10	Deka	da
10^{2}	100	Hekto	h
10^{3}	1 000	Kilo	k
10^{6}	1 000 000	Mega	M
10^{9}	1 000 000 000	Giga	G
10^{12}	1 000 000 000 000	Tera	T
10^{15}	1 000 000 000 000 000	Peta	P

Einheiten der Computertechnik und Telekommunikation

In der Computertechnik und in der Telekommunikationstechnik gibt es eine Reihe von speziellen Einheiten nach **Tabelle 1,** deren Bedeutung bekannt sein muss. Probleme kann es mit amerikanishen Einheiten und ihrer Umrechnung in des metrische System geben (z. B. dpi und Pixel/cm).

Tabelle 1
Spezielle Einheiten

Einheit	Beschreibung
baud	Maß in Schritt/s, das in der Datenfernübertragung angibt, wieviel kürzeste Elementarzeichen pro Sekunde (z.B. bit/s) übertragen werden.
bit	binäre Einheit (0-, 1-Signal, H-, L-Signal)
byte	1 byte = 8 bit, Besonderheit bei Vielfachen: 1 kbyte = 1000 byte; 1 Kbyte = 1024 byte, 1 Mbyte = 1024 Kbyte (oder 1000 kbyte, Aussage nicht immer eindeutig).
	1 byte = 1 Wort, 2 byte = 1 Langwort unterteilt in Lowbyte und Highbyte. KB bzw. MB = Kurzform für Kbyte bzw. Mbyte
nibble	1 nibble = 4 bit = 1/2 byte, Halbbyte, Halbwort, Tetrade
bit/s; bps	Datenübertragung: Zahl der Bit pro Sekunde
dB	Dezibel, ein Zehntel Bel: 0,1 B = 1 dB; 10 dB = 1 B
digit	Zeichen aus einem Zeichenvorrat
dpi	Dots per inch = Pixel je Zoll (Auflösungsvermögen)
MIPS	Millionen Instruktionen pro Sekunde: Maß zur Bewertung der Leistung eines Prozessors, 1 MIPS =1 Million Rechenbefehle pro Sekunde (70% Additionen, 30% Multiplikationen)
MFLOPS	Millionen Gleitkommaoperationen pro Sekunde
pitch	Maßzahl für die Zeichendichte, z.B. 1 pitch = 1 Zeichen einer Schrift findet auf 1 Zoll Platz.
tpi	Tracks per inch = Spuren pro Zoll (bei Disketten)

Formelzeichen

U	Spannung (Effektivwert) (V)	Q	elektr. Durchflutung (A)
U_W	Wirkspannung (V)	N	Windungszahl (–)
U_b	Blindspannung (V)	t	Zeit (s, min, h)
u	Augenblickswert Spannung (V)	C	Kapazität (F)
$\hat{u}$	Scheitelwert Sinusspannung (V)	T	Periodendauer (s)
$\bar{u}$	arithm. Mittelwert Spannung (V)	τ	Zeitkonstante (s)
u_{pp}	Spannung Spitze-Spitze (V)	f	Frequenz (Hz)
I	Strom (Effektivwert) (A)	ω	Kreisfrequenz $(2 \cdot \pi \cdot f)$
$i, \hat{i}, \bar{i}, i_{pp}, I_W, I_b$	Ströme (A)	l	Wellenlänge (m)
S	Stromdichte (A/mm²)	E	Beleuchtungsstärke (lx)
R	Wirkwiderstand (Resistanz) (Ω)	I	Lichtstärke (cd)
X	Blindwiderstand (Reaktanz) (Ω)	F	Lichtstrom (lm)
Z	Scheinwiderstand (Impedanz) (Ω)	L	Leuchtdichte (cd/m²)
G	Wirkleitwert (Konduktanz) (S)	l, b, h	Länge, Breite, Höhe (m)
B	Blindleitwert (Suszeptanz) (S)	r, d	Radius, Durchmesser (m)
Y	Scheinleitwert (Admittanz) (S)	A	Fläche (m²)
k	Leitfähigkeit [m/($\Omega \cdot$ mm²)]	m	Masse (kg)
P	Wirkleistung (W)	F	Kraft, Gewichtskraft (N)
S	Scheinleistung (VA)	V	Volumen (m³)
Q	Blindleistung (var)	G	Gewicht (kg)
φ	Phasenwinkel (°)	n	Drehzahl (Umdr./min)
$\cos \varphi$	Leistungsfaktor	n'	Drehzahl (Umdr./s)
$\sin \varphi$	Blindleistungsfaktor	v	Geschwindigkeit (m/s)
W	Arbeit, Energie (J, Ws)	η	Wirkungsgrad (–)
P	mech. Leistung (N · m/s)	M	Drehmoment (Nm)
L	Induktivität (H)	b	Beschleunigung (m/s²)
H	magnet. Feldstärke (A/m)	p	Druck (bar, Pascal)
Φ	magnet. Fluss (Wb, Vs)	t, ϑ	Temperatur (°C)
B	magnet. Flussdichte (T)	T, θ	Temperatur (K)
E	elektr. Feldstärke (V/m)	Q	Wärmemenge (J)

Grundformeln der Elektrotechnik und Elektronik

Ohmsches Gesetz: $U = I \cdot Z$ Sonderfall ohmsche Belastung: $U = I \cdot R$

Der einfache Stromkreis mit ohmschen Widerständen nach Bild 1

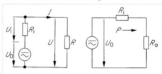

$U_0 = U + U_i = U + I \cdot R_i$; $U = I \cdot R$
Bei Anpassung wird die maximal mögliche Leistung übertragen:
Bedingung bei Leistungsanpassung: **Bild 1** *Einfacher Stromkreis*
$R_a = R_i$; $P_{max} = U_0^2 / (4 \cdot R_i)$
Stromanpassung: $R_a \ll R_i$; Spannungsanpassung: $R_a \gg R_i$.
Stromkreis mit Reihenschaltung von Wirkwiderständen:
$R_G = R_1 + R_2 + R_3 + \ldots + R_n$; $U_G = U_1 + U_2 + U_3 + \ldots + U_n$
Stromkreis mit Parallelschaltung von Wirkwiderständen:
$G_G = G_1 + G_2 + G_3 + \ldots + G_n$; $I_G = I_1 + I_2 + I_3 + \ldots + I_n$

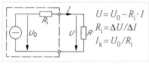

$U = U_0 - R_i \cdot I$
$R_i = \Delta U / \Delta I$
$I_k = U_0 / R_i$

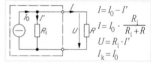

$I = I_0 - I'$
$I' = I_0 \cdot \dfrac{R_i}{R_i + R}$
$U = R_i \cdot I'$
$I_k = I_0$

Bild 2 *Ersatzspannungsquelle*   **Bild 3** *Ersatzstromquelle*

Kirchhoffsche Gesetze

1. An Knoten- und Verzweigungspunkten:
$\Sigma I_{zu} = \Sigma I_{ab}$ $\Sigma I = \Sigma I_{zu} - \Sigma I_{ab} = 0$
2. Im geschlossenen Stromkreis:
$\Sigma U_0 = \Sigma U = \Sigma I \cdot R$

Aufstellen der Maschengleichungen

Bild 4 *Knotenpunkt*

Bei Annahme einer beliebigen Zählrichtung werden
die Maschengleichungen anhand der Kirchhoffschen Gesetze aufgestellt.
U Klemmenspannung am Verbrauchsmittel in V, U_0 Leerlaufspannung in V,
U_i Spannungsfall am Innenwiderstand in V, U_R Wirkspannung in V, U_C Spannung am kapazitiven Widerstand in V, U_L Spannung am induktiven Widerstand in V, I Strom in A, I_K Kurzschlussstrom in A, I_0 Leerlaufstrom in A, I_R Wirkstrom in A, I_C kapazitiver Blindstrom in A, I_L induktiver Blindstrom in A, R Widerstand in Ω, R_i Innenwiderstand in Ω, P Wirkleistung in W.

Wechselstrom

Sinusförmiger Wechselstrom (Bild 1)

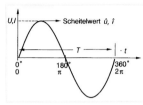

Bild 1 Sinuskurve

$u = \hat{u} \cdot \sin(\omega t) = \hat{u} \cdot \sin(2\pi \cdot f \cdot t)$
$i = \hat{i} \cdot \sin(\omega t) = \hat{i} \cdot \sin(2\pi \cdot f \cdot t)$
$U = 0{,}707 \cdot \hat{u}$
$\hat{u} = \sqrt{2} \cdot U$
$I = 0{,}707 \cdot \hat{i}$
$\hat{i} = \sqrt{2} \cdot I$
$\bar{u} = 0;\ u_{pp} = 2 \cdot \hat{u}$
$\bar{i} = 0;\ i_{pp} = 2 \cdot \hat{i}$

U, I Effektivwerte; $\bar{u}, \bar{i}$ arithmetische Mittelwerte; $\hat{u}, \hat{i}$ Scheitelwerte; u_{pp}, i_{pp} Werte Spitze-Spitze, u, i Augenblickswerte, t Zeit
Frequenz in Hz: $f = 1/T;\ f = p \cdot n/60$
Kreisfrequenz: $\omega = 2 \cdot \pi \cdot f$; Wellenlänge in m: $\lambda = c : f$
T = Periodendauer in s, p = Polpaarzahl des Motors oder Generators,
n = Drehzahl des Motors oder Generators in Umdr./min,
c = Lichtgeschwindigkeit im Vakuum 300 000 km/s.
Phasenwinkel: Bei induktiver oder kapazitiver Belastung tritt zwischen Strom und Spannung eine Phasenverschiebung auf, die durch den Phasenwinkel φ angegeben wird **(Bild 2).**

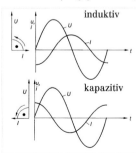

Bild 1 *Induktive und kapzitive Belastung*

Induktive Belastung: Strom eilt der Spannung nach. Rein induktiv $\varphi = 90°$
Kapazitive Belastung: Strom eilt der Spannung vor. Rein kapazitiv $\varphi = 90°$
Ermittlung des Phasenwinkels innerhalb einer Periode:
In Grad:
$\varphi = 360° \cdot t/T = 360° \cdot t \cdot f$
Im Bogenmaß:
$\varphi = 2\pi \cdot t/T = 2\pi \cdot t \cdot f$
t = abgelaufene Zeit ab Beginn der Periode (maximal $t = T$, wenn darüber, sind soviel T als möglich abzuziehen).

Leistung und Energie

Leistungsformeln:

Gleichstrom: $P = U \cdot I = I^2 \cdot R = U^2 : R$

Wechselstrom: $P = U \cdot I \cdot \cos\varphi = S \cdot \cos\varphi = U_R \cdot I_R$
$Q = U \cdot I \cdot \sin\varphi = S \cdot \sin\varphi;\ Q_C = U_C \cdot I_C;\ Q_L = U_L \cdot I_L$
$S = U \cdot I = \sqrt{P^2 + Q^2}$

Drehstrom: $P = U \cdot I \cdot \cos\varphi \cdot \sqrt{3} = S \cdot \cos\varphi$
$Q = U \cdot I \cdot \sin\varphi \cdot \sqrt{3} = S \cdot \sin\varphi$
$S = U \cdot I \cdot 3$

Arbeit, Energie: $W = P \cdot t$

Elektrizitätsmenge: $Q_{el} = I \cdot t = C \cdot U$

In den Formeln sind: P Wirkleistung in W; Q Blindleistung in var; Q_L induktive, Q_C kapazitive Blindleistung in var; S Scheinleistung in VA; W Arbeit bzw. Energie in W · s bzw. J; Q_{el} Elektrizitätsmenge in A · s; U Spannung in V; I Strom in A; R Widerstand in Ω; t Zeit in s und C Kapazität in F.

Anpassung = Übertragung der größtmöglichen Leistung (**Bild 1**)

Bedingung für P_{max}: $R_i = R_a$

übertragene Leistung

$$P = U \cdot I = I^2 \cdot R_a = \frac{U_0^2 \cdot R_a}{(R_i + R_a)^2}$$

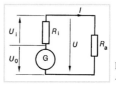

Bild 1
Anpassung

Wirkungsgrad: $\eta = P_{ab} : P_{zu}$
$\eta = W_{ab} : W_{zu} \qquad P_{ab} = P_{zu} - P_v$

P_{ab} = abgegebene Leistung in W, P_{zu} = zugeführte Leistung in W, W_{ab} = abgegebene Energie in J, W_{zu} = zugeführte Energie in J, P_v = Verlustleistung in W

Mechanische Leistung: $P = W : t = F \cdot s : t = F \cdot v$;
P (in kW) $= M \cdot n : 9550$

Mechanische Arbeit: $W = P \cdot t = F \cdot s$

t = Zeit in s, F = Kraft in N, v = Geschwindigkeit in m/s, s = Kraftweg in m, M = Drehmoment in N · m, n = Drehzahl in Umdr./min

Widerstandsberechnung

Widerstand, allgemein: $R = U : I$ (Gleichstrom) $Z = U : I$ (Wechselstrom)

Leitwert: $G = 1 : R;$ $G =$ Leitwert in S

Leitungswiderstand $R = \dfrac{l \cdot \rho}{A} = \dfrac{l}{\chi \cdot A}$

R Widerstand in Ω; l Leiterlänge (Hin- und Rückleitung) in m; A Leiterquerschnitt in mm²; ρ spez. Widerstand $\Omega \cdot$ mm²/m; κ Leitfähigkeit m/($\Omega \cdot$ mm²)

Widerstandsänderung bei Temperaturänderung

$R_\vartheta = R_{20} [1 + \alpha (\vartheta - 20\,°C)]$

Gilt für Temperaturen bis ca. +200 °C. Stets zunächst auf 20 °C umrechnen. Mit der folgenden Formel kann direkt von beliebiger Temperatur auf andere Temperatur umgerechnet werden:

$\dfrac{R_W}{R_K} = \dfrac{\tau + \vartheta_W}{\tau + \vartheta_K};\quad \tau = \dfrac{1}{\alpha_{20}} - 20\,°C$

Bei Temperaturen über 200 °C muss angesetzt werden:

$R_\vartheta = R_{20} [1 + \alpha_{20} (\vartheta - 20\,°C) + \beta_{20} (\vartheta - 20\,°C)^2]$

R_ϑ Widerstand bei ϑ in Ω; R_W Warmwiderstand; R_K Kaltwiderstand; R_{20} Widerstand bei Bezugstemperatur 20 °C in Ω; ϑ Temperatur des Leiters in °C;
α Temperaturbeiwert in 1/K (Cu: $\alpha_{20} = 0{,}0039$, Al: $\alpha_{20} = 0{,}00467$)
β Temperaturbeiwert in 1/K² (Cu: $\beta_{20} = 0{,}6 \cdot 10^{-6}$; Al: $\beta_{20} = 1{,}3 \cdot 10^{-6}$)

Widerstände in Reihe (Bild 1)

Berechnung des Gesamtwiderstands: $R_g = R_1 + R_2 + R_3 + \ldots + R_n$

Gesamtleitwert: $\dfrac{1}{G_g} = \dfrac{1}{G_1} + \dfrac{1}{G_2} + \dfrac{1}{G_3} + \ldots \dfrac{1}{G_n}$

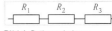

Bild 1 *Reihenschaltung*

Parallele Widerstände (Bild 2)

Für zwei parallele Widerstände lässt sich der Gesamtwiderstand einfach durch folgenden Ansatz errechnen:

$R_g = \dfrac{R_1 \cdot R_2}{R_1 + R_2}$

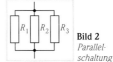

Bild 2 *Parallelschaltung*

Bei mehreren Parallelwiderständen gilt folgender Ansatz:

$\dfrac{1}{R_g} = \dfrac{1}{R_1} + \dfrac{1}{R_2} + \dfrac{1}{R_3} + \ldots \dfrac{1}{R_n}$

Falls man die Leitwerte G in S (Siemens) der Widerstände zugrunde legt:

$G_g = G_1 + G_2 + G_3 + \ldots + G_n$

Wechselstromwiderstand

Wirkwiderstand (Resistanz): $R = Z \cdot \cos \varphi$; **(Bild 3)**

Blindwiderstand (Reaktanz): $X = Z \cdot \sin \varphi$

kapazitiv: $X_C = \dfrac{1}{2 \cdot \pi \cdot f \cdot C}$

induktiv: $X_L = 2 \cdot \pi \cdot f \cdot L$

Scheinwiderstand (Impedanz):
$Z = \sqrt{R^2 + X_L^2}$; $\quad Z = \sqrt{R^2 + X_C^2}$; $\quad Z = \sqrt{R^2 + (X_L - X_C)^2}$

Wirkleitwert (Konduktanz): $G = Y \cdot \cos \varphi$; $G = 1 : R$

Blindleitwert (Suszeptanz): $B = Y \cdot \sin \varphi$; $B = 1 : X$

Scheinleitwert (Admittanz):
$Y = \sqrt{G^2 + B_C^2}$; $\quad Y = \sqrt{G^2 + B_L^2}$; $\quad Y = 1 : Z$

Resonanz: $X_L = X_C$; $f_\text{res} = \dfrac{2}{2 \cdot \pi \cdot f \cdot \sqrt{L \cdot c}}$

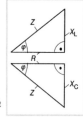

Bild 3
Widerstandsdreieck

Bild 4 zeigt das Leitwertdreieck.

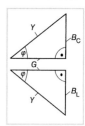

Bild 4
Leitwertdreieck

Widerstandsmaschen

ergeben sich bei Netzen und Brückenschaltungen.
Umwandlung einer Dreieckschaltung in eine
widerstandsgleiche Sternschaltung **(Bild 5)**:
Aus dem Dreieck A–1–2 mit R_1, R_2 und R_3 wird
der Stern mit R_6, R_7 und R_8.

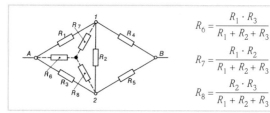

$$R_6 = \frac{R_1 \cdot R_3}{R_1 + R_2 + R_3}$$

$$R_7 = \frac{R_1 \cdot R_2}{R_1 + R_2 + R_3}$$

$$R_8 = \frac{R_2 \cdot R_3}{R_1 + R_2 + R_3}$$

Bild 5
Umwandlung $\Delta \rightarrow Y$

Umwandlung einer Sternschaltung in eine widerstandsgleiche Dreieckschaltung **(Bild 6)**: Aus dem Stern A–1–2 mit R_6, R_7 und R_8 wird das Dreieck mit R_1, R_2 und R_3.

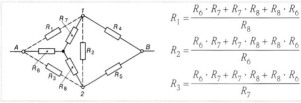

$$R_1 = \frac{R_6 \cdot R_7 + R_7 \cdot R_8 + R_8 \cdot R_6}{R_8}$$

$$R_2 = \frac{R_6 \cdot R_7 + R_7 \cdot R_8 + R_8 \cdot R_6}{R_6}$$

$$R_3 = \frac{R_6 \cdot R_7 + R_7 \cdot R_8 + R_8 \cdot R_6}{R_7}$$

Bild 6
Umwandlung $Y \to \Delta$

Zusammenschaltung von Wirk- und Blindwiderständen

Reihenschaltung **(Bild 7)**

$U_w = I \cdot R$; $U_b = U_{bL} - U_{bC}$; $U = \sqrt{U_w^2 + U_b^2}$

$U_{bL} = I \cdot X_L$; $U_{bC} = I \cdot X_C$; $U = I \cdot Z$

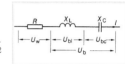

Bild 7
Reihenschaltung

Scheinwiderstand **(Bild 8)**

$Z = \sqrt{R^2 + (X_L - X_C)^2}$

Bei mehreren R bzw. X_L bzw. X_C Einzelwiderstände jeweils für sich zusammenzählen

Parallelschaltung **(Bild 9)**

$U = I_w \cdot R$; $U = I_{bL} \cdot X_L$;

$U = I_{bC} \cdot X_C$; $I_b = I_{bC} - I_{bL}$; $I = U \cdot Y$

Zusammensetzen mehrerer Zeigerdiagramme: Die Dreiecke werden in einer grafischen Lösung so aneinandergereiht, dass Wirkanteile waagerecht und Blindanteile senkrecht liegen.

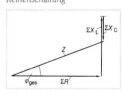

Bild 8
Scheinwiderstand

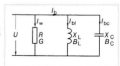

Bild 9
Parallelschaltung

Scheinleitwert **(Bild 10)**

$Y = \sqrt{G^2 + (B_C - B_L)^2}$

Bei mehreren G bzw. B_C bzw. B_L Einzelleitwerte jeweils für sich zusammenzählen

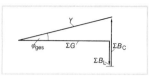

Bild 10
Scheinleitwert

Umwandlung **(Bild 11)**

Reihenschaltung in Parallelschaltung

$G = \dfrac{R}{R^2 + X^2}$; $B = \dfrac{X}{R^2 + X^2}$

Umwandlung **(Bild 12)**

Parallelschaltung in Reihenschaltung

$R = \dfrac{G}{G^2 + B^2}$; $X = \dfrac{B}{G^2 + B^2}$

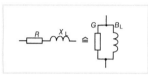

Bild 11
Umwandlung Reihe → Parallel

Der Spannungsteiler (Bilder 13 und 14)

Um bei Belastungsänderungen die Ausgangsspannungen möglichst konstant zu halten, muss der Querstrom I_{qu} etwa 3- bis 10-mal so groß wie I_L sein.

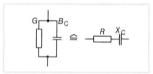

Bild 12
Umwandlung Parallel → Reihe

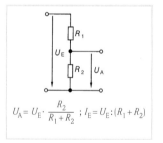

$U_A = U_E \cdot \dfrac{R_2}{R_1 + R_2}$; $I_E = U_E : (R_1 + R_2)$

Bild 13
Spannungsteiler unbelastet

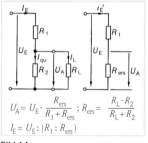

$U_A = U_E \cdot \dfrac{R_{ers}}{R_1 + R_{ers}}$; $R_{ers} = \dfrac{R_L \cdot R_2}{R_L + R_2}$

$I_E = U_E : (R_1 : R_{ers})$

Bild 14
Spannungsteiler belastet

Induktivität und magnetisches Feld

Wird bei gleichmäßiger Änderung des Stroms in einer Spule
$\Delta I = 1\,\text{A}$ in $1\,\text{s}$ eine Selbstinduktionsspannung $U_0 = 1\,\text{V}$ induziert,
so ist die Induktivität $L = 1\,\text{H}$ ($1\,\text{H} = 1\,\text{V}\cdot\text{s/A}$). $L = N \cdot \Phi/I$

$U_0 = -L \cdot \Delta I/\Delta t \quad L = \mu_0 \cdot \mu_r \cdot A_{fe}/l_m = N^2 \cdot \Phi : (H \cdot l) = N^2 \cdot B \cdot A \cdot \Theta$

Bild 1

Doppelleitung (**Bild 1**)
$L = 0{,}4 \cdot l \cdot \ln(a/r)$

Leiter gegen Masse (**Bild 2**)
$L = 0{,}2 \cdot l \cdot \ln(2 \cdot a/r)$

Bild 2

Koaxialkabel (**Bild 3**)
$L = 0{,}2 \cdot l \cdot \ln(D/d)$

einlagige Zylinderspule (**Bild 4**)
$L = 2 \cdot \pi^2 \cdot D^2 \cdot N^2/l$ (L in nH)

kurze Zylinderspule (**Bild 5**)
$L = 2 \cdot \pi \cdot D \cdot N^2 \left(\ln\dfrac{4 \cdot D}{l} - \dfrac{1}{2}\right)$ (L in nH)

Bild 3

Leiterschleife (**Bild 6**)
$L = 2 \cdot \pi\left(2{,}3\lg\dfrac{8 \cdot D}{d} - 2\right) \cdot D$ (L in nH, d und D in cm)

einlagige Luft-Zylinderspule (**Bild 7**)
$L = \dfrac{\pi \cdot N \cdot D^2}{l + 0{,}45 \cdot D}$ (L in nH, l und D in cm)

Bild 4

Ringkernspule (**Bild 8**)
$L = \mu_r \cdot \mu_0 \cdot N^2 \cdot A/l_m;\; A = d_2 \cdot l_m/D$

Bild 5   Bild 6   Bild 7   Bild 8

U_0 induzierte Spannung in V, ΔI die Stromänderung in A, Δt Zeitdauer der Stromänderung in s, L Induktivität in H, N Windungszahl, $\mu_0 = 1{,}2566 \cdot 10^{-6}$ V·s/(A·m) magnetische Feldkonstante, μ_r relative Permeabilitätskonstante, l Länge in m, r Radius in m, l_m mittlere Feldlinienlänge in m, a Abstand in m, D Durchmesser in m, Φ magnetischer Fluss in V·s, B Induktion in T, H magnetische Feldstärke in A/m, A Kernquerschnitt in m², Θ Durchflutung in A (Amperewindungen $\Theta = I \cdot N$).

Gegeninduktivität (Bild 9)

Gegeninduktivität in H: $M = N_2 \cdot \Phi_{12} / I_1 = N_1 \cdot \Phi_{21} / I_2$

Spulen in Reihenschaltung, die aufeinander koppeln:
Gesamtinduktivität in H: $L_G = L_1 + L_2 \pm 2 \cdot M$

Spulen in Parallelschaltung, die aufeinander koppeln;
Gesamtinduktivität in H: $L_G = \dfrac{L_1 \cdot L_2 - M^2}{L_1 + L_2 \pm 2 \cdot M}$

Bild 9
Gegeninduktivität

Φ_{12} = von Spule 1 erzeugter Fluss, der Spule 2 durchsetzt

Φ_{21} = von Spule 2 erzeugter Fluss, der Spule 1 durchsetzt

Verluste in Spulen

In Wicklungen treten Verluste aufgrund des Wirkwiderstands des Wicklungsdrahts und im eventuell vorhandenen Eisenkern Wirbelstromverluste auf **(Bild 10)**.

R_{Cu} Drahtwiderstand in Ω, R_{fe} Eisenverlustwiderstand in Ω
U_{Cu} Spannungsfall der Wicklung in V, I_{fe} Eisenverluststrom in A
I_μ induktiver Spulenstrom in A

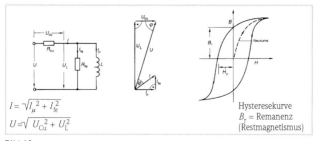

$I = \sqrt{I_\mu^2 + I_{fe}^2}$
$U = \sqrt{U_{Cu}^2 + U_L^2}$

Hysteresekurve
B_r = Remanenz
(Restmagnetismus)

Bild 10
Spulenverluste

Schalten von Spulen und Kondensatoren

Schalten bei Gleichstrom

Ladung und Entladung eines Kondensators
an konstanter Spannung U_0 über einen
Widerstand R (**Bilder 1** und **2**):
Zeitkonstante (ZK) $\tau = R \cdot C$ (in s)
Aufladung auf 63% von U_0 in τ
Volle Aufladung in ca. 3 … 5-mal τ
Ladung: $u_C = U_0 \cdot (1 - e^{-t/\tau})$; $i_C = i_0 \cdot e^{-t/\tau}$
$Q = C \cdot U_0 \cdot (1 - e^{-t/\tau})$
Entladung: $u_C = U_0 \cdot e^{-t/\tau}$; $i_C = i_0 \cdot e^{-t/\tau}$

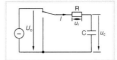

Bild 1
Schalten bei Gleichstrom

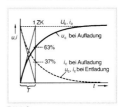

R Lade- bzw. Entladewiderstand in Ω,
C Kapazität in F, U_0 angelegte Spannung in V,
U_C Spannung am Kondensator in V,
i_0 Strom im Einschaltmoment in A ($i_0 = U_0 : R$),
i_C Strom durch den Kondensator in A,
Q Ladung des Kondensators in A · s,
t Lade-/Entladezeit in s.

Bild 2
Ladung und Entladung eines Kondensators

Ein- und Ausschalten einer Spule an konstanter
Spannung U_0 über einen Widerstand R
(**Bilder 3** und **4**):
Zeitkonstante: $\tau = L : R$ (in s)
Einschaltung: $u_L = U_0 \cdot e^{-t/\tau}$; $i_L = i \cdot (1 - e^{-t/\tau})$
Ausschaltung: $u_L = U_0 \cdot e^{-t/\tau}$; $i_L = i \cdot e^{-t/\tau}$
R, U_0 und t wie oben, u_L Spannung
an der Spule in V, i_L Strom durch die Spule in A,
i Strom durch Spule bei Betrieb $i = U_0 : R$

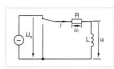

Bild 3
Spule an Gleichstrom

Schalten bei Wechselstrom

Ein- und Ausschalten des Kondensators C
in Reihe mit Widerstand R (RC-Glied):
$\underline{U}_C = \underline{U}_0 / (1 + j \omega \cdot C \cdot R)$;
$\underline{u}_0 = \hat{u}_0 \cdot \sin(\omega t + \varphi_u) = \underline{u}_C + \underline{u}_R$
$\underline{U}_C$ komplexe Kondensatorspannung in V,
$\underline{U}_0$ komplexe Eingangsspannung in V,
φ_u Phasenwinkel beim Schalten.
Ein- und Ausschalten einer Spule (mit R und L):
$\underline{u}_0 = \hat{u}_0 \sin(\omega t + \varphi_u) = \underline{u}_R + \underline{u}_L = R \cdot i + L \, di/dt$

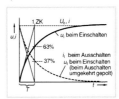

Bild 4
Ladung und Entladung einer Spule

Kapazität und elektrisches Feld

Wird bei Ladung eines Kondensators mit 1 A während 1 s eine Spannung von 1 V gemessen, so beträgt die Kapazität 1 F.

$$U = Q/C \qquad C = A \cdot \varepsilon_0 \cdot \varepsilon_r / a \qquad \varepsilon = \varepsilon_0 \cdot \varepsilon_r \qquad (1\,F = 1\,A \cdot s/V)$$

Doppelleitung (**Bild 1**)

$$C = l \cdot \pi \cdot \varepsilon_0 \cdot \varepsilon_r / \ln(a/r)$$

Leiter gegen Masse (**Bild 2**)

$$C = l \cdot 2\pi \cdot \varepsilon_0 \cdot \varepsilon_r / \ln(2\,a/r)$$

Bild 1

Koaxialkabel (**Bild 3**)

$$C = 2 \cdot l \cdot \varepsilon_0 \cdot \varepsilon_r / \ln(D/d)$$

Mehrschichtdielektrikum (**Bild 4**)

$$C = 0{,}0885 \cdot A / \left(\frac{a_1}{\varepsilon_1} + \frac{a_2}{\varepsilon_2} + \frac{a_3}{\varepsilon_3} + \ldots \frac{a_n}{\varepsilon_n} \right)$$

U Spannung in V, Q Elektrizitätsmenge in $A \cdot s$, C Kapazität in F, $\varepsilon_0 = 0{,}88542 \cdot 10^{-11}\,A \cdot s/(V \cdot m)$ elektrische Feldkonstante, ε_r relative Dielektrizitätskonstante, A Plattenfläche in m^2, a Plattenabstand in m, D, d Durchmesser in m

Bild 2

Kondensator-Verluste (**Bild 5**)

Der, wenn auch sehr hohe, Durchgangswiderstand des Dielektrikums, der Widerstand der Elektroden und Zuleitungen und die dielektrische Polarisation im Dielektrikum bei Anschluss an Wechselspannung führen zu Wirkverlusten im Kondensator, dargestellt durch einen ohmschen Widerstand R_p parallel zum idealen Kondensator C:

Bild 3

Bild 4

$$\tan \delta = I_R : I_C = \frac{1}{\omega C \cdot R_p}$$

$$Q = \frac{1}{\tan \delta} = \omega C \cdot R_p$$

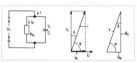

Bild 5

Der Wellenwiderstand

Für homogene verlustbehaftete Leitungen nach **Bild 1** gilt für den Wellenwiderstand Z_w in Ω:

$$Z_\text{w} = \sqrt{\frac{R' + j\omega L'}{G' + j\omega C'}}$$

(verlustfreie Leitungen $Z = \sqrt{L'/C'}$)

R' Widerstandsbelag in Ω/m (= Widerstand eines kurzen Leitungsstücks in Ω geteilt durch die Länge des Stücks s in m: $R' = R/s$),
$G' = G/s$ Ableitungsbelag in S/m,
$L' = L/s$ Induktivitätsbelag in H/m,
$C' = C/s$ Kapazitätsbelag in F/m.

Bei Abschluss einer homogenen Leitung mit $Z_\text{a} = Z_\text{w}$ besteht Anpassung und es tritt keine Reflexion der Leitungswellen auf.

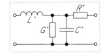

Bild 1

Bild 2

Symmetrische Doppelleitung (**Bild 2**)

$$Z \approx \frac{120}{\sqrt{\varepsilon_\text{r}}} \cdot \ln \frac{D}{d}$$

Symmetrisches Kabel (**Bild 3**)

$$Z \approx \frac{120}{\sqrt{\varepsilon_\text{r}}} \cdot \ln \left[\frac{2a[1 - (a/D)^2]}{d[1 + (a/D)^2]}\right]$$

Bild 3

Koaxialkabel (**Bild 4**)

$$Z \approx \frac{60}{\sqrt{\varepsilon_\text{r}}} \cdot \ln \frac{D}{d}$$

Bild 4

Reflexionsfaktor $r = \dfrac{R_\text{a} - Z}{R_\text{a} + Z}$

(Verhältnis von rücklaufender zu hinlaufender Welle) (**Bild 5**)

Rückflussdämpfung $a_\text{r} = 20 \lg 1/r$ (in dB) (Maß für die Stärke der Reflexionen)

Anpassungsfaktor
$m = U_\text{min} : U_\text{max} = I_\text{min} : I_\text{max} = \dfrac{1-r}{1+r}$

Welligkeitsfaktor $s = 1/m$

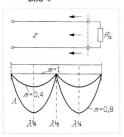

Bild 5
Reflexionsfaktor

Die Pegelrechnung

Strom-, Spannungs- und Leistungsverhältnisse können in einem logarithmischen Maß ausgedrückt werden. Damit ist es dann z. B. möglich, die Verstärkung bzw. Dämpfung einzelner Glieder ganz einfach zu addieren, um den Gesamtwert zu erhalten.

Als Maßeinheiten stehen zur Verfügung das Bel, das Dezibel und das Neper. Verstärkung und Dämpfung eines Vierpols **(Bild 1)**:

$$V = P_2 : P_1 \qquad V = U_2 : U_1 \qquad V = I_2 : I_1$$
$$A = P_1 : P_2 \qquad A = U_1 : U_2 \qquad A = I_1 : I_2$$
$$A = 1/V$$

Bild 1 *Vierpol*

Verhältnisse in Dezibel (dB)

$$v = 10 \lg \frac{P_2}{P_1}; \qquad a = 10 \lg \frac{P_1}{P_2}; \qquad v = 20 \lg \frac{U_2}{U_1}; \qquad a = 20 \lg \frac{U_1}{U_2};$$

Verhältnisse in Bel

$$v = \lg \frac{P_2}{P_1}; \qquad a = \lg \frac{P_1}{P_2}; \qquad v = \lg \frac{U_2}{U_1}; \qquad a = \lg \frac{U_1}{U_2};$$

Verhältnisse in Neper

$$v = \ln \frac{P_2}{P_1}; \qquad a = \ln \frac{P_1}{P_2}; \qquad v = \ln \frac{U_2}{U_1}; \qquad a = \ln \frac{U_1}{U_2};$$

In den Formeln sind P die Leistung in W, U die Spannung in V und I der Strom in A. Index 1 = Eingang, Index 2 = Ausgang. V ist der Verstärkungsfaktor, A der Dämpfungsfaktor, u das Verstärkungsmaß in B, dB oder Np und a das Dämpfungsmaß in B, dB oder Np.

Umrechnung: 1 B = 10 dB, 1 dB = 0,1 B; 1 dB = 0,115 Np, 1 Np = 8,686 dB, 1 B = 1,15 Np, 1 Np = 0,8686 B.

$$a = -v$$

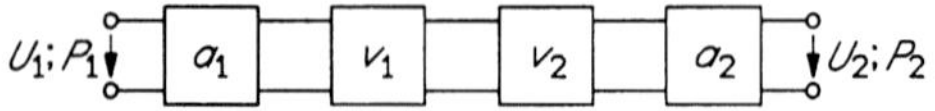

Bild 2 *Übertragungskette*

Das gesamte Übertragungsmaß a einer Kette von Gliedern nach **Bild 2** ist:

$a_{ges} = (a_1 + a_2 + a_3 + \ldots + a_n) - (v_1 + v_2 + v_3 + \ldots + v_n)$

Zu beachten ist, dass eine Dämpfung mit Minus-Vorzeichen (negative Dämpfung) eine Verstärkung ist.

In der Praxis wird meist in dB gerechnet, wie z. B. in der Übertragungstechnik und in der Antennentechnik, manchmal auch in Np.

Bei der Pegelrechnung werden eine Leistung, eine Spannung oder ein Strom in das Verhältnis zu einem ganz bestimmten Wert gesetzt.

Der absolute Pegel, Maßeinheit dBm:

Bezugspunkt ist der Normalgenerator nach **Bild 3** mit
$P = 1\,mW$, $E_0 = 1{,}55\,V$,
$U_0 = 0{,}775\,V$, $R_1 = 600\,\Omega$,
$R_a = 600\,\Omega$, $I_0 = 1{,}29\,mA$.

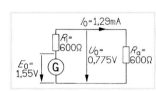

Bild 3
Normalgenerator

Spannungspegel

$p_u = 20 \cdot \lg (U_x / U_0)$
$p_u = 20 \cdot \lg (U_x / 0{,}775\,V)$ in dB
$p_u = \ln (U_x / U_0) = \ln (U_x / 0{,}77\,V)$ in Np

Leistungspegel

$p = 10 \cdot \lg (P_x / P_0) = 10 \cdot \lg (P_x / 1\,mW)$ in dB
$p = 0{,}5 \cdot \ln (P_x / P_0) = 0{,}5 \cdot \ln (P_x / mW)$ in Np

Für den absoluten Pegel in Antennenanlagen in dB (µV) gilt:

$U_0 = 1\,\mu V$, $R_i = R_a = 75\,\Omega$, $P_0 = 0{,}0133\,pW$.

In den USA gibt es noch zwei andere Systeme für den absoluten Pegel mit

1. $E_0 = 2\,V$, $U_0 = 1\,V$, $R_i = R_a = 600\,\Omega$, $I_0 = 1{,}67\,mA$, $P_0 = 1{,}67\,mW$;
2. $E_0 = 3{,}464\,V$, $U_0 = 1{,}732\,V$, $R_i = R_a = 500\,\Omega$, $I_0 = 3{,}464\,mA$, $P_0 = 6\,mW$.

Relativer Pegel

$p_{rel} = 20 \cdot \lg (U_x / U_1)$ in dB; $p_{rel} = \lg (U_x / U_1)$ in Np;

Störpegelabstand

$\Delta p_n = p_ü - p_n$
$p_ü$ = Übertragungspegel; p_n = Störpegel

Technische Darstellungen und Symbole

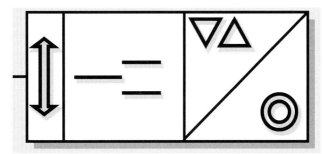

Schaltpläne für die Elektronik 400
Schaltzeichen für Stromlaufpläne 401
Schaltzeichen der Computertechnik. 403
Schaltzeichen Halbleiterbauelemente, Röhren 404
Schaltzeichen der Telekommunikationstechnik 405

Schaltpläne für die Elektronik

Zur Darstellung der elektronischen Schaltungen von Telekommunikationsgeräten und Computern dienen entsprechende Schaltungsunterlagen. Aufgrund der gewünschten Aussagen stehen zur Verfügung:

Stromlaufpläne

Gezeigt wird der Stromkreisverlauf, in dem die Bauelemente eingebunden sind. Auf die geometrische Anordnung der Bauelemente (z. B. auf einer Leiterplatte) wird dabei keine Rücksicht genommen. Diese Schaltplanart zeigt am deutlichsten die Funktion einer Schaltung.

Blockschaltbilder (Bild 1)

Abgrenzbare Schaltungs- und Funktionseinheiten werden zu Blöcken zusammengefasst. Die Blöcke sind entsprechend dem Schaltungsaufbau durch Linien verbunden, wobei in einer Linie mehrere elektrische Verbindungen zusammengefasst werden können. Blockschaltbilder sind vor allem auch bei umfangreichen Schaltungen (z. B. von Computern) nützlich, um die Übersichtlichkeit zu wahren.

Leiterplatten-Layout

Aufgezeichnet ist der genaue geometrische Verlauf der Leiterbahnen auf einer Platine mit den Anschlusspunkten für die Bauelemente. Bei Darstellung im Maßstab 1 : 1 ist die Vorlage für die Herstellung der Leiterplatte gegeben.

Bestückungspläne

Auf der Grundlage des Leiterplatten-Layouts wird die Bestückung einer Platine mit den Bauelementen wiedergegeben. Bei den Bauelementen sind meist die wichtigsten Angaben enthalten.

Von Bedeutung sind auch noch Verdrahtungspläne, Anschlusspläne, Ersatzschaltpläne und Übersichtsschaltpläne.

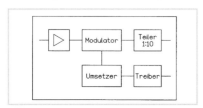

Bild 1
Beispiel Blockschaltbild

Schaltzeichen für Stromlaufpläne

In Stromlaufplänen sind folgende Darstellungsweisen möglich:

Zusammenhängende Darstellung: Alle Teile eines Betriebsmittels werden unmittelbar beieinander gezeichnet. Eintragung der mechanischen Wirkverbindungen (gestrichelt). Anwendung für einfache, nicht zu umfangreiche Schaltungen.

Halbzusammenhängende Darstellung: Alle Teile der Betriebsmittel werden entsprechend dem Stromverlauf dargestellt und durch entsprechende mechanische Wirkverbindungslinien miteinander verbunden. Die mechanischen Wirkverbindungen werden geteilt und geknickt gezeichnet.

Aufgelöste Darstellung: Die Schaltzeichen von Teilen elektrischer Betriebsmittel können getrennt dargestellt werden. Anordnung entsprechend dem Stromweg. Zusammengehörigkeit einzelner Teile durch Kennzeichnung angegeben. Bevorzugte Darstellung bei Stromlaufplänen, vor allem wenn sie umfangreicher sind.

Darstellung der Schaltglieder

Schaltglieder werden nach **Bild 1 a** gezeichnet. Mehrere Schaltglieder mit gemeinsamem Antrieb werden so gezeichnet, dass sie beim Betätigen der gleichen, durch die mechanische Verbindungslinie festgelegten Bewegungsrichtung, folgen. Ein Beispiel zeigt **Bild 1 b**.

Die Darstellung erfolgt normalerweise in ausgeschaltetem Zustand, d. h. alle Betriebsmittel sind spannungs- und stromlos und ohne Einwirkung einer Betätigungskraft abzubilden. Abweichungen hiervon sind nach dem **Bild 2** zu kennzeichnen. In der Nachrichtentechnik ist die Darstellung des betriebsbereiten Zustands üblich.

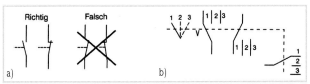

Bild 14.67
Darstellung der Schaltglieder

Linien und Verbindungen in Stromlaufplänen

Die Stromwege werden in der Regel mit durchgehenden Strichen dargestellt. Für bestimmte Leiter wie N, PE, Antennen- und Fernsprechleitungen gibt es besondere Darstellungen nach **Bild 3.**

Mechanische Verbindungen (z. B. von der Relaisspule zum Relaiskontakt) werden durch gestrichelte Linien dargestellt.

Umrahmungslinien und Trennlinien werden strichpunktiert ausgeführt. Endet die Darstellung des Strompfadverlaufs an der Umrahmungslinie, so wird diese mit durchgehendem Strich gezeichnet.

Zusammenfassung von Verbindungslinien

Zur Vereinfachung einer Darstellung ist die Zusammenfassung von Verbindungslinien nach **Bild 4** oft sinnvoll. Mehrere Verbindungslinien mit völlig gleichem Verlauf können zusammengefasst werden. Ist die Reihenfolge der Verbindungen unterschiedlich, erfolgt eine gleichlautende Kennzeichnung zusammengehöriger Linien.

Bild 2
Darstellung des Schaltzustandes

Bild 3
Besondere Leiterdarstellungen

Bild 4
Zusammenfassung von Verbindungslinien

Schaltzeichen der Computertechnik

Computerschaltpläne werden häufig im Ausland angefertigt, deshalb werden oft Schaltzeichen verwendet, die nicht der deutschen Norm entsprechen. In der nachstehenden Aufstellung sind auch diese mit aufgeführt.

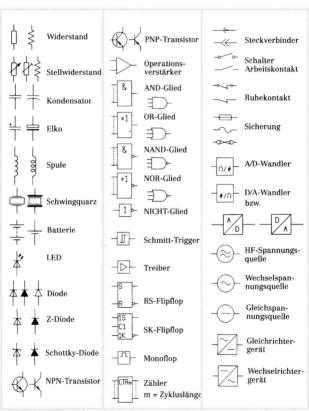

Schaltzeichen Halbleiterbauelemente, Röhren

	Diode, Gleichrichter
	Z-Diode
	Z-Diode bidirektional
	Kapazitätsdiode
	Tunneldiode
	Backward-Diode
	Thyristordiode rückw. sperrend
	Thyristordiode rückw. leitend
	Diac = Diode bidirektional
	Thyristordiode bidirektional
	Thyristor allgemein
	Thyristor katodengesteuert
	Thyristor anodengesteuert
	Abschalt-Thyristor
	Abschalt-Thyristor katodengesteuert
	Abschalt-Thyristor anodengesteuert
	Triac = Thyristor bidirektional
	Thyristortetrode
	NPN-Transistor
	PNP-Transistor
	Sperrsch.FET N-Kanal
	Sperrsch.FET P-Kanal
	Unijunctiontransistor N-Typ
	IGFET, N-Kanal Verarmungstyp
	IGFET, P-Kanal Verarmungstyp
	IGFET, N-Kanal Anreicherungstyp
	IGFET, P-Kanal Anreicherungstyp
	dto. mit herausgeführtem Substrat
	IGFET, 2 Gates N, Verarmungstyp
	Leuchtdiode LED
	Photodiode
	Photothyristor
	NPN-Phototransistor
	Optokoppler
	Glimmlampe
	Photozelle
	Röhre, Triode
	Bildröhre
	Zählrohr
	Photoelement
	Ionisationskammer
	7-Segment-Anzeige
	Integrierte Schaltung z. B. OP
	Laser
	Magnetischer Koppler
	Halbleiterdetektor

Schaltzeichen der Telekommunikationstechnik

	Mikrofon
	Fernhörer
	Lautsprecher
	Rundfunkempfänger
	Fernsehgerät
	Antenne Dipolantenne
	Verstärker
	Wecker allgemein
	Summer
	Gong
	Hupe
	Sirene
	Wechselsprechanlage
	Gegensprechanlage
	Türöffner
	Ruf- und Abstelltafel
HVt	Fernmelde-Hauptverteiler
Vt	Fernmelde-Verteiler u. P.
	Fernsprecher allgemein
	Fernsprecher halbamtsber.
	Fernsprecher amtsberechtigt
	Fernsprecher fernberechtigt
	Vermittlungszentrale
	elektrische Uhr allgemein
	Hauptuhr
	Signal-Nebenuhr
	Signal-Hauptuhr
	Schaltuhr
	Kartenkontrollgerät
	Zählwerk
	Umsetzer allgemein
	Rauchmelder
	Brandmelder
	Brand-Nebenmelder mit Druckknopf
	Brandmelder mit Laufwerk
	selbsttätiger Brandmelder
	Temperaturmelder selbsttätig
	Polizeimelder
	Passierschloss
	Erschütterungsmelder
	Dämmerungsschalter
	Lampe, Leuchtmelder allgemein
	Leuchtmelder, blinkend
	Schauzeichen mit selbsttätigem Rückgang
	Gleichstromumrichter
	Brückengleichrichter

Technische Darstellungen und Symbole

Kleines Lexikon IT-Technik

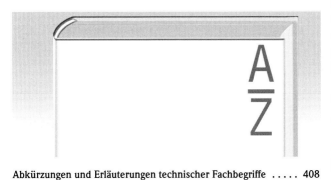

Abkürzungen und Erläuterungen technischer Fachbegriffe 408

Abkürzungen und Erläuterungen technischer Fachbegriffe

10 BaseT	10 Mbit/s, Basisband, Normung eines Standard-Kabels für Ethernet
1TR6, ISDN	1. technische Richtlinie. Kennzeichnung für das alte nationale ISDN. Wird bzw. wurde größtenteils durch E-DSS1 (Euro-ISDN) abgelöst.
2B1Q	Leitungskodierung U_{k0}, Euro-ISDN
4B3T	Leitungskodierung, S_0, Euro-ISDN, Basisanschluss

A

a/b-Schnittstelle	Bezeichnung für Schnittstellen zum Betrieb analoger Endeinrichtungen an TK-Anlagen oder Teilnehmeranschlüssen
ADSL	Asymmetric Digital Subscriber Line, asymmetrische digitale Teilnehmeranschlusleitung
ANSI	American National Standards Institute, Standardisierungsgremium in den USA
AON	All Optical Network
API	Application Programming Interface, Schnittstelle für Anwendungsprogramme
ATM	Asynchronous Transfer Mode. Ein Datenübertragungsverfahren, bei dem die Daten in sog. Zellen mit einer festen Länge (53 Byte) übertragen werden. Das Protokoll der ATM-Übertragung ist in den ITU-Standards X.2100. bis X.2144. definiert.
ATU-C ADSL	Transmission Unit, Central Office: ADSL-Übertragungseinheit, Zentrale
ATU-R ADSL	Transceiver Unit Remote, ADSL-Kunden-Modem

B

Basisanschluss, ISDN	ISDN-Teilnehmeranschluss: 2 B-Kanäle, ein D-Kanal
BFOC	Bajonett Fiber Optical Connector, auch als ST(r)-Steckverbinder bekannt
B-Kanal, ISDN	Basiskanal

C

CFL	Center filled Launch. Vollanregung aller Moden im Glaskern bei Gradientenindexfasern mit einer LED
CWDM	Coarse Wavelength Division Multiplex. Grobes Wellenlängenmultiplex mit einem Kanalabstand von 20 nm, bei dem die Kanäle im Wellenlängenbereich von 1280 nm bis 1610 nm angeordnet sein können.

D

DA	Doppelader
DCF	Dispersion Compensating Fiber. Wird z. B. zur Kompensation der chromatischen Dispersion in Transportnetzstrecken mit hoher Datenrate (>10 Gbps) eingesetzt.
DDI, ISDN	Direct Dialing In, direkte Durchwahl zur Endeinrichtung
DHCP	Dynamic Host Control Protocol, Protokoll zur temporären (vorübergehende) Zuordnung von IP-Adressen
Dienstekennung ISDN	Wird im ISDN benutzt, um kommende/abgehende Rufe zusätzlich mit der Art der Verbindung zu kennzeichnen (z. B.: telefonie, fax, daten, ...).
DIN	Deutsches Institut für Normung
DIVO	digitaler Vermittlungsort
D-Kanal, ISDN	Signalisierungskanal eines ISDN-Teilnehmeranschlusses zur Übermittlung von Steuernachrichten. Basisanschluss 16 kbit/s, Primärmultiplexanschluss mit 64 kbit/s
DMT	Discreet Multi Tone, digitales Übertragungsverfahren für kurze Distanzen
DNS	Domain Name System
DSL	Digital Subscriber Line, digitale Teilnehmeranschlussleitung
DSLAM	Digital Subscriber Line Access Multiplexer, Gegenstück auf der Vermittlungsstellenseite zum Kunden-Modem
DWDM	Dense Wavelength Division Multiplex. Dichtes Wellenlängenmultiplexverfahren, bei dem die Kanäle in einem engen Abstand von 100 GHz oder 50 GHz und üblicherweise im 3. und 4. opischen Fenster bei 1550 nm liegen.

E

EDFA — Erbium Doped Fiber Amplifier, Erbium-dotierter Faserverstärker

E-DSS1 — European Digital Subscriber Signaling System No. 1, Euro-ISDN

EN — europäische Norm

ESCON — Enterprise System Connection. IBM-Protokoll für eine Glasfaserverbindung mit Datenübertragungsraten von 200 Mbps für Entfernungen bis zu 60 km, das für die Verbindung von Großrechnern (Main Frames) mit Peripheriegeräten oder anderen Großrechnern eingesetzt wird.

ETS — European Telecommunication Standard

ETSI — European Telecommunications Standards Institute

Euro-ISDN — s. E-DSS1

F

FEXT — Far End Crosstalk, Übersprechen am fernen Ende

Fibre Channel — Übertragungsverfahren für die Verbindung von Computern und Speichergeräten mit Datenraten von 100 Mbps bis 2,05 Gbps über eine optische Faser. Fibre Channel ist optimiert für die Verbindung von Servern zu gemeinsam genutzten Speichern (Shared Storage) in Storage Area Networks (SAN).

FICON — Fiber Connection. IBM-Protokoll für die bidirektionale Übertragung auf Glasfaserstrecken mit Datenraten von 1,06 Gbps über Entfernungen bis zu 100 km ohne Zwischenverstärker. Fibernode s. ONU

FR/LSOH — Flame Retardand Low Smoke Zero Halogen. Flammwidriges, halogenfreies Mantelmaterial von solchen Kabeln, die für den Einsatz im Innenbereich von Gebäuden konzipiert sind.

FTTB — Fiber to the Building. Glasfaser bis ins Gebäude. Die ONU befindet sich im Gebäude, die Teilnehmer werden über Cu angebunden.

FTTC — Fiber to the Curb/Cabinet. Glasfaser bis zum Straßenrand. Der Abschluss (ONU) befindet sich im KvZ (Kabelverzweiger) am Straßenrand. Von dort werden mehrere Teilnehmer über Kupfer angeschlossen.

FTTH	Fiber to the Home. Glasfaser bis in die Wohnung. Im Teilnehmerzugangsbereich von Telekommunikationsnetzen wird die Glasfaser bis in die Wohnung des Endkunden geführt.
FTTO	Fiber to the Office. Glasfaser bis in den Brüstungskanal oder Bodentank. Minihubs nehmen dort die Konvertierung in elektrische Signale vor. Die Endgeräte werden über herkömmliche Kupferschnittstellen angeschlossen.

G
GBIC	Gigabit Ethernet Interface Connector

H
HDB3	High Density Bipolar Code of Order 3, Leitungskodierungsverfahren
HDSL	High-Bitrate Digital Subscriber Line, symmetrische Übertragungsgeschwindigkeit, digitale Leitung mit höherer Übertragungsgeschwindigkeit
Hk	Hauptkabel
HVt	Hauptverteiler

I
IAE	ISDN-Anschluss-Einheit, Anschlussdose für ISDN-Endeinrichtungen
IEEE	Institute for Electrical and Electronic Engineers
IL	Insert Loss. Einfügedämpfung. Die Bezeichnung IL ist gebräuchlich für die Angabe der Einfügedämpfung von Verbindungselementen, während die genormte Größe A (engl.: Attenuation) für die Angabe der Dämpfung von Strecken verwendet wird.
IP	Internet Protokoll. Ein verbindungsloses Protokoll, bei dem die Datenpakete über die bestmögliche Übertragungsstrecke geleitet werden Es erfolgen Konstruktion und Zerlegung von Datenpaketen mit Fehlermanagement. Definiert in IETF RFC 971.
ISDN	Integrated Services Digital Network, diensteintegrierendes digitales Netz
ISDN-BaAs	ISDN-Basisanschluss

ISDN-NTBA	ISDN-Networkterminator Basic Access (Netzabschluss für Basisanschluss)
ISDN-Adapterkarte	PC-Steckkarte für Verbindung des Rechnes mit dem ISDN-Anschluss
ISDN-NT	ISDN-Networkterminator, Netzabschluss
ISP	Internet Service Provider, Internet-Dienstanbieter
ITU	International Telecommunications Union

K

KVz	Kabelverzweiger

L

LAN	Local Area Network. Lokales Netzwerk, das sich über Gebäude und Campusbereich erstreckt
LED	Light Emitting Diode
LID	Light Injection and Detection, Verfahren zur automatischen Faserpositionierung bei Spleißgeräten
LSOH	Low Smoke Zero Halogen. Halogenfreies, flammwidriges Mantelmaterial von Kabeln, die für den Einsatz im Innenbereich von Gebäuden konzipiert sind.
LT	Line Termination, Leitungsabschluss, Gegenstück zum Netzabschluss in der Vermittlungsstelle
LWL	Lichtwellenleiter
LX	1. Long Wave (1300 nm) 2. Steckverbindertyp von Huber & Suhner

M

MAN	Metropolitan Area Network. Bezeichnung für Citynetze und regionale Telekommunikationsnetze, deren Ausdehnung bis zu einigen hundert Kilometer betragen kann.
Mandrel	Modenabstreifer. Wird bei Dämpfungsmessungen an Gradientenindexfasern anstelle einer Vorlauffaser eingesetzt.
MIC	Media Interface Connector
MMF	Multimode Fiber. Üblicherweise handelt es sich in Datennetzen um Multimode-Gradientenindexfasern. Multimode-Stufenindexfasern werden in Industrieapplikationen verwendet.

MSN, ISDN	Multiple Subscriber Number, Mehrfach-Teilnehmer-Rufnummer. Bezeichnung für die Rufnummern im Euro-ISDN (E-DSS1). Bis zu 10 MSNs können den Teilnehmern vom Netzbetreiber zur Verfügung gestellt werden.
MUX	Multiplexer

N

NAT	Network Address Translation, Umsetzung (Übersetzung) einer allgemeinen, weltweit genormten Internetadresse in eine interne Internetadresse, die dann nur innerhalb eines Firmennetzes (LAN) gültig ist
NEXT	Near End Crosstalk, Übersprechen am nahen Ende
NIC	Network Interface Card
NT	Network Termination, Netzabschluss beim Teilnehmer
NTBA	Network Terminator Basis Access
NZDSF	Non Zero Dispersion Shifted Fiber. Nach ITU G 655 standardisierter Fasertyp, der in Transportnetzen für DWDM-Anwendungen eingesetzt wird. Es handelt sich um eine Weiterentwicklung der Einmodenfaser, die besonders für die Übertragung von Daten im dichten Wellenlängenmultiplex (DWDM) im Wellenlängenbereich um 1550 nm optimiert wurde.

O

OFA	Optical Fiber Amplifier
OFL	Overfilled Launch. Vollanregung des Kernbereiches einer Multimode-Gradientenindexfaser. Es werden durch Anregung mit einer LED-Quelle alle Moden angeregt.
OLT	Optical Line Termination, Komponente auf der Seite des Netzbetreibers
OM	Optical Multimode. OM1, OM2 und OM3 sind Kategorien für die Lichtwellenleiter-Verkabelung mit Multimode-Gradientenindexfasern in Kommunikationskabelanlagen nach DIN EN 50173.
ONU	Optical Network Unit. Baugruppe auf der Teilnehmerseite einer LWL-Verbindung. Wird in CATV-Netzen als Fibernode bezeichnet.

OS1	Optical Singlemodefiber, Kategorie für die Lichtwellenleiter-Verkabelung mit Einmodenfaser E9/125 in Kommunikationskabelanlagen nach DIN EN 50173
OSI	Open Systems Interconnection, Abkürzung für das OSI-Referenzmodell
OSNCP	Optical Sub-Network Connection Protection
OTDR	Optical Time Domain Reflectometer. Optisches Impulsreflektometer. Ein Messgerät, das die rückgestreute optische Leistung von einer Glasfaser über die Streckenlänge darstellt.

P

PAP	Password Authentication Protocol, Übertragungsprotokoll im Internet
PBX / PABX	Private (Automatic) Branch Exchange, allgemeine Bezeichnung für TK-Anlagen
PCM	Puls Code Modulation. Verfahren zur Digitalisierung analoger Signale, z. B. Sprachsignale.
PDH	Plesiochrone Digitale Hierarchie, digitale Übertragungstechnik zwischen Netzkonten
Pigtail	(engl.) Schweineschwanz. In der LWL-Technik bezeichnet man ein Faser- oder Aderstück mit einem werksmontierten LWL-Stecker als Faser- oder Aderpigtail. Pigtails werden vor Ort an die verlegten Kabelstrecken angespleißt.
PING	Paket Internet Grouper. Test im Internet, um die Erreichbarkeit einer Gegenstelle zu prüfen.
PmxAs	Primärmultiplexanschluss
POF	Polymer Optical Fiber, Kunststofffaser
PON	Passive Optical Network
POTS	Plain Old Telephone Service, herkömmliche, analoge Telefonanschlusstechnik
PPP	Point per Point, Punkt-zu-Punkt-Verbindung in Netzwerken
PPPoE	PPP over Ethernet, Übertragungsprotokoll im Internet, z. B. für ADSL
Primärmultiplex-anschluss	ISDN-Anschluss mit 30 B-Kanälen und einem Steuerkanal

PSTN	Public Switched Telephone Network. Bezeichnung für das öffentliches Telekommunikationsnetz

Q

QoS	Quality of Service, Prioritäteneinstufung in der Übertragungstechnik

R

RAS-Protokoll	Registration, Amission, Status
RFC	Request for Comments. Empfehlungen, Bestimmungen für Netzwerkparameter, z. B. Portadressen
Ribbon Cable	Kabel mit Faserbändchen
RJ11	amerikanische technische Bezeichnung für Western-Stecker (vierpolig, analog)
RJ45	amerikanische technische Bezeichnung für Western-Stecker (achtpolig, ISDN und Netzwerk)
RL	Return Loss, Rückflussdämpfung
RML	Restricted Mode Launch. Teilanregung der Moden bei einer Gradientenindexfaser, z. B. bei Laseranregung.
RX	Receiver, Empfängerbaugruppe

S

S_0-Schnittstelle	Vierdrahtschnittstelle zum Anschluss von ISDN-Endeinrichtungen, S Referenzpunkt, 0 Basisanschluss
S_{2M}-Schnittstelle	Vierdrahtschnittstelle zum Anschluss von Endeinrichtungen am Primärmultiplexanschluss, S Referenzpunkt, 2M 2 Mbit/s (Bruttobitrate des Primärmultiplexanschlusses)
SAN	Storage Area Network. Netzwerk, in dem Server und Speicher-Subsysteme (RAID- und Bandsysteme) meist auf Fiberchannel-Basis verbunden werden.
SC	Straight Connector. LWL-Steckverbindertyp
SDH	Synchronous Digital Hirarchy. Die synchrone digitale Hierarchie ist ein Verfahren für die Übertragung von Daten und Sprache mit hohen Taktraten, vorzugsweise in optischen Netzen.
SDSL	Symmetrie Digital Subscriber Line, symmetrische (Übertragungsgeschwindigkeit), digitale Teilnehmeranschlussleitung

SFF	Small Form Factor, LWL-Steckverbindertypen mit RJ-45-Abmessungen für eine Duplexverbindung
SIP	Session Initiation Protocoll for Internet Conferencing und Telefoning
SMF	Single Mode Fiber. Bezeichnung für die Einmodenfaser E9/125. Die Bezeichnung S-SMF (Standard-Single Mode Fiber) wird teilweise für die ursprüngliche Einmodenfaser nach ITU G 652 benutzt, um sie von den Weiterentwicklungen eindeutig abzugrenzen.
SNR	Signal-to-Noise-Ratio (Signal-Rausch-Verhältnis), Maß für die Qualität einer digitalen Übertragungsstrecke
SOA	Semiconductor Optical Amplifier, optischer Verstärker auf Halbleiterbasis
Soliton	Solitonen sind eine spezielle Form optischer Impulse, die auch auf langen Strecken ohne Regeneration übertragen werden können. Ein Soliton ist eine Welle mit konstanter Geschwindigkeit und Form ohne Energieverlust. Die Welle hat eine Rückkopplung ihrer inneren Wellen.
SONET	Synchronous Optical Network. US-Variante von SDH
ST	Strait Tip, LWL-Steckverbindertyp mit Bajonettverschluss
ST(r)	Straight Tip, eingetragenes Warenzeichen der Fa. AT&T, LWL- Bajonett-Steckverbinder (s. BFOC)
SX	Short Wave (850 nm)

T

TCP/IP	Transmission Control Protocol / Internet Protocol, Oberbegriff für Protokollsammlung und Dienste im Internet
TDR	Time Domain Reflectometer, Messgerät für Laufzeitmessungen
TX	Transceiver, Senderbaugruppe

U

UNI	User Network Interface, Schnittstelle Netzknoten – Teilnehmer
UTP	Unshielded Twisted Pair, nicht abgeschirmtes verdrilltes Kupferdoppeladerkabel

V

VCSEL	Vertical Cavity Surface Emitting Laser
VDSL	Very High Bit-Rate Digital Subscriber Line
Vzk	Verzweigungskabel

W

WAN	Wide Area Network, Weitverkehrsnetz
WDM	Wavelength Division Multiplex. Optische Übertragungstechnik, bei der verschiedene Wellenlängen gemeinsam durch eine Lichtleitfaser gesendet werden. Üblich ist die Bezeichnung für Systeme, die die Wellenlängen 1310 nm und 1550 nm benutzen. Mehr Kanäle werden bei CWDM, DWDM und UDWDM benutzt
WDM	Wavelength Division Multiplex, Wellenlängen-Multiplex-Verfahren
xDSL	Sammelbegriff für verschiedene Digitalübertragungssysteme

Z

ZWR	Zwischenregenerator

Hersteller und Fachliteratur

Hardware-Hersteller 420
Software-Hersteller 423
Fachliteratur 424

Hardware-Hersteller

Aufgeführt sind die Hersteller von Computern, Computerkomponenten, Computerzubehör, Ein- und Ausgabegeräten sowie Geräten der Telekommunikation.

Genannt werden jeweils die Adressen der deutschen bzw. europäischen Firmenzentralen. Die Auflistung erhebt keinerlei Anspruch auf Vollständigkeit.

Weitere Hersteller sind in den Messekatalogen (z. B. CeBIT, Systems u. a.) sowie in einschlägigen Firmennachschlagewerken zu finden.

Acer Computer GmbH, Kornkamp 4, 22926 Ahrensburg/Hamburg
Produkte: Monitore, Notebooks, Desktop-/Multimedia-Computer und Server
Telefon: (0 41 02) 488-0
Telefax: (0 41 02) 488-100
E-Mail: info@acer-euro.com
www.acer.com oder www.acer.de

Advanced Micro Devices GmbH,
Produkte: Elektronische Bauteile, Microprozessoren, Netzwerkprodukte
Telefon: (089) 4 50 53-0
Telefax: (089) 40 64 90
www.amd.de

Alcatel Deutschland GmbH, Lorenzstraße 10, 70435 Stuttgart
Produkte: Telefonanlagen, Telefone, Mobilfunk usw.
Telefon (0711) 821-0
Telefax (0711) 821-1111
www.alcatel.de

Apple Computer GmbH, Dornacher Straße 3, 85622 Feldkirchen
Produkte: Macintosh-Computer und Peripherie
Telefon: (089) 9 96 40-0
Telefax: (089) 9 96 40-180
E-Mail: eaac.ce@applelink.apple.com
www.apple.com oder www.apple.de

ASUS Computer GmbH, Harkortstraße 25, 40880 Ratingen
Produkte: Mainboards, SCSI-Kontroller
Telefon: (0 21 02) 95 99-0
Telefax: (0 21 02) 95 99-11
E-Mail: info@asuscom.de
www.asuscom.de

AVM Computersysteme Vertriebs GmbH, Alt-Moabit 95, 10559 Berlin
Produkte: ISDN-Karten
Telefon: (030) 3 99 76-0
Telefax: (030) 3 99 76-299
E-Mail: info@avm.de
www.avm.de

Brother International GmbH, Im Rosengarten 14, 61118 Bad Vilbel
Produkte: Drucker, PCs, Telefaxgeräte, Schreibmaschinen
Telefon: (0 61 01) 805-0
Telefax: (0 61 01) 805333
E-Mail: brother@brother.de
www.brother.de

Canon Deutschland GmbH,
Europark Fichtenhain A10,
47807 Krefeld
Produkte: Drucker, Kopierer,
Telefaxgeräte
Telefon: (02151) 345-0
Telefax: (02151) 345-102
www.canon.com oder
www.canon.de

Casio Computer Co. GmbH
Deutschland, Bornbach 10,
22848 Norderstedt
Produkte: Tisch- und Taschen-
rechner
Telefon: (040) 528 65-0
Telefax: (040) 528 65-100
www.casio-usa.com

Epson Deutschland GmbH, Zölpicher
Straße 6, 40549 Düsseldorf
Produkte: TelefonanlagenPersonal-
computer, Drucker, Scanner
Telefon: (0211) 5603-0
Telefax: (0211) 5603-319
www.epson.de

Fujitsu Deutschland GmbH, Frank-
furter Ring 211, 80807 München
Produkte: Drucker
Telefon: (089) 32378-0
Telefax: (089) 32378-100
www.dg.fujitsu-europe.com

Hewlett-Packard GmbH Vertriebs-
zentrale, Herrenberger Straße 140,
71034 Böblingen
Produkte: Computer, Workstations, Drucker, Plotter,
Scanner, Streamer
Telefon: (07031) 14-0
Telefax: (07031) 14-2999
www.hp.com.de

Hirschmann Electronics GmbH & Co.
KG, Stuttgarter Straße 45–51,
72654 Neckartenzlingen
Produkte: Hubs, Switches,
Router für Ethernet, Netzwerke,
Mess- und Prüftechnik
Telefon: (07127) 14-0
Telefax: (07127) 14-1214
www.hirschmann.com

IBM Deutschland GmbH,
Pascalstraße 100, Stuttgart
Produkte: Großrechner, Personal-
computer, OS/2, Mikroprozesso-
ren
Telefon: (0711) 785-0
Telefax: (0711) 785-3511
www.ibm.com

Intel GmbH, Dornacher Straße 1,
85622 Feldkirchen
Produkte: Halbleiter, Mikro-
prozessoren, PC-Chipsätze
Telefon: (089) 99143-0
Telefax: (089) 99143-930
www.intel.com

JVC Deutschland GmbH, Gröner
Weg 10, 61169 Friedberg
Produkte: Videoprojektoren,
Monitore, Videorecorder,
Camcorder
Telefon: (01805) 6666-1060
Telefax: (01805) 6666-1061
www.jvc.de

Logitech GmbH, Streiflacher
Straße 7, 82110 Germering
Produkte: Mäuse, Tastaturen,
Kameras, Gamepads
Telefon: (089) 89467-0
Telefax: (089) 89467-200
www.logitech.de

Motorola GmbH, Hagenauer Straße 47, 65203 Wiesbaden
Produkte: Bauelemente, Mobilfunk
Telefon: (06 11) 36 11-0
Telefax: (06 11) 36 11-799
www.motorola.de

NEC Deutschland GmbH, Reichenbachstraße 1, 85737 Ismaning
Produkte: Personalcomputer, Drucker, Festplattenlaufwerke, Monitore, CD-ROM usw.
Telefon: (089) 9 62 74-0
Telefax: (089) 9 62 74-500
www.nec.de oder
www.nec-cebit.com

Nokia Telecommunications GmbH, Opitzstraße 12, 40470 Düsseldorf
Produkte: Funk- und Autotelefone, Telekommunikationsnetze usw.
Telefon: (02 11) 9 08 95-00
Telefax: (02 11) 9 08 95-111
www.nokia.de

Panasonic Marketing Europe GmbH, Winsbergring 15, 22525 Hamburg
Produkte: Kopierer, Telefaxgeräte, Telefone, Drucker
Telefon: (040) 85 49-0
Telefax: (040) 85 49-25 00
www.panasonic.de

Philips GmbH, Consumer electronics, Alexanderstraße 1, 20099 Hamburg
Produkte: Personalcomputer, Monitore, Telefone, Drucker, Telefaxgeräte, CD-ROM, CD-Writer
Telefon: (040) 28 52-0
Telefax: (040) 28 99-28 29
www.philips.com oder
www.eu.philips.com

Siemens AG, Hofmannstraße 51, 81379 München
Produkte: Telefone Telefonsysteme, ISDN, Netzwerke, Kopierer usw.
Telefon: (089) 722-0
Telefax: (089) 722-46750
www.siemens.de

Silicon Graphics GmbH, Am Hochacker 3, 85630 Grasbrunn
Produkte: Workstations, Großrechner, Grafiksysteme
Telefon: (089) 46108-0
Telefax: (089) 46108-222
www.sgi.de

Sony Deutschland GmbH, Hugo-Eckener-Straße 20, 50829 Köln
Produkte: Telefone, Telekommunikation, ISDN, Monitore, Scanner, Diskettenlaufwerke, optische Speichersysteme, Streamer usw.
Telefon: (02 21) 537-0
Telefax: (02 21) 537-349
www.sony.de

Sun Microsystems GmbH
Produkte: Personalcomputer, Netzwerke, Multimedia
Telefon: (089) 4 60 08-0
Telefax: (089) 4 60 08-22 22
www.sun.com

Toshiba Europa GmbH, Hammfelddamm 8, 41414 Neuss
Produkte: Workstations, Kopierer, Telefaxgeräte, CD-ROM
Telefon: (0 21 31) 158-01
Telefax: (0 21 31) 158-341
www.toshiba-teg.com

Software-Hersteller

Die Zusammenstellung enthält die Anschriften bedeutender Hersteller von Software für allgemeine und spezielle Anwendungen. Weitere Anschriften sind in den Messekatalogen und den Firmen-Nachschlagewerken zu finden.

Adobe Systems GmbH, Ohmstraße 1, 85716 Unterschleißheim
Produkte: Desktop Publishing, Fontmanager, Fonts
Telefon: (089) 3 17 05-0
Telefax: (089) 3 17 05-705
www.adobe.com

Autodesk GmbH, Aidenbachstraße 56, 81379 München
Produkte: CAD, Konstruktion, Zeichnen
Telefon: (089) 5 47 69-0
Telefax: (089) 5 47 69-400
www.autodesk.com oder www.autodesk.de

Borland GmbH, Robert-Bosch-Straße 11, 63225 Langen
Produkte: Compiler, Datenbanksysteme
Telefon: (0 61 03) 979-0
Telefax: (0 61 03) 979-290
www.borland.de

Corel Corporation, Edisonstraße 6, 85716 Unterschleißheim
Produkte: Grafikprogramme, Corel Draw
Telefon: (0 69 22) 2 22 02 88
www.corel.com

Mensch und Maschine Software AG, Argelsrieder Feld 5, 82234 Weßling
Produkte: Branchenlösungen für AutoCAD, CAD-Arbeitsplätze
Telefon: (0 81 53) 933-0
Telefax: (0 81 53) 933-100
www.mum.de

Microsoft GmbH, Konrad-Zuse-Straße 1, 85716 Unterschleißheim
Produkte: Office-Software, Betriebssysteme
Telefon: (089) 31 76-0
Telefax: (089) 31 76-1000
www.microsoft.com oder www.microsoft.de

Novell GmbH, Monschauer Straße 12, 40549 Düsseldorf
Produkte: Netzwerkbetriebssysteme, LAN-Software
Telefon: (02 11) 56 31-0
Telefax: (02 11) 56 31-250
www.novell.com oder www.novell.de

Oracle Deutschland GmbH, Riesstraße 25, 80992 München
Produkte: Datenbanksysteme
Telefon: (089) 01 80-2 67 22
Telefax: (089) 14 30-11 02
www.oracle.com oder www.oracle.de

SAP AG, Neurothstraße 16, 69190 Walldorf
Produkte: Software für Unternehmen, E-Business
Telefon: (0 62 27) 6 11 45
Telefax: (0 62 27) 74 11 87
www. sap.com

Fachliteratur

Es gibt eine Vielzahl von Fachbüchern aus den Bereichen der Informations- und Kommunikationstechnik, der Computertechnik, der Elektronik und der Elektrotechnik sowie über das Grundlagenwissen. Informationen bekommt man in Fachbuchhandlungen und vor allem auch im Internet. Entsprechende Internet-Adressen sind z.B.:
www.buchkatalog.de,
www.fachbuecher.de,
www.abisco.de.

Es kann zu den gewünschten Stichworten die jeweilige Fachliteratur gesucht und auch gleich bestellt werden. Dabei sollte auf die Liefermöglichkeit und auch auf das Erscheinungsjahr des Fachbuches geachtet werden.

Bei schnell voranschreitenden Technologien, wie z.B. der Computertechnik sollte das bestellte Fachbuch nicht älter als zwei Jahre sein. Beim Grundlagenwissen sind aber auch ältere Fachbücher noch brauchbar.

Wer mehr über den Inhalt bestimmter Fachbücher wissen möchte, kann sich auch an die jeweiligen Verlage wenden. Nachstehend die Adressen einiger Fachverlage, die Fachbücher der Informations- und Kommunikationstechnik anbieten:

Verlag Addison Wesley, Martin-Koller-Straße 10–12,
81829 München,
www.addison-wesley.de

Beuth Verlag, Burggrafenstraße 6,
10787 Berlin, www.din.de/beuth

Data Becker Verlag GmbH & Co. KG,
Merowinger Straße 30,
40223 Düsseldorf,
www.databecker.de

Franzis Verlag GmbH, Gruberstraße 46 a, 85586 Poing,
www.franzis.de

Hüthig Verlag, Im Weiher 10,
69121 Heidelberg,
www.huethig.de

Hüthig & Pflaum Verlag, Postfach 102869, 69018 Heidelberg,
www.online-de.de

Microsoft Press, Edisonstraße 1,
Unterschleißheim,
www.microsoft.com

Pflaum Verlag, Lazarettstraße 4,
80636 München, www.pflaum.de

Verlag B. G. Teubner, Abraham Lincoln Straße 46,
65189 Wiesbaden,
www.teubner.de

VDE-Verlag, Postfach 122305,
10591 Berlin, www.vde-verlag.de

Vogel Verlag, Max Planck Straße 7/9, 97064 Würzburg,
www.vogel.de

Stichwortverzeichnis

A
Abnahmemessung 371
Abnahmemessungen 21
ACR 144, 368
Administrator 31
Adressierung 91
Adresstabellen 104
ADSL 50
ADSL-Anschluss 328
Advisor 31
AGP-Port 278
Amateurfunk 184
AMD Duron™ Prozessor 264
analoger Teilnehmeranschluss 59
analoge Telekommunikations-Anschlusseinheit 60
Anpassung 386
Anschlüsse 15
Anschlusspunkte 18
Antennenanlagen 192
Antennenmessgeräte 204
anwendungsneutrale Verkabelungssysteme 15
Anzeigeprogramme 329
AppleTalk 95
Arbeits-Prozess-Orientierte-(APO-) Weiterbildung 33
Arbitrated-Loop-Topologie 113
Assemblersprachen 301
AT-Kommandos 317
AT-Netzteil 236
ATM 49
ATX-Netzteil 238
Aufgabenangemessenheit 303
Außenkabel 136, 152
Außerhaus-PLC-Systeme 10

B
Bachelor 31
Backbones 321
Backup 118
Backup-Server 96
Bandlaufwerke 216
Banner 330
Banner-Miete 330
Basisanschluss 45
Batterien 245
Baudrate 316
Baumtopologie 86
Bemessungsklassen 72
Betriebsfunk 181
Betriebsspannungen 225
Betriebssystem 286, 299
Biegebeanspruchungen 23
BIOS 287
Bitfehler 365
Bitfehlerrate 362
Bitfehlerratenmessung 362
Bitfehlerratentest 364
Bitpattern 365
Bleiakkumulator 247
Blitzeinwirkungen 23
Blitzschutz 23, 24
Blue Tooth 134
Bluetooth 154, 168
Brechzahlprofile 147
Breitband-ISDN 49
Bridges 103
BRouter 108

Bullet-Listen 335
Bullet-Typ 335
Bündelader 153
Bündeladerkabel 154
Bündelfunk 181
Bündelfunkdienste 72
Busboardtechnik 259
Bustopologie 85

C
Cache 326
CAPI-Treiber 318
CB-Funk 185
Celeron Prozessor 262
Channel-Link-Methode 145
Cheapernet (Thinwire-Ethernet) 138
Chipsätze 265
City-Netze 311
Clustering 118
COM-Port 315
Computernetzteile 236
Computerviren 219
Consolidation Point 140
Coordinator 31
Corel WordPerfect Office 306
CSMA/CA 81
CSMA/CD 80
Cut-Through Switching 105

D
Dämpfung 149, 367
Dämpfungslägen 377
Dämpfungsmessung 371, 372
Data-Sharing 118

Datendirektverbindungen 311
Datenfernübertragung 310
Datenleitungen 24
Datennetze 78
Datensicherungssysteme 214
Datenverfügbarkeit 112
Datenverschlüsselung 221
Datex-M 310
Datex-P 310
DDR-SDRAM 269
De-Embedded-Testing 144
Deckenbeschallung 205
Default Router 107
Desktopgehäuse 254
Diagonalbeschallung 205
Dienste-Prüfung entfernt 360
Dienste-Prüfung lokal 360
Dienstekennung 360
Dienstgüte 123
digitale ISDN-Anschlusseinheit 46
DIMM-Module 267
Directors 116
Disaster Recovery 119
Dispersion 150
DNS 108
DNS-Server 325
Dokumentation 19
Dokumentbeschreibungssprache 329
Domain-Name-System 322
Domain-Name 322
Downstream 327
Drosselabwärtswandler 232
Drosselaufwärtswandler 233
Drosselinverswandler 233
Druckerserver 96

Duplex 317
dynamisches Routing 107

E
E-Mobilfunknetz 175
Einfügungsdämpfung 377
Eintakt-Durchflusswandler 231
Eintakt-Sperrwandler 231
Einzelempfangsanlage 195
elektrisches Feld 394
elektroakustische Anlagen 205
elektromagnetische Verträglichkeit 212
elektromagnetischen Umgebung 20
ELFEXT 144
Ende-Ende-Messung 365
energienahe TK-Mehrwertdienste 100
Erdung 203
Erdverlegung 23
Ergonomie von Benutzeroberflächen 303
Erwartungskonformität 303
ESCON 111
Etagenverteiler 140
Ethernet 80
Ethernet-Lichtleiter 132

F
Fachliteratur 424
Fasertypen 147, 148
Fehler-Burst 366
Fehlersuche 371
Fehlersuchprogramme 308
Fehlertoleranz 303
Feinsicherungen 234
Feldkonfektionierung 160

Fernkopieren 74
Fernsprechapparat 64
Festader/Volladen 153
FEXT 144
Fibre Channel 111
Fibre-to-the-Desk 139
Fibre-to-the-Office 139
Fileserver 96
FireWire 279
Folgebeschallung 205
Formelzeichen 383
Fosiltreiber 319
Frame 353
Frame Link Plus 311
Frame-Inhalte 3 54
Frame-Sets 352
freie Betriebsfunknetze 183
Fresnelreflexion 373
Frontalbeschallung 205
FTP-Proxy-Server 323
Funkdienste 171
Funkstörungen 226
Funktelefonnetz D 174
Funkübertragung 128

G
Gatekeeper 124
Gateway 108, 124, 325
Gebäudeverteiler 138
Gegeninduktivität 392
Gegentakt-Durchflusswandler 231
Gehäusetypen 255
GIF-Format 355
GPRS 176
GPS-Ortungssystem 189
Grafikformate 355
Grafikprogramme 307
Grundformeln 384

H

H.225.0 126
H.245 126
H.323 126
H.450 126
Handys 169
Hardware-Hersteller 420
Hauptplatinen 256
Hausanlagen 199
HIPERLAN 135
HIPPI 111
Hochsprachen 301
Hohlader 153
Hop 107
Horizontalverkabelung 139
Host-Adressen 322
HTML 329, 331
HTML editieren 329
HTML-Datei 332
HTML-Verweise 329
HTML-Zeichen 333
HTTP-Proxy-Server 323
Hub 102
Hyperlinks 329

I

IBM-Verkabelungssystem 138
IDE-Festplattenlaufwerke 271
IEEE 802.11 134
Impulswahlverfahren 66
Individualisierbarkeit 303
Induktivität 391
Industriecomputer 259
informationstechnische Verkabelung 14, 21
Inhaus-PLC-Systeme 100
Innenkabel 152
Installationskabel 136, 143
Installationsplanung 20
Installationspraktiken 21
internationaler Verkabelungsstandard 138
Internet-Zugangsarten 325
Internetprovider 321
IP-Adressen 322
IP-Netzwerkprotokoll 123
IP-Phones 123
IPX/SPX 95
ISDN-Adapter 318
ISDN-Dienstleistungsmerkmale 360
ISDN-Leitungen 24
ISDN-Messtechnik 360
ISDN-Netz 42
ISDN-Prüfgeräte 360, 363
IT-Berater 31
IT-Ökonom 31
IT-Projektleiter 31
IT-Spezialist 32
IT-Weiterbildung 30

J

JPEG-Format 355

K

Kabel 15
Kabel-Netz 199
Kabelanlagen 187
Kabellängen 17
Kabelverzweiger 140
Kabelwege 19
Kapazität 394
Kategorien 142
Kernel 298
Kirchhoffsche Gesetze 384
Klartext-Format 329
Klassen 142
Klingel-Stegleitung 136
Komforttelefone 53
Kommunikationskabelanlagen 26
Kommunikationsserver 96
Kommunikationsverkabelung 17, 20
Kompaktader 153
Kompatibilität 274
Kondensator 393, 394
Konformitätsprüfung 142
Kontaktwiderstände 144
Kopfstellen 197
KU-Wert 171
Kunststofffasern 147

L

Lagepläne 20
LAN 79
LAN-Messtechnik 367
Laptops 257
Laufzeitdifferenz 144
Lautsprecher 209
Layer-3-Switching 105
LC 159
Leistung 386
Leitfaden für die Verlegung von LWL-Kabeln 22
Leitungsnetz 202
Lernförderlichkeit 303
Lichtwellenleiter 146
Lichtwellenleiteranlagen 23
Lichtwellenleiterkabel 22
Linux 296
Lithium-Ionen-Akkumulator 247
Lithium-MnO2-System 246
Local Area Network 79
lokales Echo 317
Loop-Funktion 365
Lotus SmartSuite 9.8 306
LWL-Adertypen 153
LWL-Dämpfungsmessplatz 373
LWL-Datenkabel 152
LWL-Fasern 146

L

LWL-Kabeltypen 154
LWL-Messtechnik 371
LWL-Prüfschnüre 372
LWL-Prüftechnik 371
LWL-Steckverbindertypen 157
LWL-Steckverbindungen 156
LWL-Übertragungsstrecke 146
LWL-Verbindungstechnik 156

M

MAC-Adressen 103
magnetisches Feld 391
Maschengleichungen 384
Maskierung 333
Masseanschluss 2 44
Maßeinheiten 380
Master 31, 36
MD Athlon (XP und MP) Prozessor 263
Mehrfrequenzwahlverfahren 66
Mehrteilnehmeranlagen 196
Microsoft Office2003 305
Mindestanforderungen an Verkabelungen 14
Mini-Breakout-Kabel 154
Mischpult und Verstärker 206
MMS Multimedia Datendienst 179
mobile Computer 257
Mobiltelefone 169
Modem 314
Modememulation 319
Modenabstreifer 372
Modenmischer 372
Motherboardtechnik 259

MT-RJ 159
Multimedia-PC 124
Multimode-Gradientenindexfasern 147
Multimode-Stufenindexfasern 147
Multiple-Token-Verfahren 89

N

Nachhall 209
Nachlauffaser 377
Nah-Nebensprechdämpfung 367
NDIS WAN Treiber 319
NetBEUI/NetBIOS 95
Netzstörungen 226
Netzteile 230
Netzwerk-Modell 83
Netzwerk-Topologien 85
Netzwerkbetreiber 142
Netzwerkbetriebssysteme 96
Netzwerkprotokolle 90
Netzwerkverkabelungssystem 138
NEXT 144, 367
Nickel-Cadmium-Akkumulator 246
Nickel-Metall-Hydrid-Akkumulator 246
Normalfrequenz 188
Notebooks 257
Novell NetWare 97
numerische IP-Adressen 322

O

Office-Produkte 305
Operative Professionals 31, 35
optische Fenster 149

OSI-Modell 101
OSPF 107
OTDR-Messung 371

P

paketorientiertes Netzwerk 123
Pakettreiber 319
parallele Schnittstelle 281
Partitionieren 275
PCI-Bus 277
Peer-to-Peer-Netzwerk 326
Pegelrechnung 396
Pentium 4 Prozessor 261
Permanent-Link-Methode 145
Personalcomputer 254
POP3-Server 323
Potentialausgleich 203
Primärbereich 138
Primärcoating 147
Primärmultiplexanschluss 48
Programmiersprachen 301
Proxy 325, 326
Proxy-Server 324
Prozessoren 260
Prüfen installierter Verkabelung 21
Pufferbatterien 243

Q

Q.931 126
Quality of Service (QoS) 123

R

Rahmen 18
RAID-Sicherheitskonzept 218
Rambus-Technik 268
Rangierkabel 141

Rangierkabellängen 141
RAS 126
Rayleighstreuung 373
Remote-Einheit 367
RGB-Modell 356
Ringtopologie 86
RIP 107
Rohrverlegung 137
Router 106, 324, 325
Routing-Tabelle 107
Routing-Varianten 324
Rückflussdämpfung 367, 377
Rückstreumessung (LWL) 373
Rundfunk 186
Rundfunkbereiche 193
Rundfunkdienste 173

S
S_0-Schnittstelle 44
Sammelpunkt 140
SAN 110
SAN-Applikationen 116
SAN-Komponenten 114
SAN-Management 119
Satellitenempfang 186, 192
Satellitenreceiver 201
SC, SC-Duplex 158
Schadensrisiko 25
Schaltnetzteile 231
Schaltpläne 400
Schaltzeichen 401, 403, 404, 405
Schirmleiter 24, 25
Schleifenbildung 365
Schleifenwiderstand 15, 27
schnurlose Telefone 56
Schränke 18
Schutzmaßnahmen 24
SCSI 111

SCSI-Schnittstelle 283
Sekundärbereich 138
sekundärgetaktete Schaltnetzteile 232
Selbstbeschreibungsfähigkeit 303
serielle Schnittstelle 280
Serveradressen 323
Serverdienste 80
Serviceklassen 114
SGML 329
Shared Medium 79, 102
Sicherheit 72
Signalquellen 208
Silberoxid-System 246
Simplex-/Duplex-Innenkabel 154
SIP 126
SMS-Dienste 178
SMTP-Server 323
Software Developer 31
Software-Hersteller 423
Solutions Developer 31
Source-Routing-Bridge 104
Spanning-Tree-Algorithmus 104
Spannungsteiler 390
Speicherbausteine 266
Speisung analoger Teilnehmeranschlüsse 63
Spleißgeräte 161
Spleißschutz 161
Spleißverbindungen 160
Splitboardtechnik 259
Splitter-Einheit 51
Spulen 393
SSA 111
Stackable-Hubs 102
Standalone-Tags 331
Standardfestverbindungen 311
Standortverteiler 138

StarOffice 306
statisches Routing 107
Stecksysteme 143
Steckverbindungen für Audio- und Videogeräte 210
Sternkonfiguration 14
Sterntopologie 85
Steuerbarkeit 303
Stichleitungen 15
Storage Area Network 110
Store and Forward Switching 105
Störspannungen 226
strategische Professionals 36
Streckenmessung 365
Strombegrenzung 235
Stromversorgung 52, 224
Struktur des Verkabelungssystems 16
strukturierte Verkabelung 138
ST® (BFOC) 158
Subnet Mask 92
Switch 105, 113

T
T-Interconnect 311
T-Net-ATM 311
Tags 331
TCP/IP 90
TCP/IP-Netze 122
TCP/IP-Ports 94
Technician 31
Telefax 74
Telefonnetz 41
Telekommunikationsanlagen 58
terrestrischer Empfang 193
Tertiärbereich 139
Thick-Wire-Kabel 128

Thin-Wire, Cheapernet 129
Token-Bus 89
Token-Passing 88
Twisted Pair 130
TYP-1-Datenkabel 138

U

Übergabeseiten 323
Überlast 234
Überspannungsschutz 213
Überspannungsschutzgeräte 21, 25
Übersprechen 144
Übertragungsarten 273
Übertragungsgeschwindigkeiten 273
Übertragungsprotokolle 316, 320
Übertragungsqualität 142
Übertragungsschicht 83
Übertragungsstrecke 27
U_{k0}-Schnittstelle 43
UMTS 177
UNIX 295
UNIX/Linux 98
unsymmetrische RG-58-Koaxialkabel 138
unterbrechungsfreie Stromversorgung USV 242
Upstream 327
USB-Schnittstelle 282
Utilities 308

V

Verkabelung 21
Verkabelungshierarchie 138
Verkabelungssysteme 18, 26
Verlegeverfahren für LWL-Kabel 22
Vermittlungsschicht 83
Verseilelemente 137
Verteilnetze 195
Verweise in HTML 348
VF-45 159
virtuelle Verbindungen 135
VLAN-Technik 106
Voice over IP 122
VoIP-Standards 124
Vorlauffaser 376

W

W3-Konsortium (W3C) 330
Wählverfahren 66
WAP-Handy 180
Wechselstrom 385
Wellenwiderstand 395
Widerstand 387
Widerstandsmaschen 388
Windows .NET Server 99
Windows 2000 Professional 98, 292
Windows 95 97, 288
Windows 98 97, 288

Windows CE 291
Windows ME 288
Windows NT 97, 290
Windows XP 99, 293
Wire-Map 367
Wire-Map-Anzeigen 370
Wireless LAN 81, 166
Wiremap 145
WLAN 166
WWW-Browser 329

Y

Y-Konfiguration 14

Z

Zeitzeichen 188
Zentralbeschallung mit Schallampeln 205
Zink-Luft-System 246
Zugbeanspruchungen 23
Zugriffsverfahren 87
Zulassungsbedingungen 33
Zwischenspeicher 3 26

Notizen

Notizen